한국어의 규범과 예절

저자 소개

손춘섭 ■ 광신대학교 한국어교육학과에 재직 중이며, 한국어 어문 규범, 한국어 의미론, 국어학 개론 등을 강의하고 있다. 주요 논저로 <삶을 바꾸는 말하기>, <국어의 이해와 탐구>를 비롯하여, 다수의 한국어학 및 한국어 교육 관련 논문이 있다.

한국어의 규범과 예절

초판 인쇄 2018년 3월 2일
초판 발행 2018년 3월 9일

지은이 손춘섭
펴낸이 이대현
편 집 권분옥
디자인 홍성권
펴낸곳 도서출판 역락
　　　　서울시 서초구 반포4동 577-25 문창빌딩 2층
　　　　전화 02-3409-2058(영업부), 2060(편집부)
　　　　팩시밀리 02-3409-2059
　　　　이메일 youkrack@hanmail.net
　　　　등록 1999년 4월 19일 제303-2002-000014호

ISBN 979-11-6244-205-0 93710

이 도서의 국립중앙도서관 출판예정도서목록(CIP)은 서지정보유통지원시스템 홈페이지(http://seoji.nl.go.kr)와 국가자료공동목록시스템(http://www.nl.go.kr/kolisnet)에서 이용하실 수 있습니다.(CIP제어번호: CIP2018005985)

한국어의 규범과 예절

손 춘 섭

역락

우리는 일상생활에서 틀린 말을 쓰지 않기 위해 노력한다. 내가 옳은 발음을 하고 있는지, 사투리를 쓰지 않는지, 표기법을 잘 지키고 있는지 등을 고민할 때가 많다. 그러나 자연인의 언어생활에서 이런 고민들은 큰 의미가 없다. 다소 발음이 틀리고 사투리가 섞여 있고 표기법이 잘못되었다고 하더라도 의사소통에 성공한다면 좋은 언어일 수 있다. 평생 발음이나 표기법 등에 대해 정식으로 어떤 교육도 받은 적이 없는 사람이지만, 다른 사람과 의사소통에 아무 문제없이 잘 살아가는 사례가 많은 것을 보면 알 수 있다.

그런데도 우리는 왜 언어 사용에서 정확한 발음, 표기법의 준수, 표준어의 사용, 또는 적절한 예절 등을 강조할 때가 있는가? 이 책은 이러한 질문에 대해서 조금이나마 답을 주고자 한다. 그 답을 요약하면, '자연 상태일 때보다 더 잘 소통하기 위해서'이다. 틀린 발음, 사투리, 잘못된 표기나 무례한 행동이 때로는 소통에 상당한 지장이 되어 인간관계를 손상시킬 수 있기 때문이다. 우리 사회가 언어 규범과 예절을 마련하고 교육하는 일을 강조하는 것도 궁극적으로는 바로 '더 잘 소통하는 사회'를 만들기 위해서이다.

이 책은 한국어의 규범과 예절을 총정리하고 해설한 것이다. 한국어의 규범과 예절은 한국어를 사용하는 모든 사람들이 익혀 두면, 한국어로 더 잘 의사소통할 수 있는 능력을 갖게 된다. 이에 학교에서는 지속적으로 어문 규범과 예절 교육에 힘쓰고 있으며, 한국 정부도 2005년에 제정한 국어기본법에 따라 표준 언어 규범의 보급과 교육을 지원하고 있다. 이 책은 한국어를 가르치는 선생님을 비롯하여, 한국어를 모국어로 사용하는 사람, 한국어를 제2언어나 외국어로 배우려는 사람 등이 한국어의 규범과 예절을 익히는 데 필요한 안내서가 될 것이다.

한국 사회의 발전에 따라 한국어를 배우려는 외국인들의 수가 증가하고 있다. 2018년 현재 12만 명 이상의 외국인 유학생이 한국에서 공부하고 있으며, 세계 각지에서 해마다 수십만 명이 한국 취업을 위해 '고용 허가제 한국어 능력시험(EPS-TOPIK)'에 응시하고 있다. 한국어의 규범과 예절은 외국인들이 배워야 하는 한국어의 표준이다. 한국어를 대표하는 말을 규정하고 있는 것이 바로 한국어의 규범과 예절이기 때문이다. 이 책은 외국인 한국어 학습자와 이들을 지도하는 한국어 교사들에게 표준 한국어 학습의 길잡이가 될 수 있을 것이다.

이 책은 크게 여섯 가지 주요 내용으로 구성하였다. 첫째는 '들어가기'로서 언어 규범과 예절의 개념, 필요성 및 변천에 대하여 서술하였다. 둘째는 '한글 맞춤법'으로서 한국어 표기 규범을 제시하고 해설하였다. 여기에서는 표기 원리와 띄어쓰기, 문장 부호법 등을 다루었다. 셋째는 '표준어 규정'으로서 표준어 사정 원칙과 표준 발음법을 제시하고 해설하였다. 넷째는 '외래어 표기법'으로서 표기 원칙 및 21개 언어에서 유래한 말들의 표기 세칙을 제시하고 해설하였다. 다섯째는 '로마자 표기법'으로서 표기 원칙과 예시, 도로명 표기 원칙 등을 제시하고 해설하였다. 여섯째는 '표준 언어 예절'로서 호칭, 지칭, 경어법, 인사말 등 한국어 사용상의 예절을 소개하고 해설하였다. 그리고 이 책의 주요 부분들에는 '질문과 대답'을 두어 한국어 규범과 예절에 대한 사람들의 궁금증을 소개하고 답변하는 내용도 실었다. 여기에 실은 질문은 대부분 필자가 활동했던 국어연구소의 누리집에 올라 왔던 누리꾼들의 한국어에 대한 궁금증을 선별한 것이다.

이 책은 일반인들에게 한국어 규범과 예절의 전반적인 내용을 안내하고 이해하게 하려는 것이기도 하지만, 한국어를 전공하는 학부와 대학원 학생들을 대상으로 하는 강의에 활용하려는 의도도 갖고 있다. 따라서 학부나 대학원의 한국어 연구자들을 염두에 두어 일반인들은 깊이 알고 있지 않아도 되는 다소 어려운 내용들도 포함하였다. 이 책을 강의에 활용할 때에는 보통 대학의 강의 일정에 따라 내용을 적절히 분배하여 가르치면 좋을 것이다. 다만 '한글 맞춤법'이 가장 바탕이 되는 내용이므로 이를 중심으로 시간을 안배하면 효과적이라는 것을 말해 둔다.

탈고하기 며칠 전에 심한 감기에 걸렸다. 몸살로 근육통이 심한데 의자에 너무 오래 앉아 있었던 모양인지 엉덩이 근육이 가장 아프다. 어설픈 작업 하느라고 많은 시선을 주지 못한 모든 이들에게 미안함과 감사함을 전한다. 언제나 날카로운 말씀으로 생각을 깨우쳐 주시던 은사이신 서상준 선생님께도 고마운 마음을 올리며 항상 건강하시기를 기원한다. 감기약을 챙겨준 손길과 보잘 것 없는 내용을 격려해 준 이에게도 감사한다. 머리글을 쓰고 나니 날이 다사로워졌다. 이제 여울도 풀리고 다시 물길은 소란스러워지리라.

2018년 봄빛 가득한 날
손 춘 섭

차례

III. 표준어 규정 • 173

IV. 외래어 표기법 • 239

V. 국어의 로마자 표기법 • 315

VI. 표준 언어 예절 • 333

Ⅰ. 들어가기

1. 언어 규범과 예절

칼 포퍼(Karl Popper)는 자연과 인간을 지배하는 법칙을 두 가지로 구분한다. 하나는 엄격하고 일정불변한 것인데도 '참', '거짓'의 구별을 확신하지 못해서 항상 '가설'이라는 이름으로 부르는 '자연적 법칙(natural laws)'이다. 이 가설을 반박할 수는 있지만, 자연적 법칙 그 자체는 인간이 조절할 수 있는 영역 밖에 존재한다. 다른 하나는 인간이 강제로 집행할 수도 있고, 변경할 수도 있는 '규범적 법칙(nomative laws)'이다. 이 규범적 법칙에 대하여 우리는 그것을 '좋다거나 나쁘다거나', '옳다거나 그르다거나', '받아들일 수 있다거나 그렇지 않다거나' 하는 식으로 평가할 수 있다.(이완구 역, 1997/2017:104-105 참조.) 일반적으로 자연적 법칙은 과학의 탐구 대상이다. 반면 규범적 규칙은 도덕이나 법규, 예절 등의 이름을 갖는 인간 행동의 지침이다.

언어학자들은 언어에도 인간이 조절할 수 없는 자연적 법칙이 내재한다고 주장한다. 언어에 내재하는 자연적 법칙을 보통 '문법'이라고 부르는데 이를 과학적으로 연구하는 분야가 바로 언어학이다. 언어 현상은 자연적 법칙의 지배를 받기 때문에 인간의 조절 영역 밖에서 무한한 변이를 계속한다. 따라서 언어에 대한 연구들도 항상 가설이라는 이름으로 반박을 기다리고 있다.

하지만 언어 규범과 예절은 자연적 법칙이기보다는 언어 사용의 지침으로서 규범적 규칙이다. 언어 규범과 예절은 자연 현상으로서 언어 변이를 가급적 배제하고 표준형을 제시하려고 한다. 또한 좋다거나 나쁘다거나, 옳다거나 그르다거나 하는 평가들마저 무시하고 강제로 집행하려는 의도를 갖는다. 또한 언어 규범과 예절은 어떤 언어를 어떻게 사용하여야 모범이 되는지를 제시하여 언어 자체를 통일하려는 목적도 갖고 있다.

한국어 규범과 예절은 각각 '어문 규범'과 '표준 언어 예절'로 규정되어 있다. 이 중 '어문 규범'은 한국어의 표기법, 표준 어형 및 표준 발음의 제시를 주요 내용으로 한다. 아울러 외래어 표기 및 한국어 로마자 표기 원칙도 포함하고 있다. 요약하면, 어문 규범은 한국어의 '표기와 발음'의 모범을 정한 법칙이다.

반면, 표준 언어 예절은 한국어 사용에 필요한 예절의 본보기를 규정한다. 한국어 사용자들 간의 호칭, 지칭, 높임말과 공손한 표현, 인사말, 위로와 축하에 필요한 말과 글 등에 대하여 예절의 모범이 될 수 있는 내용들을 권장한다. 표준 언어 예절은 한국어의 도덕적 사용 방식을 정한 법칙이다.

2. 언어 규범과 예절의 필요성

사람의 의사소통은 기본적으로 언어로 이루어진다. 사람들이 서로 어떤 정보를 공유하는 일이 의사소통이며, 그 정보의 내용은 대부분 언어로 되어 있다. 우리가 의사소통 능력을 가지고 있다고 하는 것도 언어로 된 정보를 생산하고 이해할 수 있다는 뜻이다. 의사소통을 위해서 언어 정보를 생산하는 사람을 보통 화자라고 하고, 그 정보를 이해하는 사람을 청자라고 하는데, 실제 의사소통 과정에서 둘의 역할은 수시로 바뀐다. 이런 까닭에 화자와 청자 사이에는 의사소통을 매개하는 언어의 표기법, 발음 등에 대한 규범이나 좋은 관계 유지를 위한 적절한 예절이 필요하다.

언어 규범과 예절은 사용하는 말과 글을 표준화하기 위해 필요하다. 이 표준화는 궁극적으로 언어 사용자들이 통일된 규칙을 공유함으로써 의사소통의 편리성을 극대화할 수 있게 해 준다. 언어는 여러 가지 요인에 따라서 다양하게 변이한다. 이 변이의 결과로 분화한 지역 방언이나 사회 방언은 동일 언어를 사용하는 사람들 사이에도 소통과 이해에 장애를 일으킬 수 있다. 따라서 언어의 변이를 받아들이면서도 공동체를 대표하는 하나의 표준화된 언어를 갖는다는 것은 중요한 의미를 지닌다. 언어의 표준화는 교육을 위한 통일된 언어 도구 마련, 정보의 축적과 독해를 위한 통일된 출판물의 생산은 물론 정치, 외교, 경제, 예술 등 국가의 운영과 국민 생활의 모든 분야에 필수적 요건이다. 어문 규범과 예절은 이러한 언어 표준화를 위한 것이다.

언어 규범과 예절은 언중의 언어생활을 공적으로 통제하기 위해 필요하다. 누구나 의사소통에 문제가 없다면 자기 마음대로 언어생활을 영위할 자유가 있다. 하지만 공적인 상황에서도 아무렇게나 말하고 행동한다면 다른 사람의 권리를 침해할 수 있다. 이런 이유로 언어 규범과 예절의 제정이 필요하다. 사람은 본래 자연권을 지닌 존재이지만, 공적인 이익을 위해서 민법, 형법, 도로교통법 등 여러 가지 당위적인 사회 규칙들의 통제를 받아야 한다. 누구나 혼자 살지 않는 한 이러한 법규들에서 자유로울 수 없다. 이런 법규들과 마찬가지로 언어 규범이나 예절도 사회 속에서 다른 사람과 소통하기 위해서 마땅히 지켜야 할 규칙으로서 의의를 지닌 것이다.

언어 규범과 예절은 언어 사용자들의 교육을 위해서 필요하다. 한국어는 한반도의 남북한을 통틀어 7,100여 만 명과 해외 동포 700여 만 명을 합쳐서 약 7,800만 명이 사용하는 언어이다. 사용 인구수로 볼 때 세계 10위권에 드는 언어이다. 또한 21세기에 들어 한국어를 제2언어로 배우려는 세계인들이 크게 증가하고 있다. 이런 추세에 따라 한국 정부도 수준 높은 한국어 교사 양성과 한국어 교육 활성화를 위해 노력하고 있으며, 2018년 1월 현재 세계 54개국 171개소에 세종학당을 설치하여 국제적인 한국어 교육과 보급 활동을 펼치고 있다. 한국어 규범과 예절은 남북한을 포함하여 한국어를 배우는 전 세계인을 대상으로 하는 한국어 교육을 위해서 필요한 것이다. 따라서 한국 정부나 한국어 연구자, 한국어 교사들은 세계인들이 배우고 싶어 하는 언어로서 표준 한국어를 바르고 아름답게 사용하고 발전시킬 수 있도록 한국어의 규범과 예절의 연구 및 교육에 힘써야 한다.

3. 한국어 규범과 예절의 내용

한국어 규범과 예절의 주요 내용은 표기, 표준어 선정과 발음, 화법과 예절로 구분해 볼 수 있다. 먼저, 표기에 관한 내용은 표기 원리, 띄어쓰기, 문장 부호, 외래어의 표기, 로마자 표기 등으로 구성된다. 그리고 표준어 선정과 발음에 관한 내용은 표준어 사정의 원칙과 표준 발음법이 핵심이다. 현재 우리나라는 표기, 표준어 선정과 발음에 관한 제반 내용을 국어기본법(제3조, 제13조)에 따라 '어문 규범'이라는 이름으로 제정, 보급하고 있다.

화법과 예절에 관한 내용은 호칭, 지칭, 경어법, 호칭어, 인사말 등 한국어 사용상의 예절이 주를 이룬다. 이 내용들은 1992년에 '표준 화법'이라 명명하고 <우리말의 예절 상,하>(1996 조선일보사 출판)라는 책자로 보급하였는데, 2012년에 '표준 언어 예절'로 이름을 바꾸고 내용을 개정한 후 국립국어원에서 간행물로 보급하고 있다. 한국어 규범과 예절의 이러한 내용들을 정리하면 아래와 같다.

(1) 한국어의 규범과 예절의 주요 내용

가. 한글 맞춤법	−표기 원리 −띄어쓰기 규정 −문장 부호 규정
나. 표준어 규정	−표준어 사정 원칙 −표준 발음법
다. 외래어 표기법	−표기 원칙 −21개 언어의 표기 세칙
라. 국어의 로마자 표기법	−표기 원칙 −도로명의 표기 원칙
마. 표준 언어 예절	−호칭, 지칭 −경어법 −인사, 축하, 위로, 소개 −서식

위 (1가~라)의 한글 맞춤법, 표준어 규정, 외래어 표기법, 국어의 로마자 표기법은 국어기본법 제3조 3항에 명시되어 있는 네 가지 어문규범이다. 이 네 가지 규범은 다시 몇 가지 하위 내용들로 구분할 수 있다. 먼저 한글 맞춤법에는 표기의 원리, 띄어쓰기, 문장 부호에 관한 규정이 있고, 표준어 규정에는 표준어 사정 원칙과 표준 발음법이 들어 있다. 외래어 표기법에는 표기의 기본 원칙과 함께 21개 언어에 대한 표기 세칙이 있으며, 국어의 로마자 표기법에는 한국어를 로마자로 적는 원칙과 2014년부터 전격 사용한 도로명의 로마자 표기 원칙 및 예시들이 들어 있다. 그리고 (1마)의 표준 언어 예절에는 호칭, 지칭, 경어법, 인사말, 소개법, 서식 등의 하위 내용이 있다.

흔히 한국어 어문 규범이라고 하면 바로 위 (1가~라)의 네 가지 규범을 일컫는데, 이를 '표기 4법'이라고도 부른다. 표기 4법은 어문 규범을 주로 정서법(正書法), 정자법(正字法)의 관점에서 칭한 말이다. 이것은 어문 규범을 '어떤 말에 대한 바른 표기 방법'으로 파악하는 태도이다. 그러나 한국어 어문 규범은 넓게는 표준어로서 단어의 선택, 단어의 발음, 단어의 표기, 단어를 결합하여 바른 문장을 짓는 법, 문장들을 단락으로 만드는 법, 한 편의 글을 완성하는 법 등을 포괄하는 개념이 될 수 있다. 또한 상황에 따라 말을 적절히 사용하는 방법 등 사용자의 의사소통 능력 향상에 기여하는 모든 규범들을 포괄하는 의미로도 사용할 수 있다.

공적인 글쓰기를 위한 공문서 작성법도 어문 규범의 범주에 든다. 현행 공문서 작성법은 2016년 12월 일부 개정한 대통령령인 '행정 효율과 협업 촉진에 관한 규정'을 따른다. '행정 효율과 협업 촉진에 관한 규정' 제7조 2항을 보면, 공공 기관에서 작성하는 "문서는 '국어기본법' 제3조 제3호에 따른 어문 규범에 맞게 한글로 작성하되, 뜻을 정확하게 전달하기 위하여 필요한 경우에는 괄호 안에 한자나 그 밖의 외국어를 함께 적을 수 있으며, 가로로 쓴다."라고 되어 있다. 이러한 규정은 한국어 공문서 작성법이 한국어 어문 규범을 준수하는 것임을 말해준다. 기안문 등의 공문서를 작성하는 자세한 원칙은 행정안전부의 <행정 업무 운영 편람>으로 제공되고 있는데, 그 내용들 또한 모두 한국어 규범의 범위에 드는 것이다.

4. 한국어 규범과 예절의 변천

한국어 규범의 변천은 표기법의 측면에서 볼 때 표기 문자의 변천과 관련이 깊다. 따라서 표기 문자의 변천에 따라 한국어 규범을 크게 차자 표기 시대, 훈민정음 시대, 언문 시대, 국문 시대, 한글 시대, 국어 시대로 나누어서 고찰할 수 있다.

한국어는 훈민정음 창제 이전에는 표기 문자를 갖지 못하였다. B. C. 2세기를 전후하여 한국어는 계통적으로 전혀 다른 언어인 중국어의 표기 문자인 한자를 받아들였을 것이며(위만(衛滿) 집권기의 고조선을 근거로 볼 때 그러하다. 사마천의 <사

기(史記)>와 반고의 <한서(漢書)>에서는 이 시기를 한(漢)의 혜제(惠帝: B. C. 194. ~ B. C. 180.) 때로 본다. 이때부터 한자를 이용하여 표기 문제를 해결하려고 하였을 것으로 보인다. 이 시기를 '차자 표기 시대'라고 부를 수 있다.

차자 표기 시대의 한국어 표기법의 주된 내용은 한자를 빌려 어떻게 한국어를 적느냐는 문제였다. 한자를 빌려 한국어를 표기한 사례는 인명이나 지명에 대한 고유 명사 표기나 이두, 구결, 향찰 등의 자료에서 발견된다. 그리고 이들 차자 표기의 핵심적인 원리는 한자의 음(音)이나 훈(訓)을 이용하여 한국어를 표기하는 것이다.

(2) 가. 고유명사 표기: 赫居世王或作弗矩內王(<삼국유사>)
　　　　　　　　　　永同郡本吉同郡(<삼국사기> 지리지)
　　　　　　　　　　密城郡本推火郡(<삼국사기> 지리지)
　　나. 이두 표기: 辛亥年二月廿六日 南山新城作節 如法以 作後三年崩破者 罪教事爲 聞教令誓事之(<慶州南山新城碑> 신해년 2월 26일 남산에 새 성을 지음에, 법으로 지은 후 만약 삼 년 만에 무너지면 죄 주실 일이 될 것임을 들으시도록 맹세하노라.)
　　다. 구결 표기: 國之語音ヽ異乎中國ソ丶與文字又不相流通ソ乙灬ヽ(<훈민정음>)
　　라. 향찰 표기: 生死路隱
　　　　　　　　　此矣有阿米次肹伊遣
　　　　　　　　　吾隱去內如辭叱都
　　　　　　　　　毛如云遣去內尼叱古
　　　　　　　　　於內秋察早隱風未
　　　　　　　　　此矣彼矣浮良落尸葉如
　　　　　　　　　一等隱枝良出古
　　　　　　　　　去奴隱處毛冬乎丁
　　　　　　　　　阿也彌陁刹良逢乎吾
　　　　　　　　　道修良待是古如(<삼국유사>)

위의 자료들은 대표적인 차자 표기 사례들인데, (2가)는 인명이나 지명을 한자의 음이나 훈을 빌려 나타낸 것이다. 예를 들면 '혁거세왕(赫居世王)'이라는 말은 '불구내왕(弗矩內王)'이라고도 부를 수 있는데, 여기서 '혁거세'는 한자의 뜻, 곧 훈을 따라 읽고, '불구내'는 한자의 음을 따라 읽도록 한 표기이다. 곧 '혁거세'와 '불구내'가 같은 의미였고, 읽는 법도 같았다고 본다. 오늘날의 말로 하면 '밝은누리' 정도로 추정한다. 신라는 서기 503년(지증왕 4년)에 국명(國名)을 '신라'로 표기했고, 임금의 명칭을 '왕(王)'으로 통일했으며, 삼국 통일 이후에는 행정 구역 정비를 위해 서기 757년(경덕왕 16년)에 지명을 한문 두 글자 방식(漢文式 二字制)으로 대폭 고치기도 했다고 하니, 인명, 지명 등 고유명사의 차자 표기가 빈번하게 쓰였을 것으로 보인다.

(2나)는 초기 이두(吏讀) 표기로서 서기 591년에 건립된 것으로 보이는 '경주 남산의 신성비(慶州 南山 新城碑)'에 기록되어 있는 내용이다. 여기에 쓰인 한자들은 그 배열이 중국어의 어순을 따르지 않고, 한국어의 어순을 따른 점에서 차자 표기의 하나로 본다. 또한 여기에 쓰인 '作, 節, 者, 以, 教, 事, 爲, 令, 之' 등의 한자는 후대의 이두에서도 자주 쓰이는 것들로서, 주로 훈독되었으며 문법적인 형태를 나타내기 위해 차용되었다. 이두는 조사와 어미를 나타내는 토가 주를 이루지만 체언, 용언, 부사들도 있다. 예를 들면 명사로서 '進賜[나리](나으리), 流音[흘림](조세를 징수할 때 서리가 대장에서 베껴낸 초안)' 등이나, 조사로서 '주격: 亦[이], 是[이], 教是[이시](존칭), 속격: 矣[의](유정물 체언), 叱[ㅅ](무정물 체언), 대격: 乙[을], 처격: 良中[아히], 中[히]' 등이 그것이다.

구결은 한문 문장의 해독을 용이하게 하기 위하여 덧붙이는 한국어의 '~하여, ~홀시'와 같은 '토'를 한자어를 빌려서 표기하는 것이다. (2다)는 구결 표기의 한 예를 보인 것으로서 한문 문장에 쓰인 '丶[이], ソ乛[ᄒᆞ야]', '又[로]', 'ソ乙罒丶[홀시]' 따위가 구결에 해당한다. <삼국사기>나 <삼국유사> 등에서 설총(薛聰)이 이두(吏讀)를 지었다는 통설과 함께 "방언으로 구경(九經)을 읽었다.(以方言讀九經)"고 하는 등의 기록이 있는 것으로 보아 신라 때에도 구결이 있었을 것으로 추정한다. 구결은 '隱[은/는], 伊[이], 乙奴[으로], 乙[을], 厓[애/에], 是面[이면], 里五[리요], 是於焉[이어든]' 등과 같이 쓰이기도 하였지만, 이를 약체화(略體化)하여 '阝[은/는]('隱'의 좌변), 尓[며]('旀'의 우변), 乛[야]('也'의 가로획), 亽[라]('羅'의 약자 '罖'의 아랫부분),

厂[애]('厓'의 윗변), ◟[ㅎ]('爲'의 윗부분)' 등과 같이 한자의 한 부분을 떼어 쓰는 것이 관례였다.

(2라)는 향찰 표기의 대표적인 사례인 향가 <제망매가>이다. 향찰은 한자를 빌려 한국어를 적은 가장 발전된 형태의 표기법이다. 향찰에서는 '훈주음종(訓主音從)'과 같은 표기 규칙을 찾을 수 있다. 예를 들어 위 <제망매가>의 첫줄 "生死路隱"에서 '路隱'을 보면, 주된 성분인 '길'은 한자 '路'의 '훈'을 빌려 나타내고, 종적인 성분인 조사 '은'은 한자 '隱'의 '음'을 빌려 나타내고 있다. 향가는 이러한 향찰 표기법으로 이룩한 수준 높은 문학 작품이다.

한국어 표기법 변화의 획기적인 전환점은 서기 1443년 세종대왕의 훈민정음 창제였다. 세종은 창제한 새 문자에 대한 해설서인 <훈민정음> 해례를 1446년에 발간함으로써 한국어를 '훈민정음'으로 표기하는 원리와 방법을 제시하였다. 이 시기는 표기법 역사상 '훈민정음 시대'라고 부를 수 있다. <훈민정음> 해례 제자해에서 제시된 훈민정음 28자와 제자 원리를 보이면 아래와 같다.

(3) 훈민정음 28자의 제자 원리

가. 초성의 제자 원리

오음(五音)	기본자	제자 원리	가획자	이체자
牙音	ㄱ	象舌根閉喉之形	ㅋ	
舌音	ㄴ	象舌附上齶之形	ㄷ, ㅌ	
脣音	ㅁ	象口形	ㅂ, ㅍ	
齒音	ㅅ	象齒形	ㅈ, ㅊ	
喉音	ㅇ	象喉形	ㆆ, ㅎ	ㆁ
半舌音				ㄹ
半齒音				ㅿ

나. 중성의 제자 원리

음의 성질 \ 제자 원리	기본자	초출자 (初出字)	재출자 (再出字)	기본자 제자 원리
양성	·	ㅗ, ㅏ	ㅛ, ㅑ	形之圓 象乎天
음성	ㅡ	ㅜ, ㅓ	ㅠ, ㅕ	形之平 象乎地
중성	ㅣ			形之立 象乎人

다. 병서법(竝書法)과 연서법(連書法)

병서법과 연서법		
병서자	각자 병서	ㄲ, ㄸ, ㅃ, ㅆ, ㅉ, ㆅ, (ㆀ)
	합용 병서	ㅺ, ㅼ, ㅿㅂ, ㅳ, ㅄ, ㅶ, ㅳ, ㅲ, ㅴ
연서자		ㅸ(ㆄ, ㅹ, ㅱ)

세종이 창제한 훈민정음 28자는 위 (3가)의 초성 17자와 중성 11자이다. 초성 17자는 조음 위치에 해당하는 오음(五音)의 기본자 'ㄱ, ㄴ, ㅁ, ㅅ, ㅇ'을 각각 발음기관을 상형하여 만든 뒤에 가획의 원리에 따라 동일한 조음 위치에서 조음 방식이 다른 글자들을 만들었다. 또한 상형의 원리는 같되 모양이 다른 이체자들도 만들었다. 모음 11자는 'ㆍ, ㅡ, ㅣ' 기본자 셋을 각각 '하늘과 땅과 사람의 모양'을 본떠서 만들고, 나머지 모음 8자는 이 세 기본자를 결합하여 만들었다.

(3다)의 병서자와 연서자는 초성 기본 17자에는 들어 있지 않지만, 그 결합 방법은 <훈민정음> 예의에 병서법은 "ㄱ 牙音 如君字初發聲 竝書 如虯字初發聲(ㄱ눈 엄쏘리니 君ㄷㅉ 처엄 펴아나는 소리 ㄱᆞ튼니, ᄀᆞᆲ바쓰면 虯ㅸ자 처엄 펴아나는 소리 ㄱᆞ튼니라.)" 등으로, 연서법은 "ㅇ 連書脣音之下 則爲脣輕音(ㅇ 룰 입시울쏘리 아래 니ᅀᅥ 쓰면 입시울 가비야ᄫᆞᆫ 소리 ᄃᆞ외ᄂᆞ니라.)"로 제시되어 있다. 이들 병서자와 연서자는 새로 만든 28자에 들어 있지 않지만 훈민정음으로 표기한 문헌들에서 실제로 빈번하게 사용되었다.

훈민정음 시대의 표기법은 문자 창제와 함께 당시 한국어의 발음을 충실히 기록하였다고 볼 수 있다. 어떤 언어든지 처음으로 표기 문자를 갖게 되면 그 언어의 발음을 충실히 표기하려는 것이 일반적이라고 한다. 곧 당시의 한국어와 훈민정음에 의한 표기 사이에는 큰 괴리가 없었다. 말하자면 훈민정음 시대의 표기법은 발음을 충실히 표기에 반영하는 음소주의, 곧 표음주의적 표기법이었다. 훈민정음 시대의 표기법의 몇 가지 원칙을 보이면 다음과 같다.

먼저, 이 시기의 음소적 표기법은 명사 및 동사 어간의 비자동적 교체는 물론이고 자동적 교체에도 반영하였다. 예를 들면 '값'이라는 어간 형태소의 이형태 '갑'을 '갑시(香六珠ㅣ 갑시 世界 ᄡᅥ더니, 월인천강지곡18)', '갑샛(碑 지순 갑샛 도놀 가 求

索하놋다, 두시언해 초간본 22)'과 같이 그대로 표기하였다. 오늘날의 표기법이 비자동적 교체는 대체로 음소적으로 적고, 자동적 교체는 형태적으로 적는 것과는 대조적이다. 그러나 15세기 표기법에서 예를 들면 '믿는'을 '민는'처럼 표기하지는 않았다. 이런 사례는 당시에 이러한 자음동화가 없어서가 아니라 표기에 문법적인 고려도 하였다는 것을 말해 준다. 이러한 판단은 '걷너-, 건너-', '돋니-, 돈니-'와 같은 표기가 공존하는 사실이 그 근거이다.

다음으로 훈민정음 시대에는 어간 말 자음은 다음 음절이 모음으로 시작하면 원칙적으로 연철하였다. 따라서 '쁘디, 머그니'처럼 적었다. 예외로서 'ㅅ' 받침은 다음 음절이 'ㄱ, ㄷ, ㅂ, ㅅ' 등일 때 '닷가-, 다까', '어엿브-, 어여쎄-' 등으로 연철하기도 했다. 현대 한글 맞춤법이 용언의 어간과 어미를 구별하여 적도록 하는 것과는 대조적이다.

또한 훈민정음 시대에 받침의 표기는 원칙적으로 'ㄱ, ㄴ, ㄷ, ㄹ, ㅁ, ㅂ, ㅅ, ㅇ'의 여덟 자음으로 제한하였다. 이는 '팔종성법'이라고 불리는데, <훈민정음> 해례에 "然ㄱㆁㄷㄴㅂㅁㅅㄹ八字可足用也, 如빗곳爲梨花, 영의갗爲狐皮 而ㅅ字可以通用 故只用ㅅ字(그러나 'ㄱ,ㆁ,ㄷ,ㄴ,ㅂ,ㅁ,ㅅ,ㄹ' 8자만을 써도 좋다. 예를 들면, '빗곳, 영의갗'의 'ㅈ,ㅊ'은 'ㅅ'으로도 통용되므로 'ㅅ'만을 쓰는 것이다.)"로 기록하고 있는 것으로 볼 때 'ㅈ, ㅊ' 등이 받침에서 'ㅅ'으로 중화되는 현상을 반영하기 위한 표기법으로 보인다.

훈민정음 시대의 자음 체계와 모음 체계는 아래와 같았던 것으로 추정한다.

  (4) 가. 자음: ㄱ ㄲ ㅋ ㆁ
             ㄷ ㄸ ㅌ ㄴ
             ㅂ ㅃ ㅍ ㅁ ㅸ
             ㅈ ㅉ ㅊ
             ㅅ ㅆ
             ㅎ ㆅ
             ㄹ
             △(22자음)

나. 모음: · ㅡ ㅣ ㅗ ㅏ ㅜ ㅓ(7단모음)

훈민정음 시대의 한국어의 자음은 위 (4가)에서처럼 22개로 본다. 훈민정음이라는 문자를 새로 만들어 사용하였지만, 그렇다고 해서 당시의 말소리를 정확하게 알 수 있는 것은 아니다. 아직까지 문자 'ㄲ, ㄸ, ㅃ' 등이나 'ㅺ, ㅼ' 등의 음가에 대해서는 많은 이견이 있다. 즉 이 두 계열이 모두 경음을 표기하는 기호였다는 견해도 있고, 전자의 계열만이 경음을 표기하는 기호였다는 견해 등이 있다. 여기서 경음의 표기로 'ㄲ' 계열을 취한 것은 편의적인 것일 뿐, 훈민정음 시대의 경음을 이 계열로 단정한다는 의미는 아니다. 그렇지만 이 시기의 자음에 예사소리와 대립하는 된소리와 거센소리가 있었다는 점에 대해서는 학자들이 의견 일치를 보인다. 요컨대, 이 시기의 자음은 '평음(ㄱ, ㄴ, ㄷ, ㄹ, ㅁ, ㅂ, ㅅ, ㆁ, ㅈ, ㅎ, ㅸ, ㅿ), 격음(ㅊ, ㅋ, ㅌ, ㅍ), 경음(ㆅ, ㄲ, ㄸ, ㅃ, ㅆ, ㅉ)' 등이 있었을 것으로 정리된다.

한편 받침의 'ㅈ, ㅊ'은 'ㅅ'으로 발음되고 'ㅌ'은 'ㄷ'으로 'ㅍ'은 'ㅂ'으로 발음되어 결국 받침으로는 'ㄱ, ㄴ, ㄷ, ㄹ, ㅁ, ㅂ, ㅅ, ㆁ'의 8가지로만 발음되었다. 이와 같은 받침의 중화 현상은 현대국어에서도 일어나는 것으로, 다만 현대국어에서는 받침 'ㅅ'까지 'ㄷ'으로 중화되어 7자음으로 나타난다. 이 시기의 모음은 위 (4나)처럼 단모음을 7개로 본다. 이 시기의 이중 모음으로는 'ㅛ, ㅑ, ㅠ, ㅕ, ·ㅣ, ㅢ, ㅐ, ㅔ, ㅚ, ㅟ, ㅘ, ㅝ' 등이 있었으며 삼중모음으로 'ㆉ, ㆌ, ㆇ, ㆋ, ㅙ, ㅞ' 등이 있었던 것으로 추정된다. 훈민정음 시대의 음소로서 자음과 모음의 체계는 이와 같은데 이를 표기할 문자로서 <훈민정음> 해례 용자례(用字例)에 사용된 초성과 중성과 종성의 체계는 다음과 같았다.

(5) <훈민정음> 해례 용자례(用字例)의 자음과 모음
　　초성: ㄱ ㅋ ㆁ ㄷ ㅌ ㄴ ㅂ ㅍ ㅁ ㅸ ㅈ ㅊ ㅅ ㅎ ㅇ ㄹ ㅿ (17자)
　　중성: · ㅡ ㅣ ㅗ ㅏ ㅜ ㅓ ㅛ ㅑ ㅠ ㅕ (11자)
　　종성: ㄱ ㆁ ㄷ ㄴ ㅂ ㅁ ㅅ ㄹ (8자)
　　총계: 36자

용자례는 <훈민정음> 해례(解例)의 여섯째 장의 이름이다. <훈민정음> 해례의 내용은 보통 제자해, 초성해, 중성해, 종성해, 합자해의 5해와 용자례의 1예로 나뉜다. 용자례의 내용은 새로 만들어진 각 낱소리글자들을 실제로 사용한 보기를 든 것으로서, 초성(初聲)에 34개 낱말, 중성(中聲)에 44개 낱말, 종성(終聲)에 16개 낱말, 도합 94개 낱말의 용례를 제시하고 있다. 여기에는 위 (5)에서처럼 초성 17자, 중성 11자, 종성 8자 총 36자모가 쓰이고 있다.

훈민정음 창제 60년 후인 1504년, 연산군이 함부로 선비를 잡아 죽이는 등 정국이 어수선해지자 한글로 된 벽서와 투서가 여기저기에 붙었다. 그러자 연산군은 한글(언문)을 배우거나 쓰는 일을 금지시킨다는 아래와 같은 전교를 내린다. 훈민정음은 탄생 후 100년도 되지 않아 큰 수난을 맞이하게 된 것이다. 이 시기를 표기법 역사상 '언문 시대'라고 부를 수 있다.

"어제 예궐(詣闕)하였던 정부(政府)·금부(禁府)의 당상(堂上)을 부르라. 또 앞으로는 언문을 가르치지도 말고 배우지도 말며, 이미 배운 자도 쓰지 못하게 하며, 모든 언문을 아는 자를 한성의 오부(五部)로 하여금 적발하여 고하게 하되, 알고도 고발하지 않는 자는 이웃 사람을 아울러 죄주라. 어제 죄인을 잡는 절목(節目)을 성 안에는 이미 통유(通諭)하였거니와, 성 밖 및 외방에도 통유하라."(연산군 10년(1504년) 7월 20일 전교)

언문 시대인 1527년(중종 22년)에 최세진은 <훈몽자회(訓蒙字會)>를 간행하였는데, 이 <훈몽자회>의 범례에서 한글 자모 27자와 초성 종성 통용 팔자(初聲終聲通用八字)를 명문화하고, 한글 각 글자의 명칭을 보여 주고 있다. 최세진이 <훈몽자회>에 이러한 내용을 포함한 것은 한자를 배울 때 한글을 이용하여 그 음과 뜻을 분명히 알 수 있도록 하려는 배려에서였다.

갑오경장이 일어난 1894년(고종 31년)에는 "모든 공문에 국문으로 본을 삼으라."는 칙령이 내려졌다. 이로써 수백 년 동안 한자와 한문을 공용문에 써 왔던 조선 사회에 큰 변혁이 일어났다. '언문'이나 '암클'이라고 천대받던 한글이 비로소 나라의 글자인 '국문'으로 승격한 것이다. 1897년 1월에 나온 이봉운의 <국문정리>는 처음으로 참된 국어와 국자에 대한 관념을 피력한 근대적인 국어 문법서로 평가받는다. 이 시기를 한국어 표기법 역사상 '국문 시대'라고 부를 수 있다.

이러한 갑작스런 표기 문자의 변천으로 혼란한 가운데에서 지석영의 <신정국문(新正國文)>이 1905년 7월 법령으로 공포되었다. <신정국문>은 지석영이 상소한 대한제국의 국문 개혁안이었다. <신정국문>은 'ㆍ'를 'ㅣ'와 'ㅡ'의 합음으로 처리하고, 새로운 문자를 도입하는 등, 내용상에 문제들이 있었을지라도 한국어를 적는 문자에 대한 관심을 고조시키는 계기가 되었다.

<신정국문>이 공포된 후 2년 만인 1907년 7월 8일에는 새로운 표기법의 반발과 혼란에 대한 대책을 세우기 위해 국문연구소를 설치하였다. 국문연구소는 1909년까지 약 2년 동안 존속하면서 <국문연구의안(國文硏究議案)>이라는 제목의 보고서를 마련하였다.

(6) <국문연구의안>의 주요 내용
   • 국문의 연원과 자체 및 발음의 연혁
   • 초성 중 ㆁㆆㅿㅇㅱㅸㆄㅹ 여덟 자의 부활 문제
   • 초성의 ㄲ ㄸ ㅃ ㅆ ㅉ ㆅ 여섯 자에 대한 병서 통일 문제
   • 중성 중 ㆍ자 폐지, ㆍ자 창제 문제
   • 종성의 ㄷ, ㅅ 두 자의 용법 및 ㅈ, ㅊ, ㅋ, ㅌ, ㅍ, ㅎ 여섯 자의 통용 문제
   • 철자법

(6)은 <국문연구의안> 주요 내용의 일부를 보인 것인데, 모두 표기법의 정비를 위한 타당한 문제들이었다. 다만 1910년 나라가 망하고 일본의 압제가 시작되면서 그 내용에 대한 깊이 있는 논의와 실천의 기대는 모두 허망한 것이 되어 버렸다.

일제 치하인 1913년에 주시경이 '한글'이라는 명칭을 처음 사용하기 시작하고, 1927년 이후에는 한국 고유의 문자를 가리키는 이름으로 한글이라는 명칭이 널리 쓰였다. 그리고 1933년에는 조선어 학회에서 우리 손으로 '한글 맞춤법 통일안'을

마련하였다. 이 시기를 한국어 표기법 역사상 '한글 시대'라고 부를 수 있다.

1940년대로 접어들자 일제는 한국의 문화 및 한국어 말살 정책을 더욱 극렬하게 전개하면서 조선어 학회와 관련한 국어학자들을 탄압했다. 1942년 8월 함흥 영생고 등학교 여학생 박영옥이 기차 안에서 한국말을 했다는 이유로 경찰에 검거되었는 데, 그 증인으로 과거 이 학생의 은사였던 조선어 학회 회원 정태진이 민족정신을 고취했다는 명목으로 잡히면서 조선어 학회를 관련시켜 탄압하기 시작하였다. 함흥 경찰서는 이윤재, 이극로, 최현배, 김윤경, 이희승, 한징 등 30여 명을 검거하여 야 만적인 고문을 자행하고, '학술 단체를 가장하여 국체(國體) 변혁을 도모한 독립 운 동 단체'라는 죄명으로 기소하였다. 또한 조선어 학회를 물심으로 도운 50여 명을 유치장에 구금하기도 하였다. 함흥에서 잡혀 간 사람들은 갖은 고문 뒤에 재판에 회 부되었는데 판결이 나기도 전에 이윤재와 한징은 심한 고문과 기한(飢寒)으로 옥사 하였다.

1945년 해방이 되고 남북으로 분단된 상태에서도 1933년의 한글 맞춤법 통일안 은 남한과 북한에서 모두 한국어의 표기법으로 채택되었다. 이후로 현재까지도 '한 국어를 표기하는 문자'의 이름으로 '한글'을 사용하고 있고, 1933년의 한글 맞춤법 통일안은 현행 어문 규범인 한글 맞춤법에 대부분 그대로 계승되고 있다.

1945년 해방을 이후에는 '한글'이라는 말과 함께 '국어'라는 용어가 빈번하게 사 용되었는데 이 시기는 '국어 시대'라고 부를 수 있다. 이 시기에는 1988년 어문 규 범의 전면 개정, 2000년 로마자 표기법 개정 등이 이루어졌다. 또한 2005년에는 국 어기본법이 제정되어 한국어 어문 규범에 대한 연구와 보급에 법적인 토대가 마련 되었고, 한국어를 국내외적으로 교육하고 발전시키는 큰 분수령이 되었다.

1) 한글 맞춤법의 변천

1930년 12월 30일에 조선어 학회 총회의 결의로 현행 한글 맞춤법의 근간이 되 는 '한글 맞춤법 통일안' 제정 작업을 시작하였다.

1933년 10월 19일에 3년 동안의 연구와 토론을 거쳐 조선어 학회 임시 총회에서 한글 맞춤법 통일안을 의결 확정하고, 같은 해 10월 29일 책으로 발간하였다. 한글 맞춤법 통일안은 총 7개 장, 67개 항, 부록 1(표준말), 부록 2(문장 부호)로 구성되어 있었다.

1937년 3월에 한글 맞춤법 통일안의 일부 개정으로 제7항, 제8항의 표준어 어례 (語例)를 삭제하고 용어를 수정하였다.

1940년 6월에 한글 맞춤법 통일안의 일부 개정으로 제19항의 어례 '갖후다, 낮후다, 늦후다, 맞후다'를 '갖추다, 낮추다, 늦추다, 맞추다'로 바꾸었고, 제30항에서는 '사이시옷'을 쓰기로 했으며, '문장 부호' 부록을 수정, 증보하였다.

1946년 9월에 한글 맞춤법 통일안을 일부 개정하여, 제10항에 단서 조항을 추가하고, 제30항을 재개정하여 '사이시옷'을 폐지하였으며, 제48항과 제61항에 단서 조항을 추가하였다. 또한 제62, 63, 64항을 없애고, 제65항을 제62항으로 하였으며, 제63항을 신설하였다.

1979년 12월에 '한글 맞춤법 국어 심의 위원회 안'을 발표하였다. 7개 국어 단체, '한글 학회, 국어 국문 학회, 국어 학회, 국어 교육 학회, 국어 교육 연구회, 한국 어문 학회, 한글 전용 국민 실천회'가 참여하는 국어 조사 연구 위원회를 조직하여, 본문 5개 장 47개 항, 부록 9개 항의 한글 맞춤법 개정안을 마련하였다.

1984년 12월에 '한글 맞춤법 학술원 안'을 발표하였다. 1982년 1월 학술원 인문 과학부의 제2 분과회 회원을 중심으로 어문 연구 위원회를 구성하고, 그 아래 맞춤법 소위원회를 두어 1979년 12월 '한글 맞춤법 국어 심의회 안'을 검토하고, 수정 보완하여 본문 5개 장 54개 항, 부록 8개 항의 개정안을 마련하였다.

1988년 1월에 문교부 고시 제88-1호로 '한글 맞춤법'을 공포하였다. 국어 연구소에서 맞춤법 심의 위원회를 구성하여, 1984년 12월의 '한글 맞춤법 학술원 안'을 수정 보완한 뒤 본문 6개 장 57개 항 부록(문장 부호)으로 된 개정안을 발표한 것이다.

2015년 1월 1일부터 새로운 문장 부호 규정을 사용하였다. 새로운 문장 부호 규정은 그동안 사용해 오던 가로쓰기용 부호 사용법의 주요 내용을 유지하면서 부호의 명칭이나 사용법을 수정하였다. 또한 세로쓰기용 부호들을 전면 폐지하였고, 일부 부호는 가로쓰기용으로 전환하였다. 새로운 부호로 홑화살괄호(< >), 겹화살괄호(《 》)를 추가하였다.

2) 표준어 규정의 변천

1933년 조선어 학회에서 제정 발표한 한글 맞춤법 통일안 총론 제2항에 "표준말은 대체로 현재 중류 사회에서 쓰는 서울말로 한다."라고 규정하였다. 이 원칙에 따라 1935년 1월 2일부터 75명의 사정 위원회를 구성하여 심의·결정한 표준어를 1936년 10월 28일 <사정한 조선어 표준말 모음>이라는 책으로 펴냈다. 사정한 낱말은 모두 9,547개로, 표준어 6,231개, 준말 134개, 비표준어 3,082개, 한자어 100개였다.

1979년 12월에 문교부안 표준어 규정을 발표하였다. 7개 단체로 구성된 국어 조사 연구 위원회 안에 위원 30명의 표준어 사정회를 두고, 실태 조사 및 현지 조사를 통하여 약 16,500개의 낱말을 사정하였다. 국어 심의회의 심의와 여론 조사 및 보완 작업을 거쳐 이를 1979년 12월 문교부 안으로 발표하였다.

1982년 1월에 학술원에서 인문과학부 회원을 중심으로 어문 연구회를 구성하고 표준말 소위원회를 두어 1979년 개정안을 검토 수정한 뒤 1984년에 개정안을 문교부에 보고하였다.

1988년 1월에 문교부 고시 제88-2호로 현행 표준어 규정을 공포하였다. 이는 국어 연구소에서 표준어 심의 위원회를 구성하여, 1984년 안을 심의하고 수정 보완한 것이며, 새로 '표준 발음법'을 제정한 것이 특기할 만한 일이었다.

2011년에 이르러서 '짜장면, 손주' 등과 같은 말들을 표준어로 지정해 줄 것을 요구하는 여론에 따라서 1988년 이후 공식적인 수정이 없었던 표준어 목록에 변화가 생겼다. 곧 2011년 9월에 39개의 단어를 새로운 표준어로 선정한 것이다. 이후 2014년에도 13개의 표준어를 추가하였다. 2015년에는 표준어 9개를 추가했고, '말아, 말아라, 말아요', '노랗네, 동그랗네, 조그맣네'의 두 가지 활용형을 새로운 표준형으로 선정하였다. 이어 2016년에는 표준어 4개와 표준형 2개를 새로 선정하였다. 2017년에 이르러서는 3개의 단어를 표준어로 추가하고, '개사'와 '미망인' 두 단어의 의미를 수정하였으며, '효과'와 '관건' 두 단어는 각각 [효꽈], [관껀]을 새로운 표준 발음으로 인정하였다.

3) 외래어 표기법의 변천

1931년 외래어 표기법의 제정에 착수하여 8년 만인 1938년 원안을 작성하였다. 다시 2년의 보완 작업 끝에 1940년 6월, 10년 만에 완성한 <외래어 표기법 통일안>을 간행하였다. 이 통일안은 해방 후 문교부에서 1952년, 1959년, 1969년에 걸쳐 세 번이나 수정하였으나, 사회에서 잘 따르지 않아서 큰 혼란이 있었다.

1986년 1월 문교부 고시 제85-11호로 현행 외래어 표기법을 공포하였다. 이후 1992년 루마니아 어, 헝가리 어, 폴란드 어 등 동구권 언어의 표기 규칙을 문화부 고시 제1992-31호로 추가하고, 1995년에는 스웨덴 어, 노르웨이 어, 덴마크 어 등 북부 유럽권 언어에 대한 표기 규칙을 문화체육부 고시 제1995-8호로 추가한 이래로 지속적인 추가가 이루어져 2013년 현재 총 21개 언어에 대한 표기 세칙을 두고 있다.

4) 로마자 표기법의 변천

1941년 1월에 정인섭·이희승·정인승 등이 중심이 되어 발표한 '조선어 학회안' 로마자 표기법이 제출되었으나 채택되지 않았다.

1959년 2월에 문교부에 의해 처음으로 로마자 표기법이 제정, 공포되었다.

1984년 1월에 '한글의 로마자 표기법'이 문교부 고시 84-1호로 개정·공포되었다. 이전까지의 한국어의 로마자 표기법은 1959년 공포된 문교부 안을 따르면서도 외국인 상대의 신문·잡지 등에서의 표기는 주로 1937년 고안된 매큔-라이샤워 체계를 따름으로써 일원적이지 못하였다. 그러던 것을 1978년부터 폭넓은 연구와 자문, 여론 수렴을 거쳐 1984년 문교부에서 '한글의 로마자 표기법'을 고시하였다.

2000년 7월 문화관광부 안으로 현행 '국어의 로마자 표기법'이 고시되었다. 이전 표기법과 비교할 때 가장 큰 차이는 반달표(˘)와 어깻점(')을 없애고 가급적 로마자만을 사용하기로 한 점이다. 또한 자음에서 파열음 'ㄱ, ㄷ, ㅂ'은 모음 앞에서는 'g, d, b'로, 자음 앞이나 어말에서는 'k, t, p'로 적도록 했다.

2014년 1월 1일부터 법정 주소로 도로명 주소를 전격적으로 사용함에 따라서 주소나 도로명을 로마자로 표기하는 새로운 원칙이 필요하게 되었다. 이에 '도로명의 로마자 등 표기 방법'을 별도로 마련하여 공표하였다. 이 도로명의 로마자 표기 방법은 현행 국어의 로마자 표기법을 그대로 따르면서 새로운 주소의 구분 기준이 되는 '대로, 로, 길'의 로마자 및 한자 표기에 대한 원칙과 예시를 제공하였다.

5) 표준 언어 예절의 변천

1992년에 국립국어원과 국어 심의회가 표준 화법을 확정, <우리말의 예절 상·하>라는 책자로 편찬, 보급하였다. 표준 화법은 한국어의 호칭어, 인사말, 경어 등의 올바른 사용법을 알려 주고, 한국어의 예절 바른 말글살이를 안내하는 내용이다. 표준 언어 예절은 2012년에 이 표준 화법을 개정, 보완한 것이다.

2012년 3월에 국립국어원은 2009년, 2010년 전국 규모의 국어사용 실태 조사와 2011년에 열린 11차례의 자문위원회, 국어심의회 보고(2011. 12. 19.) 등을 거쳐 <표준 언어 예절>을 발간하였다. 이것은 한국어의 화법과 예절에 대한 20년 만의 개정으로서 그 주요 내용은 다음과 같다.

첫째, 조부모, 손주, 사촌에 대한 호칭, 지칭을 추가하였다.

둘째, 책자의 말미에 별도로 '서식' 부분을 두고 전자 우편, 결혼 청첩장, 결혼 축하나 조위에 대한 감사장 등의 작성 예시를 실었다.

셋째, 부모에 대한 호칭으로 어릴 때에만 '엄마', '아빠'를 사용할 수 있었던 것을 성인이 된 후에도 비격식적인 상황에서 쓸 수 있게 했다.

넷째, 여동생의 남편을 부를 때는 '○_서방'과 함께, 부르는 사람이 남자일 경우 '매부'나 '매제', 여자일 경우에는 '제부'를 쓸 수 있도록 했다.

다섯째, 남편의 형에 대한 지칭으로 '시숙(媤叔)'을 추가하였고, 남편 누나의 남편에 대한 호칭, 지칭으로 '서방님'을 빼고 '아주버님'만을 쓰도록 하였다.

여섯째, 아내 오빠의 아내를 호칭하는 말, 아내 남동생의 아내를 호칭, 지칭하는 말로 '처남의 댁'만 쓰던 것에 '처남댁'을 추가하였다.

일곱째, 직장에서는 윗사람이나 아랫사람에 관계없이 '-시-'를 넣어 존대하는 것을 원칙으로 하였다.

여덟째, '축하드립니다'를 '축하합니다'와 함께 쓸 수 있도록 하였다.

◉ 질문과 대답

문 '한글'이라는 명칭에 대해서 질문합니다. '한글'이라는 명칭은 '큰 글'이란 뜻으로 주시경 선생님께서 명명하셨다고 알고 있습니다. 그런데 언제, 어떤 문헌에 나와 있는지 궁금합니다.

답 현전하는 기록을 대상으로 할 때 '한글'이라는 명칭을 최초로 사용한 때는 1913년 3월 23일로서, '조선어문회'의 이름을 '한글모'로 바꾼다는 기록으로 봅니다. 그러나 이 명칭이 실제 쓰이기 시작한 것은 1913년 9월로서 <아이들 보이>라는 잡지의 '한글풀이' 난에서였습니다. 이후 1914년 '조선어강습원'의 이름을 '한글배곧'으로 바꾸고, 1915년 이 이름으로 졸업증서를 발부하였습니다. 그러다가 1927년부터는 '한글'이라는 이름이 널리 쓰인 것으로 보입니다. 이 '한글'이라는 이름을 쓰기 시작한 이는 주시경이 확실한 것으로 밝혀졌습니다. 이것은 주시경이 직접 만든 각종 증서에 '한말, 배달말, 한글'이라는 말들을 사용하고 있기 때문입니다.

문 훈민정음에 있었던 문자들 가운데 사라진 글자 'ㆁ, ㅿ, ·, ㆆ'에 대하여 몇 가지 질문합니다. 1. 네 글자가 사라진 시기와 이유는 무엇인가요? 2. 네 글자가 화석으로 남아 있는 예가 있나요? 3. 다시 사용될 가능성은 없나요? 4. 순경음 ㅂ(ㅸ)까지, 사라진 글자는 다섯 개가 아닌가요? 5. 순경음 ㅂ(ㅸ)은 28자에 속하지 않나요?

답 1. 네 글자가 사라진 시기와 이유는 무엇인가요? <훈민정음> 예의에는 초성자 17자가 예시되어 있습니다. 아음(ㄱ, ㅋ, ㆁ), 설음(ㄷ, ㅌ, ㄴ), 순음(ㅂ, ㅍ, ㅁ), 치음(ㅅ, ㅈ, ㅊ), 후음(ㆆ, ㅎ, ㅇ), 반설음(ㄹ), 반치음(ㅿ)이 그것입니다. 이와 함께 'ㄱ, ㄷ, ㅂ, ㅅ, ㆆ'의 병서자가 있음이 문자의 예시 없이 기술되어 있습니다. 그리고 중성자로는 기본자(ㆍ, ㅡ, ㅣ), 초출자(ㅗ, ㅏ, ㅜ, ㅓ), 재출자(ㅛ, ㅑ, ㅠ, ㅕ)가 예시되어 있습니다. 이 중에서 소실된 문자는 'ㆆ, ㅿ, ㆁ, ㆍ'이며, 소실 원인은 이들 문자에 해당하는 음가의 소실입니다. (1) 'ㆆ'은 동국정운식 한자음의 초성(挹흡, 安한)이나 사잇소리(虛형ㆆ字), 관형사형 어미, 된소리 부호(예: 니르고져 홇 배 이셔도/ㆁ셤 안해 자싫 제)에 쓰였습니다. 곧 순우리말의 초성에는 쓰인 적이 없습니다. 그러므로 훈민정음 창제 당시에 'ㆆ'은 음가를 가지지 않은 것으로 보는 견해가 많습니다. 그리고 'ㆆ'은 1527년에 간행된 <훈몽자회>에서부터는 나타나지 않습니다. (2) 'ㅿ'[z]의 음가는 15세기 후기에 소멸됩니다. 문자는 광주판 <천자문>(1576)에서부터 ㅇ과 혼기되기 시작하고, <소학언해>(1587), <석봉천자문>(1583)에서는 거의 없어집니다. (3) 'ㆁ'[ŋ]은 <훈민정음> 해례에서도 이응(ㅇ)과 서로 비슷하다고 하였습니다. 'ㆁ'의 음가 [ŋ]은 중세국어는 물론 현대국어의 종성에서 쓰이지만, 문자는 ㅇ으로 변합니다. 16세기부터 ㅇ과 혼기되어 쓰이다가, 17세기 문헌에서는 거의 없어집니다. (4) 'ㆍ'[ʌ]의 음가는 16~17세기에 소멸되며, 문자는 1933년 한글 맞춤법 통일안이 발표되기 전까지도 나타납니다.

2. 네 글자가 화석으로 남아 있는 예가 있나요? (1) 'ㆆ'은 음가가 없던 것으로 보기 때문에, 화석형도 남아 있을 수 없습니다. (2) 'ㅿ'도 음가가 소실되었기 때문에 화석형으로 남아 있는 경우는 없습니다. 다만 'ㅅ'에서 유성음화한 반치음의 경우에는 'ㅅ'으로 남아 있는 전남방언이 있습니다. 예) 가을:가실, 구유:구수, 여우:여시, 가위:가새(이 단어들은 15세기에 반치음을 가지고 있었음.) (3) 중세국어에서 'ㆁ'은 초성에서 발음될 수 있어서 '바올, 수어'가 쓰였습니다. 그러나 16세기부터는 'ㆁ'이 종성에서만 쓰이게 되어, 2음절 초성 [ŋ]을 1음절 종성으로 내려서 '방울, 숭어'로 발음했습니다. (4) 'ㆍ'도 음가가 소실되었기 때문에 화석형으로 남아 있는 경우는 없습니다.

3. 다시 사용될 가능성은 없나요? 음가의 소실이 원인이 되어서 문자가 소멸한 것입니다. 따라서 뜻을 구분하는 소리로 다시 생기지 않는 한, 사라진 문자가 다시 사용될 가능성은 없다고 보아야 합니다. 더욱이 현행 어문 규범은 24자모만을 쓰기로 하고 다른 문자의 사용을 전적으로 제한합니다.

4. 'ㅸ'까지 사라진 글자는 다섯 개가 아닌가요? 'ㅸ'은 훈민정음 28자에 속하지 않지만, 순우리말을 적을 때에 사용된 문자입니다. 순경음은 1450년대까지 존속하다가 그 후에 [w]로 변합니다. 약 15년 동안만 사용된 것으로 추정됩니다. 순경음 외에도 소실된 문자로는 'ㆀ, ㆅ, ㅼ, ㅴ, ㅵ' 등이 있습니다. 원인은 모두 음가의 소실입니다.

5. 순경음 ㅂ(ㅸ)은 28자에 속하지 않나요? 네, 앞서 말씀드린 것처럼 28자 속에 들지 않습니다.

문 언어에 대한 질문입니다. 같은 문화권에 있는 사람들은 같은 언어를 쓰잖아요? 근데 어떻게 해서 사람들이 같은 언어를 쓰게 되는 거죠? 제 생각은 모든 사람들이 생각도 다르고 사상도 다르기 때문에 서로 사물을 인식하는 점에서 차이가 있을 거 같은데 같은 언어를 쓴다는 게 궁금합니다. 예를 들면 '슬프다, 기쁘다, 아프다' 등 사람들이 느끼는 이런 것들이 각기 다를 수 있는데 어떻게 이렇게 똑같은 말을 쓰는 것일까요? 그리고 소리는 다르지만 다른 나라에도 이와 같은 의미의 말들이 있잖아요. 혼자서 당연히 사람들이 느끼는 공통사가 있기 때문이라고 생각해 봐도 왠지 아닌 것 같고 정의가 안 내려지네요. 어떻게 보면 말이 안 될 수도 있지만 자꾸 궁금해지네요. 머릿속이 너무 복잡합니다.

답 '모든 사람들이 생각도 다르고 사상도 다르기 때문에 서로 사물을 인식하는 점에서 차이가 있을 거 같은데 같은 문화권에 있는 사람들은 같은 언어를 쓴다는 게 궁금'하다고 하셨는데, 그러한 궁금증은 누구나 한 번쯤 가져 볼 만한 것이라 생각합니다. 우선 이렇게 생각해 볼 수 있지 않을까요. 사람마다 대상에 대하여 갖는 생각이나 느낌은 조금씩 다르기도 하지만, 귀하의 생각처럼 어느 정도는 공통점을 가지고 있다고 할 것입니다. 이러한 공통점은 시간과 공간이 떨어져 있는 사람들에서도 흔히 찾아볼 수 있는 일이죠. 예를 들면, 우리의 '콩쥐팥쥐 이야기'와 서양의 '신데렐라 이야기'가 전혀 다른 이야기라기보다는 같다고 느껴지는 것이라든지, '춘향의 이야기'가 오늘날의 한국인뿐만 아니라, 다른 나라 사람에게도 아름다운 사랑 이야기로 읽히는 것도, 결국 대상에 대한 생각과 느낌이 공통되기 때문이라 할 수 있을 것입니다. 언어는 구성원 간의 약속입니다. 사람마다 같은 생각을 같은 말로 표현해야 서로의 의사소통이 이루어질 수 있습니다. 같은 느낌을 서로 다른 말로 표현하게 되면 소통이 불가능하게 되죠. 같은 언어를 쓰면서도 생각을 서로 다르게 표현함으로써 심지어는 오해가 생기는 경우를 요즘에도 우리 주변에서 드물지 않게 볼 수 있습니다. 언어가 처음 만들어지고 언어 공동체의 의사소통을 위한 편리한 도구로 쓰일 때까지 이렇게 다른 점은 줄이고 공통점은 늘이는 노력이 이어져 오늘에 이르게 되었다고 할 것입니다. 언어의 표준화를 목적으로 하는 어문 규범도 의사소통을 위해 공통점을 극대화하자는 것으로 볼 수 있습니다.

문 한글 창제 이전의 우리 말소리에 대해 궁금해서 이렇게 문의합니다. 우연히 훈민정음 서문을 보던 중에 단순한 의문이 들어 이렇게 글을 올립니다. 서문에 '나라 말이 문자와 다르기 때문에' 세종께선 훈민정음을 창제하셨다고 나와 있는데 그렇다면 우리가 현재 쓰는 문자로서 훈민정음(한글) 말고 말소리로서 한국어의 근원은 어디서부터 찾아야 합니까? 문자 이전의 말소리를 연구한다는 것은 거의 불가능하겠지만 – 자료가 없기 때문에 – 우리 말소리의 근원을 안다면 그리고 그것을 다른 나라의 말소리와 비교한다면 어떻게 될까 하는 궁금증이 나서 이렇게 문의 드립니다.

답 우리말의 근원이 무엇인지에 관한 질문으로 이해하고, 쉬운 일은 아니지만, 이 문제에 관하여 함께 생각해 보도록 하겠습니다. 사람이 처음 사용한 말은 어떤 모습이었을까, 수천 가지나 된다는 이 세상의 말과 말 사이에는 어떤 관련이 있을까 등등 말에 관한 궁금증은 셀 수 없이 많지만, 인류의 기원 문제와 마찬가지로 동서고금의 지혜를 한데 모은다 해도 시원한 답을 찾기 어렵습니다. 학자들은 지금으로부터 약 50만 년 전쯤 사람이 모여 사회를 이루기 시작하면서 의사소통을 위해 자연스럽게 말이 생겨나기 시작했다고 보고 있으므로, 우리말도 우리 민족이 형성되면서 동시에 생겨났을 것으로 추정할 뿐 명확히 밝혀진 것은 아무것도 없습니다. 우리가 지금 알 수 있는 것은 한반도를 중심으로 한 동북아 일대에 우리 민족이 정착하여 사용하던 말이 삼국의 말로 이어져 우리말의 모태가 되고, 고려가 세워지면서 한반도 중부 지역의 말이 중심이 되었고, 이것이 중세국어와 근대국어를 거쳐서 오늘날의 현대한국어로 발전하였다는 것입니다. 말이 생겨날 때 언어 공동체마다 필요와 표현 방법이 달랐을 것이고 시간을 두고 서로 다른 변화의 길을 겪었을 것이므로, 나라와 나라, 민족과 민족의 말과 말 사이의 소리나 뜻의 관련성을 찾아 비교하는 일 역시 쉽게 풀 수 있는 문제는 아닐 것입니다. 덧붙여 말씀 드리고 싶은 것은, '우리말이 중국말과 달라서……'라고 한 세종 임금의 참된 뜻은 '한자나 한자를 이용해 만든 것은 우리의 소리 말(뜻이 아니라)을 적는 좋은 수단이 아니므로, 이에 합당한 소리글자를 만든다.'는 것으로 이해하여야 할 것입니다. 한자는 뜻을 적는 글자이므로 예나 지금이나 중국어(소리 말)를 적는 데에도 아주 불편한 글자입니다.

문 한국어의 계통에 관하여 질문 드립니다. 얼마 전 반 년 정도 몽골에 봉사 활동을 다녀왔습니다. 몽골에는 '알타이 산맥'이라는 곳이 있는데 제가 중학교에 다닐 때 교과서에서 한국어는 알타이 어족에 속한다는 내용의 글을 읽어본 적이 있습니다. 아직도 현행 중학교 국어 3-1 교과서에 이기문 교수님의 그 글이 실려 있고, 대부분의 사람들이 한국어가 '우랄 알타이 어족'이라든지 '알타이 어족'에 속한다고 알고 있습니다. 그런데 그러한 학설이 학계에서는 완전하게 받아들여지지 않고, 그와 다른 학설들도 여럿 존재 하고 있는 것으로 알고 있습니다. 그리고 알타이 산맥은 역사적으로도 우리 민족이 주로 활동했던 무대와는 멀리 떨어져 있는 곳인데, 이곳에서 한국어의 계통을 찾는 것은 무리가 있다고 봅니다. 한국어의 계통에 대한 이 학설이 명백하게 증명이 된 가설이고, 학계에서도 받아들여진 가설인지 궁금합니다.

답 질문하신 우리말의 계통 문제는 한마디로 답하기 어려운 문제입니다. 몇 가지 주장이 있지만 그 가운데 우리말이 알타이 어족의 한 분파일 것이라는 주장이 꽤 널리 퍼져 있을 뿐만 아니라, 그것을 입증하기 위한 노력도 계속 이루어지고 있습니다. 이기문 교수에 따르면 한국어는 알타이 어족의 다른 분파인 터키 제어, 몽골 제어, 만주–퉁구스 제어보다 더 이른 시기에 알타이 어족에서 분화되어 따로 발전하게 되었다고 합니다. 우리말의 계통에 관한 연구가 더 많이 축적되어야만 이러한 주장을 뒷받침해 줄 수 있을 것입니다. 질문하신 분처럼 봉사 활동도 활발히 할 뿐만 아니라, 학문의 세계에서도 의문을 갖고 나름대로 근거를 대면서 풀어 보려는 시도를 하는 것은 매우 가치 있는 일일 것입니다. 다만, 알타이 산맥이 역사적으로 우리 민족이 활동했던 무대와는 멀리 떨어져 있어서 이곳에서 한국어의 계통을 찾는 것은 무리가 있다고 본다는 말은 여러 모로 더 따져 보아야 하겠습니다.

문 한국어 배우는 외국인인데요. 책에서 윗사람에게 '수고하세요.' '수고하셨어요.'라는 말을 하면 안 된다는 내용을 봤는데요. 그동안 계속 윗사람에게 이런 표현을 해 와서 이 내용을 보고 너무 당황했어요. 주변에 있는 한국 친구들에게 물어봤더니 쓸 수 있다고 그랬어요. 그래서 지금 너무 헷갈려요. 쓸 수 있는 것인가요? 만약에 쓸 수 없다면 대신하는 표현은 무엇일까요?

답 귀하의 질문은 한국어를 배우는 외국인들뿐만 아니라, 한국인들도 어려워하는 것 중의 하나입니다. 같은 사회, 같은 모어 화자라 하더라도 때와 곳에 따라 문화나 제도가 다르기도 하고 생각도 같지 않을 수 있기 때문에, 같은 문제에 대해 판단이 달라지기도 합니다. 말씀하신 것처럼 윗사람에게 '수고하세요.'나 '수고하셨어요.'라는 말을 하면 안 된다는 내용을 담고 있는 책도 있고 국어를 가르치면서 이런 내용을 학생들에게 강조하여 가르치기도 합니다. 그 까닭은 이 말들이 말하는 사람의 뜻과는 달리 '힘든 일을 계속하라.'는 뜻으로 들릴 수 있으므로 듣는 이가 윗사람일 때는 부적절하다고 판단하기 때문입니다. 그런 경우에는 상황에 맞게 '안녕히 계십시오.'나 '먼저 가겠습니다.'와 같은 다른 말을 쓰는 것이 좋다고 대안을 제시하기도 합니다.

그러나 언어 상황은 늘 규범적으로만 운용되지 않으므로 실제의 발화 상황에서는 무의식적으로 그렇게 쓰는 경우도 적지 않습니다. 한국 친구들이 쓸 수 있다고 한 것은 그렇게 이해하시기 바랍니다. 바르고 고운 언어가 사회를 밝게 합니다.

문 설에 세배 드리러 갔다가 궁금한 점이 있어서요. 세배 드리기 전에 어르신께 "절 받으십시오!"라고 했는데 이것이 옳은 표현인지 궁금해서요. 옳지 않다면 어떻게 말하는 것이 좋을까요?

답 집 안에서 친척, 친지에 대한 신년 인사로 세배가 있습니다. 요사이 젊은 사람 중에는 세배를 할 때 절하겠다는 의사 표시로 어른에게 으레 "절 받으세요.", "앉으세요."라고 말하기도 하는데, 이런 명령조의 말을 하는 것은 어른에 대한 예의가 아니며, 절 받는 어른의 기분을 상하게 합니다. 말없이 그냥 절을 하는 것이 공손합니다. 다만, 나이 차가 크지 않은 어른이 절 받기를 사양할 때 권하는 의미로 "절 받으세요.", "앉으세요."라고 말하는 것은 괜찮습니다. 세배는 원칙적으로 절을 하는 자체가 인사이기 때문에 어른에게 다른 말을 할 필요 없이 절만 하면 되며, 어른의 덕담이 있기를 기다리는 것이 예의입니다. 그러나 절을 한 뒤에 어른의 덕담이 곧 이어 나오지 않거나 덕담이 있은 뒤에는 어른께 말로 인사를 할 수 있습니다. 이때 상대방의 처지에 맞게 적당한 인사말을 할 수 있습니다. 다만, "오래오래 사세요." 같은 말은 어른을 서글프게 할 수 있으므로 삼가는 것이 좋습니다.

Ⅱ. 한글 맞춤법

제1장 총칙

제1항 한글 맞춤법은 표준어를 소리대로 적되, 어법에 맞도록 함을 원칙으로 한다.
제2항 문장의 각 단어는 띄어 씀을 원칙으로 한다.
제3항 외래어는 '외래어 표기법'에 따라 적는다.

◉ 해설

한글 맞춤법 제1항 "한글 맞춤법은 표준어를 소리대로 적되, 어법에 맞도록 함을 원칙으로 한다."는 규정은 한국어를 적는 기본 원리를 담고 있다. 이런 이유로 이 조항은 '한글 맞춤법의 원리 조항'이라고 부를 수 있으며, 다음과 같은 세 가지의 의미로 설명할 수 있다.

첫째, 한글 맞춤법의 대상이 '표준어'라는 것이다. 한국어 표준어의 구체적인 범위는 표준어 규정 제1부 표준어 사정 원칙 제1장 제1항에 "교양 있는 사람들이 두루 쓰는 현대 서울말"로 규정되어 있다. 한국어는 여러 가지 시대적, 지리적, 사회적 변이를 가지고 있다. 표준어는 특정한 시대, 특정한 지역, 특정한 계층의 한국어를 선택하여 표기의 대상으로 삼은 것이다.

둘째, '소리대로 적되'라는 표현이 갖는 의미는, 맞춤법에 따라 표준어를 적을 때 그 발음에 충실하게 적어야 한다는 것이다. 어떤 말이든지 문자로 적을 때에 그 말의 발음에 충실하게 적는 것이 이상적이다. 이러한 표기 원리를 음소주의, 혹은 표음주의라고 한다.

표음문자인 한글이나 로마자는 말을 적을 때 소리대로 적기에 알맞다. 반면 표의 문자인 한자는 말소리를 그대로 적기 어렵다. 한글 맞춤법은 이러한 한글의 특성을 이용하여 한국어를 발음에 충실하게 적도록 하고 있다. 특히 관습적으로 굳어져서 원형에 대한 인식이 약하거나 불규칙 변화를 보이는 것 등에 대하여 소리대로 적는 원리를 적용하고 있다.

(1) 가. 집웅, 묻엄, 굴음, 놀음, 콧길이

　　나. 지붕, 무덤, 구름, 노름, 코끼리

(2) 가. 묻어, 묻으니, 묻어서

　　나. 물어, 물으니, 물어서

　(1나)는 관습적으로 굳어져서 (1가)처럼 원형을 인식하여 적을 필요가 없는 말들을 소리대로 적은 것이다. (2가)와 (2나)의 '묻다'는 기본 형태가 같은 용언이지만 (2가)와 달리 (2나)의 '묻다'는 불규칙적인 활용을 하는 용언이다. (2나)처럼 불규칙한 변화를 보이는 말들은 표음주의 원리에 따라 적어야 한다.

　셋째, '어법에 맞도록 함'이라는 규정은 한글 맞춤법은 소리대로 적는 원리를 따르되 '어법에 따라 적는 원리'를 지켜야 한다는 것이다. 이때의 어법은 말의 운용 법칙으로서 주로 형태적인 규칙을 말한다. 한국어를 적을 때에는 발음에 충실하게 적지만 말의 운용상에서 형태 변화가 있는 경우 어법을 고려하여 원형을 밝혀 적는다. 이러한 표기법을 형태음소주의 혹은 표의주의라고 부른다. 표음주의와는 달리 원형을 밝혀 적어야 하는 표의주의는 발음을 그대로 적기에는 적절하지 않다. 그러나 글을 읽고 이해하는 데에는 많은 이점이 있다. 곧 독서의 능률이 높다. 이런 이유로 한글 맞춤법은 표준어를 발음대로 적더라도 어법에 따라서 적도록 하는 절충적인 원리를 표방하는 것이다. 글자를 쉽게 적는 것도 중요하지만 쉽게 이해하는 것이 더 중요하기 때문이다.

(3) 가. 갑또, 감만, 갑씨, 갑쓸

　　나. 값도, 값만, 값이, 값을

(4) 가. 익따, 일끼, 잉는, 일글

　　나. 읽다, 읽기, 읽는, 읽을

　(3가)와 (4가)는 각각 표준어를 소리대로 적은 것이며, (3나)와 (4나)는 말의 운용

법칙에 따라 원형을 밝혀 적은 것이다. 표음주의 원리에 따르는 (3가)와 (4가)는 발음을 그대로 적기에 용이하다. 세종대왕은 한글을 창제한 후 이러한 표음주의 원리를 채용하여 '어린 백성'들이 글을 적는 데 어려움이 없도록 하고자 하였다. 그러나 오늘날 효과적인 독서를 고려할 때 (3가), (4가)와 같은 표기는 동일한 의미의 단어를 여러 가지 형태로 적었기 때문에 의미를 파악할 때 비능률적이다. 반면 (3나), (4나)는 원형을 고정하여 적었기 때문에 독서에서 동일한 단어로 쉽게 인식하여 의미를 파악하는 데 효율적이다.

한글 맞춤법의 원리를 한자어에 적용하는 데에는 좀 특별한 면이 있다. 한글 맞춤법 전반을 고려할 때, 한자어는 기본적으로 발음 변화를 표기에 반영하지 않도록 하고 있다. 따라서 다음과 같이 한자어들을 적을 때에는 발음의 변화를 고려하지 않고 각각의 독음(자전에 실린 음)을 그대로 적는 것이 원칙이다.

(5) 가. 代價, 大家, 大駕, 齒科, 內科
　　 나. 대가, 대가, 대가, 치과, 내과

(5가)의 한자어들은 각각 (5나)와 같이 적는다. 이는 한자어의 발음 변화를 고려하지 않고 적는다는 점에서 원형을 밝히어 적는 앞의 형태음소주의 표기법과 유사하다. 그러나 한자어도 '노인(老人)', '여자(女子)'나 '숫자(數字)', '횟수(回數)'처럼 제한된 경우에 한하여 발음의 변화를 반영하여 적도록 하고 있다. 이럴 때에는 앞의 소리대로 적는 표기법과 같다.

한글 맞춤법 제2항 '문장의 각 단어는 띄어 씀을 원칙으로 한다.'는 한국어 띄어쓰기의 대원칙을 밝히는 규정이다. 띄어쓰기의 세부적인 내용은 한글 맞춤법 제41항부터 제50항까지 총 10개의 항으로 규정되어 있다.

한글은 로마자 등 다른 음소문자들과 마찬가지로 풀어쓰기에 적합하다. 그리고 풀어쓰기에는 띄어쓰기가 필수적이다. 띄어쓰기를 하지 않는다면 풀어쓰기는 단어 경계를 제대로 파악하기 어렵기 때문이다. 실제로 주시경 이래 여러 학자들이 한글의 풀어쓰기를 주장하기도 했다. 주시경은 <말의 소리>(1914)에서 '우리글의 가로 쓰는 익힘'이라는 내용을 두고, "가로 글은 쓰기와 박기에 좋으니라."라고 하여 가로 풀어쓰기가 한국어 철자의 이상임을 말하고 있다. 주시경의 제자인 김두봉은 <깁더 조선말본>(1934)의 부록에서 '좋은 글'이라 하여 가로 풀어쓰기의 개인적인 안을 제시하기도 했다. 이외에도 국어학자 최현배, 김윤경 등도 가로 풀어쓰기에 많은 관심과 대안을 가지고 있었던 것으로 알려져 있다.

(6) 김두봉(1934) <깁더 조선말본>의 풀어쓰기

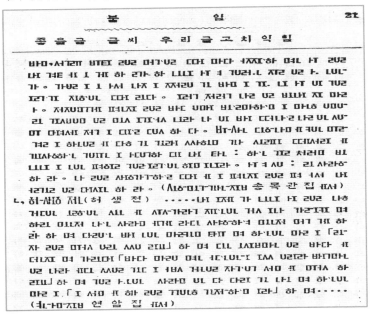

그러나 음소문자로 한글을 창제한 세종대왕은 풀어쓰기를 하지 않고 음절을 초성, 중성, 종성으로 구분하여 모아쓰기를 했다. 한자와 같이 글자의 가독성을 높이기 위한 것이었다. 따라서 창제 당시 한글의 표기에는 띄어쓰기가 없었다. 구두점 등의 보조적인 방법을 쓰기는 했지만 띄어쓰기를 하지 않아도 문장의 의미 파악에 아무런 문제가 없었다. 하지만 오늘날의 어문 규범은 한글 적기에 띄어쓰기를 하도록 규정하고 있다. 최초의 한글 신문인 독립신문에서 처음으로 띄어쓰기를 시작한 것으로 알려져 있는데, <독립신문> 창간호의 논설에서 "귀절을 쩨여" 쓸 것을 주장하고 있다. 이것은 영어 등의 서양 언어 표기의 영향을 받은 것으로 보인다. 스코트가 쓴 <언문말칙>(1887)과 언더우드의 <한영문법>(1890)을 비롯한 서양 선교사들의 책에서 띄어쓰기의 예들을 볼 수 있다. 이렇게 하여 지금의 한글 표기는 모아쓰기와 띄어쓰기의 장점을 두루 반영하고 있는 셈이다.

(7) <훈민정음>의 모아쓰기

한국어의 띄어쓰기는 문장의 독해 능률을 높이는 데 매우 효과적이지만, 교착어인 한국어의 특성상 띄어쓰기의 경계를 정하는 것이 쉬운 일만은 아니다. 특히 구와 합성 명사의 구별, 본용언, 보조 용언과 합성 용언의 구별, 기타 조사와 의존 명사의 구별 등에 많은 어려움이 있다. 우리가 현실에서 자주 겪는 띄어쓰기의 모호함과 불편함도 여기에서 기인한다. 이런 점에서 한국어 띄어쓰기의 적절한 기준을 정하는 일이 중요하다.

한글 맞춤법 제2항의 규정은 바로 한국어 띄어쓰기의 기준을 단어를 경계로 정한다는 것을 말하고 있다. 그렇다고 단어의 경계가 항상 분명한 것은 아니다. 우선 학교 문법에서 단어는 9품사, 곧 명사, 대명사, 수사, 동사, 형용사, 관형사, 부사, 조사, 감탄사로 정하고 있지만, 현실적으로 단어로서의 성격이 모호한 조사는 문제가 될 수 있다. 이에 한글 맞춤법 띄어쓰기의 세부 규정에서는 그 첫 항인 제41항에 "조사는 그 앞말에 붙여 쓴다."는 규정을 두어 이를 해결하고 있다. 조사와 어미 등을 붙여서 적는다는 점에서 띄어쓰기 단위로서의 단어는 어절과 유사하며 한국어를 말할 때의 호흡 단위와 부합한다.

띄어쓰기가 독해의 효율성을 높이는 것은 분명하다.

  (8) 가. 밤에나무사온다.
      나. 아버지가방에들어가신다.

(8가, 나)처럼 띄어쓰기를 하지 않고 문장을 적었을 때에는 앞 뒤 문맥에 따라서 문장의 해석이 달라질 수 있다. 그러나 아래와 같이 띄어 쓰면 문장의 의미는 명확해진다.

  (9) 가. 밤에 나무 사 온다.
      나. 아버지가 방에 들어가신다.

한글 맞춤법 제3항 "외래어는 '외래어 표기법'에 따라 적는다."는 규정에서 '외래어'는 외국어가 한국어 속에 들어와서 '한국어화'한 것을 일컫는다. 한국어화란 외국어가 한국 사회에서 널리 쓰이며, 한국어의 음운, 문법, 의미 체계에 동화하는 것을 의미한다. 따라서 외래어는 한국어 화자들이 한국어로 인식하는 것으로 본다. 그러나 외국어를 원음 형태로 그대로 사용하는 일이 늘어나면서 외래어에 대한 이러한 개념도 모호한 것이 되고 있다.

현행 외래어 표기법은 1985년에 12월 28일에 개정 공포한 것으로서 2013년 현재 영어를 비롯하여 21개 언어의 외래어 표기 세칙을 규정하고 있다. 제3항은 외래어의 표기가 바로 이 규범에 의거한다는 의미이다. 여러 가지 언어에서 들어오는 외래어는 해당 언어에 익숙한 한국어 화자와 그렇지 않은 화자 사이에 발음이나 표기에 차이가 있을 수 있다. 한국어의 외래어 표기법은 어떤 외래어에 대하여서든지 원어에서의 성격은 참고하더라도, 한국어의 어문 규범에 따라 완전히 한국어로 다루겠다는 의미를 내포하는 것으로 보아야 한다.

◉ 질문과 대답

문 '말하는이, 듣는이, 읽는이'가 맞는 표현인가요? 중학교 국어 교과서를 보다가 의문이 생겨서 질문을 드립니다. 교과서를 보면 '말하는이, 듣는이, 읽는이'로 나와 있는데, 다른 책을 보면 '말하는 이, 듣는 이, 읽는 이'로 나와 있었습니다. 원래 '말하는'과 '이'는 띄어 쓰는 것으로 알고 있었는데 국어 교과서에 '말하는'과 '이'를 붙여 쓰는 것을 보고 어느 것이 올바른 표기인지 궁금했습니다. 교과서나 다른 책을 보면 '글쓴이'는 붙여 쓰던데, 이것과 비슷한 현상인가요?

답 띄어쓰기는 <한글 맞춤법> 제1장(총칙) 제2항에 "문장의 각 단어는 띄어 씀을 원칙으로 한다."는 원칙을 두고, 이를 제5장(띄어쓰기) 제41항부터 제50항까지에서 상세하게 규정하고 있지만, 실제로 글을 쓸 때에는 이 규정들이 세세한 경우를 다 설명해 주지 못해 미흡하다고 생각하는 이들이 있을 뿐만 아니라, 같은 것을 두고도 원칙과 허용의 두 경우가 있어서 혼란스러워하는 이들도 있습니다. 그럼에도 불구하고 띄어쓰기를 바르게 하려면, <한글 맞춤법>의 규정을 잘 이해해야 합니다. 조사 이외의 단어는 띄어 쓰는 것이 가장 기본이 되므로 단어인지 아닌지를 명확히 알 수만 있다면 문제는 아주 쉬워집니다. <표준 국어 대사전>을 참고로 하는 것이 단어를 판정하는 좋은 방법일 것입니다. 문서 편집기의 도움을 받는 것도 초보자에게는 권할 만합니다. 문의하신 중학교 교과서의 '말하는이, 듣는이, 읽는이'의 문제도 결국 이것들을 하나의 단어로 보느냐의 문제입니다. 다른 책에는 '말하는 이, 듣는 이, 읽는 이'로 나와 있다는 것은 단어로서의 인정 여부에 대하여 서로의 판단이 다르다는 것을 말하는 것입니다. 이럴 때 사전이 절대적인 것은 아닐지라도 위에서 말한 것처럼 좋은 참고가 될 수 있을 터인데, 공교롭게도 이 경우에는 대부분의 사전에 '말하는이, 듣는이, 읽는이' 등이 표제어로 실려 있지 않아서 아무런 도움이 되지 못합니다. 우리가 찾고자 하는 단어가 사전에 실려 있지 않아 당황한 적이 누구나 한두 번쯤 있을 것입니다만, 사전 편찬자들이 대체로 새로운 단어에 대하여 보수적인 태도를 취하기 때문에 일어나는 일로 이해할 수 있을 것입니다. '글쓴이'도 위에 나오는 말과 다르지 않은 구조를 지닌 것으로 본다면, 이 말은 사전에 올라 있으므로 '말하는이, 듣는이, 읽는이'도 하나의 단어로 다루어져 사전에 실려야 할 것으로 생각합니다. 아직 단어로 인정받지 못하고 있다는 것을 강조하는 이들이라면, '말하는 이, 듣는 이, 읽는 이'처럼 띄어 써야 하겠지요. '말하는이, 듣는이, 읽는이'를 '화자, 청자, 독자'와 같은 명사처럼 하나의 단어로 인정하는 경우에도, '그렇게 말하는 이가 있다면' 등과 같은 문맥에서라면 하나의 단어가 아니므로 당연히 띄어 써야 합니다.

문 아래는 신문 기사의 안에 있는 문장을 발췌한 것입니다. 명사와 명사구로 이루어진 건 띄어 쓰기를 해야 할지, 아니면 붙여 쓰기를 해야 할지에 대해서 많이 헷갈립니다. 국어사전에 등재된 것만 붙여 써야 한다고 알고 있습니다마는, 신문 기사를 보니 무슨 연유인지 붙여 쓴 것이 부지기수입니다. 왜 그렇게 쓰는지 도무지 모르겠습니다. 혹시, 한글 맞춤법 제49항에 고유 명사는 단위별로 붙여 쓸 수 있다고 명시되어 있으니 하단에 있는 것이 죄다 그런 이유로 고유 명사이기 때문에 붙여 쓰기를 한 것일까요? 명사와 명사구로 되어 있는 것은 어떻게 띄어쓰기를 하면 좋을까요?

> **보기** 유통전문가, 수입위생조건, 가격경쟁, 전체회의, 실태조사, 평화정착, 신년기자회견, 대량구매처, 입법조사관, 고정배치, 감시활동, 야간산불, 보육시설, 관광상품, 환송행사, 환경정비, 생산출하, 발표자료, 정책개발, 역할분담, 가격변동

답 한글 맞춤법에서 정한 띄어쓰기는 총칙 제2항에서 규정한 것처럼 단어마다 띄어 쓰는 것이 원칙입니다만, 독서 능률을 고려하여 붙여 쓰는 것도 허용함으로써(제46~50항) 실제의 어문 생활에서는 다소 혼란스럽기도 합니다. 더군다나 공적이거나 사적인 문자 생활을 막론하고 개인 또는 집단이 한글 맞춤법에서 정한 바와는 달리 자의적, 의도적으로 문자 생활의 기준을 정해 씀으로써 혼란이 가중되는 형편입니다.(현행 띄어쓰기 규정이 문자 생활의 불편을 줄이는 최선의 것인지는 별개의 문제입니다.) 질문자께서 옮겨 오신 표현들은 거의 모두 한글 맞춤법에서 허용하는 고유 명사나 전문 용어가 아니라 할 것이므로 '입법조사관'(이 말도 원칙은 '입법 조사관'으로 띄어 써야 함.) 외에는 다 띄어 써야 할 것입니다.

문 외국어와 외래어는 어떻게 구별하는 것입니까? 예를 들어 설명해 주세요.

답 외국어는 한국어가 아닌 다른 나라의 말을 가리키고, 외래어는 외국어에서 한국어 속으로 들어와 한국어화한 말을 가리킵니다. 따라서 외국어는 아직 사회적으로 한국 어로 허용이 되지 않은 말이어서 고유나 한자어 등의 우리말로 대체가 가능하며, 언중도 대응하는 우리말을 더 활발하게 사용하는 경우가 많습니다. 그러나 외래어는 한국어의 발음과 문법 체계에 동화하여 사회적으로 한국어로 인식하는 말입니다. 대 표적인 외래어는 중국어에서 들어온 한자어들입니다. 오늘날 한국어 화자들은 한자 를 몰라도 한자어를 이해하는 데 별 지장이 없습니다. 이것은 외래어인 한자어가 완 전히 한국어화하였다는 뜻입니다. 그러나 서양어에서 들어 온 말들 중에는 '라디오, 텔레비전, 남포, 담배' 등처럼 완전히 한국어화한 말들도 있지만, '댄스, 레스토랑' 등 처럼 많이 사용하면서도 아직 외국어인지 외래어인지 기준을 정하기가 어려운 말들 도 많습니다. 이에 한국어 어문 규범의 하나인 외래어 표기법은 세계 21개국에서 들 어오는 말들을 한글로 적는 상세한 규정을 마련해 놓고 있습니다.

제2장 자모

제4항 한글 자모의 수는 스물넉 자로 하고, 그 순서와 이름은 다음과 같이 정한다.

ㄱ(기역)	ㄴ(니은)	ㄷ(디귿)	ㄹ(리을)
ㅁ(미음)	ㅂ(비읍)	ㅅ(시옷)	ㅇ(이응)
ㅈ(지읒)	ㅊ(치읓)	ㅋ(키읔)	ㅌ(티읕)
ㅍ(피읖)	ㅎ(히읗)		
ㅏ(아)	ㅑ(야)	ㅓ(어)	ㅕ(여)
ㅗ(오)	ㅛ(요)	ㅜ(우)	ㅠ(유)
ㅡ(으)	ㅣ(이)		

[붙임 1] 위의 자모로써 적을 수 없는 소리는 두 개 이상의 자모를 어울러서 적되, 그 순서와 이름은 다음과 같이 정한다.

ㄲ(쌍기역)	ㄸ(쌍디귿)	ㅃ(쌍비읍)	ㅆ(쌍시옷)
ㅉ(쌍지읒)			
ㅐ(애)	ㅒ(얘)	ㅔ(에)	ㅖ(예)
ㅘ(와)	ㅙ(왜)	ㅚ(외)	ㅝ(워)
ㅞ(웨)	ㅟ(위)	ㅢ(의)	

[붙임 2] 사전에 올릴 적의 자모 순서는 다음과 같이 정한다.
　　자음　ㄱ ㄲ ㄴ ㄷ ㄸ ㄹ ㅁ ㅂ ㅃ ㅅ ㅆ ㅇ ㅈ ㅉ ㅊ ㅋ ㅌ ㅍ ㅎ
　　모음　ㅏ ㅐ ㅑ ㅒ ㅓ ㅔ ㅕ ㅖ ㅗ ㅘ ㅙ ㅚ ㅛ ㅜ ㅝ ㅞ ㅟ ㅠ ㅡ ㅢ ㅣ

◉ 해설

　자모(字母)란 한 음절의 자음과 모음의 소리를 구별하여 적을 수 있는 글자를 가리킨다. 곧 자모는 음소 문자의 다른 말이다. 로마자나 한글 자음과 모음 글자들이 자모이다. 표의 문자인 한자는 본질적으로 소리를 적는 것이 아니어서 자모라고 할 수 없으며, 일본의 가나 문자는 기본적으로 하나의 문자로 음절을 나타내므로 역시 자음과 모음을 구별할 수 있는 글자가 아니다.

　정보화 시대에 어떤 언어의 소리를 구별하여 적을 수 있는 음소 문자를 가지고 있다는 것은 그 이점이 매우 크다. 정보 처리 도구인 컴퓨터의 대표적인 입력 방법이 자판을 사용하여 글자를 입력하는 것이기 때문이다. 일본인 학자 이타마 히로유키 외(1997) <일본의 컴퓨터 산업: 왜 침체하고 있는가>에 따르면 컴퓨터는 인간의 언어를 입력받아 정보를 처리해야 하는데, 음소 문자를 이용하여 언어를 입력하는 것이 표의 문자나 음절 문자를 이용할 때보다 훨씬 효율적이라고 한다. 따라서 이타마 히로유키 외(1997)은 음소 문자를 사용하는 언어를 가진 국가의 컴퓨터 산업이 그렇지 않은 국가보다 더 빠르게 발전할 것이라고 내다보았다.

　음소로서의 국어의 자음은 표준어의 경우 일반적으로 19개로 본다. 음소로서의 모음은 단모음이 10개이다. 이외에 이중 모음 11개를 구성하는 반모음도 음소이며 이를 2개로 보기도 한다. 그런데 위 제4항에서 보듯이 한국어의 자음 자모는 14개이다. 자음 음소의 수와는 5개의 차이가 있다. 이는 한국어의 기본 자음 자모로 모든 자음을 적을 수 없다는 뜻이다. 이런 이유로 자모를 결합한 'ㄲ, ㄸ, ㅃ, ㅆ, ㅉ'의 5개로 나머지 자음 음소를 적고 있다. 모음의 경우에도 마찬가지이다. 모음 자모와 단모음 음소의 수는 둘 다 10개이지만, 현행 한글 맞춤법에서 제시한 모음의 기본 자모 10개와 표준어의 단모음 음소 10개는 일치하지 않는다. 모음 음소 중에서도 'ㅐ, ㅔ, ㅚ, ㅟ'는 위 제4항에 제시한 10개의 모음 자모로만은 적을 수 없는 것들로 두 개의 자모를 결합하여 적어야 한다.

한글 자모의 이름을 훈민정음 창제 당시 어떻게 불렀는지에 대해서는 명확한 기록이 남아 있지 않다. 다만 각 자모의 음가를 나타내는 <훈민정음> 예의의 내용 등을 토대로 그 이름을 추정하기도 한다. 곧 <훈민정음> 예의의 언해본에서는 예를 들어 'ㄱ'의 음가를 'ㄱ牙音如君字初發聲'처럼 적고 "ㄱ는 엄쏘리니 君군ㄷ字처섬 펴아나는 소리 ᄀᆞᄐᆞ니라."라고 언해하고 있다. 여기에 쓰인 'ㄱ는'을 보면 훈민정음 창제 당시 이 글자의 이름이 받침 없이 모음으로 끝나는 소리이며, 그 모음은 양성 또는 중성 모음 계열이었으리라고 짐작할 수 있다.

위 제4항에서와 같은 한글 자모 이름은 1527년 최세진의 <훈몽자회> 범례에서 그 최초의 모습을 찾아 볼 수 있다.

(10) 1527년 최세진의 <훈몽자회> 범례

위 (10)에서 보듯이 최세진의 <훈몽자회> 범례에서는 지금과 유사한 자모의 이름과 순서 배열을 볼 수 있다. 그러나 실제로 <훈몽자회> 범례에서 각 자모 아래에 이두로 적은 '기역(其役)', '니은(泥隱)' 등은 <훈민정음> 해례에서와 같이 해당 자모의 음가를 나타낸다. 곧 'ㄱ'은 초성에서는 '기(其)'의 초성처럼, 종성에서는 '역

(役)'의 종성처럼 쓰고 발음한다는 뜻이다. 특히 '디귿'은 '池末', '시옷'은 '時衣'로 되어 있는데 각각 '末'의 훈 '귿'과 '衣'의 훈 '옷'을 활용하여 이두식으로 나타낸 것이다. 이러한 음가 표기 방식이 세월이 흐르면서 점차 한글 자모의 이름으로 굳어진 것으로 보인다. 그러던 것이 1933년 한글 맞춤법 통일안이 제정되면서 위 제4항에서와 같은 이름과 순서로 규정하여 지금까지 통용되고 있다.

한글 자모의 이름을 부를 때 주의해야 할 사항이 있다. 이는 표준 발음법 제16항으로 규정하고 있는데, 일부 자음 자모의 이름에 모음으로 시작하는 조사가 결합하는 경우의 발음에 관해서이다. 그 내용은 아래와 같다.

(11) 한글 자모의 이름은 그 받침소리를 연음하되, 'ㄷ, ㅈ, ㅊ, ㅋ, ㅌ, ㅍ, ㅎ'의 경우에는 특별히 다음과 같이 발음한다.(표준 발음법 제16항)

디귿이[디그시]	디귿을[디그슬]	디귿에[디그세]
지읒이[지으시]	지읒을[지으슬]	지읒에[지으세]
치읓이[치으시]	치읓을[치으슬]	치읓에[치으세]
키읔이[키으기]	키읔을[키으글]	키읔에[키으게]
티읕이[티으시]	티읕을[티으슬]	티읕에[티으세]
피읖이[피으비]	피읖을[피으블]	피읖에[피으베]
히읗이[히으시]	히읗을[히으슬]	히읗에[히으세]

위 (11)에서 보듯이 한글 자음 자모의 이름을 부를 때에는 모음으로 시작하는 조사 '이', '을' 등이 연결되어도 'ㄷ, ㅈ, ㅊ, ㅌ, ㅎ' 받침은 '디귿을[디그들]'처럼 원래의 받침소리로 연음하여 발음하지 않고, [디그슬]처럼 모두 'ㅅ'으로 바꾸어 발음해야 한다. 또 'ㅋ' 받침의 '키읔'은 [키으기]처럼, 'ㅍ' 받침의 '피읖'은 [피으블]처럼 발음해야 한다. 이는 자모의 이름에서 일어나는 특별한 연음 현상을 규정한 것이다.

◉ 질문과 대답

문 'ㅎ'의 이름으로 '히읗'이 옳은가요?

답 한글 자음 14자모의 이름은 '기역, 니은, 디귿, 리을, 미음, 비읍, 시옷, 이응, 지읒, 치읓, 키읔, 티읕, 피읖, 히읗'입니다. 여기에서 '기역, 디귿, 시옷'은 특히 주의해야 합니다. 다른 것들은 '니은, 리을'처럼 그 이름이 규칙적이지만 '기역, 디귿, 시옷'은 그렇지 않기 때문입니다. 1527년 최세진의 <훈몽자회> 범례의 전통을 이은 것입니다. 질문하신 'ㅎ'은 많은 사람들이 '히응'으로 잘못 부르는데 다른 규칙적인 것들과 마찬가지로 '히읗[히읃]'이라고 해야 옳습니다.

문 겹글자 가운데 'ㅐ, ㅔ, ㅚ, ㅟ'는 단모음이라고 하는데, 겹글자이면서 왜 이렇게 이중 모음이 아니기도 하는가요?

답 겹글자와 이중 모음은 서로 다른 개념입니다. '이중 모음' 또는 '모음'이라는 개념은 '글자'가 아니라 '소리'를 뜻하는 말입니다. '소리'를 일반적으로 '글자'로 나타내는 것은 물리적인 현상을 시각 기호로 대체하는 편의상의 문제입니다. 그런데 자칫 소리와 글자를 혼동하는 일이 있는 것은 소리와 글자를 대응시킬 때, 하나의 소리에 하나의 글자를 대응시키기도 하지만, 그렇게 하지 못할 때는 하나의 소리임에도 부득이 겹글자를 사용하여 'ㄲ, ㄸ, ㅃ, ㅆ, ㅉ'이나 'ㅐ, ㅔ, ㅚ, ㅟ' 등으로 표시하기 때문입니다. 이렇게 서로 값이 다른 소리와 글자의 대응 예에는 이 밖에도 모음 'ㅖ, ㅒ, ㅙ, ㅞ, ㅘ, ㅝ' 등이 있습니다.

문 'ㅈ'을 발음할 때 [지으즐]이라고 해야 합니까, [지으슬]이라고 해야 합니까?

답 한글 자음 자모의 이름을 부를 때에 'ㄷ, ㅈ, ㅊ, ㅌ, ㅎ' 받침을 가진 것은 모음으로 시작하는 조사 '이', '을' 등이 연결되어도 '지읒을[지으즐]'처럼 발음하지 않고 [지으슬]처럼 모두 'ㅅ'으로 바꾸어 발음해야 합니다. 그리고 'ㅋ이'는 [키으기], 'ㅍ을'은 [피으블]처럼 발음합니다.

제3장 소리에 관한 것

제1절 된소리

제5항 한 단어 안에서 뚜렷한 까닭 없이 나는 된소리는 다음 음절의 첫소리를 된소리로 적는다.

1. 두 모음 사이에서 나는 된소리

소쩍새	어깨	오빠	으뜸
아끼다	기쁘다	깨끗하다	어떠하다
해쓱하다	거꾸로	부썩	어찌
이따금			

2. 'ㄴ, ㄹ, ㅁ, ㅇ' 받침 뒤에서 나는 된소리

산뜻하다	잔뜩	살짝	훨씬
담뿍	움찔	몽땅	엉뚱하다

다만, 'ㄱ, ㅂ' 받침 뒤에서 나는 된소리는, 같은 음절이나 비슷한 음절이 겹쳐 나는 경우가 아니면 된소리로 적지 아니한다.

국수	깍두기	딱지	색시
싹둑(~싹둑)	법석	갑자기	몹시

◉ 해설

한글 맞춤법 제5항은 불규칙적으로 된소리가 되는 말들의 표기를 소리대로 적기, 곧 표음주의 방식으로 적도록 규정한 내용이다. 한국어는 '소쩍새, 어깨, 으뜸, 오빠' 등처럼 두 모음 사이에서 뚜렷한 까닭 없이 된소리가 나는 일이 있는데 이들은 모두 소리대로 적는다. 동일한 모음 사이이지만 '사자, 아기, 오붓이, 오두막' 등처럼 예사소리로 이루어진 말이 있는가 하면, '어깨, 으뜸, 오빠' 등처럼 된소리로 나기도 한다. '산뜻하다, 잔뜩, 살짝, 훨씬' 등처럼 'ㄴ, ㄹ, ㅁ, ㅇ' 받침 뒤에서 된소리로 나는 말이 있는가 하면, '산들산들, 잔등이, 달쇠' 등의 말은 동일한 환경에서도 된소리가 되지 않는다. 이러한 현상은 어떤 조건이 있어서 일어나는 음운 현상이 아니라, 이 말들이 본디 된소리를 가진 것이기 때문이다. 만약 이들을 된소리로 적지 않는다면 예사소리로 발음하게 되어 다른 말이라고 생각할 수도 있다. 요컨대, 제5항은 어떤 조건에 의해 된소리로 바뀐 것이 아니라 까닭 없이 나는 된소리를 그대로 소리대로 적는다는 뜻이다.

반면, 위 제5항의 '다만'에서 언급하고 있는 것처럼 동일한 환경에서 조건에 따라 규칙적으로 된소리로 바뀌어 나는 말들은 원형을 밝혀 적어야 한다. 예컨대, '국수, 깍두기, 법석' 등처럼 'ㄱ, ㅂ' 받침 뒤에서 나는 된소리는 특별한 경우, 곧 같은 음절이나 비슷한 음절이 겹쳐 나는 경우가 아니라면 된소리로 적지 아니한다. 여기서 같은 음절이나 비슷한 음절이 겹쳐 나는 경우란 한글 맞춤법 제6절 제13항에서 규정하는 내용을 말한다. 제13항은 '씩씩하다, 딱딱하다' 등처럼 같은 음절이 반복되는 경우의 된소리는 소리대로는 적는다는 내용이다. 그리고 한국어에서 까닭이 있어서 표기에 반영하지 않는 된소리에 대해서는 표준 발음법 제6장 제23항부터 및 제30항에서 자세히 다루고 있으므로 참고하길 바란다.

◉ 질문과 대답

문 '짓궂은'과 '애꿎은'이라는 표기 문제인데요. '짓궂은'과 '애꿎은'은 모두 뒷부분이 [꾸즌]이라고 발음이 되는데요. 표기할 때는 '궂은'과 '꿎은'으로 나누어 써야 하는 이유가 있나요? 있다면 알고 싶습니다.

답 홍윤표 교수의 '애꿎다'의 어원에 대한 설명이 질문하신 내용에 대한 궁금증을 해소하는 데 도움이 될 것으로 보아 아래에 소개합니다. 요약하자면, '애꿎다'는 어원적으로 애+궂다'로 볼 수 없고 '액+궂다'로 보아야 한다는 것입니다. 이 때문에 '짓궂다'와는 달리 된소리를 가진 '애꿎다'로 된 것으로 봅니다. 아래 내용은 원문의 고어를 현대어로 수정하였음을 밝힙니다. "'애꿎다'는 <표준 국어 대사전>에 의하면 '아무런 잘못 없이 억울하다.', '그 일과는 아무런 상관이 없다.'로 풀이되어 있다. 그러나 전자의 뜻보다는 후자의 뜻으로 더 많이 쓰인다. 왜냐하면 후자의 뜻으로 쓰일 때에는 주로 '애꿎은'의 형태로 사용될 때인데, 대부분의 용례가 '애꿎은 담배만 피워 문다.'처럼 쓰이기 때문이다. '애꿎다'는 언뜻 보면 '애'와 '꿎다'로 분석될 법하다.

'애끊다, 애끓다, 애타다, 애닳다, 애먹다' 등에서 '쓸개'의 고유어로 쓰이는 '애'처럼 보이기도 해서이다. 그렇지만 '꿎다'는 그 정체를 전혀 알 수 없다. 그럴 수밖에 없는 것이 '애꿎다'는 '애'와 '꿎다'로 분석되는 것이 아니기 때문이다. '애꿎다'는 그 표기만으로는 그 어원을 알기가 어렵다. 이 단어의 원래 형태를 알아야 그 단어의 역사를 찾기 쉽다. '애꿎다'가 처음 나타나는 형태는 우리가 예상하기 힘든, '액굳다'였다. ㅡ중략ㅡ '액굳다'는 '액'의 종성 'ㄱ' 때문에 후행하는 '굳다'의 'ㄱ'이 된소리로 되었다. 그래서 '액굳다'는 '애꿎다'로 변화한다." 물론 위와 같은 설명은 통시적 방법입니다. 현대국어에서는 '애꿎다'를 '액+굳다'나 '애 + 꿎다'로 보기 어렵고, 하나의 단어로 다루어야 할 것입니다. 곧 제5항의 예들처럼 한 단어 안에서 뚜렷한 까닭 없이 된소리가 나는 경우입니다. 그러나 '짓궂다'는 '짓(접두사)+궂다'로 분석하는 데 아무런 문제가 없습니다.

문 한글 맞춤법 제3장 제5항을 보면 '한 단어 안에서 뚜렷한 까닭 없이 나는 된소리는 다음 음절의 첫소리를 된소리로 적는다.'라고 규정하고 있습니다. 그 예로 '거꾸로, 깨끗하다, 소쩍새, 부썩' 등이 있다는데, '깨끗하다'는 '깨'때문에 다음 음절을 된소리('끗')로 적고, '거꾸로'의 경우 '[꺼꾸로]'로 발음되기 때문에 된소리('꾸')로 표기한다는 것 같은데, 다른 예들은 이해가 가지 않습니다. '소쩍새'의 경우 '[소쩍쌔]'로 발음되는데 '쩍' 다음 음절인 '새'를 '쌔'로 표기하지 않으면 위의 맞춤법 규정에 어긋나는 거 아닌가요? 그럼에도 위의 항목의 예로 설명되는 게 납득이 가지 않아서요. 그리고 '부썩'도 이해가 가지 않네요.

답 한글 맞춤법의 각 조항들은 그 자체만으로 충족적인 것이 있는가 하면, 같은 조항 내의 다른 규정이나 다른 조항과 관련이 깊은 것들도 있으므로 이 점을 놓쳐서는 안될 것입니다. 말씀하신 제3장의 제5항 된소리 표기에 관한 규정은 제1장 총칙 제1항의 규정이나, 제13항 등과 함께 살펴보는 것이 좋습니다. 더 중요한 것은 제5항 자체가 뜻하는 바를 정확히 이해하는 것입니다. 제5항은 '한 단어 안에서 뚜렷한 까닭 없이 나는 된소리는 다음 음절의 첫소리를 된소리로 적는다.'라고 규정하고 있습니다. 여기에서 '한 단어 안'이라는 말과 '뚜렷한 까닭 없이'라는 말을 새겨 읽어야 합니다. '한 단어 안'이라는 말을 '한 형태소 안'이라는 뜻으로 이해하십시오. 문제를 삼으신 '소쩍새'는 '소쩍'과 '새'의 두 형태소로 이루어진 말이므로 위에서 본 제5항의 규정은 이렇게 보면 '소쩍'에만 적용되어야 한다고 생각해도 좋을 것입니다. '소쩍'은 사람들이 처음부터 된소리로 발음했으므로 그 소리대로 적는 것입니다. '거꾸로('꺼꾸로'가 아님)', '깨끗-' 등도 원래의 소리가 '꾸', '끗'이므로 소리대로 적는 거죠.('꺼', '깨' 때문에 '꾸', '끗'이 되는 게 아님) 제5항은 이걸 말한 겁니다. '뚜렷한 까닭 없이'는 음운 규칙(이 경우에는 경음화 규칙)이 적용되는 조건이 아니라는 뜻입니다. 다시 말하면 본디 예사소리이던 것이 된소리로 바뀐 것이 아니라 본디의 소리가 된소리라는 뜻입니다. 이제 '소쩍새'의 '새'가 된소리로 나더라도 '쌔'로 적지 않고 '새'로 적는 까닭을 아셨겠지요. '쌔'로 나는 것은 '뚜렷한 까닭(ㄱ 아래의 예사소리가 된소리로 실현되는 경음 조건)이 있으므로' 된소리로 적지 않고 예사소리로 적(제1항의 '어법에 맞도록 함')는 거죠. '부썩'도 '소쩍', '깨끗'처럼 본디의 소리가 된소리입니다. 참고로 '부썩'은 '부석'의 센 말입니다.

제2절 구개음화

> **제6항** 'ㄷ, ㅌ' 받침 뒤에 종속적 관계를 가진 '-이(-)'나 '-히-'가 올 적에는 그 'ㄴ, ㅌ'이 'ㅈ, ㅊ'으로 소리나더라도 'ㄷ, ㅌ'으로 적는다. (ㄱ을 취하고 ㄴ을 버림.)

ㄱ	ㄴ	ㄱ	ㄴ
맏이	마지	핥이다	할치다
해돋이	해도지	걷히다	거치다
굳이	구지	닫히다	다치다
같이	가치	묻히다	무치다
끝이	끄치		

◉ 해설

한글 맞춤법 제6항은 한국어의 'ㄷ' 구개음화 현상을 표기에 반영하지 않고 원형대로 적도록 한 규정이다. 구개음화는 비구개자음이 주로 'ㅣ' 모음이나 반모음 앞에 위치할 때 일어나는 음운 현상이다. 한국어에서 구개음화는 '맏이 → 마지', '끝이 → 끄치'에서 일어나는 'ㄷ' 계열의 구개음화가 대표적이다. 그러나 '어머니'에서 '니[ɲi]'의 'ㄴ'이나 '영향'에서 '향[ɕjaŋ]'의 'ㅎ' 등도 구개음화한 것이다. 이러한 구개음화는 'ㅣ' 모음이나 반모음이 갖는 고모음의 성질을 선행하는 자음이 닮아서 생기는 현상이다. 제6항에서 다루는 한국어의 'ㄷ' 계열 구개음화는 실질적인 형태소와 형식적인 형태소(종속적인 성분)가 결합하는 경우에 예외 없이 일어난다. 예를 들면 '굳이 → 구디 → 구지', '붙이다 → 부티다 → 부치다', '걷히다 → 거티다 → 거치다' 등에서 'ㄷ'과 'ㅌ'은 'ㅣ' 모음 앞에서 예외 없이 'ㅈ'과 'ㅊ'으로 바뀐다. 제6항은 이에 대해 원형 밝혀 적기 원리를 적용한다고 규정한 것이다.

◉ 질문과 대답

문 '맏이, 해돋이, 같이' 등은 '마지, 해도지, 가치'로 발음되지만, '밭일, 밭이랑' 등은 '바칠, 바치랑'으로 발음되지 않는데 왜인가요? '밭이랑'은 '바치랑'으로 발음할 때와 '반니랑'으로 발음할 때는 뜻이 다른 것 같은데요.

답 '맏이, 해돋이, 같이' 등이 [마지, 해도지, 가치] 등처럼 발음되는 현상을 '구개음화'라고 부릅니다. 한국어 어문 규범에서 구개음화에 대한 규정은 한글 맞춤법 제6항과 표준 발음법 제17항입니다. 표준어 발음법 제17항은 한국어의 발음을 구개음화한 대로 하는 것을 표준으로 규정합니다. 반면 한글 맞춤법 제6항은 이를 표기에 반영하지 않고 원형을 적도록 하고 있습니다. 이것은 'ㄷ' 계열 구개음화를 예측 가능한 자동적 교체로 보기 때문입니다. 그러나 사실 동일한 환경처럼 보이는데 'ㄷ' 계열의 구개음화가 일어나지 않는 경우가 있습니다. '밭일, 밭이랑' 등이 그러한 예입니다. 그래서 한글 맞춤법 제6항에서 '맏+이(접사)', '해돋+이(접사), 걷+히(접사)다'처럼 'ㄷ, ㅌ' 받침 뒤에 종속적 관계를 가진 '-이(-)'나 '-히-'가 올 적에만 예외 없이 구개음화가 일어난다고 본 것이고, 이에 대해서 원형을 밝혀 적도록 한 것입니다. 사실 실질 형태소끼리 결합한 '밭+일(명사), 밭+이랑(명사)' 등은 'ㄴ' 첨가가 먼저 일어나서 'ㄷ' 구개음화가 일어나기 어려운 상황이므로 제6항의 예들과는 성격이 다르다고 봐야 할 것입니다.

제3절 'ㄷ' 소리 받침

제7항 'ㄷ' 소리로 나는 받침 중에서 'ㄷ'으로 적을 근거가 없는 것은 'ㅅ'으로 적는다.

덧저고리	돗자리	엇셈	웃어른
핫옷	무릇	사뭇	얼핏
자칫하면	뭇[衆]	옛	첫
헛			

◉ **해설**

　현대 한국어에서 받침소리는 'ㄱ, ㄴ, ㄷ, ㄹ, ㅁ, ㅂ, ㅇ'의 7개만이 실현된다. 'ㄷ, ㅅ, ㅈ, ㅊ, ㅌ, ㅎ'은 'ㄷ'으로 중화하고, 'ㄱ, ㅋ, ㄲ'은 'ㄱ'으로, 'ㅂ, ㅍ, ㅃ'은 'ㅂ'으로 중화하기 때문이다. 따라서 '옛, 첫, 무릇'과 같이 'ㅅ'을 가진 말들은 받침소리가 'ㅅ'으로 실현되는 일이 전혀 없다. 그러나 한글 맞춤법 제7항은 이러한 말들을 모두 원형에 충실하게 적도록 규정하고 있다. 곧 표의적으로 적으라는 것이다. 이것은 다른 관점에서 말하면, 표기의 전통을 존중한다는 것으로 이해할 수 있다. 즉 위 제7항의 예들은 <한글 맞춤법 통일안>에서 규정하기 전부터 'ㅅ' 받침소리로 적어 온 오랜 전통을 가진 표기이므로 그대로 따라 적는다는 것이다. 위 제7항에서 이런 말들이 'ㄷ'으로 적을 근거가 없다고 표현한 것은, 예를 들어 '곧장, 맏형, 벋정다리' 등이 어원적으로 'ㄷ'을 가진 말들이며, '사흗날, 반짇고리, 숟가락' 등이 국어의 'ㄹ → ㄷ'의 음운 현상에 의해 이루어진 말들이기 때문에 'ㄷ'으로 적는 근거가 충분하다는 사실과 대비하여 이해하면 된다.

◉ **질문과 대답**

문 숟가락의 고어를 '숣+가락'이라고 보는 견해가 있다고 들은 것 같은데요. '숣가락'이라고 표기했던 것이 현대에 와서 '숟가락'으로 변화한 것이라고 본다면, '뭇'의 경우에는 고어에서 '뭀'으로 표기했고, '뭀>뭇'의 변화 과정을 거친 것으로 이 두 경우 모두 종성에 'ㄲ'이 왔음에도 불구하고 '숤가락'은 현재 '숟가락'으로 표기하고 '뭀'은 '뭇'으로 표기를 하고 있는데, 어떠한 이유에서 이렇게 되었는지 궁금합니다

답 <한글 맞춤법> 제7항은 소리가 'ㄷ'으로 나더라도 'ㄷ'으로 적을 근거가 없는 말을 'ㅅ'으로 적기로 규정하고 있습니다. 이에 해당하는 예로는 '덧저고리, 웃어른, 첫, 뭇, 헛' 등을 명기하고 있습니다. 이것은 이전부터 적어 온 표기상의 전통을 존중한 것으로 이해할 수 있습니다. 반면 <한글 맞춤법> 제29항은 원래 'ㄹ'음을 가진 말이 다른 말과 어울릴 적에 'ㄷ' 소리로 나면 'ㄷ'으로 적도록 하고 그 예로 '반짇고리, 섣달, 숟가락' 등을 들고 있습니다. 그러므로 '뭇'과 '숟가락'은 적용된 규정이 다름으로 해서 다르게 적는 것이라 할 수 있습니다. 다만 문제가 되는 것은 '뭇'과 '숟가락'의 '숟'도 본디의 말은 '물'과 '술'이므로 같은 규정의 적용을 받아야 하겠습니다. <한글 맞춤법>의 전신인 <한글 맞춤법 통일안>이 제정되기 훨씬 전부터 '숟가락'과는 달리 '물'은 이미 '뭀'을 거쳐 '뭇'으로 바뀌어 오래 사용되어 왔으므로 위에서 말한 것처럼 그 표기의 전통을 존중하기로 한 것입니다.

제4절 모음

제8항 '계, 례, 몌, 폐, 혜'의 'ㅖ'는 'ㅔ'로 소리나는 경우가 있더라도 'ㅖ'로 적는다. (ㄱ을 취하고 ㄴ을 버림.)

ㄱ	ㄴ	ㄱ	ㄴ
계수(桂樹)	게수	혜택(惠澤)	헤택
사례(謝禮)	사레	계집	게집
연몌(連袂)	연메	핑계	핑게
폐품(廢品)	페품	계시다	게시다

다만, 다음 말은 본음대로 적는다.

계송(偈頌)   게시판(揭示板)   휴게실(休憩室)

제9항 '의'나, 자음을 첫소리로 가지고 있는 음절의 'ㅢ'는 'ㅣ'로 소리나는 경우가 있더라도 'ㅢ'로 적는다. (ㄱ을 취하고 ㄴ을 버림.)

ㄱ	ㄴ	ㄱ	ㄴ
의의(意義)	의이	닁큼	닝큼

본의(本義)	본이	띄어쓰기	띠어쓰기
무늬[紋]	무니	씌어	씨어
보늬	보니	틔어	티어
오늬	오니	희망(希望)	히망
하늬바람	하니바람	회다	히다
늴리리	닐리리	유희(遊戱)	유히

◉ 해설

현대 한국어의 모음은 단모음 10개, 이중 모음 11개, 반모음 2개로 다음과 같은 체계를 이루고 있는 것으로 보는 것이 일반적이다.

(12) 한국어 단모음

혀의 전후 위치 입술의 모양 혀의 높이(개구도)	전설모음		중설모음		후설모음	
	평순모음	원순모음	평순모음	원순모음	평순모음	원순모음
고모음(폐모음)	ㅣ	ㅟ	ㅡ			ㅜ
반고모음(반폐모음)	ㅔ	ㅚ			ㅓ	ㅗ
반저모음(반개모음)	ㅐ					
저모음(개모음)			ㅏ			

(13) 한국어 반모음과 이중 모음

반모음	이중 모음	
j(y), w	j(y)계 이중 모음	ㅑ, ㅕ, ㅛ, ㅠ, ㅖ, ㅒ, ㅢ
	w계 이중 모음	ㅘ, ㅝ, ㅞ, ㅙ

한국어 단모음 체계는 지리적, 사회적 변인에 따라서 달라진다. 예를 들면 전라도 방언은 'ㅔ'와 'ㅐ'를 구별하지 않는 9모음 체계를 가진 것으로 본다. 반면 경상도

방언은 'ㅔ'와 'ㅐ'뿐만 아니라 'ㅓ'와 'ㅡ'도 구별하지 않으며, 'ㅟ, ㅚ'도 단모음에 들지 못하는 것으로 알려져 있다. 이 중에 특히 'ㅔ'와 'ㅐ'를 구별하지 않는 현상은 근래에 지역 방언들에서뿐만 아니라 중앙어인 서울말에서도 빈번하게 일어나서 한국어 모음 체계의 전반적인 특징이 되고 있다. 또한 화자에 따라서는 'ㅟ, ㅚ'를 이중 모음으로 발음하거나, 'ㅢ'와 'ㅣ'를 구별하지 않고 쓰는 경우도 많다.

한글 맞춤법 제8항과 제9항은 이러한 모음 체계의 변이와 관련한 내용이다. 제8항은 'ㅖ'와 'ㅔ'를 구별하지 못하는 현상, 그리고 'ㅐ'와 'ㅒ'를 구별하지 못하는 현상 및 'ㅔ'와 'ㅐ'를 구별하지 못하는 현상이 복합적으로 관련되어 있다. 요즘 한국어 화자들 중에는 '예배'를 [예배]로 발음하지 못하고 [애배] 혹은 [에배]로 발음하는 사람들이 많다. '이 아이'의 준말인 '애'에 대해서도 [애], [예], [에]로 혼동하여 발음하는 경우가 많다. 결국 한국인은 [예], [애], [에], [애]의 발음을 구별하지 못해 많은 혼동을 느끼고 있다. 제8항은 이러한 혼동이 있는 말들의 표기를 현실 발음대로 하지 말고 원음대로 적으라는 규정이다. 또한 제8항 '다만'에서 제시한 '게송, 게시판, 휴게실' 등의 한자어들의 표기도 그 독음에 충실하여 적으라는 것이다. 이는 한자어 표기에 대한 한글 맞춤의 기본 원리와도 부합한다.

제9항은 이중 모음 'ㅢ'의 발음에서 생기는 'ㅢ~ㅣ~ㅔ' 변이를 표기에 반영하지 않는다는 규정이다. 이중 모음 'ㅢ' 발음의 변이는 표준 발음법 제5항 '다만 2, 다만 3'에서 상세하게 규정하고 있다. 그 골자는 'ㅢ'에 대하여 모음 뒤에서는 [ㅢ]로, 자음 뒤에서는 [ㅣ]로 발음하는 것을 표준으로 한다는 것이다. 또한 단어의 첫 음절 이외의 'ㅢ'는 [ㅣ]로, 조사 '의'는 [ㅔ]로 발음함도 허용한다. 그러나 어떤 경우라도 표기에서는 'ㅢ'를 밝혀 적으라는 것이다.

◎ 질문과 대답

문 국어학개론을 배우고 있어서 요즘은 '이중 모음'과 '반모음'이 자주 나옵니다. 쉽게 이해할 수 없습니다. 이중 모음과 반모음은 대체 어떻게 정의하는지 여쭤보고 싶습니다. 대답하실 때 간단한 예를 덧붙여 주시기를 바랍니다. 감사합니다.

답 이중 모음은 소리가 두 개로 이루어진 모음을 가리킵니다. 하나의 주모음을 중심으로 반모음 하나가 결합하여 하나의 소리마디를 이룬 것입니다. 하나의 소리인 단모음을 발음할 때와 달리, 이중 모음은 두 개의 소리로 이루어져 있으므로 소리를 낼 때 입술의 모양이 변합니다. 우리말에서의 이중 모음은 모두 11개가 있습니다.(ㅑ, ㅕ, ㅛ, ㅠ, ㅒ, ㅖ, ㅘ, ㅝ, ㅙ, ㅞ, ㅢ) 예를 들면 'ㅑ, ㅕ, ㅛ, ㅠ' 등과 같은 이중 모음은 모두 주모음 'ㅏ, ㅓ, ㅗ, ㅜ'에 반모음 'ㅣ(y)'가 결합한 것들입니다. 'ㅘ, ㅝ' 등의 이중 모음은 주모음 'ㅏ, ㅓ'에 각각 반모음 'ㅜ(w)'가 결합한 것들입니다. 반모음은 음성적으로 모음과 비슷한 소리이지만, 모음이 제 홀로도 음절을 이룰 수 있는 것과는 달리, 제 홀로 음절을 이룰 수 없고 음절을 이룰 수 있는 모음(주모음)에 붙어서 비로소 소리를 낼 수 있는 특수한 음소를 가리킵니다. 이 반모음과 주모음이 결합하여 된 모음을 위에서 말한 것처럼 이중 모음이라고 합니다. 만약 반모음과 결합하지 않고 어떤 모음이 제 홀로 소리를 낸다면 그 모음은 단모음이라 부릅니다. 우리말의 반모음은 위에서 말한 'ㅣ(y), ㅜ(w)'가 있습니다.

제5절 두음법칙

> **제10항** 한자음 '녀, 뇨, 뉴, 니'가 단어 첫머리에 올 적에는 두음 법칙에 따라 '여, 요, 유, 이'로 적는다. (ㄱ을 취하고 ㄴ을 버림.)

ㄱ	ㄴ	ㄱ	ㄴ
여자(女子)	녀자	유대(紐帶)	뉴대
연세(年歲)	년세	이토(泥土)	니토
요소(尿素)	뇨소	익명(匿名)	닉명

다만, 다음과 같은 의존 명사에서는 '냐, 녀' 음을 인정한다.

   냥(兩)   냥쭝(兩-)   년(年)(몇 년)

[붙임 1] 단어의 첫머리 이외의 경우에는 본음대로 적는다.

   남녀(男女)   당뇨(糖尿)   결뉴(結紐)   은닉(隱匿)

[붙임 2] 접두사처럼 쓰이는 한자가 붙어서 된 말이나 합성어에서, 뒷말의 첫소리가 'ㄴ' 소리로 나더라도 두음 법칙에 따라 적는다.

신여성(新女性)   공염불(空念佛)   남존여비(男尊女卑)

[붙임 3] 둘 이상의 단어로 이루어진 고유 명사를 붙여 쓰는 경우에도 [붙임 2]에 준하여 적는다.
　　　　한국여자대학   대한요소비료회사

제11항 한자음 '랴, 려, 례, 료, 류, 리'가 단어의 첫머리에 올 적에는 두음 법칙에 따라 '야, 여, 예, 요, 유, 이'로 적는다. (ㄱ을 취하고 ㄴ을 버림.)

ㄱ	ㄴ	ㄱ	ㄴ
양심(良心)	량심	용궁(龍宮)	룡궁
역사(歷史)	력사	유행(流行)	류행
예의(禮儀)	례의	이발(理髮)	리발

다만, 다음과 같은 의존 명사는 본음대로 적는다.
　　　　리(里): 몇 리냐?
　　　　리(理): 그럴 리가 없다.

[붙임 1] 단어의 첫머리 이외의 경우에는 본음대로 적는다.

개량(改良)	선량(善良)	수력(水力)	협력(協力)
사례(謝禮)	혼례(婚禮)	와룡(臥龍)	쌍룡(雙龍)
하류(下流)	급류(急流)	도리(道理)	진리(眞理)

다만, 모음이나 'ㄴ' 받침 뒤에 이어지는 '렬', '률'은 '열', '율'로 적는다. (ㄱ을 취하고 ㄴ을 버림.)

나열(羅列)	나렬	분열(分裂)	분렬
치열(齒列)	치렬	선열(先烈)	선렬
비열(卑劣)	비렬	진열(陳列)	진렬
규율(規律)	규률	선율(旋律)	선률
비율(比率)	비률	전율(戰慄)	전률
실패율(失敗率)	실패률	백분율(百分率)	백분률

[붙임 2] 외자로 된 이름을 성에 붙여 쓸 경우에도 본음대로 적을 수 있다.
　　　　신립(申砬)   최린(崔麟)   채륜(蔡倫)   하륜(河崙)

[붙임 3] 준말에서 본음으로 소리나는 것은 본음대로 적는다.
　　　　국련(국제연합)   대한교련(대한교육연합회)

[붙임 4] 접두사처럼 쓰이는 한자가 붙어서 된 말이나 합성어에서 뒷말의 첫소리가 'ㄴ' 또는 'ㄹ' 소리가 나더라도 두음 법칙에 따라 적는다.

역이용(逆利用)	연이율(年利率)	열역학(熱力學)	해외여행(海外旅行)

[붙임 5] 둘 이상의 단어로 이루어진 고유 명사를 붙여 쓰는 경우나 십진법에 따라 쓰는 수(數)도 [붙임 4]에 준하여 적는다.

서울여관	신흥이발관	육천육백육십육(六千六百六十六)

제12항 한자음 '라, 래, 로, 뢰, 루, 르'가 단어의 첫머리에 올 적에는 두음 법칙에 따라 '나, 내, 노, 뇌, 누, 느'로 적는다. (ㄱ을 취하고 ㄴ을 버림.)

ㄱ	ㄴ	ㄱ	ㄴ
낙원(樂園)	락원	내일(來日)	래일
노인(老人)	로인	뇌성(雷聲)	뢰성
누각(樓閣)	루각	능묘(陵墓)	릉묘

[붙임 1] 단어의 첫머리 이외의 경우는 본음대로 적는다.

쾌락(快樂)	극락(極樂)	거래(去來)	왕래(往來)
부로(父老)	연로(年老)	지뢰(地雷)	낙뢰(落雷)
고루(高樓)	광한루(廣寒樓)	동구릉(東九陵)	가정란(家庭欄)

[붙임 2] 접두사처럼 쓰이는 한자가 붙어서 된 단어는 뒷말을 두음 법칙에 따라 적는다.

내내월(來來月)	상노인(上老人)	중노동(重勞動)	비논리적(非論理的)

◉ 해설

한국어에는 한 단어의 어두에 특정한 음소가 오면 탈락하거나 다른 음소로 바뀌는 현상이 있다. 한국어의 음소 'ㄹ'과 'ㄴ'이 그렇다. 특히 'ㄹ'은 특별한 경우를 제외하고는 어두에 오지 않는다. 이때의 특별한 경우는 의존 명사나 서양 외래어 등이다. 이런 이유로 한국어 사전에는 'ㄹ'로 시작하는 고유어 단어가 거의 없다. 이러한 현상을 한국어의 두음법칙이라고 부른다. 고유어로서 'ㄹ' 두음을 갖는 말이 거의 없기 때문에 두음법칙은 한자어 등 외래어의 표기에서 문제가 된다. 그러나 오늘날 서양 외래어는 이러한 두음법칙의 적용에서 자유로워서, 두음법칙의 적용은 오직 한자어의 표기와 관련되는 문제가 되고 있다. 이 때문에 한자어에만 국한되는 이러한 두음법칙 규정의 필요성에 의문을 제기하는 사람들도 있다. '이성(理性)'을 '리성', '노인(老人)'을 '로인'으로 부르거나 '유씨(柳氏)'를 '류씨'로 부르는 등의 일이 왜 안 되느냐는 것이다. 이러한 주장의 타당성은 따로 논의하더라도 오늘날 한국어 화자들이 '老人, 女性, 龍宮, 旅館' 등과 같이 'ㄹ'이나 'ㄴ' 두음을 가진 한자어들을 '노인, 여성, 용궁, 여관' 따위로 두음법칙에 따라 발음하는 데 익숙해져 있는 것은 사실이다.

위 한글 맞춤법 제5절은 바로 두음법칙에 따라 발음이 달라지는 한자어들의 표기에 대하여 규정하고 있는 것이다. 한자어들의 표기는 원칙적으로 그 독음을 충실히 적는 것이지만 제5절의 규정에 따라 두음법칙이 적용되는 한자어들은 달라진 소리대로 적어야 한다.

위 제10항은 'ㄴ' 두음법칙, 제11항과 제12항은 'ㄹ' 두음법칙에 관한 것이다. 제10항은 한국어 어두의 'ㄴ' 소리가 '여자, 유대, 요소, 익명' 등에서처럼 탈락하는 현상이 있을 때 소리대로 적으라는 규정이다. 탈락하는 조건은 'ㄴ'이 모음 'ㅣ'나 'y 반모음'을 가진 이중 모음 앞에 위치하는 것이다. 'ㄴ'이 모음 'ㅣ'나 'y 반모음'에 선행하면 필수적으로 구개음 [ɲ]으로 바뀌는데 이 구개음이 오직 어두에서만 탈락하는 것이다. 이 규정은 '신여성, 공염불, 남존여비' 등처럼 접두 파생어나 합성어에서도 동일하게 적용된다. 다만 의존 명사 '냥, 년' 등은 예외이다.

제11항은 한국어 어두의 'ㄹ' 소리가 '양심, 역사, 용궁, 이발' 등에서처럼 모음 'ㅣ'나 'y 반모음'을 가진 이중 모음에 선행할 때 탈락하면 소리대로 적으라는 규정이다. 그리고 제12항은 한국어 어두의 'ㄹ'이 '낙원, 내일, 노인' 등에서처럼 모음 'ㅣ'와 'y 반모음'을 가진 이중 모음을 제외한 모음 앞에서 'ㄴ' 소리로 바뀌면 소리대로 적으라는 규정이다. 이 두 규정 또한 '역이용, 연이율, 해외여행, 상노인, 비논리적' 등에서처럼 접두 파생어나 합성어에도 동일하게 적용된다. 다만, '리'와 같은 의존 명사는 예외이다. 물론 이런 세 가지 두음법칙 현상은 어중에서는 특별한 경우를 제외하고는 일어나지 않으므로 한자어를 본음대로 적어야 한다.

두음법칙을 적용할 때 몇 가지 유의할 내용이 있다. 먼저, '렬(列, 裂, 烈')과 '률(律, 率, 慄)'의 표기이다. '렬'과 '률'은 '모음이나 ㄴ 받침 뒤'에 이어질 때에도 두음에서와 마찬가지로 '열'과 '율'로 적어야 한다.

(14) 가. 나열, 치열, 분열, 선열, 진열
　　　나. 규율, 비율, 실패율, 전율, 백분율

둘째로, '량(量)'과 '란(欄)'의 표기이다. '량'은 '거품양, 구름양, 알칼리양'처럼 고유어나 외래어와 연결될 때에 실질 어근으로 기능하여 합성어를 이루므로 '양'으로 적는다. 한자어 안에서는 그렇지 않아서 '폐활량, 분자량'처럼 '량'으로 적는 것을 표준으로 하고 있다. '란' 역시 '량'의 경우와 같아서 '어린이난, 가십난, 어머니난' 등처럼 고유어나 외래어와 결합할 때에는 실질 어근으로 보고 '양'으로 적지만, '비고란, 가정란, 답란, 공란' 등의 한자어에서는 그렇지 않아서 '란'으로 적는다.

셋째로 숫자 '륙'과 외자 이름 '룡, 립, 륜' 등의 표기이다. 숫자 '륙'은 십진법에 따라 쓸 때에 '육천육백육십육'처럼 두음법칙에 따라 적는다. 사람의 이름은 원칙적으로 두음법칙에 따라 '정인지, 김용, 이윤수'처럼 적는다. 그러나 외자로 된 이름은 단독으로 쓸 때에는 '용, 입, 윤'처럼 두음법칙에 따르지만, 성과 어울려 적을 때는 '성룡, 신립, 하륜'처럼 두음법칙을 따르지 않는 관용을 허용한다.

◉ 질문과 대답

문 왜 '파렴치'는 '파염치'로 표기하지 않나요? 한글 맞춤법 제11항 붙임 4를 보면 '접두사처럼 쓰이는 한자가 붙어서 된 말이나 합성어에서 뒷말의 첫소리가 'ㄴ' 또는 'ㄹ' 소리로 나더라도 두음법칙에 따라 적는다.'라고 되어 있습니다. 그래서 '열역학, 연이율'이라고 표기하는데 왜 '파렴치'의 경우에는 '파염치'가 아니라 파렴치라고 표기하는 건가요??

답 질문하신 분의 말처럼, <한글 맞춤법> 제11항 붙임 4를 보면 '접두사처럼 쓰이는 한자가 붙어서 된 말이나 합성어에서 뒷말의 첫소리가 ㄴ 또는 ㄹ 소리로 나더라도 두음법칙에 따라 적는다.'라고 되어 있습니다. 따라서 '역학, 이율, 염치'와 같은 독립된 말에 '열-, 연-, 몰-' 등의 접두사가 덧붙으면 '열역학, 연이율, 몰염치'로 표기합니다. 그런데 '파렴치'를 '몰염치'와는 달리 '파염치'로 표기하지 않는 까닭은, 우선, '파염치'로 표기하면 현실 발음과 너무나 동떨어지기 때문이라고 봐야 할 것입니다. 또한 '몰염치'의 '몰(沒)'은 '몰염치, 몰지각, 몰이해, 몰취미'처럼 접두사와 같은 역할을 하지만, '파렴치'의 '파(破)'는 접두사로 보기에는 생산성이 낮습니다. 이런 이유로 <표준 국어 대사전>에서도 '몰-염치(沒廉恥)'와는 달리 '파렴치'는 접두 파생어로 보지 않고 있습니다.

문 '○○난' '○○란' 등에서 '난'과 '란'의 쓰임이 몹시 혼란스럽습니다. 확실히 구분할 방법이 없을까요?

답 한글 맞춤법 제5절 12항에 보면 다음과 같은 규정이 있습니다. "한자음 '라, 래, 로, 뢰, 루, 르'가 단어의 첫머리에 올 적에는, 두음법칙에 따라 '나, 내, 노, 뇌, 누, 느'로 적는다." 따라서 위의 '난'과 '란'도 이 규정에 의거하여, '란'이 첫머리에 올적에는 '난'으로 적습니다.(예: 독자의 소리를 싣는 난/빈 난을 채우다/새로운 난을 마련하다) 그러나 '란'이 합성어 등에서 첫머리에 오지 않을 적에는 '란'으로 적습니다(예: 광고란/독자란/투고란). 다만, '구분된 지면'의 뜻을 나타낼 때 한자어 명사 뒤에서는 '란'을 쓰고, 고유어와 외래어 명사 뒤에서는 '난'을 씁니다.

문 성(姓) '류'와 '유'는 어떻게 다른 거죠? 어떤 사람은 '류'라는 성을 쓰고 어떤 사람은 '유'라는 성을 쓰는데 그 차이가 뭐죠?

답 한글 맞춤법 등의 어문 규범은 원활한 의사소통을 위해 어문 생활의 통일된 기준으로 마련된 것임에도 불구하고, 논자에 따라 다른 관점과 생각을 갖고 다르게 적거나 말하는 일도 적잖이 있습니다. 문의하신 '류/유'의 성씨 표기도 그런 사례라 하겠습니다. 어문 규범으로 보거나, 자연스러운 발음을 고려하면, 원음이 '류'라 할지라도 '유'로 적는 것이 적절할 것입니다. 그러나 지난 적에 특정 성씨의 경우에는 '류'로 적을 수 있다는 법원의 결정까지 얻어낸 걸로 보면, 거기에 각별한 의미를 부여하고 있는 듯합니다. 언어는 사회 구성원 간의 약속이라는 점에서 규정을 따라야 하는 것이 온당한 일이지만, 나름대로 통용되고 있는 경우까지 강제로 막기는 어렵습니다.

문 질문이 있습니다. 숫자 '406'과 '26646'을 한글로 표기하면 각각 '사백육'과 '이만 육천육백사십육'인지 '사백륙'과 '이만 육천륙백사십륙'인지 좀 알려 주십시오. 그런데 실제 발음할 때 [사뱅뉵], [이만 뉵천뉵백사심뉵]으로 발음하는 것 같은데 이게 무슨 음운 현상이에요? ㄴ 첨가가 적용되는 거예요? 두음법칙이 적용되는 거예요? 그리고 일이삼사오륙칠팔구십......이라고 수를 셀 때 '육'을 '륙'으로 표기하고 발음해야 돼요? 또 '오륙십 명'이라고 표현할 때도 '육'을 '륙'으로 표기하고 발음해야 돼요?

답 숫자 '406'과 '26,646'을 한글로 표기하려면 각각 '사백육'과 '이만 육천육백사십육'으로 적어야 합니다. 원음대로라면 '사백륙'과 '이만 륙천륙백사십륙'이지만, <한글 맞춤법> 제11항의 붙임 5에 따르면 '십진법에 따라 쓰는 수'는 '접두사처럼 쓰이는 한자가 붙어서 된 말이나 합성어에서 뒷말의 첫소리가 ㄴ 또는 ㄹ로 소리나더라도 두음법칙에 따라 적는다.'고 규정한 붙임 4에 준하여 적도록 하고 있기 때문입니다. 이것을 실제 발음할 때 [사뱅뉵], [이만 뉵천뉵백사심뉵]으로 발음하는 것은 ㄴ 첨가 현상입니다. '일, 이, 삼, 사, 오, 육, 칠, 팔, 구, 십'처럼 수를 셀 때는 두음법칙을 적용하여 '육'으로 표기하고 발음해야 합니다. '오륙십 명'의 '오륙십'은 <한글 맞춤법> 제52항 원음대로 적는 말에 '오륙십'으로 예시되어 있으므로 '오륙십'으로 표기하고 발음해야 합니다.

제6절 겹쳐 나는 소리

제13항 한 단어 안에서 같은 음절이나 비슷한 음절이 겹쳐 나는 부분은 같은 글자로 적는다. (ㄱ을 취하고 ㄴ을 버림.)

ㄱ	ㄴ	ㄱ	ㄴ
딱딱	딱닥	꼿꼿하다	꼿곳하다
쌕쌕	쌕색	놀놀하다	놀롤하다
씩씩	씩식	눅눅하다	눙눅하다
똑딱똑딱	똑닥똑닥	밋밋하다	민밋하다
쓱싹쓱싹	쓱삭쓱삭	싹싹하다	싹삭하다
연연불망(戀戀不忘)	연련불망	쌉쌀하다	쌉살하다
유유상종(類類相從)	유류상종	씁쓸하다	씁슬하다
누누이(屢屢-)	누루이	짭짤하다	짭잘하다

◉ 해설

한글 맞춤법 제13항은 앞의 제5항에서 'ㄱ', 'ㄷ' 뒤에서 나는 된소리라도 비슷한 음절이 겹쳐나는 경우에는 소리대로 적는다는 내용과 관련된다. 제13항은 동일한 소리가 겹쳐나는 음절은 'ㄱ', 'ㅂ' 받침 뒤의 규칙적인 된소리 현상과 유사하지만 표기와 독해의 효율성을 위해서 소리대로 적도록 한 것이다.

제13항의 예에서 한자어인 '연연불망(戀戀不忘), 유유상종(類類相從), 누누(屢屢)이' 등은 다른 비슷한 구조의 한자어들과 비교할 때 특별한 경우이다. 곧 이것들은 제5절 두음법칙의 예외로서 '열렬히, 늠름하다, 연년세세, 낙락장송, 냉랭하다, 역력히, 염념불망' 등과 비교할 때 표기 방식이 다르다. 하지만 발음상 '연연[연연(여년)]불망, 누누[누누]이, 유유[유유]상종' 등은 분명히 동일한 음절이 겹쳐나지만, '열렬[열렬]히, 냉랭[냉랭]하다, 역력[영녁]히, 낙락[낭낙]장송' 등은 현실 발음이 그렇지 않다고 본다. '늠름[늠:늠]하다'와 같은 경우에는 발음 '늠름[늠:늠]'이 음운 변화에 의해서 같아진 것일 뿐 같은 소리의 반복으로 보기 어렵다는 것이다. 하지만 이러한 내용은 한자어 발음에 익숙하지 못한 한국어 화자들이 많은 주의를 기울여야 할 부분이다.

◉ 질문과 대답

문 두음법칙에 따라 '연년세세', '연년생'이라고 쓰잖아요. 그런데 '연연불망'은 왜 '연년 불망'이라고 쓰면 틀리나요?

답 '연년세세, 낙락장송'처럼 한자음의 경우, 반복되는 두 음절의 제1 음절은 두음법칙에 따라 적고 제2 음절은 본음대로 적는 것이 원칙입니다.(한글 맞춤법 제10항, 제11항) 그러나 토박이말이건 한자말이건 상관없이, 한 단어 안에서 같은 음절이나 비슷한 음절이 겹쳐 나는 부분은 같은 글자로 적어야 합니다.(한글 맞춤법 제13항: 씩씩, 똑딱똑딱, 연연불망, 유유상종) 이렇게 '연연불망, 유유상종'과 같이 두음법칙의 예외 표기를 허용하는 규정을 둔 것은, 이런 부류의 말들에 두음법칙을 적용하여 표기하면 실제 발음과 동떨어진 표기가 되기 때문입니다. 표기의 일관성을 지키는 일도 매우 중요하지만, 그렇다고 해서 실제 발음과 다른 표기를 채택할 수는 없는 일이므로 <한글 맞춤법>의 각 조항들은 이를 세밀하게 규정하고 있습니다. <한글 맞춤법> 제1항은 '표준어를 소리대로 적되, 어법에 맞도록 함을 원칙으로 한다.'고 규정하여 '소리대로 적'는 것이 가장 우선하는 표기 원칙임을 명확히 보여 주고 있습니다.

문 '똑닥똑닥, 쓱삭쓱삭'과 '똑딱똑딱, 쓱싹쓱싹' 중 옳은 것은 뭐예요?

답 한 단어 안에서 같은 음절이나 비슷한 음절이 겹쳐 나는 부분은 '딱딱, 쌕쌕, 씩씩, 똑딱똑딱, 쓱싹쓱싹' 등에서처럼 같은 글자로 적어야 합니다. 이것은 한글 맞춤법 제13항에 규정하고 있는 내용으로서, 한국어에서 'ㄱ, ㄷ' 뒤의 'ㄱ, ㄷ, ㅂ, ㅅ'이 된소리화하는 낱말들은 소리대로 적지 아니하지만, 이처럼 같은 음절이 겹쳐나는 경우 예외적으로 소리대로 적도록 하고 있습니다.

제4장 형태에 관한 것

제1절 체언과 조사

제14항 체언은 조사와 구별하여 적는다.

떡이	떡을	떡에	떡도	떡만
손이	손을	손에	손도	손만
팔이	팔을	팔에	팔도	팔만
밤이	밤을	밤에	밤도	밤만
집이	집을	집에	집도	집만
옷이	옷을	옷에	옷도	옷만
콩이	콩을	콩에	콩도	콩만
낮이	낮을	낮에	낮도	낮만
꽃이	꽃을	꽃에	꽃도	꽃만
밭이	밭을	밭에	밭도	밭만
앞이	앞을	앞에	앞도	앞만
밖이	밖을	밖에	밖도	밖만
넋이	넋을	넋에	넋도	넋만
흙이	흙을	흙에	흙도	흙만

삶이	삶을	삶에	삶도	삶만
여덟이	여덟을	여덟에	여덟도	여덟만
곬이	곬을	곬에	곬도	곬만
값이	값을	값에	값도	값만

◉ 해설

한국어의 단어를 '체언, 용언, 수식언, 독립언, 관계언'으로 분류하기도 한다. 9품사 중 '명사, 대명사, 수사'는 체언으로, '동사, 형용사'는 용언으로, '관형사, 부사'는 수식언으로, '감탄사'는 독립언으로, '조사'는 관계언으로 가르는 것이다. 이 중 체언(體言)은 관계언인 조사(助詞: 토씨)와 결합하여 여러 가지 문장 성분으로 기능할 수 있다. 체언이 조사와 결합하는 현상을 곡용(曲用 declension)이라고 하며, 활용(conjugation)과 함께 국어의 굴절(inflection) 현상으로 다루기도 한다.

체언이 조사와 결합하여 여러 가지 문장 성분으로 기능할 때에는 필연적으로 형태의 변화를 수반한다. 형태의 변화라는 것은 실제로는 음소 단위의 변화와 동시에 이루어지므로 발음의 변화 또한 필수적이다.

(15) 가. 떡이, 떡을, 떡에, 떡도, 떡만
　　　나. 떠기, 떠글, 떠게, 떡또, 떵만

(16) 가. 넋이, 넋을, 넋에, 넋도, 넋만
　　　나. 넉씨, 넉쓸, 넉쎄, 넉또, 넝만

(15나)와 (16나)에서처럼 체언이 조사와 결합하여 형태와 발음의 변화가 이루어질 때 이를 표기에 반영하는 방식이 표음주의다. 그러나 한글 맞춤법 제14항은 이러한 경우 (15가)와 (16가)처럼 체언과 조사의 기본 형태를 밝히어 적도록 규정하고 있다. 이렇게 체언과 조사의 기본 형태를 밝힐 때에는 당연히 어법에 근거해야 한다. 위

한글 맞춤법 제14항은 체언의 곡용에서 일어나는 변화를 표기에 반영하지 않고, 어법에 따라 적는 원리를 적용토록 한 것이다. 이런 표기 방식은 쓰는 법을 익히는 데 다소 어려움이 있더라도 교착어인 한국어의 복잡한 형태 변화를 일일이 표기에 반영하지 않고 기본 형태를 고정하여 독서의 효율을 극대화할 수 있다는 장점이 있다.

◉ 질문과 대답

문 조사에 관한 내용인데요. 제가 조사 '은/는, 이/가'의 차이점을 알고 싶어서 지식 검색을 했는데 모르는 부분이 있어서 여쭤봅니다. 검색된 내용은 아래와 같습니다. 주격조사 '이/가'는 새 정보를 전달하는 기능을 하고, 보조사 '은/는'은 옛 정보를 전달하는 기능을 함을 알 수 있습니다. '우리가 정의를 내리거나 규정하는 문장에서 정의하거나 규정하는 단어는 총칭적인 의미로 쓰는 말이고, 이 총칭적인 단어에 대해 새로운 정보를 덧붙이는 형식이기 때문에 보조사 '은/는'을 써서 화제를 표시합니다.' 위의 내용을 토대로 제가 생각해 본 건데 맞는지 궁금합니다. 만약에 "국어는 한국 사람들이 쓰는 말이다."라는 예문이 있다면 여기서 '국어'라는 단어가 정의하는 단어이기 때문에 총칭적인 의미이고 나머지 '한국 사람들이 쓰는 말이다'가 새로운 정보를 덧붙이는 것인가요?

답 질문하신 내용을 대체로 바르게 이해하신 것으로 생각합니다. 곧 '이/가'는 상태나 상황을 겪거나 일정한 동작을 하는 '주체'를 나타내는 격조사입니다. 반면, '은/는'은 어떤 대상이 다른 것과 '대조'됨을 나타내거나, 문장 속에서 어떤 대상이 '말하는 주제(화제)'임을 나타내거나, 어떤 대상을 '강조'하는 보조사입니다. 따라서 '이/가'는 주로 주어가 되는 말에 붙지만, '은/는'은 주어, 목적어, 부사어 등 다른 문장 성분에도 붙을 수 있습니다. 또한 질문 내용에 있는 것처럼 '이/가'에 붙는 말은 '신정보'이고, '은/는'이 붙는 말은 '구정보'라는 설명도 있습니다.
예) (1) 철수가 밥을 먹는다. (2) 철수는 학생이다.('철수'가 화제) (3) 놀러 가더라도 멀리는 가지 마라.('멀리'를 강조) (4) 철수는 밥을 먹고 영희는 빵을 먹는다.('철수'와 '영희' 대조) (5) 철수가 밥은 먹고 빵은 안 먹는다.('밥'과 '빵' 대조) (6) 철수가 반장이다.('철수': 신정보) (7) 철수는 반장이다.('철수': 구정보)

문 서술격 조사 '이다'에 대한 궁금증입니다. 격조사는 체언이나 체언 구실을 하는 말에만 붙는다고 알고 있는데, 네이버 국어사전에서 '이다'라는 단어를 찾아보니 "주어가 지시하는 대상의 속성이나 부류를 지정하는 뜻을 나타내는 서술격 조사. 주어의 속성이나 상태, 정체(正體)나 수효 따위를 밝히는 서술어를 만들거나, 어떤 주제에 대하여 문제가 되는 사실을 밝히는 서술어를 만드는 기능을 한다. 특히, 후자의 경우에는 체언 외에도 조사나 부사, 용언의 어미 뒤에도 붙을 수 있다."라고 설명이 나와 있었습니다. 체언 이외에 조사, 부사, 용언 뒤에도 붙을 수 있다는 데에 궁금증이 생겼습니다. 그렇다면 격조사가 체언이나 체언 구실을 하는 말에만 붙는다는 규칙에 예외가 있는 것인가요? '배고파서이다', '지나서이다', '넘어서이다'처럼 용언에 '이다'가 결합됐다고 볼 수 있고, 또 조사이기 때문에 붙여 쓰는 것이 맞는 건가요?

답 '이다'는 학자에 따라 다르게 분류하기도 하지만 학교 문법에서는 말씀하신 것처럼, 주어가 지시하는 대상의 속성이나 부류를 지정하는 뜻을 나타내는 '서술격 조사'로 다루고 있습니다. 서술격 조사와 같은 격조사들은 일반적으로 체언(명사, 대명사, 수사)에 붙어 그 체언의 문장 속에서의 특정한 격을 나타낸다고 가르치고 있습니다만, 격조사가 반드시 체언에만 붙는 것은 아닙니다. 체언 외에도 명사구나 명사절, 용언의 연결형, 인용된 말, 그리고 조사나 부사 등 다른 품사의 말 뒤에도 붙을 수 있습니다. 이렇게 특정 문장에 쓰인 이런 부류의 말들을 흔히 '체언의 기능을 하는 말(체언 상당어)'이라고 일컫기도 합니다. 바꾸어 말하면 이런 말들은 체언은 아니지만, 그렇게 쓰인 문장 속에서는 임시로 체언처럼 쓰였다는 뜻입니다. "힘이 없어 보이는 것은 배고파서이다.", "내가 그 사실을 알게 된 것은 한참 지나서이다."와 같은 문장의 '배고파서이다', '지나서이다' 등이 이런 경우입니다. 따라서 이를 두고 격조사가 예외적으로 체언 이외의 말에 붙었다고 하기보다는(또는 예외라고 하기보다는), 체언의 개념을 확장한 것이라고 하는 편이 나을 것입니다.

제2절 어간과 어미

제15항 용언의 어간과 어미는 구별하여 적는다.

먹다	먹고	먹어	먹으니
신다	신고	신어	신으니
믿다	믿고	믿어	믿으니

울다	울고	울어	(우니)
넘다	넘고	넘어	넘으니
입다	입고	입어	입으니
웃다	웃고	웃어	웃으니
찾다	찾고	찾아	찾으니
좇다	좇고	좇아	좇으니
같다	같고	같아	같으니
높다	높고	높아	높으니
좋다	좋고	좋아	좋으니
깎다	깎고	깎아	깎으니
앉다	앉고	앉아	앉으니
많다	많고	많아	많으니
늙다	늙고	늙어	늙으니
젊다	젊고	젊어	젊으니
넓다	넓고	넓어	넓으니
훑다	훑고	훑어	훑으니
읊다	읊고	읊어	읊으니
옳다	옳고	옳아	옳으니
없다	없고	없어	없으니
있다	있고	있어	있으니

[붙임 1] 두 개의 용언이 어울려 한 개의 용언이 될 적에, 앞말의 본뜻이 유지되고 있는 것은 그 원형을 밝히어 적고, 그 본뜻에서 멀어진 것은 밝히어 적지 아니한다.

(1) 앞말의 본뜻이 유지되고 있는 것

넘어지다	늘어나다	늘어지다	돌아가다	되짚어가다
들어가다	떨어지다	벌어지다	엎어지다	접어들다
틀어지다	흩어지다			

(2) 본뜻에서 멀어진 것

드러나다   사라지다   쓰러지다

[붙임 2] 종결형에서 사용되는 어미 '-오'는 '요'로 소리나는 경우가 있더라도 그 원형을 밝혀 '오'로 적는다. (ㄱ을 취하고 ㄴ을 버림.)

ㄱ	ㄴ
이것은 책이오.	이것은 책이요
이리로 오시오.	이리로 오시요
이것은 책이 아니오.	이것은 책이 아니요

[붙임 3] 연결형에서 사용되는 '이요'는 '이요'로 적는다. (ㄱ을 취하고 ㄴ을 버림.)

ㄱ	ㄴ
이것은 책이요, 저것은 붓이요, 또 저것은 먹이다.	이것은 책이오, 저것은 붓이오, 또 저것은 먹이다.

제16항 어간의 끝음절 모음이 'ㅏ, ㅗ'일 때에는 어미를 '-아'로 적고, 그 밖의 모음일 때에는 '-어'로 적는다.

　1. '-아'로 적는 경우

나아	나아도	나아서
막아	막아도	막아서
얇아	얇아도	얇아서
돌아	돌아도	돌아서
보아	보아도	보아서

　2. '-어'로 적는 경우

개어	개어도	개어서
겪어	겪어도	겪어서
되어	되어도	되어서
베어	베어도	베어서
쉬어	쉬어도	쉬어서
저어	저어도	저어서
주어	주어도	주어서
피어	피어도	피어서
희어	희어도	희어서

제17항 어미 뒤에 덧붙는 조사 '-요'는 '-요'로 적는다.

읽어	읽어요
참으리	참으리요
좋지	좋지요

◉ 해설(1)

용언은 어미와 결합하여 문장 안에서 여러 가지 기능을 한다. 의존 형태소인 동사와 형용사의 기본 형태에 어미를 결합하여 여러 가지 문법적인 기능을 하는 현상을 활용(conjugation)이라고 부른다. 용언(用言)이라는 것도 '활용하는 말'이라는 뜻이다. 활용할 때에 어미와 결합하는 용언의 기본 형태를 어간(stem)이라고 부르는데, 접사와 결합하여 새로운 단어를 형성하는 중심이 되는 부분으로서의 어근(root)과는 다소 차이가 있는 개념이다.

용언의 어간이 어미와 결합하여 활용할 때에도 필연적으로 형태의 변화가 일어난다. 이때의 형태 변화는 어간에서 일어나기도 하고 어미에서 일어나기도 하며, 어간과 어미 모두에서 일어나기도 한다. 이러한 변화 또한 모두 형태음소적 변화이다.

(17) 가. 찾다, 찾고, 찾는, 찾아, 찾으니
     나. 찯따, 찯꼬, 찬는, 차자, 차즈니

(18) 가. 맑다, 맑고, 맑은, 맑아, 맑으니
     나. 막따, 말꼬, 말근, 말가, 말그니

(17나)와 (18나)에서처럼 용언 어간이 어미와 결합하여 형태음소적 변화가 있을 때, 이를 그대로 표기에 반영하는 방식이 소리대로 적기이다. 그러나 위 한글 맞춤법 제15항 "용언의 어간과 어미는 구별하여 적는다."는 이러한 경우 (17가)와 (18가)처럼 어간과 어미의 기본 형태를 밝히어 적으라는 것이다. 이렇게 어간과 어미의 기본 형태를 밝힐 때의 기준은 당연히 어법이다. 어간이나 어미의 기본 형태로부터 어떻게 형태음소적 변화가 일어나는지를 합리적으로 설명하는 이론이 어법이다. 예를 들어 '찾다, 찾고'에서는 'ㅈ'이 자음 앞에서 'ㄷ'으로 중화하고, '찾는'에서는 '중화, 비음화'에 의해 'ㅈ → ㄷ → ㄴ'의 변화가 일어난다. 그리고 '찾아, 찾으니'에서는 'ㅈ'이 모음 어미의 두음으로 연음된다. 이러한 말의 운용 법칙을 고려할 때 어간의 기본 형태를 '찾-'으로 고정하여 적는 것이 합리적이다. 위 한글 맞춤법 제15항은 용언의 활용에서 일어나는 변화를 표기에 반영하지 않고 어법에 따라 적는 원리를 적용토록 한 것이다. 이 역시 교착어인 한국어의 복잡한 형태 변화를 일일이 표기에

반영하지 않고 기본 형태를 적어서 독서의 효율을 높이려는 것이다.

위 제15항 붙임 1은 용언 어간과 어미가 결합할 때 기본 형태를 구별하여 적지 않고 소리대로 적는 예외적 경우에 대해서 규정하고 있다. 붙임 1의 (1)과 (2)는 합성 용언들인데, 두 어근 사이에 어미 '-아/-어'가 개입한 단어들이다. 그런데 (1)의 '넘어지다, 늘어나다'나 '쏟아지다'처럼 두 어근 중 앞 어근의 본뜻이 유지되고 있는 것이 있는 반면, (2)의 '드러나다, 쓰러지다'처럼 그렇지 않은 말들이 있다. 전자와 같은 예들은 표의적으로 적지만, 후자의 예들은 소리대로 적으라는 규정이 붙임 1이다.

한편 위 제15항 붙임 2는 종결어미 '-오'와 연결어미 '-요'가 발음상으로 같을 때가 있으나 서로 형태를 구별하여 적으라는 규정이다. 곧 '어서 오시오, 이것은 책이오.' 등에서 '-오'는 소위 하오체 종결어미 '-오'요, '이것은 책이요, 저것은 붓이요, 또 저것은 먹이다.'에서 '-요'는 연결어미이다.

위 한글 맞춤법 제16항은 용언의 어간과 어미의 모음조화 현상에 대한 표기 원칙이다. 한국어는 전통적으로 양성모음은 양성모음끼리 어울리고 음성모음은 음성모음끼리 어울리는 모음조화를 특징으로 한다. 모음조화는 두 모음 사이에 다른 음소가 끼어 있어도 동일하게 작용한다. 모음조화는 문법적으로는 모음에 따라서 어간에 붙는 어미의 형태가 달라진다는 것을 의미한다. 오늘날 '깡충깡충'이나 '아름다워'와 같은 말에서 보듯이 한국어의 모음조화는 지켜지지 않는 일이 많다.

용언의 활용에서는 어간의 끝 음절의 모음 형태에 따라 어미의 선택이 달라진다. 이런 까닭에 한국어 어미는 '-아/-어/-여', '-았-/-었-/-였-', '-아서/-어서/-여서' 등의 이형태들을 갖고 있다. 위 제16항의 규정은 용언 어간 끝음절의 모음이 'ㅏ'와 'ㅗ'일 때 어미는 모음 '-아'를 갖는 것과 결합하고, 그 외의 경우에는 모음 '-어'를 갖는 것과 결합한다는 것이다. 모음 '-여'를 갖는 불규칙한 어미와 결합하는 어간에 대하여서는 한글 맞춤법 제18항에서 따로 다루고 있다.

(19) 가. 보아, 보아도, 보아서, 보았다
　　 나 먹어, 먹어도, 먹어서, 먹었다
　　 다. 개어, 개어도, 개어서, 개었다

(19가~다)는 제16항의 규정에 따라 어미를 결합하여 적은 예들이다. 물론 이때의 표기 원칙은 제15항의 규정과 같이 표의주의이다.

한글 맞춤법 제17항은 소위 종결 보조사 '-요'에 대한 규정이다. 조사는 보통 체언에 결합하는 것이지만 보조사는 부사나 문장에도 결합한다. '-요'는 문장에 결합하는 보조사이다. '읽어, 참으리, 좋지' 등처럼 종결어미가 있는 문장의 끝에 붙은 '-요'는 한글 맞춤법 제14항의 체언과 조사는 구별하여 적는다는 규정에 따라서 조사의 기본 형태를 밝혀 적으면 된다. 이러한 규정이 필요한 이유는 앞의 제15항에서 다루었던 종결어미 '-오' 및 연결어미 '-요'가 쓰일 때와 발음이 같아지는 일이 있기 때문이다. 예를 들면, 종결 보조사가 쓰인 '참으리요', 종결어미가 쓰인 '이리 오시오', 연결어가 쓰인 '이것은 책이요'에서 '-오'와 '-요'의 발음은 모두 같다.

◉ 질문과 대답

문 '아니오, 아니요, 아니에요, 아니예요'의 차이가 뭔지 알려 주세요.

답 견해 차이가 있기도 하지만, '아니오'는 형용사 '아니다'의 '하오'체 활용형(서술어)이고, '아니요'는 감탄사(대답하는 말) '아니'에 상대방을 높이는 기능을 하는 종결 보조사 '요'가 붙은 것입니다. 간략히 말하면, '아니오'의 '아니-'는 형용사의 어간, '아니요'의 '아니'는 감탄사이고, '-오'는 어미, '요'는 조사입니다.(한글 맞춤법 제17항 참조) 예컨대, '아니오'는 '오늘은 일요일이 아니다/아니오/아닙니다.'에서처럼 문장의 서술어로만 씁니다. 그러나 '아니요'는 '네(예)'와 짝을 이루는 말로서 '집에 가니?'라는 질문에 대해 '네(예)' 혹은 '아니요'하는 것처럼 대답 말로만 씁니다. '아니요'와 '네(예)'의 평칭어는 각각 '아니'와 '응'입니다.

그리고 '아니에요'와 '아니예요' 중 '아니예요'는 잘못입니다. '아니에요'는 앞에서 말한 형용사 '아니다'의 어간 '아니-'에 어미 '-에(요)'가 붙은 활용형입니다. 따라서 '아니에요' 대신 '-어(요)'를 붙여 '아니어요'로 써도 됩니다. '아니에요'와 '아니어요'를 줄여 쓴다면, '아녜요, 아녀요'가 될 것입니다. '아니'는 단독으로 부사로 쓰는 경우도 있으므로(예: 철수가 밥을 아니/안 먹는다.), 이 점도 유의하시기 바랍니다.

제18항 다음과 같은 용언들은 어미가 바뀔 경우, 그 어간이나 어미가 원칙에 벗어나면 벗어나는 대로 적는다.

1. 어간의 끝 'ㄹ'이 줄어질 적

갈다:	가니	간	갑니다	가시다	가오
놀다:	노니	논	놉니다	노시다	노오
불다:	부니	분	붑니다	부시다	부오
둥글다:	둥그니	둥근	둥급니다	둥그시다	둥그오
어질다:	어지니	어진	어집니다	어지시다	어지오

[붙임] 다음과 같은 말에서도 'ㄹ'이 준 대로 적는다.

마지못하다	마지않다	(하)다마다
(하)자마자	(하)지 마라	(하)지 마(아)

2. 어간의 끝 'ㅅ'이 줄어질 적

긋다:	그어	그으니	그었다
낫다:	나아	나으니	나았다
잇다:	이어	이으니	이었다
짓다:	지어	지으니	지었다

3. 어간의 끝 'ㅎ'이 줄어질 적

그렇다:	그러니	그럴	그러면	그러오
까맣다:	까마니	까말	까마면	까마오
동그랗다:	동그라니	동그랄	동그라면	동그라오
퍼렇다:	퍼러니	퍼럴	퍼러면	퍼러오
하얗다:	하야니	하얄	하야면	하야오

4. 어간의 끝 'ㅜ, ㅡ'가 줄어질 적

푸다:	퍼	펐다
뜨다:	떠	떴다
끄다:	꺼	껐다
크다:	커	컸다
담그다:	담가	담갔다
고프다:	고파	고팠다
따르다:	따라	따랐다
바쁘다:	바빠	바빴다

5. 어간의 끝 'ㄷ'이 'ㄹ'로 바뀔 적

걷다[步]:	걸어	걸으니	걸었다
듣다[聽]:	들어	들으니	들었다
묻다[問]:	물어	물으니	물었다
신다[載]:	실어	실으니	실었다

6. 어간의 끝 'ㅂ'이 'ㅜ'로 바뀔 적

깁다:	기워	기우니	기웠다
굽다[炙]:	구워	구우니	구웠다
가깝다:	가까워	가까우니	가까웠다
괴롭다:	괴로워	괴로우니	괴로웠다
맵다:	매워	매우니	매웠다
무겁다:	무거워	무거우니	무거웠다
밉다:	미워	미우니	미웠다
쉽다:	쉬워	쉬우니	쉬웠다

다만, '돕-, 곱-'과 같은 단음절 어간에 어미 '-아-'가 결합되어 '와'로 소리 나는 것은 '-와'로 적
는다.

돕다[助]:	도와	도와서	도와도	도왔다
곱다[麗]:	고와	고와서	고와도	고왔다

7. '하다'의 어미 활용에서 어미 '-아'가 '-여'로 바뀔 적

하다:	하여	하여서	하여도	하여라	하였다

8. 어간의 끝음절 '르' 뒤에 오는 어미 '-어'가 '-러'로 바뀔 적

이르다[至]:	이르러	이르렀다
노르다:	노르러	노르렀다
누르다:	누르러	누르렀다
푸르다:	푸르러	푸르렀다

9. 어간의 끝음절 '르'의 'ㅡ'가 줄고, 그 뒤에 오는 어미 '-아/-어'가 '-라/-러'로 바뀔 적

가르다:	갈라	갈랐다
부르다:	불러	불렀다
거르다:	걸러	걸렀다
오르다:	올라	올랐다
구르다:	굴러	굴렀다
이르다:	일러	일렀다

벼르다:	별러	별렀다
지르다:	질러	질렀다

◑ 해설(2)

위 한글 맞춤법 제18항은 한국어 9가지 불규칙 활용의 표기에 대하여 규정한 것이다. 불규칙 활용의 성격과 종류에 대해서는 학자에 따라 다소 이견이 있을 수 있지만, 한글 맞춤법에서는 이 9가지를 용언의 어간이나 어미가 불규칙적인 활용으로 다루고 있다.

용언의 활용이 규칙적인가, 불규칙적인가는 어간과 어미가 활용할 때 그 형태가 일관성 있게 유지되는가, 그렇지 않는가에 따라 결정된다. 약간의 이견이 있을 수 있지만, 정칙 활용이냐 변칙 활용이냐 하는 말도 근본적으로는 유사한 개념이다.

(20) 가. 입다, 입고, 입지, 입으니, 입어, 입으면
　　　나. 묻다, 묻고, 묻지, 묻으니, 묻어, 묻으면
　　　다. 벗다, 벗고, 벗지, 벗으니, 벗어, 벗으면

(21) 가. 놀다, 놀고, 놀지, 논, 노니, 노시다
　　　나. 짓다, 짓고, 짓지, 지어, 지으니, 지으면
　　　다. 파랗다, 파랗고, 파랗지, 파래, 파랬다, 파래서
　　　라. 푸다, 푸고, 푸니, 퍼, 펐다/끄다, 끄고, 끄지, 꺼, 껐다
　　　마. 묻다, 묻고, 묻지, 물어, 물으니, 물으면
　　　바. 춥다, 춥고, 춥지, 추우니, 추워, 추우면
　　　사. 하다, 하고, 하지, 하여, 하였다. 하여서
　　　아. 이르다, 이르고, 이르지, 이르러
　　　자. 흐르다, 흐르고, 흐르지, 흘러, 흘러서, 흘렀다

(20가, 나, 다)의 '입다'와 '묻다' 및 '벗다'는 어떤 어미와 결합하여도 어간 '입-'

과 '묻-' 및 '벗-'의 형태가 변하지 않는다. 그러나 (21가~자)의 예들은 용언의 어간과 어미가 결합할 때 어간이든 어미이든 아니면 어간과 어미 모두이든 형태가 바뀌는 것을 알 수 있다. 이러한 현상을 용언의 불규칙 활용이라고 부른다. 이들 중 (21가, 나, 라, 마, 바, 자)는 어간의 형태가 불규칙한 예들이고, (21다)는 어간과 어미가 모두 불규칙한 예이다. 그리고 (21사, 아)는 어미가 불규칙한 예들이다. 이런 불규칙 현상들은 모두 실제의 변한 소리를 적는 것이 한글 맞춤법의 원리이다.

위 한글 맞춤법 제18항의 1은 어간의 끝 'ㄹ'이 탈락하는 현상을 표기에 반영한다는 규정이다. 그러한 예로서 '갈다, 놀다, 불다, 둥글다' 등을 들 수 있으며, 이것들은 모두 '가니, 간, 갑니다, 가시다, 가오'와 같이 활용한다. 이러한 현상은 'ㄹ' 받침을 가진 용언이면 예외 없이 일어난다. 그리고 보통 '갈다가, 갈자, 갈아'처럼 'ㄷ, ㅈ, -어/-아' 앞에서는 'ㄹ'이 탈락하지 않지만, 특별히 '마지못하다, 마지않다, (하)다마다, (하)지 마라' 등의 말에서 탈락하는 현상도 그대로 표기에 반영토록 하고 있다. 그런데 2015년에 새로 표준어와 표준형을 추가하면서 '말다'에 명령형어미 '-아', '-아라', '-아요' 등이 결합할 때는 어간 끝의 'ㄹ'이 탈락하는 것이나 탈락하지 않는 것을 모두 인정하도록 하였다. 따라서 예를 들면 '가지 마라/가지 말아라'나 '말도 마요/말도 말아요'가 모두 표준형임을 유의해야 한다.

위 제18항 2는 어간 말의 'ㅅ'이 불규칙한 용언들의 표기에 대한 규정이다. '긋다, 낫다, 잇다, 짓다' 등은 어간 말 'ㅅ'이 불규칙적인 활용을 보인다. '벗다, 씻다, 빼앗다, 솟다, 웃다' 등이 규칙적으로 활용하는 것과는 다르다. 어간 말 'ㅅ'이 불규칙한 용언들은 바뀌는 형태 그대로 표기해야 한다.

제18항 3은 어간 말 'ㅎ'을 가진 용언 '까맣다, 파랗다' 등이 활용할 때 어간과 어미가 불규칙한 현상을 표기에 반영토록 규정한 것이다. 곧 '까만, 까마니, 파란, 파라니' 등에서는 어간의 'ㅎ'이 탈락하지만, '까매, 파래' 등의 활용형에서는 어미 '-아/-어' 등이 어간과 결합하면 어간과 어미가 동시에 불규칙적으로 바뀌어 '매', '래' 등으로 융합되는 현상에 대한 표기 규정이다. 'ㅎ' 말음을 가진 형용사는 '좋다'를 제외하고 이러한 현상을 보인다. 그런데 2015년의 새로 표준형을 추가하면서 이러한 'ㅎ 불규칙용언'이 어미 '-네'와 결합할 때에는 어간 끝의 'ㅎ'이 탈락하는

것과 탈락하지 않는 것을 모두 인정하여 표기에 반영토록 했다. 따라서 '그렇다, 노랗다, 동그랗다, 뿌옇다, 어떻다, 조그맣다, 커다랗다' 등 모든 ㅎ불규칙용언은 어미 '-네'와 결합할 때 두 가지의 표준형을 갖게 되었음을 주의해야 한다.

위 제18항 4, 5, 6은 모두 어간의 불규칙한 활용에 대한 표기 규정이다. 이 가운데 4는 용언 '푸다'의 'ㅜ'가 어미 '-어' 앞에서 탈락하는 현상 및 '끄다, 크다, 뜨다, 담그다, 고프다' 등의 'ㅡ'가 어미 '-아/-어' 앞에서 탈락하는 현상에 대한 규정이다. 'ㅜ' 탈락은 '푸다' 이외에는 예를 찾기 어렵다. 제18항 5는 '걷다(步), 묻다(問), 듣다, 싣다' 등의 용언에서 어간 말 'ㄷ'이 모음으로 시작하는 어미 앞에서 'ㄹ'로 바뀌는 현상의 표기에 대한 규정이다. 어간 말 'ㄷ'을 가진 용언이라도 '걷다(收), 묻다(埋), 돋다, 뜯다, 믿다, 받다, 뻗다, 얻다' 등에서는 이러한 현상이 일어나지 않는다. 제18항 6은 이른바 'ㅂ' 불규칙 활용에 대한 표기 규정이다. 한국어의 '아름답다, 괴롭다, 굽다, 밉다' 등의 'ㅂ' 말음을 가진 대부분의 용언은 활용할 때 '아름다워, 괴로워, 구워, 미워' 등처럼 'ㅂ'이 음성모음 어미와 결합하여 '워(w+-어)'로 바뀐다. 다만 제18항에서는 'ㅂ'이 양성모음 어미와 결합화여 '와(w+-아)'로 바뀌는 경우를 '돕다'와 '곱다'를 들고 있다. 이러한 'ㅂ' 불규칙 활용도 변한 대로 표기해야 한다.

제18항 7, 8은 어미가 불규칙한 현상에 대한 표기 규정이다. 제18항 7은 '-하다'를 가진 용언의 활용에서 어미 '-아/-어', '-았-/-었-', '-아서/-어서' 등이 각각 '-여', '-였-', '-여서' 등으로 바뀌는 현상에 대한 표기 규정이다. '하여, 하였다, 하여서' 등처럼 쓰는 것이 그 예이다. '하여, 하였다, 하여서'는 '해, 했다, 해서'로 축약하여 쓰는 일이 많다. 제18항 8은 어간의 끝 음절 '르' 뒤에 오는 어미 '-어', '-어서', '-었-' 등이 '-러', '-러서', '-렀-' 등으로 바뀌는 현상에 대한 표기 원칙이다. '이르러, 이르러서, 이르렀다' 등으로 쓰는 것이 그 예이다.

제18항 9는 8의 예들처럼 어간 말에 '르'를 가진 용언들 중에서 어미 '-어', '-어서', '-었-' 등이 연결될 때 어간의 '르'가 'ㄹ'로 줄고, 그 뒤에 오는 어미 '-아/-어', '-아서/-어서', '-았-/-었-' 등은 '-라/-러', '-라서/-러서', '-랐-/-렀-'으로 바뀌는 현상의 표기에 대한 규정이다. 학교문법에서는 이러한 예들을 '르 불규

칙'이라고 부르고 이를 '르→ㄹㄹ'로 보아 어간의 불규칙으로 다루고 있다. '골라, 골라서, 골랐다', '흘러, 흘러서, 흘렀다' 등이 그 예이다.

한글 맞춤법 제18항에서 다루지 않은 불규칙 활용으로는 '-여라, -거라, -너라' 불규칙이라고 부르는 명령형 어미의 불규칙 현상이 있다. 명령형 어미 '-아라/-어라'는 동사 '하다'와 결합하면 '하여라'로, '가다'와 결합하면 '가거라'로 '오다'와 결합하면 '오너라'로 바뀐다. 이러한 현상은 요즘 한국어에서 '하여라'는 '해라'로 '가거라'는 '가라'로 '오너라'는 '와라'로 변하는 추세가 뚜렷하다.

◉ 질문과 대답

문 안녕하십니까? 여쭤 볼 질문이 있습니다. 첫째, '우산을 가져 가세요. 우산을 가지고 가세요.' 두 표현은 두 맞는 표현이죠? 쓸 때 구체적인 의미 차이가 있는지 궁금합니다. 상태를 나타낼 때 연결어미 '-아/-어/-여서'를 쓰는데 신체 부착 동사가 예외라고 규정된 문법책이 있습니다. 예를 들어서 '가방을 들고 가요.'라고 하는데 '가방을 들어서 가요.'라고 안 합니다. '가지다'는 신체 부착 동사로 볼 수 있을까요? 둘째 질문입니다. 한글 맞춤법에 ㄹ불규칙 용언의 탈락 환경은 자음 'ㄴ, ㅅ, ㅂ, ㄹ' 앞에 있을 때로 규정되어 있습니다. 하지만 '요리를 만들려고 했어요. 커튼을 달려고 했어요. 그는 깨끗하게 살려고 노력하는 사람이다. 같이 요리를 만들까요? 커튼을 달까요?'와 같은 문장에서 ㄹ 불규칙 용언이 ㄹ 자음 앞에 ㄹ 받침이 탈락하는 경우도 있고 탈락하지 않는 경우도 있습니다. 어떻게 설명해야 되는지 좀 가르쳐 주세요.

답 굉장히 어려운 질문들인데요, 언어에 여러 현상들이 복합적으로 작용하다 보니, 예외도 많고 설명하기가 어려운 경우도 많습니다. 먼저, 첫 번째 질문에 대한 답입니다. 표준국어대사전에서는 '가져가다'를 합성동사로 싣고 있지만, 여기서는 '가져'를 연결형으로 보고 설명하겠습니다. '가져 가세요'의 '가지-어'에 쓰인 '-어'와 '가지고 가세요'의 '가지-고'에 쓰인 '-고'는 모두 시간적 선후 관계를 드러내는 어미입니다. 즉, '가지다'라는 행위가 이루어지고 바로 이어 '가다'라는 행위가 이루어지는 것으로 볼 수 있습니다. 거의 동시에 이루어지지만 '가지다'가 먼저 이루어지는 행위임을 나타냅니다. 문법 용어로 계기적 관계라는 말을 사용합니다. 둘 다 맞는 표현이고, 의미적 차이를 찾기가 어렵습니다만, '가져'는 행위의 동시성이 강하고, '가지고'는 행위의 완료 또는 계기성이 강한 듯합니다. '뽑아 넣다'와 '뽑고 넣다'를 다분히 직관적으로 살펴보면, '뽑아 넣다'는 '뽑는 행위'가 이루어지고 동작의 끊어짐이 없이 '넣는 행위'가 이어지고, '뽑고 넣다'는 '뽑는 행위'가 있은 뒤 약간의 단절이 있다는 느낌이 강합니다. 그리고 말씀하신 '-아/-어/-여서'는 위의 예에는 사용되지 않은 것 같습니다. 예문은 '가져서'가 아닌 '가져'로 쓰여 있습니다. '-어'와 '-어서'는 다른 어미입니다. 참고하신 문법책에 설명된 연결어미 '-아/-어/-여서'는 '-아서, -어서, -여서'를 가리키는 것으로, 문장 부호 '/'를 공통 요소인 '-서'를 빼고 나열한 것으로 보입니다. 그리고 '들다'와 달리 '가지다'는 신체 부착 동사가 아닌 '소유 동사'로 보는 것이 좋습니다.

두 번째 질문에 대한 답입니다. 우선, '-려고'는 받침 없는 동사 어간, 'ㄹ' 받침인 동사 어간 또는 어미 '-으시-' 뒤에 붙습니다. 그리고 종결어미 '-ㄹ까'는 '이다'의 어간, 받침 없는 용언의 어간, 'ㄹ' 받침인 용언의 어간 또는 어미 '-으시-' 뒤에 붙는데 'ㄹ' 받침인 용언의 어간 뒤에 올 때는 어간의 말음 'ㄹ'과 '-ㄹ까'의 'ㄹ'이 겹치게 되므로 앞의 'ㄹ'이 탈락하게 됩니다. 그러므로 '만들려고, 달려고, 살려고'는 어간의 'ㄹ' 뒤에 어미 '-려고'가 그대로 결합한 형태이며, '만들까요, 달까요'는 어간 말음 'ㄹ'이 어미 '-ㄹ까'와 결합하면서 탈락하는 경우입니다. 다시 말하면, '-려고'는 어간에 결합하는 종성 '-ㄹ'이 있건 없건 그대로 어간에 결합하면 되고, '-ㄹ까'는 어간과 결합할 때 종성 'ㄹ'이 있으면 이를 탈락시킨 뒤에 결합해야 합니다. 이러한 차이에 의해 각기 다른 현상이 보이는 듯합니다.

문 'ㄹ' 탈락의 예외에 대해 알고 싶습니다. 한 문법책의 탐구 문제 중 풀리지 않는 게 있어서 질문 올립니다. 'ㄹ' 탈락이 파생이나 합성되는 과정에서 'ㄴ, ㄷ, ㅅ, ㅈ' 앞에서 탈락하는 걸로 알고 있습니다. 그런데, 'ㄹ' 탈락이 일어나지 않는 경우가 있는데요. 예를 들어, '달님, 물새, 물장난, 별나라, 불놀이', 이런 단어들은 'ㄹ' 탈락 현상과 같은 조건을 갖고 있음에도, 왜 'ㄹ' 탈락이 일어나지 않는지 음운론적으로 어떻게 설명해야 하는 건가요? 그리고 이들과 관련지어 'ㄹ' 탈락의 조건을 다시 규정하면 어떻게 해야 할까요?

답 음운 규칙 가운데는 조건이 갖추어지면 예외 없이 적용되는 규칙이 있는가 하면, 같은 조건에서 적용되기도 하고 적용되지 않기도 하는 규칙이 있습니다. 문의하신 'ㄹ' 탈락 규칙은 반드시 적용되지 않으면 안 되는 규칙은 아닙니다. 시기를 소급해 올라가면 현대국어 이전의 국어에서는 훨씬 더 많은 ㄹ 탈락 현상이 있었지만, 오늘날에는 이 규칙이 제한적으로만 적용되고 있습니다. 특히 파생어나 합성어를 이룰 때 형태소와 형태소의 경계에서는 세력을 잃고 있는 것처럼 보입니다. 반면에 'ㄹ' 말음을 가진 용언이 활용할 때는 특정 환경에서 'ㄹ' 탈락이 예외 없이 일어나기도 합니다. 앞에서 말한 것처럼 음운 규칙이든 통사 규칙이든 예외 없이 적용되어야 한다는 생각은 언어 현실에 맞지 않음을 잊지 마시기 바랍니다.

문 '하다'를 띄어 쓰는 문제에서 고민이 비롯되어 질문 드립니다. 1. '-하다'는 접미사인가? 2. '공부하다(동사 형성)'와 '깨끗하다(형용사 형성)'에서 동사 형성 시 '어근+어근'으로 구분할 수 있지만, '깨끗'이 독립성이 떨어지기 때문에 하다를 독립적인 어근으로 보기 어렵지 않은가? 어떻게 설명해야 하는가? 3. 동사 대행 기능을 가지고 있다고 설명하는 학자도 있는데, 동사 대행이라는 것이 동사라는 것인가?

답 '하다'는 쓰임에 따라 다르게 구분됩니다. '하다'는 우선 독립된 단어로 쓰입니다. '사랑을 하다, 슬픈 얼굴을 하다' 등에서처럼 그 자체만으로 서술어 구실을 합니다. 물론 경우에 따라서는 '사랑을 하다'라는 표현 대신에 '사랑하다'처럼 하나의 단어로 표현해도 상관없을 것이며, 이는 화자의 영역일 것입니다. '먹으려 하다, 예쁘게 하다' 등에서라면 '하다'는 보조 용언으로 처리해야 할 것입니다. '공부하다, 깨끗하다' 등의 '하다'는 어근 '공부, 깨끗'이라는 말에 붙어 새 말을 만들었으므로 일반적으로 이 경우는 접미사로 처리하고 있습니다. '깨끗'은 '공부'와는 달리 독립해서 쓰이지 않으므로 특이한 어근으로 분류합니다.('불규칙적 어근, 특이형태소'라는 다른 용어도 있습니다.) '하다'는 영어의 do 동사처럼 다른 동사를 쓸 자리에 대신 쓰이기도 하므로 동사 대행 기능을 가지고 있습니다. 동사 대행이라는 것도 동사이니까 가능한 것이지요.

문 '떳다'와 '떴다'가 잘 구분이 안 되어서요. 두 표현 다 옳은 표현이지요? 어떠할 때 '떳다'를 쓰고 어떠할 때 '떴다'를 쓰는지 알고 싶어요.

답 '떳다'와 '떴다'가 구분이 안 되신다고요? '떳다'는 잘못이고 '떴다'만 맞습니다. '떴다'는 동사 '뜨다'의 어간에 과거의 사실을 말할 때 쓰는 '-었-'(과거 시제 선어말어미)이 결합한 형태입니다. '떴다'가 되면서 'ㅡ'가 탈락했습니다. 혹 '벗다', '빼앗다' 등과 혼동하여 '떳다'를 맞는 것으로 착각하신 것인지 모르겠으나, '벗다', '빼앗다' 등의 어간 '벗-', '빼앗-'의 'ㅅ'은 어간의 일부이므로 '떴다'의 'ㅆ'과는 전혀 다른 것입니다. 어간 '벗-', '빼앗-'이 과거의 사실을 말할 때 쓰는 '-었-'과 결합하면

'벗었다', '빼앗았다'가 됩니다. 과거를 나타낼 때는 'ㅆ'이 들어간다는 것을 잊지 않으시기 바랍니다.

문 어간의 끝 'ㅂ'이 '우'나 '오'로 바뀌는 것이 'ㅂ 불규칙 용언'이라고 한다고 하지만 그것을 문법적으로 이해를 하는 과정에서 자꾸 의문이 생기는데요. 'ㅏ', 'ㅗ' 중에서 '돕다'나 '곱다'처럼 두 글자로 된 것만 '오'로 바뀌어서 나머지 세 글자 이상이거나 'ㅏ'나 'ㅗ'가 아닌 것은 그냥 '우'로 바뀌는 것 맞나요? '아름답다'는 'ㅏ'이지만 두 글자가 아니어서 '아름다워요'가 되고, '맵다'는 두 글자이지만 'ㅏ'나 'ㅗ'가 아니라서 '매워요'가 되고, '밉다', '쉽다'도 마찬가지인데 거기에 예외도 있다는 것도 어떻게 이해를 해야 하나 생각하게 되네요. 또 'ㅂ 규칙 용언'과 불규칙 용언을 어떻게 구별해야 하나요? 한국사람 같으면 '잡다'는 '잡아요'가 되니까 규칙 용언이고, '돕다'는 '도와요'라고 되니 불규칙 용언이라고 말하면 이해를 하겠지만 외국인으로서 어떻게 그렇게 되는지 고민하게 돼요. '잡다', '접다', '굽다', 시원한 해답이 없을까요?

답 규칙, 불규칙의 구별을 잘하는 방법은 두 가지일 것입니다. 하나는 문법서나 사전에 나와 있는 규칙, 불규칙을 그대로 암기하는 것과 다른 하나는 규칙, 불규칙의 개념을 명확히 깨친 다음에 각 용언의 활용을 잘 알아 적용해 보는 것. 질문하신 분의 말씀을 보면 ㅂ 규칙/불규칙과, ㅂ 불규칙 용언 중에서 모음조화 현상과 관련된 것을 겹쳐 생각하고 있는 것 같습니다. 전자부터 다시 확인해 봅시다. 잘 알고 계시겠지만 활용할 때 '잡아, 잡으면, 잡고, 잡게'처럼 늘 어간 말음 ㅂ을 유지한 채 활용하면 ㅂ 규칙 용언이며, '돕고, 돕지'처럼 자음 어미 앞에서는 ㅂ 말음을 유지하다가 '도우면, 도와'처럼 'ㅂ'이 'ㅗ'나 'ㅜ'로 변하여 활용하는 용언을 ㅂ 불규칙 용언이라 합니다. 이제 질문자님이 궁금한 ㅂ 말음을 가진 말들을 모두 활용시켜 보십시오. 그러면 규칙, 불규칙의 구별이 어렵지 않게 될 것입니다. 다음으로, 어간 말음 ㅂ이 활용할 때 'ㅗ'나 'ㅜ'로 바뀌고 이것이 뒤에 오는 어미 '-아/-어'와 결합할 때 '워'가 되는지 '와'가 되는지의 문제인데, 이건 한글 맞춤법 제18항의 6에서 '돕다'의 '도와'와 '곱다'의 '고와'만 '-와'로 인정하고 있으므로 그대로 익혀 두시면 됩니다. 한글 맞춤법이 개정되기 전에는 '모음조화 규칙'에 따라, 어간의 모음이 'ㅏ', 'ㅗ'와 같은 양성모음이면 '와'로(가깝+아→가까와, 사납+아→사나와 등), 그 밖의 모음이면 '-워'로(밉+어→미워, 맵+어→매워) 활용하도록 했었습니다. 지금은 이것들이 모두 '-워'로 활용합니다.

하지만 문법 이론에 따라서는 규칙 활용은 예외가 없이 항상 동일하게 일어나는 활용을 말하고, 불규칙 활용은 예외가 있는 활용을 말하는 것으로 설명하기도 합니다. 예를 들면 한국어에서 '르' 말음을 가진 모든 용언은 '가는, 가니, 간'처럼 'ㄴ' 앞에서 예외 없이 탈락합니다. 따라서 이를 불규칙 활용이라고 부르지 않고 '르 탈락'이나 규칙 활용이라고 부르기도 하는 것입니다.

문 '-거라 불규칙 활용'에 대해 질문 드립니다. '가다'에 명령형 어미가 붙을 때 '-거라'가 붙는다고 하는데요. '사다'에서 '사라'가 허용되는 것처럼 평소에 '가라', '자라'를 많이 쓰는데 그럼 그것들이 다 틀린 건가요? 반대로 '사거라'도 틀린 것인지요?

답 우리가 쓰고 있는 말에 대해서 사전에 따라 또는 논저에 따라 서로 다른 설명을 하는 경우가 있어서 다소 혼란스럽기도 합니다. 하지만 어떤 말이 하나의 활용 방식만을 갖고 있다고 생각할 필요는 없습니다. <표준 국어 대사전>에서는 '-거라'를 '-어라'에 비해 예스러운 느낌을 주는 명령형 어미로 싣고 있습니다. '사거라', '자거라' 등의 '-거라' 활용이 '가거라'에 비해서 부자연스럽다고 느낄 수 있지만, 예스러운 표현으로 보는 것입니다. 그래서 사극 프로그램의 대사에서 '-거라'가 붙은 말을 자주 사용하는 것을 볼 수 있습니다. 사극에서 '오너라'도 '오거라'처럼 하는 것을 들을 때가 많은데 현실적으로는 부자연스럽지만 예스러운 표현으로 봐야 할 것입니다. 그리고 '-거라', '-너라' 불규칙은 요즘에 '가라', '와라'처럼 쓰는 사례가 많다는 것도 기억하시기 바랍니다.

제3절 접미사가 붙어서 된 말

제19항 어간에 '-이'나 '-음/-ㅁ'이 붙어서 명사로 된 것과 '-이'나 '-히'가 붙어서 부사로 된 것은 그 어간의 원형을 밝히어 적는다.

1. '-이'가 붙어서 명사로 된 것

길이	깊이	높이	다듬이	땀받이	달맞이
먹이	미닫이	벌이	벼훑이	살림살이	쇠붙이

2. '-음/-ㅁ'이 붙어서 명사로 된 것

걸음	묶음	믿음	얼음	엮음	울음
웃음	졸음	죽음	앎	만듦	

3. '-이'가 붙어서 부사로 된 것

같이	굳이	길이	높이	많이	실없이
좋이	짓궂이				

4. '-히'가 붙어서 부사로 된 것

밝히	익히	작히

다만, 어간에 '-이'나 '-음'이 붙어서 명사로 바뀐 것이라도 그 어간의 뜻과 멀어진 것은 원형을 밝히어 적지 아니한다.

굽도리	다리[髢]	목거리(목병)	무녀리
코끼리	거름(비료)	고름[膿]	노름(도박)

[붙임] 어간에 '-이'나 '음' 이외의 모음으로 시작된 접미사가 붙어서 다른 품사로 바뀐 것은 그 어간의 원형을 밝히어 적지 아니한다.

(1) 명사로 바뀐 것

귀머거리	까마귀	너머	뜨더귀	마감	마개
마중	무덤	비렁뱅이	쓰레기	올가미	주검

(2) 부사로 바뀐 것

거뭇거뭇	너무	도로	뜨덤뜨덤	바투
불긋불긋	비로소	오긋오긋	자주	차마

(3) 조사로 바뀌어 뜻이 달라진 것

나마	부터	조차

제20항 명사 뒤에 '-이'가 붙어서 된 말은 그 명사의 원형을 밝히어 적는다.

1. 부사로 된 것

곳곳이	낱낱이	몫몫이	샅샅이	앞앞이	집집이

2. 명사로 된 것

곰배팔이	바둑이	삼발이	애꾸눈이
육손이	절뚝발이/절름발이		

[붙임] '-이' 이외의 모음으로 시작된 접미사가 붙어서 된 말은 그 명사의 원형을 밝히어 적지 아니한다.

꼬락서니	끄트머리	모가치	바가지	바깥	사타구니
싸라기	이파리	지붕	지푸라기	짜개	

제21항 명사나 혹은 용언의 어간 뒤에 자음으로 시작된 접미사가 붙어서 된 말은 그 명사나 어간의 원형을 밝히어 적는다.

    1. 명사 뒤에 자음으로 시작된 접미사가 붙어서 된 것

값지다	홑지다	넋두리	빛깔	옆댕이	잎사귀

    2. 어간 뒤에 자음으로 시작된 접미사가 붙어서 된 것

낚시	늙정이	덮개	뜯게질	갉작갉작하다
갉작거리다	뜯적거리다	뜯적뜯적하다		
굵다랗다	굵직하다	깊숙하다	넓적하다	높다랗다
늙수그레하다		얽죽얽죽하다		

다만, 다음과 같은 말은 소리대로 적는다.

(1) 겹받침의 끝소리가 드러나지 아니하는 것

할짝거리다	널따랗다	널찍하다	말끔하다	말쑥하다
말짱하다	실쭉하다	실큼하다	얄따랗다	얄팍하다
짤따랗다	짤막하다	실컷		

(2) 어원이 분명하지 아니하거나 본뜻에서 멀어진 것

넙치	올무	골막하다	납작하다

◉ 해설(1)

단어 형성 원리에 따라 한국어의 단어를 구분하면, 크게 단일어와 복합어로 나누고, 복합어를 다시 합성어와 파생어로 나눈다. 단일어는 하나의 형태소로만 이루어진 단어를 말하고 복합어는 두 개 이상의 형태소로 이루어진 단어를 일컫는다. 그리고 합성어는 두 개 이상의 실질형태소 곧 어근(root)이 결합하여 만들어진 단어이고, 파생어는 어근과 접사가 결합하여 만들어진 단어이다. 한국어의 파생어 형성에 관여하는 접사에는 접미사와 접두사가 있다.

(22) 가. 꽃, 나무, 잎

    나. 꽃잎, 나뭇잎

    다. 군불, 군말, 맏딸, 맏아들, 수탉, 숫쥐

    라. 길이, 높이, 덮개, 높다랗다, 넓적하다

(22가)는 단일어요, (22나~라)는 복합어이다. 그 가운데 (22나)는 합성어요, (22다)는 접두사가 붙어서 된 말이다. (22라)는 접미사가 붙어서 된 말이다.

단일어도 음절 경계에서 '국수[국쑤]', '각시[각씨]'처럼 발음의 변화가 일어나지만, 두 개 이상의 형태소가 결합하는 복합어에서도 '꽃잎[꼰닙]', '길이[기리]', '넓적하다[넙쩌카다]'처럼 형태음소적인 변화가 빈번하다. 한글 맞춤법 제4장 제3절, 제4절에서는 한국어의 단어 형성에서 일어나는 형태 변화를 표기에 반영하는 원칙에 대해서 규정하고 있다.

한글 맞춤법 제4장 제3절 '접미사가 붙어서 된 말'은 접미 파생어의 표기를 다룬 부분이다. 위 제19항은 용언의 어간('접사'의 상대적인 개념으로 '어근'이라는 용어를 써도 된다.)에 접미사 '-이'나 '-음/-ㅁ'이 붙어서 명사로 된 것과 '-이'나 '-히'가 붙어서 부사로 된 것은 그 어간의 원형을 밝히어 적도록 한 규정이다. 명사로서 '길이, 높이, 걸음, 묶음' 등이나, 부사로서 '길이, 굳이, 같이, 높이, 익히, 작히' 등이 그 예이다. 그러나 '-이', '-음'이 붙어서 명사로 바뀐 것이라도 '굽도리, 코끼리, 여름, 고름, 노름' 등처럼 어간의 원뜻에서 멀어져 굳어진 것은 원형을 밝히어 적지 않는다. 이는 '걸음, 놀음, 얼음, 죽음' 등이 어간의 원뜻을 지니고 있는 모습과 비교할 수 있다. 또한 '-이', '-음' 이외에 다른 모음으로 시작되는 접미사가 붙어서 된 말들, 곧 명사로서 '귀머거리, 무덤, 올가미, 주검' 등이나, 부사로서 '거뭇거뭇, 너무, 도로, 비로소, 자주, 차마' 등이나, 조사로서 '나마, 부터, 조차' 등도 원형을 밝히어 적지 않는다.

위 한글 맞춤법 제20항은 명사 어근에 접미사 '-이'가 붙어서 이루어진 말들, 제21항은 명사나 혹은 용언의 어간 뒤에 자음으로 시작된 접미사가 붙어서 된 말들을 표기할 때 원형을 밝히어 적으라는 규정이다. 그러나 명사 뒤에 '-이' 이외의 모음으로 시작된 접미사가 붙어서 된 말들은 '바가지, 지붕, 바깥, 짜개' 등처럼 원형을 밝히어 적지 않는다. 또 명사나 혹은 용언의 어간 뒤에 자음으로 시작된 접미사가 붙어서 된 말들이라도 겹받침의 끝소리가 드러나지 않거나 어원이 분명치 않으면 원형을 밝히어 적지 않는다. 겹받침의 끝소리가 드러나지 않는다는 것은 '널따랗다, 널찍하다, 얄따랗다, 짤막하다'처럼 자음으로 시작하는 접미사 앞에서 두 개의 받침소리 중에서 뒤의 받침소리가 드러나지 않는다는 것이다.

자음 앞에서의 겹받침의 발음은 표준 발음법 제10항, 제11항에서 규정하고 있는데, 겹받침 'ㄳ, ㄵ, ㄼ, ㄽ, ㅄ'은 자음 앞에서 앞의 것을 발음하고, 'ㄺ, ㄻ, ㄿ'은 뒤의 것을 발음하도록 하고 있다. 따라서 '넓다'의 표준 발음은 [널따]이다. 그러나 예외적으로 '넓둥글다, 넓죽하다'에서는 [넙뚱글다], [넙쭈카다]로, '밟다'는 [밥따]로 뒤의 것을 발음하도록 규정하고 있다(표준발음법 제10항 다만 (2)). 이는 위 제21항2.의 규정에 따라 어간 뒤 자음으로 시작된 접미사가 붙어서 된 말로서 겹받침의 끝소리가 드러나는 '넓적하다[넙쩌카다]'의 예와 같은 것이다. 하지만 '제21항 다만'의 규정에는 끝소리가 드러나지 않아서 '널따랗다, 널찍하다'와 같이 적어야 하는 경우들이 있기 때문에 한국어 화자는 어원적으로 '넓-'과 관계있는 말들의 발음과 표기에 많은 주의가 필요하다. '넙치'와 같이 굳어진 말까지 고려하면 한 가지 형태에서 비롯한 표기법이 결과적으로 '넓-, 널-, 넙-'으로 되므로 더욱 주의해야 한다.

◎ 질문과 대답

문 공부하다가 질문 드려요~. 한글 맞춤법 제21항에서요, 명사나 혹은 용언의 어간 뒤에 자음으로 시작된 접미사가 붙어서 된 말은 그 명사나 어간의 원형을 밝히어 적는다. 2. 어간 뒤에 자음으로 시작된 접미사가 붙어서 된 것에서 '갉작갉작하다, 넓적하다'와 '다만' (1)의 겹받침의 끝소리가 드러나지 아니하는 것에서는 '할짝거리다, 널따랗다' 등등 예로 든 말들이 있는데요. 책에서 설명된 부분을 보면 '다만' (1)에서 예로든 말들은 본래 '핥다, 넓다, 얇다' 등의 용언 어간이었을 것이나 그들 겹받침 중의 마지막 받침이 전혀 발음되지 않으므로 소리 나는 대로 적고, 21항 2의 예에 나오는 '갉작갉작하다, 넓적하다' 들은 그 어간이 겹받침을 가진 것은 비슷하나 그 마지막 받침이 반드시 발음되는 점에 주의할 필요가 있다고 했는데요. 공부하다가 이 부분이 이해가 가지 않아서요. '갉작갉작하다'나 '넓적하다'의 마지막 받침이 발음이 되는 것이 제가 보기엔 제21항의 2나 '다만' (1)이 똑같아 보여서요.

답 한글 맞춤법 제21항에서 명사나 어간 뒤에 자음으로 시작된 접미사가 붙어서 된 말은 그 명사나 어간의 원형을 밝히어 적되(값지다, 홑지다, 갉작갉작하다, 넓적하다),

다만, 겹받침의 끝소리가 드러나지 아니하는 것이나 어원이 분명하지 않거나 본뜻에서 멀어진 것은 '할짝거리다, 널따랗다, 넙치, 올무'처럼 소리대로 적기로 하였습니다. 질문하신 분은 이 두 가지가 구분되지 않는다고 말씀하셨지만, 원형을 밝혀 적기로 한 어간들은 '각짝각짜카다, 넙쩌카다'로 발음되므로 두 번째 받침이 발음되는 반면에, 소리대로 적기로 한 '할짝거리다, 널따랗다' 등은 본래 '핥다, 넓다'와 관련되지만 겹받침 중의 마지막 받침은 발음되지 않고 첫 번째 받침이 발음된다는 분명한 차이가 있습니다. 위 제21항은 몇 가지 혼란스러운 점을 구분하여 적도록 한 규정입니다.

문 '가무대대하다', '발그대대하다', '볼그대대하다', '파르대대하다', '푸르대대하다'와 같은 단어 중의 '-대대-'를 어떻게 봐야 합니까? 접요사로 보는 것이 좋을 것 같은데 국어에서 접요사의 존재를 인정하지 않는다고 합니다. 접미사로 보면 표시할 때 접미사 '-대대'로 표시해야 합니까? 아니면 접미사 '-대대-'로 표시해야 합니까?

답 '가무대대하다, 발그대대하다, 파르대대하다' 들에 나오는 '-(으)대대-'를 접요사로 보는 것이 좋을 것 같다는 생각은 받아들이기 어렵습니다. 접요사는 하나의 '어근' 내부로 들어가야 하는데 '-(으)대대-'는 어근 뒤에 붙기 때문입니다. 국어에서 접요사의 존재를 인정하지 않는 것은 접요사가 없기 때문이지 다른 까닭이 있는 것은 아닙니다. 지금은 이미 굳어진 색채어에서 주로 '-(으)대대-' 등이 보이므로 '하다'를 제외한 '가무대대-, 발그대대-, 파르대대-' 들을 어근으로 처리하고 있지만, 기원적으로 보면 '검-', '밝-' 등을 어근으로 보고 여기에 덧붙은 '-(으)대대-'는 접미사로 보는 것이 합당할 것입니다. 그리고 이러한 접미사를 '어근 형성 접미사'라고 칭하기도 합니다. 한글 맞춤법 제21항의 예에 나오는 '-다랗-', '-직-'이나 '붉으죽죽하다', '누르스름하다' 등의 '-으죽죽-', '-으스름-' 따위를 '어근 형성 접미사'로 봅니다.

제22항 용언의 어간에 다음과 같은 접미사들이 붙어서 이루어진 말들은 그 어간을 밝히어 적는다.

1. '-기-, -리-, -이-, -히-, -구-, -우-, -추-, -으키-, -이키-, -애-'가 붙는 것

맡기다	옮기다	웃기다	쫓기다	뚫리다	울리다
낚이다	쌓이다	핥이다	굳히다	굽히다	넓히다
앉히다	얽히다	잡히다	돋구다	솟구다	돋우다
갖추다	곧추다	맞추다	일으키다	돌이키다	없애다

다만, '-이-, -히-, -우-'가 붙어서 된 말이라도 본뜻에서 멀어진 것은 소리대로 적는다.

> 도리다(칼로 ~)   드리다(용돈을 ~)
>
> 고치다   바치다(세금을 ~)   부치다(편지를 ~)
>
> 거두다   미루다   이루다

2. '-치-, -뜨리-, -트리-'가 붙는 것

> 놓치다   덮치다   떠받치다   받치다
>
> 받치다   부딪치다   뻗치다   엎치다
>
> 부딪뜨리다 / 부딪트리다   쏟뜨리다 / 쏟트리다
>
> 젖뜨리다 / 젖트리다   찢뜨리다 / 찢트리다
>
> 흩뜨리다 / 흩트리다

[붙임] '-업-, -읍-, -브-'가 붙어서 된 말은 소리대로 적는다.

> 미덥다   우습다   미쁘다

제23항 '-하다'나 '-거리다'가 붙는 어근에 '-이'가 붙어서 명사가 된 것은 그 원형을 밝히어 적는다. (ㄱ을 취하고 ㄴ을 버림.)

ㄱ	ㄴ	ㄱ	ㄴ
깔쭉이	깔쭈기	꿀꿀이	꿀꾸리
눈깜짝이	눈깜짜기	더펄이	더퍼리
배불뚝이	배불뚜기	삐죽이	삐주기
살살이	살사리	썩썩이	썩써기
오뚝이	오뚜기	코납작이	코납자기
푸석이	푸서기	홀쭉이	홀쭈기

[붙임] '-하다'나 '-거리다'가 붙을 수 없는 어근에 '-이'나 또는 다른 모음으로 시작되는 접미사가 붙어서 명사가 된 것은 그 원형을 밝히어 적지 아니한다.

개구리	귀뚜라미	기러기	깍두기	꽹과리	날라리
누더기	동그라미	두드러기	딱따구리	매미	부스러기
뻐꾸기	얼루기	칼싹두기			

제24항 '-거리다'가 붙을 수 있는 시늉말 어근에 '-이다'가 붙어서 된 용언은 그 어근을 밝히어 적는다. (ㄱ을 취하고 ㄴ을 버림.)

ㄱ	ㄴ	ㄱ	ㄴ
깜짝이다	깜짜기다	꾸벅이다	꾸버기다
끄덕이다	끄더기다	뒤척이다	뒤처기다

들먹이다	들머기다	망설이다	망서리다
번득이다	번드기다	번쩍이다	번쩌기다
속삭이다	속사기다	숙덕이다	숙더기다
울먹이다	울머기다	움직이다	움지기다
지껄이다	지꺼리다	퍼덕이다	퍼더기다
허덕이다	허더기다	헐떡이다	헐떠기다

제25항 '-하다'가 붙는 어근에 '-히'나 '-이'가 붙어서 부사가 되거나, 부사에 '-이'가 붙어서 뜻을 더하는 경우에는 그 어근이나 부사의 원형을 밝히어 적는다.

　　1. '-하다'가 붙는 어근에 '-히'나 '-이'가 붙는 경우

급히	꾸준히	도저히	딱히	어렴풋이	깨끗이

[붙임] '-하다'가 붙지 않는 경우에는 소리대로 적는다

갑자기	반드시(꼭)	슬며시

　　2. 부사에 '-이'가 붙어서 역시 부사가 되는 경우

곰곰이	더욱이	생긋이	오뚝이	일찍이	해죽이

제26항 '-하다'나 '-없다'가 붙어서 된 용언은 그 '-하다'나 '-없다'를 밝히어 적는다.

　　1. '-하다'가 붙어서 용언이 된 것

딱하다	숱하다	착하다	텁텁하다	푹하다

　　2. '-없다'가 붙어서 용언이 된 것

부질없다	상없다	시름없다	열없다	하염없다

◉ 해설(2)

　　위 한글 맞춤법 제22항은 용언의 어간에 붙어 사동이나 피동을 나타내는 접미사 '-기-, -리-, -이-, -히-, -구-, -우-, -추-, -으키-, -이키-, -애-'나, 강조를 나타내는 접미사 '-치-, -뜨리-, -트리-'가 붙어서 된 말에 대하여 그 원형을 밝히어 적도록 한 규정이다. 예를 들면 '쫓기다, 잡히다, 낚이다' 등은 피동사이고 '울리다, 웃기다, 맞추다, 일으키다, 없애다' 등은 사동사이다. 다만 '-이-, -히-, -우-'가 붙어서 된 말이라도 본뜻에서 멀어진 것은 '드리다, 부치다, 이루다' 등처럼 소리대로

적는다. 이들도 어원적으로는 '드리다 ← 들이다, 받치다 ← 받히다, '이루다 ← 일우다'처럼 '-이-, -히-, -우-'와 결합한 것으로 보이지만, 어간의 본뜻에서 멀어져서 별도의 의미를 가진 말로 굳어진 것들이므로 소리대로 적는다.

위에서 제시하는 접미사 중에는 한국어의 '이철자 동음이의어'가 만들어지도록 하는 것들이 있다. 예를 들면 '붙이다 : 부치다', '바치다:받히다:받치다:밭치다', '부딪히다:부딪치다' 등은 대표적인 이철자 동음이의어들인데, 이것들은 피동, 사동 접미사, 혹은 강세 접미사의 결합 여부나 어간의 본뜻을 고려하여 발음이 같더라도 철자를 달리해야 한다. 이런 말들에 대한 구별은 한글 맞춤법 제57항에서 별도로 정리하여 용례를 제공하고 있다.

위 제23항~제25항은 '-하다'나 '-거리다'가 붙는 어근에 '-이'가 붙어서 명사가 되거나 부사가 된 말들이나, '-거리다'가 붙을 수 있는 시늉말 어근에 '-이다'가 붙어서 된 용언들의 표기에 대하여 규정한 내용이다. 이런 경우들은 원칙적으로 원형을 밝히어 적는다. 예를 들면 '절대로 넘어지지 않는 인형'에 대하여 '오뚜기'나 '오뚝이'의 가능한 표기 형태가 있지만, 이 규정에 따라 명사나 부사 모두 '오뚝이'로 적는다. '곰곰, 일찍, 더욱' 등과 같은 부사에 '-이'가 붙어서 다시 부사가 되는 말들도 '곰곰이, 일찍이, 더욱이'와 같이 적어야 한다. '-하다'가 붙는 어근에 '-이'나 '-히'가 붙어 부사가 되는 말들 역시 원형을 밝히어 적어야 하는데, 이에 대한 보충적이고 세부적인 내용은 한글 맞춤법 제51항에서 다루고 있다.

한편 위 제23항 붙임에서는 '-하다'나 '-거리다'가 붙을 수 없는 어근에 '-이'나 또는 다른 모음으로 시작되는 접미사가 붙어서 명사가 된 것은 그 원형을 밝히어 적지 않는다고 규정하고 있다. 이는 '개구리, 귀뚜라미, 동그라미, 깍두기, 매미, 뻐꾸기' 등처럼 관용적으로 굳은 말들을 소리대로 적으라는 뜻이다.

◉ 질문과 대답

문 사전에 '달리다'를 사동사로 처리하면서 그 어간 '달다'의 정의에는 '달리다'를 같은 뜻으로 풀이하고 있습니다. 국어사의 어느 한 대목에서는 '달다'와 '달리다'가 주동과 사동으로 쓰였다 하더라도 지금은 유의어로 봐도 좋지 않나 하는 생각이 들었습니다. 학생들에게 '닫다'와 '달리다'를 유의어로 설명해도 될까요?

답 우리 모어 화자가 익히 쓰는 말도 다른 사람에게 가르치려다 보면, 뜻밖의 어려움을 겪기도 합니다. 조사의 용법이나 낱말의 차이를 구별하여 말하기 등도 그런 부류에 속할 것입니다. 사실 일반 모어 화자뿐만 아니라 전문 연구자조차도 국어의 모든 단어의 발달 과정이나 단어의 용법을 자세히 아는 것은 거의 불가능할 것입니다. 그렇다고 해서 문제를 회피하거나 해결하지 못하는 것을 정당화해서는 안 될 것입니다. 사전을 참고하거나 다른 이의 도움을 받을 수도 있고 좋은 참고 서적을 구해 문제를 해결하려는 노력이 필요합니다. '달리다'는 사전에 사동사로만 처리되어 있지는 않습니다. 예문을 보면 자동사, 타동사로도 풀이하고 있는 것으로 보입니다. '달아, 달으니, 닫는' 등으로 활용하는 '닫다'에서 파생되어 의미를 공유하고 있다 하더라도 '닫다'가 자동사로만 쓰이고 있으므로 '달리다'와 완전 동의어로 볼 수는 없을 것입니다. 그러나 자동사로서는 둘이 충분히 '유의성'이 있다고 생각합니다.

문 '먹히다'를 형태소 분석할 때, 어간은 어디까지인가요? 그러니까 피동 접미사는 어간에 포함이 되나요?

답 맞습니다. 접미사는 어간에 포함됩니다. 그러므로 '먹히다'의 어간은 '먹히-'입니다. 어근은 '먹-'입니다. 어근에는 접미사가 포함되지 않기 때문입니다. 다른 예로, '사랑하다'를 형태소 분석하면 '사랑+-하-'로서 '사랑'은 어근, '-하-'는 접미사, '사랑하-'는 어간입니다. 그리고 어간 '사랑하-'에 어미가 붙어 '사랑하고, 사랑하면, 사랑하니' 등으로 활용합니다.

문 '놀라다'와 '놀래다'는 각각 지칭하는 바가 다른지요? '놀라-'에 접미사 '-이'가 붙어서 '놀래다'가 된 것이라고 짐작은 하고 있지만, 구체적인 쓰임 속에서 그것이 가리키는 대상이 다르다고 들었거든요. 그리고 덧붙여서, '놀래키다'라는 말은 어떻게 만들어진 것인지도 알고 싶습니다.

답 '놀라다'는 "그는 뒤에서 들리는 발자국 소리에 깜짝 놀랐다."와 같은 문장에서처럼 자동사로 쓰이는 말이지만, '놀래다'는 '놀라게 하다'의 뜻으로 쓰이는데, '놀라다'에 사동 접미사가 결합하여 파생된 사동사입니다.(우리가 뒤에서 갑자기 나타나서 그를 놀래 주자.) 그러므로 이 두 말은 어원은 같지만 쓰임이 다른 말입니다. '놀래키다' 역시 '놀라다'에 뿌리를 두고 '-으/이키-' 파생 접미사가 붙어 이루어진 사동사이지만 표준어로 다루지는 않는 말입니다.

문 공부를 하다 궁금증이 생겼습니다. 첫 번째 궁금증은 다음 두 피동문의 특징에 대한 궁금증입니다. 1) 그 곳에 제가 가기로 되었어요. 2) 언제부터인가 길이 넓어졌다. 1)의 경우, '-게 되다'에 의한 통사적 피동과 관련이 있다고 생각했는데요, 1)은 연결 어미 '-게'가 아닌 부사격 조사 '로' 다음에 '되다'라는 용언이 붙었네요. 달리 생각해 본다면, '되다'라는 어휘에 의한 피동으로 볼 수 있는데 이때 어휘에 의한 피동은 학교문법에서 제외하고 있는 것으로 알고 있습니다. 어휘에 의한 피동은 문법적인 방식이 아니므로 피동법에 포함시키지 않는다는 것인가요? 어떻게 설명하는 것이 적합할까요? 2)는 '-어지다'에 의한 피동인데요, 이에 대응하는 능동문은 무엇일까요? '언제부터인가 길을 넓혔다.' 밖엔 생각이 안 나는데, 이 경우 '넓히다'는 사동사잖아요. 그래서 틀린 것 같고……, 아니면 대응하는 능동문이 없는 것인가요?

두 번째 궁금증은, 특수 부정어에 의한 부정 표현입니다. 1) 그 시험에 불합격할 리 없다. 2) 그 시험에 합격할 리 없지 않다. 3) 대성이가 가수라는 걸 모른다. 4) 대성이가 가수라는 걸 모르지 않는다. 부정 접두사나 부정 어휘가 사용될 때는 통사적으로 부정문으로 보지 않는 것으로 알고 있습니다. 그렇다면 특수 부정어에 속하는 '없다, 모르다'는 어떻게 보아야 할까요?

답 '남에 의해 이루어지는 동작'을 피동이라고 넓게 정의하면, 피동사에 의한 피동이나 '-어지다'에 의한 피동 외에 '되다, 당하다, 받다, 입다' 등 어휘의 의미 특성에 의한 것도 피동이라 할 수 있습니다. 그러나 문법 요소로서 피동법이라고 부를 때는 피동사에 의한 피동이나 '-어지다'에 의한 피동만을 가리킵니다.

제시하신 첫 번째 궁금증 예문 2)에 대응하는 적절한 능동문을 상정하는 것이 쉬운 일은 아닙니다. 다만, 질문하신 분이 제시하신 '언제부터인가 길을 넓혔다.'가 사동문이면서 목적어를 취하는 능동문이므로 예문 2)와 의미상 어느 정도 대응한다고 생각합니다.

두 번째 궁금증에서 제시하신 예문 '1) 그 시험에 불합격할 리 없다. 3) 대성이가 가수라는 걸 모른다. 4) 대성이가 가수라는 걸 모르지 않는다.'는 모두 부정의 뜻을 지닌 표현들입니다. 그런데 서술어 '없다, 모르다'를 쓰면 부정의 의미를 가진 문장이 될 수는 있지만, 통사적인 의미의 부정문으로 다루지는 않습니다. 이것은 부정법이라는 문법 요소가 문법 형태에 의해서 형성되는 것이어야 한다는 관점에 따른 것입니다. 한국어에서 통사적 부정법의 문법 형태는 '-지 않다'나 부정 부사 '안'으로 봅니다. 따라서 위 4)만이 전형적인 통사적 부정문입니다. 제시하신 '2) 그 시험에 합격할 리 없지 않다.'는 의미상 잘못된 문장입니다.

제4절 합성어 및 접두사가 붙은 말

제27항 둘 이상의 단어가 어울리거나 접두사가 붙어서 이루어진 말은 각각 그 원형을 밝히어 적는다.

국말이	꺾꽂이	꽃잎	끝장	물난리
밑천	부엌일	싫증	옷안	웃옷
젖몸살	첫아들	칼날	팥알	헛웃음
홀아비	홑몸	흙내		
값없다	겉늙다	굶주리다	낮잡다	맞먹다
받내다	벋놓다	빗나가다	빛나다	새파랗다
샛노랗다	시꺼멓다	싯누렇다	엇나가다	엎누르다
엿듣다	옻오르다	짓이기다	헛되다	

[붙임 1] 어원은 분명하나 소리만 특이하게 변한 것은 변한 대로 적는다.

할아버지　　　　　　　　할아범

[붙임 2] 어원이 분명하지 아니한 것은 원형을 밝히어 적지 아니한다.

골병	골탕	끌탕	며칠	아재비
오라비	업신여기다	부리나케		

[붙임 3] '이[齒, 虱]'가 합성어나 이에 준하는 말에서 '니' 또는 '리'로 소리날 때에는 '니'로 적는다.

간니	덧니	사랑니	송곳니	앞니	어금니
윗니	젖니	톱니	틀니	가랑니	머릿니

제28항 끝소리가 'ㄹ'인 말과 딴 말이 어울릴 적에 'ㄹ' 소리가 나지 아니하는 것은 아니 나는 대로 적는다.

다달이(달-달-이)	따님(딸-님)	마되(말-되)
마소(말-소)	무자위(물-자위)	바느질(바늘-질)
부나비(불-나비)	부삽(불-삽)	부손(불-손)

소나무(솔-나무)　　　　　싸전(쌀-전)　　　　　　　　여닫이(열-닫이)
우짖다(울-짖다)　　　　　화살(활-살)

제29항 끝소리가 'ㄹ'인 말과 딴 말이 어울릴 적에 'ㄹ' 소리가 'ㄷ' 소리로 나는 것은 'ㄷ'으로 적는다.

반짇고리(바느질~)　사흗날(사흘~)　　삼짇날(삼질~)　　섣달(설~)
숟가락(술~)　　　　이튿날(이틀~)　　잗주름(잘~)　　　푿소(풀~)
섣부르다(설~)　　　잗다듬다(잘~)　　잗다랗다(잘~)

제30항 사이시옷은 다음과 같은 경우에 받치어 적는다.

1. 순 우리말로 된 합성어로서 앞말이 모음으로 끝난 경우
(1) 뒷말의 첫소리가 된소리로 나는 것

고랫재	귓밥	나룻배	나뭇가지	냇가	댓가지
뒷갈망	맷돌	머릿기름	모깃불	못자리	바닷가
뱃길	볏가리	부싯돌	선짓국	쇳조각	아랫집
우렁잇속	잇자국	잿더미	조갯살	찻집	쳇바퀴
킷값	핏대	햇볕	혓바늘		

(2) 뒷말의 첫소리 'ㄴ, ㅁ' 앞에서 'ㄴ' 소리가 덧나는 것

멧나물	아랫니	텃마당	아랫마을	뒷머리
잇몸	깻묵	냇물	빗물	

(3) 뒷말의 첫소리 모음 앞에서 'ㄴㄴ' 소리가 덧나는 것

도리깻열	뒷윷	두렛일	뒷일	뒷입맛
베갯잇	욧잇	깻잎	나뭇잎	댓잎

2. 순 우리말과 한자어로 된 합성어로서 앞말이 모음으로 끝난 경우
(1) 뒷말의 첫소리가 된소리로 나는 것

귓병	머릿방	뱃병	봇둑	사잣밥
샛강	아랫방	자릿세	전셋집	찻잔
찻종	촛국	콧병	탯줄	텃세
핏기	햇수	횟가루	횟배	

(2) 뒷말의 첫소리 'ㄴ, ㅁ' 앞에서 'ㄴ' 소리가 덧나는 것

곗날	제삿날	훗날	툇마루	양칫물

(3) 뒷말의 첫소리 모음 앞에서 'ㄴㄴ' 소리가 덧나는 것

가욋일	사삿일	예삿일	훗일

3. 두 음절로 된 다음 한자어

곳간(庫間)　　　　　　　셋방(貰房)　　　　　　　숫자(數字)

찻간(車間)	툇간(退間)	횟수(回數)

제31항 두 말이 어울릴 적에 'ㅂ' 소리나 'ㅎ' 소리가 덧나는 것은 소리대로 적는다.

1. 'ㅂ' 소리가 덧나는 것

댑싸리(대ㅂ싸리)	멥쌀(메ㅂ쌀)	볍씨(벼ㅂ씨)
입때(이ㅂ때)	입쌀(이ㅂ쌀)	접때(저ㅂ때)
좁쌀(조ㅂ쌀)	햅쌀(해ㅂ쌀)	

2. 'ㅎ' 소리가 덧나는 것

머리카락(머리ㅎ가락)	살코기(살ㅎ고기)	수캐(수ㅎ개)
수컷(수ㅎ것)	수탉(수ㅎ닭)	안팎(안ㅎ밖)
암캐(암ㅎ개)	암컷(암ㅎ것)	암탉(암ㅎ닭)

◉ 해설

둘 이상의 단어(어근)가 어울려 이루어진 말은 합성어이고, 접두사가 붙어서 이루어진 말은 접두 파생어이다. 위 한글 맞춤법 제27항은 합성어와 접두 파생어의 표기에도 구성 요소들의 원형을 밝히어 적도록 규정하고 있다. 따라서 '꽃잎[꼰닙], 홑몸[혼몸], 칼날[칼랄]' 등처럼 합성어의 형태소 경계에서 여러 가지 소리의 변화가 있더라도 이를 표기에 반영하지 않는다. 다만, '골병, 며칠, 아재비, 오라비' 등처럼 어원이 분명하지 않은 말들은 예외적으로 소리대로 적는다. 예를 들어 '골병, 골탕'은 한글 맞춤법 통일안에서는 '곯병, 곯탕'으로 표기한 바 있는데, 이때의 '곯'이 '골(骨)'인지 '곯다'에서 온 '곯−'인지 뚜렷하게 밝히기 어렵다. '며칠'의 경우에도 '몇+일'로 분석할 수 있을 테지만, [면닐]처럼 소리내지 않고 [며칠]로 발음되는 것으로 보아 '몇+일'을 그 어원으로 보기 어렵다. 반면, '할아버지'와 '할아범'은 '할아버지 ← 한아버지, 할아범 ← 한아범'처럼 비교적 어원이 뚜렷하지만 특이하게 변해 굳어졌으므로 변한 대로 적도록 하고 있다.

위 제27항 붙임 3의 '이[齒, 虱]'는 특별한 표기 규정이다. 이것들은 기본형이 '이'이지만, '사랑니, 젖니, 톱니, 틀니' 등에서는 '니'나 '리'로 소리가 난다. 이러한 때에는 소리대로 적도록 한 것이 제27항 붙임 3이다. 이러한 '이'를 원형대로 적는다면, '사랑이, 젖이, 톱이, 틀이'처럼 되어서 주격조사를 쓴 경우와 혼동할 수 있다.

한글 맞춤법 제28항과 제29항은 단어를 형성할 때 'ㄹ' 소리가 변하는 두 가지의 현상에 대하여 소리대로 적도록 규정한 것이다. 한국어의 'ㄹ' 소리는 단어를 형성할 때에 탈락하거나 'ㄷ' 소리로 바뀌는 현상을 보인다. '딸+-님 → 따님', '아들 +-님 → 아드님', '말+소 → 마소' 등은 'ㄹ' 소리가 탈락한 경우이다. 그리고 '바느질+고리 → 반짇고리', '사흘+날 → 사흗날', '풀+소 → 푿소' 등은 'ㄹ' 소리가 'ㄷ' 소리로 변한 것이다. 이러한 현상은 매우 특별한 것으로 한국어 토박이 화자라도 혼동하기 쉬운 내용이다.

한글 맞춤법 제30항과 제31항은 합성어나 접두 파생어에서 특정한 소리가 덧나는 현상에 대한 표기법을 규정한 것이다. 제30항은 소위 '사이시옷' 현상에 대한 것이며, 바로 합성어의 '덧나는 소리'에 대한 표기 규정이다. 제30항은 합성어의 소리 변화를 표기에 반영하도록 하고 있으므로 표음적인 표기법이다.

한글 맞춤법 제30항에서는 합성어에서 '덧나는 소리'를 표기하는 '사이시옷'을 받치어 적어야 하는 경우를 다음과 같은 조건일 때로 한정하고 있다.

(23) 가. 두 개의 명사 어근이 결합하여 합성명사를 만들 때 적어도 하나의 명사는 고유어이어야 한다.
　　　나. 두 개의 명사 중 앞말을 이루는 명사는 모음으로 끝나야 한다.
　　　다. 두 개의 명사가 결합할 때 반드시 발음의 변화나 덧나는 소리가 있어야 한다. 곧, 뒷말의 첫소리가 된소리가 되거나(곗돈[곋똔], 나룻배[나루빼] 등), 뒷말의 첫소리 'ㄴ, ㅁ' 앞에서 'ㄴ' 소리가 덧나거나(잇몸[인몸], 훗날[훈날] 등), 뒷말의 첫소리 모음 앞에서 'ㄴㄴ' 소리가 덧나야(가욋일[가왼닐], 예삿일[예산닐] 등) 한다.

'사이시옷'을 받치어 적는 합성어의 대부분은 앞말이 뒷말을 꾸며 주는 기능을 하는데, 음운론적으로는 합성어나 이에 준하는 구조에서 앞말의 끝을 폐쇄하여 기류를 정지시킴으로써 두 말 사이에 경계를 표시하는 것으로 설명된다. 따라서 사이시옷의 음운적인 기능은 앞말의 끝을 폐쇄시키는 것이고, 문법적인 기능은 앞말이 뒷말을 수식하도록 하는 것이다. 이런 이유에서 이를 '관형격 촉음'이라고 부르기도 한다. 15세기 문헌에서는 앞말의 조음 위치에 따라서 'ㆁ' 아래에는 'ㄱ', 'ㄴ' 아래에 'ㄷ', 'ㅁ' 아래에 'ㅂ', 'ㅇ' 아래에 'ㆆ'을 합성어의 사잇소리로 적었다. 1940년 8월 15일 한글 맞춤법 개정안에서는 앞말의 끝소리가 모음이나 'ㄴ, ㄹ, ㅁ, ㅇ'인 때에 사잇소리가 나는 것과 뒷말의 첫소리가 '야, 여, 요, 유, 이'일 때 다시 구개음화한 'ㄴ'이나 'ㄹ' 소리가 나는 것을 모두 중간에 'ㅅ'을 넣어 적도록 한 바 있다. 이에 당시에는 '문ㅅ간, 발ㅅ새, 물ㅅ것, 꿀ㅅ엿' 등의 표기가 가능하였다.

그러나 현행 맞춤법은 위 (23)과 같은 조건에서만 '사이시옷'을 적도록 하고 있다. (23가)는 '치과, 내과, 대가, 초점' 등의 한자들에서는 된소리로 나더라도 '사이시옷'을 적지 않는 이유를 설명해 주며, (23다)는 '개구멍, 배다리, 노래방' 등의 말들이 (23나)의 조건에는 부합하지만 사이시옷을 적지 않는 이유를 말해 준다. (23다)에서 '발음의 변화나 덧나는 소리가 있다'는 것은 '곗돈[계똔/곋똔], 나룻배[나루빼/나룯빼]' 등에서처럼 앞말의 끝을 'ㄷ'으로 폐쇄함으로써 뒷말의 첫소리가 된소리로 변하거나, '잇몸[인몸], 훗날[훈날]' 등에서처럼 앞말 끝 폐쇄음 'ㄷ'이 비음 앞에서 비음화하여 'ㄴ'이 되거나, '뒷일[뒨닐], 예삿일[예산닐]'에서처럼 앞말 끝의 'ㄷ' 폐쇄에 따라 뒷말에 'ㄴ'이 첨가되고 다시 앞의 'ㄷ'이 비음화하여 'ㄴㄴ'이 되는 현상을 말한다.

한자어 중에서는 오직 '곳간, 셋방, 숫자, 찻간, 툇간, 횟수'에 대해서만 사이시옷을 적는 것을 허용한다. 사실 '고(庫)'나 '퇴(退)'같은 한자어가 한국어에서 실질형태소로서 명사와 같은 성질을 갖는지는 불분명하다. 한자어 낱낱이 한국어에서 형태소로서의 자격은 있으나 단어로서의 자격은 의심스러운 것이다. 따라서 한자어 단어 형성법은 고유어의 단어 형성법과는 다르게 다루어져야 한다. 그러나 여섯 개의 한자어에 대해서만 사이시옷을 쓰도록 한 것은 지나치게 자의적이라는 비판이 있다. '치과(齒科), 대가(代價), 개수(個數), 시가(時價), 주가(株價)' 등 많은 익숙한 한자어의 발음이 이 여섯 한자어와 동일한 특성을 갖기 때문이다.

한국어에는 두 말이 어울릴 적에 'ㅂ' 소리나 'ㅎ' 소리가 덧나는 말들이 있다. 여기에는 '좁쌀(조+ㅂ+쌀)'처럼 합성어인 것도 있고, '수캐(수+ㅎ+개)', '암컷(암

+ㅎ+것)'처럼 접두 파생어인 것도 있다. 한글 맞춤법 제31항은 이렇게 합성어나 파생어에서 'ㅂ' 소리나 'ㅎ' 소리가 덧나는 것을 소리대로 적도록 하고 있다. 합성어나 파생어에서 이런 소리들이 덧나는 이유는 한국어의 통시적인 특성과 관련이 있다. 제31항의 1에 있는 예들 '댑싸리, 찹쌀, 볍씨, 접때' 등에서 뒷말 '싸리, 쌀, 씨, 때'는 통시적으로 각각 'ᄡᆞ리, ᄡᆞᆯ, ᄡᅵ, ᄣᅢ'이었는데, 이 말들의 어두자음군 'ㅄ, ㅶ'이 중세국어에서는 제 음가대로 발음되었을 것으로 본다. 즉 'ᄡᆞ리, ᄡᆞᆯ, ᄡᅵ, ᄣᅢ'는 [ㅂᄉᆞ리], [ㅂ살], [ㅂ시], [ㅂ따이] 정도의 발음이었을 것으로 추정한다. 오늘날 한국어에서 이런 자음군은 사라졌지만 '댑싸리, 찹쌀, 볍씨, 접때' 등의 합성어에서 그 흔적을 남기고 있는 것으로 본다.

한편, 제31항 2에 있는 'ㅎ' 소리가 덧나는 말들인 '머리카락, 안팎, 살코기, 마파람, 수컷, 암컷' 등에서 각 단어의 앞말인 '안, 살, 마, 수, 암' 등은 역사적으로 '안ㅎ, 술ㅎ, 마ㅎ, 수ㅎ, 암ㅎ'처럼 'ㅎ'을 말음으로 가지고 있었다. 15세기 한국어에는 이런 'ㅎ 말음 체언'이 50여 가지가 있었다고 한다. 오늘날 한국어에서 이러한 말들은 사라졌지만, 제31항 2에 있는 예와 같은 말들에서 'ㅎ'의 흔적이 발견되는 것이다.

이 예들 중에서 '수'와 '암'은 오늘날 [남성]과 [여성]을 나타내는 접두사로 다루어지며, 다양한 파생어를 만드는 데 관여한다. 그렇지만 한국어 어문 규범에서는 '수'와 '암'이 결합하는 모든 파생어에서 'ㅎ' 소리가 덧나는 것으로 규정하고 있지는 않다. '수'와 결합할 때 'ㅎ' 소리가 덧나는 파생어는 표준어 사정 원칙 제7항의 다만 1에서 별도로 규정하고 있는데 '수컷, 수캐, 수캉아지, 수탕나귀, 수탉, 수톨쩌귀, 수퇘지, 수평아리, 수키와'의 아홉 가지로 한정하고 있다. '암'과 결합하는 파생어의 경우도 'ㅎ'이 덧나는 경우는 '수'와 마찬가지이다. '수, 암'과 결합할 때 'ㅎ'이 덧나는 소리를 왜 이 아홉 가지로 하였는지에 대해서는 사용 현실이 그렇다는 것 이외에 뚜렷한 이유를 들기는 어렵다. 결과적으로 한글 맞춤법 제31항과 표준어 사정 원칙 제7항에 의거하면 [남성]을 뜻하는 접두사 '수'는 '수놈, 수고양이, 수소' 등에서는 '수'가, '수캐, 수컷' 등 아홉 가지의 경우에는 '수ㅎ'이, 그리고 표준어 사정 원칙 제7항 다만 2에 있는 '숫양, 숫염소, 숫쥐'의 경우에는 '숫'이 된다. 모두 한국어의 현실을 고려한 것이지만 표기 형식이 다양하므로 사용에 각별한 주의가 필요하다. 실제로 한국어 화자들이 '숫소/수소', '수놈/숫놈', '수벌/숫벌/수펄' 사이에서 혼동하는 일이 많다.

◉ 질문과 대답

문 (1) 사이시옷 표기를 가진 '양칫물'의 '양치'가 우리 토박이말이라고 생각하는데 맞는지, 그리고 국어사전에 '양치'를 한자 '養齒'로 쓰는 것은 '취음'이라 나와 있는데, '취음'이라는 것이 정확히 무슨 뜻인지 하는 문제와, (2) 한글 맞춤법 제38항의 "ㅏ, ㅗ, ㅜ, ㅡ' 뒤에 '-이어'가 어울려 줄어질 적에는 준 대로 적는다."를 풀이한 책에, "'싸이어'에 어간과 접미사 사이의 축약이 일어나면 '쌔어'로 되고, 어간과 어미 사이에 축약이 일어나면 '싸여'로 된다."고 나와 있는데, 여기의 '어간'은 '어근'의 잘못이 아닙니까?

답 한글 맞춤법을 꼼꼼하게 공부하시는 분의 질문을 받게 되어 무척 반갑습니다. 내용이 길지만 핵심적인 질문은, (1) '양칫물'의 '양치'가 우리 토박이말인지, 그리고 '양치'를 '養齒'로 쓰는 것을 '취음'이라는데, '취음'이 정확히 무슨 뜻인지 하는 문제와, (2) 한글 맞춤법 제38항을 풀이한 책에, '싸이어'에 어간과 접미사 사이의 축약이 일어나면 '쌔어'로 되고, 어간과 어미 사이에 축약이 일어나면 '싸여'로 된다는데, 여기의 '어간'은 '어근'의 잘못이라는 지적입니다.

(1)에 나오는 '취음(取音)'의 뜻은 '본래 한자어가 아닌 낱말에 그 음만 비슷하게 나는 한자로 적는 일'을 가리킨 것으로, 예를 들면 '생각'을 '生覺'으로, '각시'를 '閣氏'로 적는 것 따위를 이르는 말입니다. 사전에 따라서는 '양치'를 '취음'이라 밝히지 않고 '養齒'를 괄호 속에 넣은 것도 있고, 아예 한자를 표기해 넣지 않은 것도 있어 혼란스럽기는 하지만, 대체로 '양치'는 우리 토박이말로 볼 수 있을 듯합니다. 이른 시기의 고문헌에는 '양지'라는 말이 지금의 '양치'와 같은 뜻으로 쓰였는데 이에 합당한 한자 대역 표기는 지금의 '養齒'와는 아무런 상관이 없기 때문입니다. 귀하가 말씀하신 것처럼 혹 '양칫물'을 토박이말끼리의 합성어가 아니라, 한자어와 순우리말과의 합성어라고 본 설명이 있었다면 바로잡아야 할 일입니다.

(2)는 질문자의 말씀처럼, 여기의 '싸-'는 어간이 아니라 어근이라 해야 합니다. 어근이나 어간은 실질적인 뜻을 가지고 있는 점에서는 같지만, 용법이 다른 용어입니

다. 어근은 단어 형성과 관련된 개념인데 다른 접사와 어울려 새로운 단어를 만들기도 하고(합성어/파생어), 용언 어근은 홀로 어미와 함께 단일어가 되기도 합니다. 어간은 문장 속에서 구체적으로 어미와 함께 어울려 활용할 때의 개념입니다. 단일어에서는 어간과 어근이 동일한 모습을 갖기도 하지만 위에서 말한 것처럼 용법이 다른 말이므로 혼동하지 않아야 합니다. 파생어의 경우에는 접사까지를 포함하여 어간이라고 해야 하므로, '싸이-'가 어간이라는, 질문하신 분의 말씀이 맞습니다. 따라서 문제된 부분은 "'싸이어'에서 '어근'과 접미사 사이의 축약이 일어나면 '쌔어'로 되고, 접미사와 어미 사이에 축약이 일어나면 '싸여'로 된다."고 수정해야 할 것입니다. 그러나 용언의 '어근'은 '어간'과 일치하는 경우가 있어서 두 용어를 구별 없이 쓰는 사례도 있음을 기억해 주십시오.

문 햅쌀에서 'ㅂ'은 도대체 어디에서 나왔나요? '머리카락'은 '머리+가락'의 합성어로 원래 가락에 'ㅎ'의 음가가 들어 있어서 '머리카락'이 되었다고 알고 있는데요, 그러면 '햅쌀'은 '해+쌀'일 텐데, 'ㅂ'은 '해'와 관련 있나요, 아님 '쌀'하고 관련이 있나요? 멥쌀에도 'ㅂ'이 있는 것으로 보아 '쌀'과 관련이 있는 것 같기는 한데요. 자세히 알고 싶어요.

답 공시적으로 일부 명사 앞에 붙어 '그해에 남'의 뜻을 더하는 접두사로는 '해-'와 '햇-'이 있습니다. 이 접두사와 결합하여 파생한 말들의 예를 들면, '해쑥/해콩/해팥, 햇감자/햇과일/햇병아리/햇비둘기' 등이 있습니다. '햅쌀'은 '쌀'에 접두사 '해-'가 결합한 것인데, '쌀'은 중세국어에서의 모습은 '발'로서 단어 첫머리에 'ㅂ' 소리가 나는 어두 자음군을 가지고 있었습니다. '햅쌀'은 이 'ㅂ'이 '해-'의 받침으로 자리를 옮겨 화석처럼 남아 있는 단어로 봅니다.

제5절 준말

제32항 단어의 끝모음이 줄어지고 자음만 남은 것은 그 앞의 음절에 받침으로 적는다.

(본말)	(준말)	(본말)	(준말)
기러기야	기럭아	어제그저께	엊그저께
어제저녁	엊저녁	가지고, 가지지	갖고, 갖지
디디고, 디디지	딛고, 딛지		

제33항 체언과 조사가 어울려 줄어지는 경우에는 준 대로 적는다.

(본말)	(준말)	(본말)	(준말)
그것은	그건	그것이	그게
그것으로	그걸로	나는	난
나를	날	너는	넌
너를	널	무엇을	뭣을/무얼/뭘
무엇이	뭣이/무에		

제34항 모음 'ㅏ, ㅓ'로 끝난 어간에 '-아/-어, -았-/-었-'이 어울릴 적에는 준 대로 적는다.

(본말)	(준말)	(본말)	(준말)
가아	가	가았다	갔다
나아	나	나았다	났다
타아	타	타았다	탔다
서어	서	서었다	섰다
켜어	켜	켜었다	켰다
펴어	펴	펴었다	폈다

[붙임 1] 'ㅐ, ㅔ' 뒤에 '-어, -었-'이 어울려 줄 적에는 준 대로 적는다.

(본말)	(준말)	(본말)	(준말)
개어	개	개었다	갰다
내어	내	내었다	냈다
베어	베	베었다	벴다
세어	세	세었다	셌다

[붙임 2] '하여'가 한 음절로 줄어서 '해'로 될 적에는 준 대로 적는다.

(본말)	(준말)	(본말)	(준말)
하여	해	하였다	했다
더하여	더해	더하였다	더했다
흔하여	흔해	흔하였다	흔했다

제35항 모음 'ㅗ, ㅜ'로 끝난 어간에 '-아/-어, -았-/-었-'이 어울려 'ㅘ/ㅝ, ㅘㅆ/ㅝㅆ'으로 될 적에는 준 대로 적는다.

(본말)	(준말)	(본말)	(준말)
꼬아	꽈	꼬았다	꽜다
보아	봐	보았다	봤다
쏘아	쏴	쏘았다	쐈다

두어	둬	두었다	뒀다
쑤어	쒀	쑤었다	쒔다
주어	줘	주었다	줬다

[붙임 1] '놓아'가 '놔'로 줄 적에는 준 대로 적는다.

[붙임 2] 'ㅚ' 뒤에 '-어, -었-'이 어울려 'ㅙ, ㅙㅆ'으로 될 적에도 준 대로 적는다.

(본말)	(준말)	(본말)	(준말)
괴어	괘	괴었다	괬다
되어	돼	되었다	됐다
뵈어	봬	뵈었다	뵀다
쇠어	쇄	쇠었다	쇘다
쐬어	쐐	쐬었다	쐤다

제36항 'ㅣ' 뒤에 '-어'가 와서 'ㅕ'로 줄 적에는 준 대로 적는다.

(본말)	(준말)	(본말)	(준말)
가지어	가져	가지었다	가졌다
견디어	견뎌	견디었다	견뎠다
다니어	다녀	다니었다	다녔다
막히어	막혀	막히었다	막혔다
버티어	버텨	버티었다	버텼다
치이어	치여	치이었다	치였다

제37항 'ㅏ, ㅕ, ㅗ, ㅜ, ㅡ'로 끝난 어간에 '-이-'가 와서 각각 'ㅐ, ㅖ, ㅚ, ㅟ, ㅢ'로 줄 적에는 준 대로 적는다.

(본말)	(준말)	(본말)	(준말)
싸이다	쌔다	펴이다	폐다
보이다	뵈다	누이다	뉘다
뜨이다	띄다	쓰이다	씌다

제38항 'ㅏ, ㅗ, ㅜ, ㅡ' 뒤에 '-이어'가 어울려 줄어질 적에는 준 대로 적는다.

(본말)	(준말)	
싸이어	쌔여	싸여
보이어	뵈어	보여
쏘이어	쐬어	쏘여
누이어	뉘어	누여
뜨이어	띄어	

| 쓰이어 | 씌어 쓰여 |
| 트이어 | 틔어 트여 |

◑ 해설(1)

준말이란 약어라고도 부르는 것으로 어느 언어에나 흔히 있는 현상이다. 준말은 글말에서보다는 입말에서 더 빈번하다. 노력 경제의 원리에 따라 축약된 어형을 쓰는 것이 준말이다. 따라서 어떤 준말은 문어에서 사용하면 구어체의 느낌을 준다. 이런 준말은 만들어지는 양상에 따라 크게 세 가지로 구별할 수 있다.

먼저, '노을 → 놀, 찌꺼기 → 찌끼, 아이 → 애'처럼 한 형태소의 내부에서 일어나는 음의 생략이나 축약으로 이루어진 준말이 있다. 통시적으로 '기르마(鞍) → 길마, 거우루 → 거울, 드르 → 들'과 같은 축약도 이러한 유형에 든다. 둘째로는 '어제+그저께 → 엊그저께, 쓰레기+받기 → 쓰레받기, 여린+무 → 열무'처럼 합성어 내부에서 음의 생략으로 만들어진 준말이 있다. 셋째로는 체언에 조사가 붙거나 용언에 어미가 붙는 곡용과 활용에서 어떤 음의 생략에 의해 생기는 준말이 있다. 예를 들면 '기러기+야 → 기럭아, 나+는 → 난, 디디고 → 딛고, 가지+지 → 갖지' 등이 있다.

한글 맞춤법 제4장 제5절에서는 이런 준말들을 준 대로 적도록 규정하고 있다. 위 제32항은 '온가지 → 온갖'과 같은 형태소 내부에서의 준말과 '어제저녁 → 엊저녁'과 같은 합성어에서의 준말, 그리고 '기러기야 → 기럭아, 디디고 → 딛고'와 같은 곡용과 활용상의 준말을 준 대로 적도록 한 규정이다. 이때 눈여겨 볼 점은 '기러기야'가 '기럭아'로 줄 때 호격조사 '-야'가 받침 있는 말 뒤의 형태인 '-아'로 바뀐다는 것이다. 그리고 '디디다 → 딛고, 가지고 → 갖고' 등의 어간 말 모음이 줄어드는 현상은 자음으로 시작하는 어미와의 결합의 경우에만 그렇다. 곧 '디디어 → *딛어', '가지어 → *갖어'처럼 줄지는 않고 오히려 '디뎌, 가져'처럼 준다.

위 제33항은 체언과 조사가 결합할 때의 준말을 준 대로 적는다는 규정이다. 체언과 조사가 결합하여 줄어들 때에는 조사만 주는 경우와 체언과 조사가 모두 주는 경우로 나뉜다. '나는→난, 너를→널' 등은 조사가 준 것이고, '그것이→그게, 무엇을→무얼' 등은 둘 다 준 것이다.

한글 맞춤법 제34항~제36항은 준말에서 모음 축약이나 탈락이 일어나는 현상을 표기에 반영하도록 한 규정이다. 이를 규칙으로 보이면 아래와 같다.

(24) 가. 'ㅏ/ㅓ'→ Ø/ _____{'-아/-어', '-았-/-었-'}(제34항)
　　나. 'ㅗ/ㅜ'→ w/ _____{'-아/-어', '-았-/-었-'}(제35항)
　　다. 'ㅣ'→ 'j'/ _____'-어'(제36항)

(24가)는 제34항에 나타나는 모음 탈락을 설명하는 규칙으로, 어간 말의 'ㅏ'나 'ㅓ' 모음이 어미 '-아/-어', '-았-/-었-' 앞에서 탈락하는 현상이다. '가아→가, 서어→서, 나았다→났다, 펴었다→폈다' 등이 그 예이다. 제34항의 붙임 1의 예들, 곧 '개어→개, 내어→내' 등에서도 'ㅓ'가 탈락하는데, 이때에는 어미의 'ㅓ'가 'ㅐ/ㅔ'를 가진 어간 뒤에서 탈락하는 것으로 이 또한 준 대로 표기하도록 하고 있다. 그리고 제34항의 붙임 2는 '하여'가 '해'로 주는 것에 대한 표기 규정이다.

(24나)는 위 제35항에 있는 예들에서 모음 'ㅗ/ㅜ'가 어미 '-아/-어', '-았-/-었-' 앞에서 반모음 'w'로 교체되어 결국 '꼬아→꽈, 보았다→봤다'처럼 모음 축약이 일어나는 현상에 대해 설명하는 규칙이다. 한편, 제35항 붙임 1의 '놓아'는 표준 발음법 제12항에서도 [노아]로 발음토록 하고 있는데, '놓다'는 모음으로 연결되는 어미와 만날 때 '놓아서[노아서], 놓았다[노았다]' 등으로 'ㅎ'이 탈락한다. 여기에서 더 나아가 '놔, 놔서, 놨다'로 다시 축약이 일어난다. '좋아, 좋았다, 좋아서', '낳다, 낳았다, 낳아서' 등에서는 이런 현상이 일어나지 않으므로 표기에 주의해야 한다. 제35항 붙임 2는 '되어→돼, 되었다→됐다'처럼 어간 'ㅚ' 뒤에 어미 '-어, -었-'이 연결될 때 줄여서 'ㅙ, ㅙㅆ'으로 적도록 한 규정이다.

(24다)는 어간의 모음 'ㅣ'가 어미 '-어' 앞에서 반모음 'y'로 바뀌어 '-여'로 축약되는 현상을 규칙으로 나타낸 것이다. 위 제36항의 '가지어→가져, 견디었다→견뎠다, 치이었다→치였다' 등의 예들이 여기에 해당한다.

◉ 질문과 대답

문 안녕하세요. 질문이 두 개 있습니다. 첫 번째는 학생들을 가르치면서 교과서에서 이러한 표현이 나왔습니다. 배경은 식당에서 식사를 주문합니다. 종업원이 이렇게 말했습니다. "음료는 어떤 걸로 하시겠습니까, 손님?" 이때 '걸'은 '것을'을 한 음절로 줄인 것으로 알고 있는데 그렇다면 목적격조사 '을' 뒤에 또 구격조사 '로'를 붙여서 중복한 것이어서 이해가 안 됩니다. "음료는 어떤 것으로/거로 하시겠습니까, 손님?"이나 "음료는 어떤 것을/걸 하시겠습니까, 손님?"이 맞는 표현이라고 생각하고 있습니다. 교과서에서 잘못 나오는 겁니까? 아니면 맞는 표현이고 다른 해석이 있습니까? 좀 설명해 주십시오. 감사합니다. 두 번째 질문은 '베이징에 계신 부모님'과 '베이징에 계시는 부모님'은 같은 말이라고 알아봤는데 문법적으로 보면 '베이징에 계신 부모님'은 과거시제입니다. 또한 실제 회화에서 '베이징에 계시는 부모님'보다 '베이징에 계신 부모님'을 훨씬 더 잘 사용하던데요. 이게 무슨 이유인지 알고 싶습니다. 감사합니다.

답 첫 번째 질문 "음료는 어떤 걸로 하시겠습니까, 손님?"에서의 '걸로'는 지적하신 것처럼 '것을+로'의 줄임으로 보기보다는, "음료는 어떤 '것으로/거로' 하시겠습니까, 손님?"이나 "음료는 어떤 '것을/걸' 하시겠습니까, 손님?" 등의 잘못으로 보는 것이 합당합니다. 두 번째 질문 '베이징에 계신 부모님'과 '베이징에 계시는 부모님'의 문제도 말씀하신 것처럼, 문법적으로 보면 '베이징에 계신 부모님'은 과거시제라 할 수 있고, 실제의 상황에서 '베이징에 계신 부모님'이 많이 사용된다고 하여도 현재의 사실을 말하는 것이라면 '계시다'가 동사이므로 '베이징에 계시는 부모님'이라고 말해야 옳습니다. '베이징에 계신 부모님'은 바른 표현이 아닙니다.

문 한글 맞춤법에 보면 '펴어'를 '펴'로 적을 수 있다고 하였는데 제가 알기론 '펴'는 '피어'의 준말이라고 알고 있거든요. 그렇다면 '피어'의 준말인 '펴'와 '펴어'의 준말인 '펴'는 서로 어떻게 다른가요? 또 '펴어'는 '펴'가 '피어'라면 '피어+어'인데, 여기서 뒤에 붙는 '-어'는 무엇인가요?

답 '피어'의 준말인 '펴'와 '펴어'의 준말인 '펴'는 형태상으로는 같아서 구분할 수 없습니다. 굳이 설명하자면, 전자의 어간은 '피-'이고 후자의 어간은 '펴-'인 점이 다르고, 전자에서의 'ㅕ'가 어간의 모음 'ㅣ'와 어미의 모음 'ㅓ'가 하나로 준 소리라면, 후자에서의 'ㅕ'는 어간의 'ㅕ'에 어미의 'ㅓ'가 줄어 없어진 것이라는 점에서 다릅니다. 각 어간 뒤에 붙은 어미 '-어'는 (1) 같은 시간상의 선후 관계를 나타내거나 방법 따위를 나타내는 연결 어미(종이를 접어 학을 만들었다.) (2) 까닭이나 근거 따위를 나타내는 연결 어미(개가 자꾸 짖어 나가 보았다.) (3) 본용언과 보조 용언을 연결하는 데 쓰는 연결 어미(밤이 깊어 간다.) (4) '해' 할 자리에 쓰여, 어떤 사실을 서술하거나 물음·명령·청유를 나타내는 종결 어미(지금 밥 먹어.) 중의 어느 하나로 쓰인 것입니다.

문 예전에 텔레비전에서 표준어와 관련된 짧막한 프로그램이 있었는데 거기에서 '되다'와 '돼다'가 잘 구분되지 않을 때에는 '하'와 '해'를 대신 넣어 보아 어색하지 않은 쪽이 맞는 표현이라고 하던데 이러한 방법이 타당성이 있는 것인지, 타당성이 있다면 모든 예시에서 활용이 가능한지 알고 싶습니다.

답 사실 '돼다'라는 단어는 없습니다. '안 돼'와 같은 경우의 '돼'는 '되어'의 준말입니다. 그리고 '해'는 '하여'가 준 것입니다. 접미사 '-하다'가 붙는 말에는 '사랑하다, 걱정하다, 발전하다, 생략하다' 등처럼 '타동사'인 것과 '투표하다, 대두하다, 반짝하다' 등처럼 자동사인 것, '성실하다, 건강하다' 등처럼 형용사인 것들이 있습니다. 타동사인 말들은 대부분 '-되다'를 붙여서 '걱정되다, 발전되다, 생략되다' 등처럼 피동의 뜻을 지닌 자동사를 만들 수 있습니다. 그러나 '-하다'가 붙은 모든 타동사가 '-되다'를 붙일 수 있는 것은 아닙니다. 예를 들면 '사랑하다, 좋아하다'는 '사랑되다, *좋아되다'처럼 되지 않기 때문입니다. 자동사들에도 '붕괴하다/붕괴되다, 해당하다/해당되다, 재발하다/재발되다, 추락하다/추락되다'처럼 '-하다'형과 '-되다'형의 짝이 있습니다. 이때의 '-하다'형들은 대부분 '붕괴를 하다'와 같이 '목적어와 타동사'로 분석되며, '-되다'형은 이의 피동형으로 보입니다. 따라서 문장에서도 '기계가 작동하다/내가 안심하다'와 '기계가 작동되다/내가 안심되다'와 같은 두 가지 형식이 나타납니다. 한국어는 이러한 두 형식 중에서 후자와 같이 피동형을 쓰는 것이 자연스럽지 않습니다. 질문하신 내용 중에서 "'되다'와 '돼다'가 잘 구분되지 않을 때에는 '하'와 '해'를 대신 넣어 보아 어색하지 않은 쪽이 맞는 표현"이라는 말은 '돼'에 대응형이 '해'이며, '되-'의 대응형은 '하-'라는 뜻으로 보입니다. 따라서 '재발하다'의 대응형으로 '재발되다'로 써야 옳지 '재발돼다'로 쓰면 안 된다는 것입니다. 반대로 '재발해'는 '재발돼'와 대응하는 것이므로 '재발되'로 쓰면 안 됩니다. 물론 여기서 '재발해'는 '재발하여'의 축약형이고, '재발돼'는 '재발되어'의 축약형입니다.

제39항 어미 '-지' 뒤에 '않-'이 어울려 '-잖-'이 될 적과 '-하지' 뒤에 '않-'이 어울려 '찮-'이 될 적에는 준 대로 적는다.

(본말)	(준말)	(본말)	(준말)
그렇지 않은	그렇잖은	적지 않은	적잖은
만만하지 않다	만만찮다	변변하지 않다	변변찮다

제40항 어간의 끝음절 '하'의 'ㅏ'가 줄고 'ㅎ'이 다음 음절의 첫소리와 어울려 거센소리로 될 적에는 거센소리로 적는다.

(본말)	(준말)	(본말)	(준말)
간편하게	간편케	연구하도록	연구토록
가하다	가타	다정하다	다정타
정결하다	정결타	흔하다	흔타

[붙임 1] 'ㅎ'이 어간의 끝소리로 굳어진 것은 받침으로 적는다.

않다	않고	않지	않든지
그렇다	그렇고	그렇지	그렇든지
아무렇다	아무렇고	아무렇지	아무렇든지
어떻다	어떻고	어떻지	어떻든지
이렇다	이렇고	이렇지	이렇든지
저렇다	저렇고	저렇지	저렇든지

[붙임 2] 어간의 끝음절 '하'가 아주 줄 적에는 준 대로 적는다.

(본말)	(준말)	(본말)	(준말)
거북하지	거북지	생각하건대	생각건대
생각하다 못해	생각다 못해	깨끗하지 않다	깨끗지 않다
넉넉하지 않다	넉넉지 않다	못하지 않다	못지않다
섭섭하지 않다	섭섭지 않다	익숙하지 않다	익숙지 않다

[붙임 3] 다음과 같은 부사는 소리대로 적는다.

결단코	결코	기필코	무심코	아무튼	요컨대
정녕코	필연코	하마터면	하여튼	한사코	

◎ 해설(2)

위 한글 맞춤법 제37항은 어간의 모음 'ㅏ, ㅗ, ㅜ'와 접미사의 모음 'ㅣ'가 결합하여 '싸이다/s'aita/ → 쌔다/s'ɛta/, 쏘이다/s'oita/ → 쐬다/s'öta/, '누이다/nuita/ → 뉘다/nüta/'처럼 'ㅚ'나 'ㅟ', 혹은 'ㅐ'로 바뀌거나, 접미사의 모음 'ㅣ'가 어간의 모음 'ㅡ' 뒤에서 '뜨이다/t'ïita/ → 띄다/t'ïyta/'처럼 반모음 'y'로 바뀌거나, 어간의 모음 'ㅕ' 뒤에서 '펴이다/phyəita/ → phyeta/'처럼 'ㅖ'로 축약하는 현상에 대한 표기 규정이다. 이러한 준말은 모두 준 대로 적는다.

위 제38항은 'ㅏ, ㅗ, ㅜ, ㅡ'로 끝나는 어간 뒤에 '-이어(접미사+어미)'가 결합할 때에 'ㅐ, ㅚ, ㅟ, ㅢ, ㅕ'로 주는 것에 대한 표기법이다. 'ㅐ, ㅚ, ㅟ, ㅢ'로 주는 것은 '어간과 접미사'가 하나의 음절로 축약하는 것이며, 'ㅕ'로 주는 것은 '접미사와 어미'가 하나의 음절로 축약하는 것이다. 결국 제38항은 제36항과 제37항의 축약 방식이 하나의 형태에 동시에 적용되는 것에 대해 규정하고 있다. 말하자면 '싸이어'의 축약형으로 '쌔어'와 '싸여'를 동시에 인정하는 것이다. 제38항의 예에서 '뜨이어' 준말로는 '띄어'만 있는데, '띄어 쓰다'와 같은 용법이 이에 해당한다. '눈에 뜨여'와 같은 말도 옳은 표기로 봐야 한다.

한글 맞춤법 제36항의 규정을 참고하면, '-지 않-'이나 '-치 않-'이 줄면 '-쟎-'이나 '-챦-'이 될 것으로 보인다. 그러나 위의 제39항은 준 형태가 하나의 낱말로 굳어진 경우에 준 대로 '-잖-'이나 '-찮'으로 적는다고 규정하고 있다. 제39항에 예시한 말들 이외에 '-잖-'이나 '-찮-'을 가진 것들로는 '같잖다, 남부럽잖다, 깨끗잖다, 되잖다, 만만찮다, 시원찮다, 수월찮다, 편찮다, 귀찮다' 등이 있다.

위 제40항 내용의 핵심은 어간의 끝음절 '하'의 'ㅏ'가 줄고 'ㅎ'이 다음 음절의 첫소리와 어울려 거센소리로 될 경우나, 어간의 끝음절 '하'가 아주 줄 경우에 모두 준 대로 표기한다는 것이다. 문제는 어느 때 어간의 끝음절의 '하'가 'ㅏ'만 줄고, 어느 때 '하'가 아주 주는가이다. 제40항과 붙임 2의 예들을 보면 알 수 있듯이 '하' 앞의 어근이 모음이나 'ㄴ, ㄹ, ㅁ, ㅇ'과 같은 유성 자음으로 끝나면, '하'에서 'ㅏ'만 줄고, 'ㄱ, ㅂ, ㅅ'과 같은 무성 자음으로 끝나면 '하'가 아주 준다.

그런데 제40항 붙임 1에 있는 예들은 형용사인 '이러하다, 그러하다, 아니하다, 아무러하다, 어떠하다, 저러하다' 등이 준 말들인데 'ㅎ'을 어미의 거센소리로 적지 않고, 어간의 끝소리로 굳어진 것으로 보아 '이렇다, 그렇다, 않다, 아무렇다, 어떻다, 저렇다'처럼 받침으로 적는다. 붙임 1에 있는 '그렇다' 등은 형용사로서 한글 맞춤법 제18항 3의 어간 끝 'ㅎ'이 탈락하는 용언들과 마찬가지로 '그러니, 그럴, 그러면, 그래, 그래서'처럼 불규칙 활용을 한다.

제40항 붙임 3은 어원적으로는 용언의 활용형으로 볼 수 있겠지만, 오늘날 한국어에서 완전히 부사로 전성한 낱말들이다. 이러한 낱말들은 제19항의 조사 '나마, 부터, 조차'의 경우와 마찬가지로 마땅히 원형을 밝히지 않고 소리대로 적어야 한다. 이외에 위 제40항의 '연구토록'의 '토록'과 형태가 같은 것으로 '이토록, 그토록, 평생토록' 등 명사 뒤에 오는 '토록'이 있는데 이는 조사이다. 그러나 '이렇든지, 저렇든지'의 '-든지'는 어미인데 '이러튼지, 저러튼지'처럼 '-튼지'로 줄여서 적지 않는다.

◉ 질문과 대답

문 '그렇게'가 형용사인가요? 부사인가요? <표준 국어 문법론>을 공부하다가 궁금한 것이 있어서 질문합니다. 형용사와 관련된 내용인데, 지시 형용사에 '그러하다'라는 단어가 있는데, 책에 그 예문으로 '그렇게 예쁜 꽃은 처음 본다.'라는 문장이 나와 있습니다. 제가 평소에 '그렇게'를 부사로 알고 있어서, 확실히 하려고 국어사전(민중서림 엣센스 국어사전)을 찾아보았습니다. 그런데 국어사전을 찾아보니까 '그렇게'가 정말 부사로 나와 있더라고요. 국어사전에 나와 있는 예문은 '그렇게 큰 금액은 아니다.'였는데 '그렇게'가 '크다'라는 성상 형용사로 표현된 말을 지시하는 지시형용사가 맞을 것 같고, 또 '그렇게'가 '그러하-'에 '게'가 결합된 형용사의 활용형 같은데 국어사전에는 부사라고 나와 있어서, 어떤 것이 옳은지 알고 싶습니다. 국어사전이 잘못된 것일까요?

답 우리가 낱말의 뜻이나 기능 등을 알지 못하면 곧잘 사전을 찾아보고 사전에 적힌 대로 받아들이게 되므로 사전은 오류가 없어야 할 것입니다만, 사전을 편찬한 이들도 때로는 모르는 사이에 잘못 알고 있는 경우가 있을 수 있으므로 사전을 이용할 때는 주의를 기울여야 할 것입니다. 사전에 따라서 또 전문가에 따라서는 '그렇게'를 (파생) 부사라 하기도 하고, 형용사(그러하다-그렇다)의 활용형이라고 보기도 합니다. 일반인들에게 이러한 견해 차이는 매우 불편한 일임에도, '그렇게'가 부사인지 형용사인지의 문제는 옳고 그르고의 문제라기보다는 파생어를 보는 생각의 차이에서 말미암은 것일 뿐입니다. '그렇게 예쁜 꽃은 처음 본다.'라는 문장이나 '그렇게 큰 금액은 아니다.'의 '그렇게'는 '요즘 상황이 그렇게 변했죠.'의 '그렇게'와는 다른 것으로, 전자는 파생어 즉 부사로 보아도 무리가 되지 않을 것입니다. '게'를 파생 접미사로 볼 수 있느냐의 문제는 실은 절대적이지 않기 때문입니다. 후자의 '게'는 이른바 보조적 연결 어미라 합니다. 성상 형용사를 꾸미는 것은 지시 형용사의 부사형이나 지시 부사 모두 가능하므로, 성상 형용사 앞의 지시어라거나 또 '그렇게'가 '그러하-(준말: 그렇-)'에 '게'가 결합되었다고 해서 형용사의 활용형 같다는 것은 적절하지 않습니다.

문 '-하도록, -하건대, -하지'가 줄어드는 경우, '-도록 또는 -토록', '-건대 또는 -컨대', '-지 또는 -치'로 탈락하거나 축약되는데 이를 구분할 수 있는 기준이 뭔가요? 맞춤법 해설을 보면 '-하도록, -하지, -하건대' 바로 앞의 자음이 울림소리인 경우와 안울림소리의 경우로 일정하게 나누어지는데 이것이 정확한 기준이 되는 것인지, 특별한 예외 조항은 명시되어 있지 않은 것 같은데 예외가 있는지 궁금합니다.

답 '-하도록, -하건대, -하지, -하다' 등이 줄 때, '-도록/-토록', '-건대/-컨대', '-지/-치', '다/타'로 적어 '하-'가 아예 없어지거나 'ㅎ'만 줄게 되는데, 이런 차이는 '-하' 바로 앞의 어근이 모음이나 유성 자음으로 끝나는지(이 경우 'ㅎ'만 줄게 됨.), 어근 말 자음이 'ㄱ, ㅂ, ㅅ'으로 끝나는지(이 경우 '하'가 줄게 됨.)에 따라 생기게 됩니다 (한글 맞춤법 제40항). 굳이 말하자면 이것이 기준이며 예외는 없는 것으로 볼 수 있습니다.

제5장 띄어쓰기

제1절 조사

> **제41항** 조사는 그 앞말에 붙여 쓴다.
>
> | | | | | |
> |---|---|---|---|---|
> | 꽃이 | 꽃마저 | 꽃밖에 | 꽃에서부터 | 꽃으로만 |
> | 꽃이나마 | 꽃이다 | 꽃입니다 | 꽃처럼 | 어디까지나 |
> | 거기도 | 멀리는 | 웃고만 | | |

◉ 해설

학교 문법에서 조사는 9품사에 넣어 단어로 다루고 있지만, 조사는 실질적인 의미를 지니지 못하는 의존 형태소이다. 따라서 자립성이 없는 조사는 체언이 문장 안에서 여러 가지 기능을 하도록 돕는 구실을 하거나 말과 말을 이어 주거나 체언에 특별한 의미를 더하기도 한다. 위 한글 맞춤법 제41항에서는 이러한 조사의 의존적인 성격 때문에 앞말인 체언에 붙여 쓰도록 한 것이다. 따라서 조사는 몇 개가 연결되더라도 모두 앞말에 붙여 써야 한다. 예를 들면, '꽃에서부터, 교실에서까지도, 들어가면서부터는, 학교에서나마' 등처럼 쓴다.

◉ 질문과 대답

문 외국어나 따옴표 뒤에 한글 조사를 쓸 때, 예를 들어 "Kansas City라는 곳이다./ "Kansas City 라는 곳이다.", "Kansas City에서 살았다./Kansas City 에서 살았다.", "'우리의 교육지표'를 선언했다./'우리의 교육지표'를 선언했다." 들에서 외국어나 따옴표 뒤에 나오는 한글 조사를 붙여 써야 하나요, 아니면 띄어도 관계없나요?

답 한글 맞춤법 제41항에 "조사는 그 앞말에 붙여 쓴다."고 규정되어 있으므로, 조사는 예외 없이 앞말에 붙여 써야 합니다. 따라서 질문하신 예들은 모두 'Kansas City'에 '라는, 에서' 등의 조사를 붙여 써야 하며, '우리의 교육 지표'에 '를'도 붙여 써야 맞습니다.

제2절 의존 명사, 단위를 나타내는 명사 및 열거하는 말 등

제42항 의존 명사는 띄어 쓴다.

아는 것이 힘이다.   나도 할 수 있다.
먹을 만큼 먹어라.   아는 이를 만났다.
네가 뜻한 바를 알겠다.   그가 떠난 지가 오래다.

제43항 단위를 나타내는 명사는 띄어 쓴다.

한 개	차 한 대	금 서 돈	소 한 마리
옷 한 벌	열 살	조기 한 손	연필 한 자루
버선 한 죽	집 한 채	신 두 켤레	북어 한 쾌

다만, 순서를 나타내는 경우나 숫자와 어울리어 쓰이는 경우에는 붙여 쓸 수 있다.

두시 삼십분 오초	제일과	삼학년	육층
1446년 10월 9일	2대대	16동 502호	제1실습실
80원	10개	7미터	

제44항 수를 적을 적에는 '만(萬)' 단위로 띄어 쓴다.

십이억 삼천사백오십육만 칠천팔백구십팔
12억 3456만 7898

제45항 두 말을 이어 주거나 열거할 적에 쓰이는 다음의 말들은 띄어 쓴다.

국장 겸 과장	열 내지 스물	청군 대 백군	책상, 걸상 등이 있다.
이사장 및 이사들	사과, 배, 귤 등등	사과, 배 등속	부산, 광주 등지

제46항 단음절로 된 단어가 연이어 나타날 적에는 붙여 쓸 수 있다.

그때 그곳	좀더 큰것	이말 저말	한잎 두잎

◉ **해설**

의존 명사는 문장 안에서 홀로 쓰이지 못하고 반드시 다른 말의 수식을 받아야만 하는 명사의 한 가지이다. 의존 명사를 다른 말로 불완전명사, 형식명사라고 부르기도 한다. 의존 명사의 이러한 의존성 때문에 형태가 같은 경우, 조사나 어미와 혼동하기도 한다. 그러나 의존 명사는 명사의 하나이기 때문에 단어로서 띄어쓰기의 단위가 된다.

의존 명사에는 크게 두 가지가 있는데 위 제42항에서 다루고 있는 것들과 같은 일반 의존 명사와 위 제43항에서 다루고 있는 것들과 같은 단위를 나타내는 의존 명사가 있다. 단위를 나타내는 의존 명사는 제43항에서는 '단위를 나타내는 명사'로 부르고 있지만, 이를 '수량사, 수량 단위 의존 명사, 단위 명사' 등으로 부르기도 한다.

일반 의존 명사는 조사나 어미와 잘 구별하여 띄어쓰기를 해야 한다. 위 제42항에 있는 의존 명사를 예로 들면, 의존 명사 '만큼'은 조사 '만큼'과 구별해야 한다. 의존 명사 '만큼'이 나타나는 선행 환경은 대부분 '먹을 만큼'처럼 용언의 관형사형이지만, 조사 '만큼'의 선행 환경은 '너만큼, 책상만큼'처럼 명사이다. 이러한 구조적 특성이나 의미를 참조하여 의존 명사인지 조사인지 판단해야 한다. 또 다른 예로 의존 명사 '지'는 '떠난 지'처럼 용언의 관형사형의 꾸밈을 받는데, 어미 '-(으)ㄴ지'도 '그가 누구인지'처럼 쓰일 수 있어서 의존 명사와 혼동할 수 있다. 그러나 의존 명사 '지'는 [시간의 경과]를 나타내는 의미로 쓰인다는 점을 참조하면 어미 '-(으)ㄴ지'와 구별하는 데 도움이 된다. 이처럼 의존 명사는 형태가 동일한 조사나 어미 등과는 그 특성을 잘 구별하여 판단한 뒤 띄어쓰기를 해야 한다.

단위를 나타내는 의존 명사는 대부분 명사를 세는 단위로 쓰는데 위 제43항의 예들처럼 수 관형사의 꾸밈을 받는다. 명사를 셀 때에는 '개'처럼 여러 가지 명사를 세는 단위로 두루 쓰이기도 하지만, '손(고등어 등의 2마리), 쾌(북어 스무 마리), 죽(옷, 그릇 등의 10벌)' 등의 특정한 명사를 세는 데에 국한된 것도 있다. 또 '말, 되, 섬, 돈' 등처럼 도량형의 변화에 따라 오늘날에는 쓰임이 점점 줄어드는 것들도 있다.

의존 명사는 위 제43항의 규정에 따라 띄어 쓰는 것이 원칙이다. 그러나 순서를 나타내는 의존 명사나 아라비아 숫자와 어울려 쓰는 의존 명사는 붙여 쓸 수도 있다. 곧, '제1 과, 삼 차, 21 회' 등은 '제1과, 삼차, 21회' 등으로 써도 된다.

한국어로 수를 적을 때에나 한국어와 아라비아 숫자를 섞어서 적을 때에는 한글 맞춤법 제44항의 규정에 따라 '만(萬)' 단위로 띄어 쓴다. 곧 '십이억 삼천사백오십육만 칠천팔백구십팔 원'이나 '12억 3456만 7898원'처럼 띄어 써야 한다. 회계 장부에 아라비아 숫자로 수를 적을 때에는 변조를 막기 위해 '123456789'처럼 모두 붙여 적거나, '1,234,567,898'처럼 천 단위로 반점(,)을 찍어서 적기도 한다. 이러한 관례는 물론 그대로 인정한다.

한글 맞춤법 제45항에 따라 두 말을 이어 주거나 열거할 적에 쓰는 말은 띄어 쓴다. '겸, 내지, 대, 등, 등지, 및' 등에서 '겸, 대, 등, 등지' 등은 의존명사요, '내지, 및' 등은 부사이기 때문에 이것들을 앞말과 띄어 쓰는 것은 한글 맞춤법 제2항의 원칙과도 부합한다.

위 한글 맞춤법 제46항의 규정은 단어를 띄어 쓰도록 하는 대원칙에 벗어나는 것이다. 그러나 단어를 띄어 쓴다고 해도 단음절의 단어가 연속된다면 독서의 능률이 떨어질 수 있다. 이런 까닭에 '그 때 그 곳'처럼 띄어 쓰는 것을 원칙으로 하지만 '그때 그곳'처럼 의미 파악이 자연스럽게 이루어지는 단위에서 붙여 쓰도록 한 것이다. 예를 들면 '좀 더 큰 이 집'이라고 할 때 '좀더 큰 이집'은 좋지만 '좀더 큰이 집'처럼 붙여 쓰기는 어렵다.

◉ 질문과 대답

문 알쏭달쏭 띄어쓰기 '스물다섯살'인가, '스물 다섯 살'인가, '스물다섯 살'인가? 정말 띄어쓰기는 어려운 것 같아요. 원고지 사용하다가 의문이 생겼는데요. 어떻게 띄어쓰기를 해야 할지 궁금합니다.

답 질문하신 나이의 띄어쓰기는 한글 맞춤법 제43항(단위를 나타내는 명사의 띄어쓰기)과 제44항(수 적기)를 적용하면 어렵지 않을 것입니다. 만 단위 이하이므로 '스물다섯'은 붙여 쓰고, '살'은 단위를 나타내는 의존 명사이므로 띄어 써야 합니다.

문 '수십년'의 띄어쓰기, '수십 년'인가요? 아님 '수 십 년'인가요? '수십'이 수 관형사이고 '년'이 단위를 나타내는 명사이니까 '수십 년'이 맞나요?

답 '수십 년'으로 띄어 써야 합니다. '수십'은 수사와 수 관형사의 두 가지 품사를 갖는 말입니다. 수사인지 수 관형사인지는 실제로 이 말이 쓰인 통합 관계에 따라 정해집니다. '수십 년'에서는 '수십'이 의존 명사 '년' 앞에 쓰였으므로 수 관형사입니다. 조사와 연결되어 쓰이면 수사로 분류합니다. 어느 경우이거나 '수십'은 독립된 낱말이므로 조사를 제외하고는 뒤의 말과 띄어 써야 합니다. 참고로 '수십'의 '수(數)'는 접두사이지만(수십, 수백, 수만 등), '수 미터' 등과 같은 구성에서는 관형사도 될 수 있음을 기억하시기 바랍니다.

문 '그날'? '그 날'? 띄어쓰기에 대해 질문합니다. '그날이 왔다. 소풍가는 그날에 가져와라.' 이때 이 두 가지 경우의 '그날'은 각각 붙여 쓰는 건가요. 띄어 쓰는 건가요?

답 띄어쓰기는 일반인은 물론 전문가에게도 어려운 문제입니다. 한글 맞춤법에는 모두 11개의 조항에 걸쳐(총칙 제2항, 제5장 제41~50항) 띄어쓰기를 규정하고 있지만, 실제 상황에 적용하기가 쉽지 않을 때도 많습니다. 단어마다 띄어 쓰는 것이 원칙이므로 단어 여부를 판정할 수 있으면 많은 문제가 해결될 터이지만, 단어가 모여 한 단어를 이룬 합성어인지, 둘 이상의 단어가 연결된 구 구조인지를 판정하는 일이 쉽지 않기 때문입니다. 일반 국어 사용자들은 <표준 국어 대사전>에 기대는 것이 일관된 표기를 할 수 있는 방법이라 하겠습니다. <표준 국어 대사전>에서는 '그날'을 합성어로 처리하고 있습니다. 참고로 <표준 국어 대사전>에서는 실린 단어가 합성어인 경우는 '그-날'처럼 붙임표를 써서 나타내고, 별개의 단어 연쇄이지만 한 단어처럼 자주 쓰는 말은 '문화^가치'처럼 이음표를 써서 나타냅니다. 별개의 단어 연쇄는 띄어 쓰는 것이 원칙입니다.

문 초등학교 1-1 읽기 책에 '흉내내는 말'이라고 나오는데, '흉내 내는 말'이 맞춤법에는 맞는데, 교과서에는 모두 붙여서 '흉내내는 말'로 쓰고 있습니다. 이를 한 단어로 보고 있는 건가요?

답 <표준 국어 대사전> 등에는 '흉내 내다'를 하나의 낱말로 보지 않고 '흉내'와 '내다'로 따로 처리하고 있습니다. 따라서 질문자가 지적해 주신 것처럼, 초등학교 1-1 읽기 책에 '흉내내는 말'이라고 붙여 쓰고 있다면, 띄어 쓴 '흉내 내는 말'이나 '흉내말'로 바로잡아야 하겠습니다.

제3절 보조 용언

제47항 보조 용언은 띄어 씀을 원칙으로 하되, 경우에 따라 붙여 씀도 허용한다. (ㄱ을 원칙으로 하고, ㄴ을 허용함.)

ㄱ	ㄴ
불이 꺼져 간다.	불이 꺼져간다.
내 힘으로 막아 낸다.	내 힘으로 막아낸다.
어머니를 도와 드린다.	어머니를 도와드린다.
그릇을 깨뜨려 버렸다.	그릇을 깨뜨려버렸다.
비가 올 듯하다.	비가 올듯하다.
그 일은 할 만하다.	그 일은 할만하다.
일이 될 법하다.	일이 될법하다.
비가 올 성싶다.	비가 올성싶다.
잘 아는 척한다.	잘 아는척한다.

다만, 앞말에 조사가 붙거나 앞말이 합성 동사인 경우, 그리고 중간에 조사가 들어갈 적에는 그 뒤에 오는 보조 용언은 띄어 쓴다.

잘도 놀아만 나는구나!	책을 읽어도 보고…
네가 덤벼들어 보아라.	강물에 떠내려가 버렸다.
그가 올 듯도 하다.	잘난 체를 한다.

◉ 해설

보조 용언은 본용언에 보조적인 의미를 더하는 보조 동사와 보조 형용사를 가리킨다. 본용언과 보조 용언은 연이어서 쓰이기 때문에 종종 두 개의 본용언이 연결된 경우와 구조가 같아진다. 예를 들면 '종이를 태워 버렸다.'는 '종이를 태워서 버렸다.'로 해석되면 두 개의 용언을 연결한 것으로 볼 수 있지만, 그렇지 않을 경우 본용언 '태우다'와 의미를 더하는 보조 용언 '버리다'로 볼 수 있다.

또한 본용언과 보조 용언은 합성 동사나 합성 형용사와의 구별도 쉽지 않다. 예를 들어, 본용언과 보조 용언의 연결은 위 제47항에 있는 '꺼져 가다, 막아 내다, 깨뜨려 버리다' 등처럼 둘이 연이어서 쓰고, 보조 용언이 본용언에 보조적인 의미를 더

한다는 점에서 합성 동사, 합성 형용사인 '들어가다, 늘어나다, 엎어지다' 등과 혼동을 초래한다. 띄어쓰기의 목적이 독해의 효율성을 높이기 위한 것이기 때문에 본용언과 보조 용언을 띄어 쓰는 것을 원칙으로 하지만, 이것들을 붙여 써도 그 효과는 크게 달라지지 않는다고 보아 위 제47항에서 보듯이 붙여 쓰는 것을 허용한다.

　의존 명사 '듯, 만, 법, 양, 척, 체' 등에 '하다'가 붙어서 된 보조 용언은 본용언이 모두 관형사형이어서, 원칙적으로 위 제42항의 의존명사를 앞말과 띄어 쓸 때와 동일하게 띄어 쓴다. 그러나 이들 또한 다른 보조 용언들처럼 붙여 쓰는 것을 허용한다. 이렇게 본용언과 보조 용언을 붙여 쓰는 것을 허용하더라도 '그가 올 듯도 하다.'에서처럼 둘 사이에 조사가 개입하면 반드시 띄어 써야 한다.

◉ 질문과 대답

문 보조 용언의 특성에 대해 공부하다가 잘 이해가 되지 않는 부분이 있어서 질문 드립니다. '보조 용언은 대용언으로 대치되지 않는다.'는 특성이 있다면서, 그 예로 "나는 아침을 잘 먹어(본용언) 두었다(보조 용언)."의 경우, "나는 아침을 잘 그래 두었다"는 무리가 없는데, "나는 아침을 잘 먹어 그랬다."는 비문이라고 설명되어 있었습니다. 제가 보기엔 둘 다 어색한 것 같은데, 옳은 설명인가요? 도와주세요.

답 우리 모두가 다 같은 모어 화자이지만 특정 표현에 대하여 모두 같은 언어 감각을 갖고 있지는 않은 것으로 관찰됩니다. 심지어는 언어 연구자들 사이에도 문법성의 판단조차도 엇갈리는 경우가 간혹 있게 됩니다. 질문하신 내용은 "나는 아침을 잘 먹어(본용언) 두었다(보조 용언)."에서 본용언 '먹어'를 대용어를 써서, "나는 아침을 잘 그래 두었다."라고 표현할 때 자연스러운 문장이냐는 것인데, 질문하신 분이나 몇몇 이들에게는 자주 쓰지 않으므로 어색하게 느껴지지만 문법적으로는 문제가 없는 문장입니다.

문 예를 들어, '꺼져 간다', '막아 내다', '척하다'와 같은 단어들이 보조 용언에 포함된다는 것은 알고 있습니다만, 원칙상은 저것들을 띄어 써야 맞는지 붙여 써야 맞는지 알고 싶습니다.

답 제5장 띄어쓰기 규정, 제47항을 보면, '보조 용언은 띄어 씀을 원칙으로 하되, 경우에 따라서는 붙여 씀도 허용한다.'라는 규정이 있습니다. 곧, 위의 '꺼져 간다', '막아 내다'는 이처럼 띄어 쓰는 것이 원칙입니다.

문 '미친 듯하다', '미친듯하다' 이 둘이 다 허용되는 걸로 알고 있는데요. '미친 듯이 날뛰다'에서 '듯이'는 부사인데 앞말과 붙여서 '미친듯이 날뛰다'가 가능한지 궁금하네요.

답 '미친 듯하다', '미친듯하다'의 '듯하다'는 보조 형용사이므로 한글 맞춤법 제47항의 규정에 따라, 띄어 씀이 원칙이지만 붙여 쓸 수도 있습니다. 그런데 '미친 듯이 날뛰다'에서 '듯이'는 부사가 아니라 의존 명사이므로 앞말과 붙여 쓸 수 없습니다(한글 맞춤법 제42항). 물론 부사여도 마찬가지로 띄어 써야 합니다.

문 '직하다'에 대해 알고 싶습니다. 앞말과 어떻게 띄어 쓰는지도 가르쳐 주세요.

답 '직하다'는 '보조 형용사'로서 용언이나 '이다' 뒤에서 '-ㅁ/음 직하다' 구성으로 쓰입니다. 의미는 '앞말이 뜻하는 내용이 발생할 가능성이 많음'을 나타냅니다. '직하다'는 "배고픈 새가 모이를 먹었음 직한데."처럼 앞말과 띄어 쓰는 것이 원칙이지만 붙여 쓸 수도 있습니다.

제4절 고유 명사 및 전문 용어

제48항 성과 이름, 성과 호 등은 붙여 쓰고, 이에 덧붙는 호칭어, 관직명 등은 띄어 쓴다.

김양수(金良洙)	서화담(徐花潭)	채영신 씨
최치원 선생	박동식 박사	충무공 이순신 장군

다만, 성과 이름, 성과 호를 분명히 구분할 필요가 있을 경우에는 띄어 쓸 수 있다.

남궁억/남궁 억 　　독고준/독고 준 　　황보지봉(皇甫芝峰)/황보 지봉

제49항 성명 이외의 고유 명사는 단어별로 띄어 씀을 원칙으로 하되, 단위별로 띄어 쓸 수 있다. (ㄱ을 원칙으로 하고, ㄴ을 허용함.)

ㄱ	ㄴ
대한 중학교	대한중학교
한국 대학교 사범 대학	한국대학교 사범대학

제50항 전문 용어는 단어별로 띄어 씀을 원칙으로 하되, 붙여 쓸 수 있다. (ㄱ을 원칙으로 하고, ㄴ을 허용함.)

ㄱ	ㄴ
만성 골수성 백혈병	만성골수성백혈병
중거리 탄도 유도탄	중거리탄도유도탄

◑ 해설

한글 맞춤법 제48항~제50항은 고유 명사 및 전문 용어의 띄어쓰기에 대한 규정이다. 제48항은 성과 이름, 성과 호 등은 붙여 쓰고, 이에 덧붙는 호칭어, 관직명 등은 띄어 쓰도록 한 것이고, 제49항은 성명 이외의 고유 명사에 대하여 단어별로 띄어 씀을 원칙으로 하되, 단위별로 띄어 쓸 수 있도록 한 규정이다. 그리고 제50항은 전문 용어의 적기에서도 원칙적으로 단어별로 띄어 쓰되 붙여 쓰는 것을 허용한 규정이다.

성과 이름, 성과 호는 '이순신, 이충무공'처럼 원칙적으로 붙여 쓴다. 그러나 '김씨, 김양호 선생'과 같은 호칭어, '김 과장, 이순신 장군' 같은 관직명은 띄어 쓴다. 성과 이름을 적을 적에 '황보 지봉'이나 '남궁 억'처럼 성과 이름이나 성과 호를 분명히 구별할 필요가 있을 때는 띄어 쓴다.

성명 이외의 고유 명사는 '한국 대학교 사범 대학'처럼 원칙적으로 단어별로 띄어 쓴다. 그러나 '한국대학교 사범대학'처럼 단위별로 띄어 씀도 허용하고 있다. 전문 용어도 '만성 골수성 백혈병'처럼 단어별로 띄어 쓰는 것이 원칙이지만, 붙여 쓰는 것도 허용한다. 전문 용어는 특정한 학문이나 기술 분야에서 사용하는 말로서 대개 둘 이상의 단어가 결합하여 합성어의 성격을 띤다. 이러한 말들은 특정 분야에서 특정한 의미를 지니는 하나의 단어로 인식할 가능성이 많다. 이런 이유에서 전문 용어를 붙여 쓸 수 있도록 한 것은 적절하다.

◉ 질문과 대답

문 합성어가 되는 기준은 무엇인가요? 한글 맞춤법 제49항에 성명 이외의 고유 명사는 단어별로 띄어 씀을 원칙으로 하되, 단위별로 띄어 쓸 수 있다고 말했습니다. 거기서 의문이 생깁니다. '사범대학'은 원래 '사범 대학'으로 표기해야 올바른 표기이지만 하나의 단위로 인정하여 '사범대학'도 올바른 표기로 인정해 준다고 알고 있습니다. 그렇다면 '사범대학'은 합성어로 인정이 안 되고(제가 볼 때는 하나의 독립된 개체를 말하고 '사범'과 '대학'이 합쳐져서 새로운 의미를 생성한다고 생각이 됩니다.) '솜이불, 낚지볶음' 등은 왜 하나의 합성어로 인정이 되는 걸까요? 합성어를 만드는 기준은 어디 있는 것입니까?

답 단어를 한마디로 정의하기는 쉬운 일이 아닙니다. '단일한 의미를 가진 음 결합체가 단일한 용법을 가지는 것'을 단어로 규정하기도 합니다만, 완전한 정의는 되지 못합니다. 그래서 하나의 단어라면 '단어 내부에 휴지를 둘 수 없고 다른 말에 의해 분리될 수 없다.'는 기준을 적용하기도 합니다. 이 기준은 단어인지 아닌지를 판별하는 유용한 기준이 되기는 하지만, 그러나 이러한 기준이 적용된다고 해서 모두 단어라고 단정할 수 없는 경우도 있어 어려움은 여전히 남게 됩니다. '고유 명사는 단어별로 띄어 씀을 원칙으로 하되, 단위별로 띄어 쓸 수 있'는데, '사범대학'을 원래 '사범 대학'으로 띄어서 표기해야 하지만 하나의 단위로 인정하여 '사범대학'으로 붙여 쓰는 것도 허용하는데, 그렇다면 '사범대학'을 합성어로 인정해야 할 것 아니냐는 질문은 단어를 지나치게 넓게 규정하는 것이므로 받아들이기 어려울 것입니다. 더군다나 질문하신 분은 '사범대학'이 새로운 의미를 생성하는 것으로 보인다고 하셨는데, 사범대학이 하나의 독립된 개체를 말하고 '사범'과 '대학'이 합해진 점은 맞지만 그렇다고 새로운 의미를 갖게 된 것으로 보기는 어려울 것입니다. '사범대학'과 같은 단위를 나타내는 이러한 말들을 모두 합성어로 처리하는 것은 지금까지 말한 이유로 적절하지 않습니다.

문 합성어와 절에 대한 질문입니다. 하나, 합성어에는 통사적 합성어와 비통사적 합성어가 있습니다. 그런데 아래와 같은 경우 그 구분이 명확하지 않아 조언을 구합니다. 예) 비빔밥, 갈림길, 볶음밥 1. 위 경우는 용언의 '명사형+명사'의 결합인가요? 아니면 '파생명사+명사'의 결합인가요? 2. '파생명사+명사'의 결합의 경우 통사적 합성인가요, 비통사적 합성인가요? 둘, 절에 대한 질문입니다. 예) '영희가 학생임을 알았다.' 이 문장에서 [영희가 학생임]이라는 명사절이 안겨 있습니다. 그럼 위 문장이

'영희가 학생인 것을 알았다.'와 같이 바뀌면 [영희가 학생인]이라는 관형절이 의존 명사 '것'을 수식하는 형태가 되는가요? 아니면 [영희가 학생인 것]이라는 명사절이 안긴 것인가요? 셋, 문장 성분에 관한 질문입니다. 예) '나는 그가 떠났는지 몰랐다.' '나는 그가 떠났는지를 몰랐다.' 위 두 문장은 목적격 조사 '를'의 유무에 차이가 있습니다. 이에 따라 문장 성분도 달라지는지 궁금합니다. 예를 들어 [그가 떠났는지]와 [그가 떠났는지를]이 모두 목적격조사 '를'에 관계없이 목적어가 되는지, 아니면 목적격 조사 '를'이 없는 경우는 서술어의 의미를 한정시켜 주는 부사어로 봐야 하는지 궁금합니다.

답 질문이 여럿이군요. 첫 번째 질문은 '비빔밥, 갈림길, 볶음밥' 등의 합성어가 '용언의 명사형+명사'의 구조인지, 아니면 '파생명사+명사'의 구조인지를 묻는 질문인데, 답은 명사형 '비빔, 갈림, 볶음'에 명사 '밥, 길, 밥'이 결합한 것으로 처리하는 것이 맞습니다. 간혹 앞의 요소를 파생명사로 처리하려는 시도도 있으나, 바른 분석이라 할 수 없습니다. 명사형 가운데는 시간이 지남에 따라 파생어로 굳어지는 경우도 있지만, 조어 과정에서는 파생어로 굳어지기 이전의 단계로 보는 것이 타당합니다. 이렇게 명사형에 명사가 결합한 합성어나 파생명사에 명사가 결합한 합성어도 모두 통사적 합성인 것은 마찬가지입니다. 우리말의 통사 구조에는 이와 같이 명사(형)에 이어 명사가 결합하는 구조도 있기 때문입니다.

'영희가 학생인 것을 알았다.'는 (주어가 생략된) 문장에 [영희가 학생이다.]는 명사절이 안겨 있으며, 이 안겨 있는 명사절은 관형사형 어미 '-ㄴ'을 취하여 뒤에 오는 의존 명사 '것'을 꾸며 줍니다. 즉 '영희가 학생인'이라는 관형절이 의존 명사 '것'을 수식합니다.

문장 성분에 관한 세 번째 질문은 목적격 조사가 있고 없음에 따라 문장 성분이 달라지는지를 물으신 것인데, 일반적으로 문장 성분은 서술어에 따라 결정되는 것이므로 격조사의 유무가 문법성을 결정짓는 것은 아닙니다. 격조사는 수의적 요소입니다. '나는 그가 떠났는지 몰랐다. 나는 그가 떠났는지를 몰랐다.' 위 두 문장은 그러므로 목적격 조사 '를'의 유무에 상관없이 모두 목적어를 가진 문장으로 보아야 할 것입니다.

제6장 그 밖의 것

제51항 부사의 끝음절이 분명히 '이'로만 나는 것은 '-이'로 적고, '히'로만 나거나 '이'나 '히'로 나는 것은 '-히'로 적는다.

1. '이'로만 나는 것

가붓이	깨끗이	나붓이	느긋이	둥긋이
따뜻이	반듯이	버젓이	산뜻이	의젓이
가까이	고이	날카로이	대수로이	번거로이
많이	적이	헛되이		
겹겹이	번번이	일일이	집집이	틈틈이

2. '히'로만 나는 것

극히	급히	딱히	속히	작히
족히	특히	엄격히	정확히	

3. '이, 히'로 나는 것

솔직히	가만히	간편히	나른히	무단히
각별히	소홀히	쓸쓸히	정결히	과감히
꼼꼼히	심히	열심히	급급히	답답히
섭섭히	공평히	능히	당당히	분명히
상당히	조용히	간소히	고요히	도저히

◉ 해설(1)

위 제51항은 한국어 부사화 접미사 '-이, -히'의 구별법에 대하여 부가적으로 규정한 내용이다. 한글 맞춤법 제19항과 제25항에서 이미 접미사와 연결되는 말들은 그 원형을 밝히어 적는다고 규정하고 있기 때문에, 제51항은 접미사 '-이, -히'를 붙이는 기준만을 제시하고 있다. 그 기준은 부사의 끝 음절이 분명히 '이'로만 나는 것은 '-이'로 적고, '히'로만 나거나 '이'나 '히'로 나는 것은 '-히'로 적는다는 것이다. 그러나 '이'나 히'의 발음이 화자에 따라서 다를 수 있다. 예를 들어 '고히, 헛되히, 일일히'로 쓴다고 해도 발음상 'ㅎ'이 약화되어 '고이, 헛되이, 일일이'가 될 수 있으므로 혼동을 초래한다. 이에 '-이'로 적는 경우와 '-히'로 적는 경우에 대해 아래와 같이 좀 더 구체적인 기준을 제시하여 둔다.

(25) 가. '-이'로 적는 경우
　　① 'ㅅ' 받침을 가진 어근 뒤
　　　　깨끗이, 번듯이, 산뜻이, 빠듯이, 남짓이, 지긋이 등
　　② 첩어 어근 뒤
　　　　간간이, 길길이, 겹겹이, 나날이, 줄줄이, 알알이, 다달이, 틈틈이 등
　　③ 'ㅂ' 불규칙 형용사 어근 뒤
　　　　가벼이, 기꺼이, 부드러이, 새로이, 애처로이, 외로이, 대수로이 등
　　④ '-하다'가 붙지 않으면서 규칙적 활용을 하는 형용사의 어근 뒤
　　　　같이, 굳이, 길이, 높이, 많이, 실없이, 적이, 헛되이 등
　　나. '-히'로 적는 경우
　　① '-하다'가 붙는 어근 뒤
　　　　급히, 딱히, 속히, 정확히, 족히, 가만히, 나른히, 능히, 급급히, 고요히 등
　　② '-하다'가 붙는 어근 뒤에 '-히'가 붙고 어근의 일부가 준 경우
　　　　익숙히 → 익히, 특별히 → 특히
　　③ 예외
　　　　작히, 밝히

제52항 한자어에서 본음으로도 나고 속음으로도 나는 것은 각각 그 소리에 따라 적는다.

(본음으로 나는 것)	(속음으로 나는 것)
승낙(承諾)	수락(受諾), 쾌락(快諾), 허락(許諾)
만난(萬難)	곤란(困難), 논란(論難)
안녕(安寧)	의령(宜寧), 회령(會寧)
분노(忿怒)	대로(大怒), 희로애락(喜怒哀樂)
토론(討論)	의논(議論)
오륙십(五六十)	오뉴월, 유월(六月)
목재(木材)	모과(木瓜)
십일(十日)	시방정토(十方淨土), 시왕(十王), 시월(十月)
팔일(八日)	초파일(初八日)

◉ 해설(2)

한자어에는 쓰임에 따라서 두 가지 이상으로 발음하는 경우가 있다. 예를 들어 '樂'은 '음악(音樂), 쾌락(快樂), 요산요수(樂山樂水)'에서 각각 '악, 락, 요'로 발음하는데 이런 발음들은 모두 '樂'의 본래의 독음으로 본다. 그러나 '十'은 그 본음이 '십'이지만, '시월(十月)'처럼 한국어의 특별한 단어에서 '시'로 발음한다. '六'도 본음은 '륙'이지만, '유월(六月)'에서는 '유'로 읽는다. 이때의 '시'나 '유'처럼 한자어 본래의 독음이 아니라 한국어에서 관용적으로 널리 통용되는 한자음을 '속음'이라고 한다. '보리(菩提), 도량(道場), 보시(布施)' 등의 '리, 량, 보'도 그 예이다. 이 속음은 특별한 현상이기 때문에 어떤 규칙으로 설명할 수 있는 것이 아니다. 따라서 한자어에서 본음으로도 나고 속음으로도 나는 것은 각각 그 소리에 따라 적는다는 규정이 바로 위의 제52항이다.

제53항 다음과 같은 어미는 예사소리로 적는다. (ㄱ을 취하고 ㄴ을 버림.)

ㄱ	ㄴ	ㄱ	ㄴ
-(으)ㄹ거나	-(으)ㄹ꺼나	-(으)ㄹ걸	-(으)ㄹ껄
-(으)ㄹ게	-(으)ㄹ께	-(으)ㄹ세	-(으)ㄹ쎄
-(으)ㄹ세라	-(으)ㄹ쎄라	-(으)ㄹ수록	-(으)ㄹ쑤록
-(으)ㄹ시	-(으)ㄹ씨	-(으)ㄹ지	-(으)ㄹ찌
-(으)ㄹ지니라	-(으)ㄹ찌니라	-(으)ㄹ지라도	-(으)ㄹ찌라도
-(으)ㄹ지어다	-(으)ㄹ찌어다	-(으)ㄹ지언정	-(으)ㄹ찌언정
-(으)ㄹ진대	-(으)ㄹ찐대	-(으)ㄹ진저	-(으)ㄹ찐저
-올시다	-올씨다		

다만, 의문을 나타내는 다음 어미들은 된소리로 적는다.

-(으)ㄹ까?	-(으)ㄹ꼬?	-(스)ㅂ니까?	-(으)리까?
-(으)ㄹ쏘냐?			

제54항 다음과 같은 접미사는 된소리로 적는다. (ㄱ을 취하고 ㄴ을 버림.)

ㄱ	ㄴ	ㄱ	ㄴ
심부름꾼	심부름군	익살꾼	익살군
일꾼	일군	장꾼	장군

장난꾼	장난군	지게꾼	지겟군
때깔	땟갈	빛깔	빛갈
성깔	성갈	귀때기	귓대기
볼때기	볼대기	판자때기	판잣대기
뒤꿈치	뒷굼치	팔꿈치	팔굼치
이마빼기	이맛배기	코빼기	콧배기
객쩍다	객적다	겸연쩍다	겸연적다

◉ 해설(3)

위 제53항은 'ㄹ' 뒤에서 모두 된소리로 실현되는 어미들의 표기에 대한 규정이다. 한국어는 'ㄹ' 뒤에서 '파열음, 마찰음' 등이 된소리로 실현되는 수가 많지만, 모든 경우에 그러한 것은 아니다. '살구, 살균, 살그머니, 잘박, 잘잘못'처럼 예사소리인 경우도 많다. 그러나 위 'ㄹ' 뒤에서 된소리로 실현되는 어미들은 모두 변이형들이므로 소리대로 적는 것이 원칙에 맞다. 그런데도 제53항은 이들 어미를 모두 예사소리로 적도록 규정하고 있다. 그 이유는 예를 들면 '-(으)ㄹ걸, -(으)ㄹ지'의 '걸, 지'는 된소리로 발음되지만 동일한 기능을 하는 이형태들인 '-(으)ㄴ걸/-는걸, -(은)지/-는지' 등의 '걸, 지'는 예사소리로 나므로 한 형태소로서의 일관성을 유지하기 위해 이 모두를 '걸, 지'로 적는 것이다.

위 제54항은 된소리를 가진 접미사를 인정하여 예사소리를 가진 형태로 적지 않도록 하는 규정이다. 특히 종래의 표기 방식이었던 '지겟군, 나뭇군, 낚싯군' 등과 '지게꾼, 나무꾼, 낚시꾼' 등의 혼동이 심하였는데, 제54항은 이를 정리한 점에서 의의가 있다. '-깔, -때기, -꿈치, -빼기, -쩍다' 등도 마찬가지이다. 다만 몇 가지 유의할 점이 있다. 먼저 '-쩍다'는 '맛적다, 딴기적다' 등에서처럼 '적다(少)'의 의미가 유지되면 '-적다'로 적는 것이 옳다. 다음으로 '귀퉁배기, 나이배기, 육자배기, 주정배기, 알배기' 등에서처럼 발음이 [배기]로 나는 것들은 '-배기'로 적는다. '뚝배기, 학배기'처럼 한 형태소 내부에서는 [빼기]로 발음되더라도 한글 맞춤법 제5항에 따라 '-배기'로 적는다. 그런데 <표준 국어 대사전>에 '언덕빼기'는 없고, '언덕배기'

만이 검색된다. '언덕배기'의 '-배기'도 한 형태소 내부의 것으로 본다면 별 문제가 없지만, 이는 예외로 봐야 한다. 이외에 '고들빼기, 대갈빼기, 곱빼기, 얽빼기' 등은 모두 '-빼기'로 적는다.

제55항 두 가지로 구별하여 적던 다음 말들은 한 가지로 적는다. (ㄱ을 취하고 ㄴ을 버림.)

ㄱ	ㄴ
맞추다(입을 맞춘다. 양복을 맞춘다)	마추다
뻗치다(다리를 뻗친다. 멀리 뻗친다)	뻐치다

제56항 '-더라, -던'과 '-든지'는 다음과 같이 적는다.

  1. 지난 일을 나타내는 어미는 '-더라, -던'으로 적는다. (ㄱ을 취하고 ㄴ을 버림.)

ㄱ	ㄴ
지난 겨울은 몹시 춥더라.	지난 겨울은 몹시 춥드라.
깊던 물이 얕아졌다.	깊든 물이 얕아졌다.
그렇게 좋던가?	그렇게 좋든가?
그 사람 말 잘하던데!	그 사람 말 잘하든데!
얼마나 놀랐던지 몰라.	얼마나 놀랐든지 몰라.

  2. 물건이나 일의 내용을 가리지 아니하는 뜻을 나타내는 조사와 어미는 '(-)든지'로 적는다. (ㄱ을 취하고 ㄴ을 버림.)

ㄱ	ㄴ
배든지 사과든지 마음대로 먹어라.	배던지 사과던지 마음대로 먹어라.
가든지 오든지 마음대로 해라.	가던지 오던지 마음대로 해라.

◐ 해설(4)

위 한글 맞춤법 제55항은 두 가지로 구별하여 적던 말 '맞추다'와 '마추다', '뻗치다'와 '뻐치다'를 각각 '맞추다'와 '뻗치다'로 통일하여 적도록 한 규정이다. 이로써 '입을 맞추는 일'이나 '양복을 맞추는 일'에 대해 모두 '맞추다'로 쓰게 되었고, '세력을 뻗치는 것'이나, '다리를 뻗치는 것'을 모두 '뻗치다'로 적게 되었다.

위 제56항은 조사나 어미로서 '-든지'와 '-던지'에 대해서 구별하여 적는 근거가 된다. '-든지'는 [선택]의 의미를 지니고 있고, '-던지'는 [회상]의 '-더-'에 [의문]

의 '-ㄴ지'가 붙은 형식으로서 서로 구별하여 적어야 한다. 예를 들어, "금강산이 얼마나 좋든지 또 가고 싶다."는 표현은 [회상]하는 의미를 가지므로 "금강산이 얼마나 좋던지 또 가고 싶다."로 써야 한다. 반면 "배든지 사과든지 마음대로 먹어라."나 "가든지 오든지 마음대로 해라."에서는 [선택]의 의미가 있으므로 '-던지'를 써서는 안 된다. 요컨대, [회상]의 의미를 지니고 있으면 '-더, -더라, -던, -던지' 등을 쓰고, [선택]의 의미를 지니고 있으면 '-든지'를 쓰면 된다.

제57항 다음 말들은 각각 구별하여 적는다.

가름	둘로 가름
갈음	새 책상으로 갈음하였다.
거름	풀을 썩힌 거름
걸음	빠른 걸음
거치다	영월을 거쳐 왔다.
걷히다	외상값이 잘 걷힌다.
걷잡다	걷잡을 수 없는 상태
겉잡다	겉잡아서 이틀 걸릴 일
그러므로(그러니까)	그는 부지런하다. 그러므로 잘 산다.
그럼으로(써)(그렇게 하는 것으로)	그는 열심히 공부한다. 그럼으로(써) 은혜에 보답한다.
노름	노름판이 벌어졌다.
놀음(놀이)	즐거운 놀음
느리다	진도가 너무 느리다.
늘이다	고무줄을 늘인다.
늘리다	수출량을 더 늘린다.
다리다	옷을 다린다.
달이다	약을 달인다.

다치다	부주의로 손을 다쳤다.
닫히다	문이 저절로 닫혔다.
닫치다	문을 힘껏 닫쳤다.
마치다	벌써 일을 마쳤다.
맞히다	여러 문제를 더 맞혔다.
목거리	목거리가 덧났다.
목걸이	금 목걸이, 은 목걸이
바치다	나라를 위해 목숨을 바쳤다.
받치다	우산을 받치고 간다.
	책받침을 받친다.
받히다	쇠뿔에 받혔다.
밭치다	술을 체에 밭친다.
반드시	약속은 반드시 지켜라.
반듯이	고개를 반듯이 들어라.
부딪치다	차와 차가 마주 부딪쳤다.
부딪히다	마차가 화물차에 부딪혔다.
부치다	힘이 부치는 일이다.
	편지를 부친다.
	논밭을 부친다.
	빈대떡을 부친다.
	식목일에 부치는 글
	회의에 부치는 안건
	인쇄에 부치는 원고
	삼촌 집에 숙식을 부친다.
붙이다	우표를 붙인다.
	책상을 벽에 붙였다.
	흥정을 붙인다.
	불을 붙인다.
	감시원을 붙인다.
	조건을 붙인다.
	취미를 붙인다.
	별명을 붙인다.

시키다	일을 시킨다.
식히다	끓인 물을 식힌다.
아름	세 아름 되는 둘레
알음	전부터 알음이 있는 사이
앎	앎이 힘이다.
안치다	밥을 안친다.
앉히다	윗자리에 앉힌다.
어름	두 물건의 어름에서 일어난 현상
얼음	얼음이 얼었다.
이따가	이따가 오너라.
있다가	돈은 있다가도 없다.
저리다	다친 다리가 저린다.
절이다	김장 배추를 절인다.
조리다	생선을 조린다. 통조림, 병조림
졸이다	마음을 졸인다.
주리다	여러 날을 주렸다.
줄이다	비용을 줄인다.
하노라고	하노라고 한 것이 이 모양이다.
하느라고	공부하느라고 밤을 새웠다.
-느니보다(어미)	나를 찾아오느니보다 집에 있거라.
-는 이보다(의존 명사)	오는 이가 가는 이보다 많다.
-(으)리만큼(어미)	나를 미워하리만큼 그에게 잘못한 일이 없다.
-(으)ㄹ 이만큼(의존 명사)	찬성할 이도 반대할 이만큼이나 많을 것이다.
-(으)러(목적)	공부하러 간다.
-(으)려(의도)	서울 가려 한다.
-(으)로서(자격)	사람으로서 그럴 수는 없다.

-(으)로써(수단)		닭으로써 꿩을 대신했다.
-(으)므로(어미)		그가 나를 믿으므로 나도 그를 믿는다.
(-ㅁ, -음)으로(써)(조사)		그는 믿음으로(써) 산 보람을 느꼈다.

◉ 해설(5)

한글 맞춤법의 마지막 규정인 제57항은 대부분 발음이 같아서 혼동을 일으키는 말들의 구별에 도움이 되는 용례들을 제공하고 있다. 제57항에 있는 말들은 발음이 같더라도 의미는 다르며, 발음이 같더라도 어원이 다르거나 활용형에서 차이를 나타내는 것들도 있다. 제57항에 있는 말들을 제시하고 구별하는 기준이 될 만한 의미나 특성을 표로 보이면 다음과 같다.

구별하여 적을 말	의미·특성	용례
가름	'분할(分割)'의 의미	둘로 가름
갈음	'대체, 대신'의 의미	새 책상으로 갈음하였다.
거름	'식물이 잘 자라도록 땅을 기름지게 하기 위하여 주는 물질'의 의미	풀을 썩힌 거름
걸음	'걷다(步)'의 파생 명사	빠른 걸음
거치다	'경유(經由)'의 의미	영월을 거쳐 왔다.
걷히다	'걷다(收)'의 피동형	외상값이 잘 걷힌다.
걷잡다	'한 방향으로 치우쳐 흘러가는 형세 따위를 붙들어 잡다.'의 의미	걷잡을 수 없는 상태
겉잡다	'대강 헤아려 어림잡다.'의 의미	겉잡아서 이틀 걸릴 일
그러므로(그러니까)	'이유'의 의미를 지니는 접속 부사	그는 부지런하다. 그러므로 잘 산다.
그럼으로(써)	용언의 어간 + 명사형 어미 '-음' + '수단'의 의미를 지니는 조사	그는 열심히 공부한다. 그럼으로(써)(그렇게 하는 것으로) 은혜에 보답한다.
노름	'도박'의 의미	노름판이 벌어졌다.
놀음(놀이)	'놀다'의 파생 명사	즐거운 놀음
느리다	'속도 부진'의 의미	진도가 너무 느리다.
늘이다	'본디보다 더 길게 하다.', '아래로 쳐지게 하다.'의 의미	고무줄을 늘인다.

늘리다	'늘다'의 사동사	수출량을 더 늘린다.
다리다	'다리미로 문지르다.'의 의미	옷을 다린다.
달이다	'액체를 진하게 끓이다.'의 의미	약을 달인다.
다치다	'상처 입음'의 의미	부주의로 손을 다쳤다.
닫히다	'닫다'의 피동사	문이 저절로 닫혔다.
닫치다	'닫다'의 강세형	문을 힘껏 닫쳤다.
마치다	'종료'의 의미	벌써 일을 마쳤다.
맞히다	'맞다'의 사동사	여러 문제를 더 맞혔다.
목거리	'목이 붓고 아픈 병'을 의미	목거리가 덧났다.
목걸이	'목에 거는 물건'을 의미	금 목걸이, 은 목걸이
바치다	'재물, 목숨, 마음 따위를 드리거나 내놓다.'의 의미	나라를 위해 목숨을 바쳤다.
받치다	'어떤 물건의 밑에 다른 물체를 올리거나 대다.'의 의미	우산을 받치고 간다. 책받침을 받친다.
받히다	'받다'의 피동사	쇠뿔에 받혔다.
밭치다	'밭다'의 강세형	술을 체에 밭친다.
반드시	'꼭, 틀림없이'의 의미	약속은 반드시 지켜라.
반듯이	'반듯 + -이' 파생 부사로 '똑바로' 등의 의미	고개를 반듯이 들어라.
부딪치다	'부딪다'의 강세형	차와 차가 마주 부딪쳤다.
부딪히다	'부딪다'의 피동사	마차가 화물차에 부딪혔다.
부치다	'부족함'의 의미	힘이 부치는 일이다.
	'무엇을 보냄, 혹은 보내기 위해 맡김'의 의미	편지를 부친다.
	'경작하다'의 의미	논밭을 부친다.
	'빈대떡, 파전 등을 만듦'의 의미	빈대떡을 부친다.
	'의탁하다'의 의미	식목일에 부치는 글
	'상정하다'의 의미	회의에 부치는 안건
	'인쇄를 맡기다.'의 의미	인쇄에 부치는 원고
	'의탁하다'의 의미	삼촌 집에 숙식을 부친다.
붙이다	주로 '두 가지 이상이 접착 혹은 접촉하는' 의미	우표를 붙인다.
		책상을 벽에 붙였다.
		흥정을 붙인다.
		불을 붙인다.
		감시원을 붙인다.

		조건을 붙인다.
		취미를 붙인다.
		별명을 붙인다.
시키다	'하게 하다'의 의미	일을 시킨다.
식히다	'식다'의 사동사	끓인 물을 식힌다.
아름	'두 팔을 벌려서 안은 둘레의 길이'를 의미	세 아름 되는 둘레
알음	'면식(面識)'의 의미	전부터 알음이 있는 사이
앎	파생 명사로서 '지식'의 의미, 또는 '알- + -ㅁ' 접미사	앎이 힘이다.
안치다	'쌀 등을 솥이나 시루에 넣다.'의 의미	밥을 안친다.
앉히다	'앉다'의 사동사	윗자리에 앉힌다.
어름	'두 물건의 끝이 닿는 데'를 의미	두 물건의 어름에서 일어난 현상
얼음	'얼다'의 파생 명사	얼음이 얼었다.
이따가	'잠시 후에'의 의미	이따가 오너라.
있다가	'있-'에 '-다가'가 결합한 형태	돈은 있다가도 없다.
저리다	'다리 등에 피가 통하지 않아 마비되는 느낌이 들다.'의 의미	다친 다리가 저린다.
절이다	'배추 등을 소금에 담그다.'의 의미	김장 배추를 절인다.
조리다	'고기, 채소 등을 바짝 끓이다.'의 의미	생선을 조린다. 통조림, 병조림
졸이다	'속을 태우듯 마음을 초조하게 먹다.'의 의미	마음을 졸인다.
주리다	'기아(飢餓)'의 의미	여러 날을 주렸다.
줄이다	'줄다'의 사동사	비용을 줄인다.
하노라고	'자기 나름대로 한다고'의 의미	하노라고 한 것이 이 모양이다.
하느라고	'하는 일로 인하여'의 의미	공부하느라고 밤을 새웠다.
-느니보다 (어미)	'-느니(어미) + 보다(조사)'	나를 찾아오느니보다 집에 있어라.
-는 이보다 (의존 명사)	'관형사형 어미 + 의존 명사 '이' + (보다)조사'	오는 이가 가는 이보다 많다.
-(으)리만큼 (어미)	'-(으)리(어미) + 만큼(조사)'	나를 미워하리만큼 그에게 잘못한 일이 없다.
-(으)ㄹ 이만큼 (의존 명사)	'관형사형 어미 + 의존 명사 '이' + 만큼(조사)'	찬성할 이도 반대할 이만큼이나 많을 것이다.
-(으)러 (목적)	'이동'을 의미하는 동사가 후행해야 하는 '목적'을 의미하는 연결 어미	공부하러 간다.
-(으)려 (의도)	'의도'나 '목적'을 의미하는 연결 어미	서울 가려 한다.

-(으)로서(자격)	'자격'을 의미하는 조사	사람으로서 그럴 수는 없다.
-(으)로써(수단)	'수단, 도구' 등을 의미하는 조사	닭으로써 꿩을 대신했다.
-(으)므로(어미)	'이유'를 의미하는 연결 어미	그가 나를 믿으므로 나도 그를 믿는다.
(-ㅁ, -음)으로(써) (조사)	'명사형 어미 + 조사'	그는 믿음으로(써) 산 보람을 느꼈다.

◉ 질문과 대답

문 한글 맞춤법 제51항 '~이'와 '-히'에 대해 질문 드려요. 화장실 문에 붙어 있는 안내 글을 보면 '깨끗이' 써야 하는지 '깨끗히'인지 헷갈릴 때가 많아요. 이 밖에 여러 가지 '반듯이' 등등 많이 있는데요. '이'인지 '히'인지 구별하는 규칙이 있나요?

답 한글 맞춤법 제51항은 부사의 끝 음절이 분명히 '이'로만 나는 것은 '-이'로 적고, '히'로만 나거나 '이'나 '히'로 나는 것은 '-히'로 적는다고 규정하고 있지만, 실제로 구분해 적기에는 어려움이 많을 것입니다. 사전을 찾아 확인하는 것이 가장 확실한 방법이긴 하지만, 이 또한 늘 할 수 있는 일이 아니어서 난감할 때가 있습니다. 다음과 같이 정리하여 구분하는 방법도 생각해 볼 수 있을 것입니다.

　(1) '이'로 적는 것: ㄱ) (준)첩어 명사 뒤 ㄴ) ㅅ 받침 뒤 ㄷ) ㅂ 불규칙 용언의 어간 뒤 ㄹ) '-하다'가 붙을 수 없는 용언의 어간 뒤 ㅁ) 부사 뒤

　(2) '히'로 적는 것: ㄱ) '-하다'가 붙는 어근(ㅅ 받침 제외) 뒤 ㄴ) '-하다'가 붙는 어근에 '히'가 결합하여 된 부사가 줄어진 형태 ㄷ) 기타(작히)

　그러나 이것만으로는 완전하지 않으므로 평소 바른 표기를 잘 익혀 두시고 사전을 찾아 확인하는 습관도 갖는 것이 혼동을 줄이는 도움이 될 것입니다.

문 '허락(許諾), 승낙(承諾)', '토론(討論), 의논(議論)'을 보면 같은 한자어인데 왜 다르게 적나요? 그리고 '피난'과 '피란'도 앞의 말들과 같은 관계인가요?

답 같은 한자어인데도 '허락, 승낙', '토론, 의논'처럼 다르게 발음하고 표기하는 것은 한자음에 대한 본음과 속음의 차이 때문입니다. 한글 맞춤법 제52항은 이러한 사례들에 대해서 규정하고 있는데, 특별한 현상이기 때문에 어떤 규칙으로 설명할 수 있는 것이 아닙니다. 따라서 한자어에서 본음으로도 나고 속음으로도 나는 것은 각각 그 소리에 따라 적는다고 규정한 것입니다. 그리고 <표준 국어 대사전>을 참고할 때, '피난'과 '피란'은 한자가 다른 것으로 나타납니다. 피난(避難)은 '재난을 피하여

멀리 옮겨 감.'을 뜻하고, 피란(避亂)은 '난리를 피하여 옮겨 감.'을 뜻하는 말입니다. 이런 뜻풀이로는 구분하기가 쉽지 않을 것입니다만, 이 두 낱말은 '재난'과 '난리'의 차이만큼만 다름을 보이므로, '재난'과 '난리'의 차이를 알면 쉽게 구분할 수 있을 것입니다. '재난'은 '난리'를 포함하는 말로 전쟁 같은 어려움이나, 홍수, 지진과 같은 자연 재해를 모두 포괄하는 말로 이해할 수 있으며, '난리'는 원래의 뜻이 전쟁(왜란, 호란, 동란 등)이나 병란을 가리키는 말임을 이해하시면 될 것입니다.

문 '할께, 할꺼야' 중 뭐가 맞는 건지 잘 모르겠어요. '할게'라고 알고 있었는데 '할께'로 쓰이어 있는 경우도 많아서요.

답 의문을 나타내는 다음 어미들, 곧 '-(으)ㄹ까?, -(으)ㄹ꼬?, -(스)ㅂ니까?'만 된소리로 적습니다. 따라서 질문하신 단어 중 '할께'는 어미를 된소리가 아닌 '할게'로 적어야 옳고, '할꺼야'는 의존명사가 준 것이므로 '할 거야'로 적어야 맞습니다. 다만 발음은 [할께], [할 꺼야]로 합니다.(표준발음법 제27항 참조.)

문 한글 맞춤법 규정에 보면, '가름'과 '갈음'의 차이를 보여 주는 예가 있습니다. 거기에서 두 단어는 각각 '가르다'와 '갈다'를 기본형으로 취하기 때문에 쓰임이 다른 것으로 설명하고 있는데 '갈다'의 경우, 명사형이 '갊'은 안 되나요? '갊'이 된다면 '갈음'과 '갊'의 차이는 뭔가요?

답 '갈음'은 '갈'+'음(접미사)'으로서 파생 명사이지만 '갊'은 '갈'+'ㅁ(명사형 어미)'으로 보아야 합니다. '갈다'가 1) '이미 있는 사물을 다른 것으로 바꾸다.' 2) '어떤 직책에 있는 사람을 다른 사람으로 바꾸다.' 등의 뜻이므로, '갊'은 이러한 뜻을 유지한다고 봅니다. 반면, '갈음'은 1) '다른 것으로 바꾸어 대신함.' 2) '갈음옷'의 뜻을 지닙니다.

문 '그리고 나서'와 '그러고 나서' 중 어느 쪽이 바른 말인가 궁금합니다. 한 동작을 끝내고 다음 동작으로 넘어가는 상황을 나타낼 때 쓰는 말이라고 알고 있습니다. 그런데 일부 언중 사이에 '그리고 나서'가 바른 말인 양 사용하고 있습니다. 이는 잘못 알고서 사용하고 있는 것이 아닐까요? 이번 기회에 확실히 알고 싶습니다.

답 '그리고 나서'라고 쓰는 것은 잘못이며, '그러고 나서'가 맞습니다. '그러고 나서'는 동사 '그러다'의 활용 '그러고'를 쓴 것이지만 '그리고 나서'는 접속 부사 '그리고'를 쓴 것입니다. 그런데 '나다'는 '먹고 나서', '달리고 나서'처럼 항상 동사 다음에 쓰는 말이므로, 접속 부사 '그리고' 다음에 '나서'를 쓰면 잘못입니다.

문 '다치다'와 '닫히다', '닫치다'의 의미 차이를 알고 싶어요.

답 '다치다'와 '닫히다', '닫치다'는 소리는 비슷해도 의미나 용법이 다른 말입니다. '다치다'는 '1) 신체에 상처를 입거나(일하다 망치로 손을 다쳐서), 마음이나 체면에 손상을 입는 경우(그 일로 체면을 다쳤는지), 재산에 손해를 끼치는 것(수확을 앞둔 논밭을 다치지 않으려고) 2) 몸이나 물건을 건드리는 것(손가락 하나 다치지 못할걸.)'을 뜻하는 말로 '닫히다', '닫치다'와는 전혀 다른 말입니다. '닫히다', '닫치다'는 동사 '닫다'를 밑말로 만들어진 파생어들입니다. '닫히다'는 '닫다'의 피동사로 '열린 물건이 다른 힘에 의하여 막히게 될 때 쓰는 말(문이 바람에 닫혔다, 입이 굳게 닫혔다 등)'입니다. '닫치다'는 '닫다'의 힘줌말이므로 '더 세게 닫는 경우'에 쓸 수 있는 말입니다(화가 나서 문을 거칠게 닫쳐 버렸다, 입을 굳게 닫치고). 이 경우에는 '닫다'와 바꿔 써도 강약의 느낌 차이만 있을 뿐입니다.

문 '하노라고'와 '하느라고'를 구별해서 적으라고 한글 맞춤법 규정에 나와 있던데요. 어떤 차이가 있어 구별해서 적나요?

답 '-느라고'는 '우는 은경이를 달래느라고 밤새 잠을 못 잤다.'에서처럼 '~하는 일로 인하여'라는 이유나 원인을 나타내는 데에 쓰는 어미입니다. 반면, '-노라고'는 '잠도 못 자고 하노라고 했는데 잘 되겠지.'에서처럼 '자기 나름대로는 한다고'의 뜻을 나타내는 데에 쓰는 어미입니다.

문 '무엇을 배움으로서'가 맞나요, '무엇을 배움으로써'가 맞나요? 국어사전을 찾아보았는데 이게 '수단'인 것인지, '자격'인 것인지 헷갈리네요. 저는 '수단'으로 생각하고 썼는데 답변 부탁드립니다.

답 '함으로써'는 명사형 '함'에 수단이나 방법, 방식 등을 뜻하는 조사 '으로써'가 결합한 것이며 이 경우 '써'를 생략하여도 같은 뜻이 됩니다. '자격'을 나타내는 '으로서'와 '재료, 수단'을 뜻하는 '으로써'에서 유추하여 '~함으로써'와 '~함으로서'를 혼동하시는 것 같으나, '~함으로서'는 쓰지 않습니다. 참고로, '~하므로'는 '하다'의 어간 '~하-'에 어미 '-(으)므로'가 결합한 것인데, 이유나 까닭('하기 때문에')을 나타낼 때 씁니다. 이때 어미 '-(으)므로' 뒤에는 '써'가 결합할 수 없습니다. 따라서 '~하므로써'와 같은 표기는 아예 쓰지 않습니다.

[부록] 문장 부호

문장 부호는 글에서 문장의 구조를 드러내거나 글쓴이의 의도를 전달하기 위하여 사용하는 부호이다. 문장 부호의 이름과 사용법은 다음과 같이 정한다.

◑ 해설(6)

어문 규범 한글 맞춤법은 말미에 부록으로 '문장 부호'를 두고 있다. 한국어의 모든 쓰기에서 문장 부호는 이 규정을 준수하여 적어야 한다. 한국어는 문장의 종류가 다르지만 종결어미가 같은 경우가 많다. 따라서 글에서 문장 부호를 바르게 쓰는 것이 특히 중요하다. 말에서와 달리 글에서는 문장 부호가 정확한 의미를 전달하는 장치이기 때문이다.

현행 문장 부호 규정은 2012년 10월 26일 '문장 부호 개선 공청회' 개최 등, 일련의 개정 과정을 거쳐 2015년 1월 1일부터 확정 시행한 것이다. 현행 규정은 그동안 사용하여 오던 가로쓰기용 문장 부호법의 주요 내용은 유지하면서 부호의 명칭이나 사용법을 수정하였다. 반면, 세로쓰기용 부호들에 관한 규정은 전면적으로 폐지하되 일부 세로쓰기용 부호를 가로쓰기용으로 전환하였다. 예를 들면 세로쓰기에서 따옴표로 쓰던 겹낫표(『 』)와 홑낫표(「 」)를 책의 제목, 작품 이름 등의 표기에 사용하도록 하였다.

또한 현행 문장 부호법에서는 컴퓨터나 스마트폰을 사용하는 글쓰기 상황을 고려하여, 자판에서 입력하기 편리한 '겹화살괄호(≪ ≫)와 홑화살괄호(< >)'를 새로 추가하기도 하였다. 줄임표는 '……'와 같이 여섯 점을 찍는 것이 원칙이지만, '…'처럼 세 점만 찍거나 '...'처럼 마침표를 세 번 찍는 것을 허용한 것도 요즘의 글쓰기 환경에 대한 고려이다.

1. 마침표(.)

(1) 서술, 명령, 청유 등을 나타내는 문장의 끝에 쓴다.

例 젊은이는 나라의 기둥입니다.　　　　例 제 손을 꼭 잡으세요

例 집으로 돌아갑시다.　　　　　　　　例 가는 말이 고와야 오는 말이 곱다.

[붙임 1] 직접 인용한 문장의 끝에는 쓰는 것을 원칙으로 하되, 쓰지 않는 것을 허용한다.(ㄱ을 원칙으로 하고, ㄴ을 허용함.)

例 ㄱ. 그는 "지금 바로 떠나자."라고 말하며 서둘러 짐을 챙겼다.
　　ㄴ. 그는 "지금 바로 떠나자"라고 말하며 서둘러 짐을 챙겼다.

[붙임 2] 용언의 명사형이나 명사로 끝나는 문장에는 쓰는 것을 원칙으로 하되, 쓰지 않는 것을 허용한다.(ㄱ을 원칙으로 하고, ㄴ을 허용함.)

例 ㄱ. 목적을 이루기 위하여 몸과 마음을 다하여 애를 씀.
　　ㄴ. 목적을 이루기 위하여 몸과 마음을 다하여 애를 씀

例 ㄱ. 결과에 연연하지 않고 끝까지 최선을 다하기.
　　ㄴ. 결과에 연연하지 않고 끝까지 최선을 다하기

例 ㄱ. 신입 사원 모집을 위한 기업 설명회 개최.
　　ㄴ. 신입 사원 모집을 위한 기업 설명회 개최

例 ㄱ. 내일 오전까지 보고서를 제출할 것.
　　ㄴ. 내일 오전까지 보고서를 제출할 것

다만, 제목이나 표어에는 쓰지 않음을 원칙으로 한다.

例 압록강은 흐른다　　　　　　　　例 꺼진 불도 다시 보자

例 건강한 몸 만들기

(2) 아라비아 숫자만으로 연월일을 표시할 때 쓴다.

例 1919. 3. 1.　　　　　　　　　　例 10. 1.~10. 12.

(3) 특정한 의미가 있는 날을 표시할 때 월과 일을 나타내는 아라비아 숫자 사이에 쓴다.

例 3.1 운동　　　　　　　　　　例 8.15 광복

[붙임] 이때는 마침표 대신 가운뎃점을 쓸 수 있다.

例 3·1 운동　　　　　　　　　　例 8·15 광복

(4) 장, 절, 항 등을 표시하는 문자나 숫자 다음에 쓴다.

　　　예 가. 인명　　　　　　　예 ㄱ. 머리말
　　　예 Ⅰ. 서론　　　　　　　예 1. 연구 목적

[붙임] '마침표' 대신 '온점'이라는 용어를 쓸 수 있다.

◉ 해설

　한국어 쓰기에서 문장을 끝마칠 때 쓰는 부호는 '., ?, !'의 세 가지이다. 이에 이 셋을 '마침표'라고 부르고 각각을 '온점, 물음표, 느낌표'로 불러 왔다. 그러나 현행 문장 부호법에서는 '.' 만을 마침표라 부르고, 이를 이전처럼 온점이라고 부르는 것을 허용하고 있다.

　마침표(.)는 기본적으로 평서문, 명령문, 청유문의 끝에 쓴다. 마침표의 사용에서 주의할 점은 '표제어'나 '표어'에는 찍지 않는다는 것이다. 또한 연, 월, 일을 대신할 때 '2013. 7. 25.'처럼 마지막 숫자 다음에도 반드시 마침표를 찍어야 한다. 기념일을 나타낼 때에도 '3.1절'처럼 마침표를 찍는다. 단, 기념일의 표시는 '3ㆍ1절'처럼 가운뎃점(ㆍ)을 찍는 것을 허용한다. 장, 절, 항, 목 등을 나타내는 문자나 숫자 다음에도 '1., 1.1., 가.,'처럼 마침표를 사용한다.

2. 물음표(?)

(1) 의문문이나 의문을 나타내는 어구의 끝에 쓴다.

　　　예 점심 먹었어?
　　　예 이번에 가시면 언제 돌아오세요?
　　　예 제가 부모님 말씀을 따르지 않을 리가 있겠습니까?
　　　예 남북이 통일되면 얼마나 좋을까?
　　　예 다섯 살짜리 꼬마가 이 멀고 험한 곳까지 혼자 왔다?
　　　예 지금?

> 예 뭐라고?
> 예 네?

[붙임 1] 한 문장 안에 몇 개의 선택적인 물음이 이어질 때는 맨 끝의 물음에만 쓰고, 각 물음이 독립적일 때는 각 물음의 뒤에 쓴다.

> 예 너는 중학생이냐, 고등학생이냐?
> 예 너는 여기에 언제 왔니? 어디서 왔니? 무엇하러 왔니?

[붙임 2] 의문의 정도가 약할 때는 물음표 대신 마침표를 쓸 수 있다.

> 예 도대체 이 일을 어쩐단 말이냐.　　예 이것이 과연 내가 찾던 행복일까.

다만, 제목이나 표어에는 쓰지 않음을 원칙으로 한다.

> 예 역사란 무엇인가　　　　예 아직도 담배를 피우십니까

(2) 특정한 어구의 내용에 대하여 의심, 빈정거림 등을 표시할 때, 또는 적절한 말을 쓰기 어려울 때 소괄호 안에 쓴다.

> 예 우리와 의견을 같이할 사람은 최 선생(?) 정도인 것 같다.
> 예 30점이라, 거참 훌륭한(?) 성적이군.
> 예 우리 집 강아지가 가출(?)을 했어요.

(3) 모르거나 불확실한 내용임을 나타낼 때 쓴다.

> 예 최치원(857~?)은 통일 신라 말기에 이름을 떨쳤던 학자이자 문장가이다.
> 예 조선 시대의 시인 강백(1690?~1777?)의 자는 자청이고, 호는 우곡이다.

3. 느낌표(!)

(1) 감탄문이나 감탄사의 끝에 쓴다.

> 예 이거 정말 큰일이 났구나!　　　예 어머!

[붙임] 감탄의 정도가 약할 때는 느낌표 대신 쉼표나 마침표를 쓸 수 있다.

> 예 어, 벌써 끝났네.　　　　예 날씨가 참 좋군.

(2) 특별히 강한 느낌을 나타내는 어구, 평서문, 명령문, 청유문에 쓴다.

> 예 청춘! 이는 듣기만 하여도 가슴이 설레는 말이다.
>
> 예 이야, 정말 재밌다!　　　예 지금 즉시 대답해!
>
> 예 앞만 보고 달리자!

(3) 물음의 말로 놀람이나 항의의 뜻을 나타내는 경우에 쓴다.

> 예 이게 누구야!　　　예 내가 왜 나빠!

(4) 감정을 넣어 대답하거나 다른 사람을 부를 때 쓴다.

> 예 네!　　　예 네, 선생님!
>
> 예 흥부야!　　　예 언니!

◉ 해설

물음표(?)는 기본적으로 의문문에 사용한다. 물음표를 쓸 때 주의할 점은 몇 개의 선택적인 질문이 겹칠 때에는 맨 끝의 질문에만 물음표를 찍지만, 독립된 질문일 때에는 질문마다 찍는다는 것이다. 그러나 의문형 어미로 끝나는 문장이라도 의문의 정도가 약할 때에는 물음표 대신 온점, 곧 마침표를 쓸 수 있다.

물음표는 소괄호 안에 '(?)'처럼 쓰면 특정한 어구의 내용에 대하여 의심, 빈정거림 등을 표시할 수 있다. 또한, '강백(1690?~1777?)'처럼 불확실한 내용을 나타낼 때에도 사용할 수 있다.

느낌표(!)는 기본적으로 감탄문이나 감탄사 끝에 쓴다. 또한 놀람, 부르짖음, 명령 등 강한 느낌을 나타낼 때에도 쓴다. 따라서 강한 요청을 나타내는 명령문이나 청유문에는 느낌표를 써도 되며, 감정을 넣어 대답하거나 다른 사람을 부를 때에도 쓸 수 있다. 그러나 감탄형 어미로 끝나는 문장이라도 감탄의 정도가 약할 때에는 느낌표 대신 마침표를 찍을 수 있다.

4. 쉼표(,)

(1) 같은 자격의 어구를 열거할 때 그 사이에 쓴다.

　예 근면, 검소, 협동은 우리 겨레의 미덕이다.

　예 충청도의 계룡산, 전라도의 내장산, 강원도의 설악산은 모두 국립공원이다.

　예 집을 보러 가면 그 집이 내가 원하는 조건에 맞는지, 살기에 편한지, 망가진 곳은 없는지 확인해야 한다.

　예 5보다 작은 자연수는 1, 2, 3, 4이다.

다만, (가) 쉼표 없이도 열거되는 사항임이 쉽게 드러날 때는 쓰지 않을 수 있다.

　예 아버지 어머니께서 함께 오셨어요.

　예 네 돈 내 돈 다 합쳐 보아야 만 원도 안 되겠다.

　　(나) 열거할 어구들을 생략할 때 사용하는 줄임표 앞에는 쉼표를 쓰지 않는다.

　예 광역시: 광주, 대구, 대전……

(2) 짝을 지어 구별할 때 쓴다.

　예 닭과 지네, 개와 고양이는 상극이다.

(3) 이웃하는 수를 개략적으로 나타낼 때 쓴다.

　예 5, 6세기　　　　　　　　　예 6, 7, 8개

(4) 열거의 순서를 나타내는 어구 다음에 쓴다.

　예 첫째, 몸이 튼튼해야 한다.

　예 마지막으로, 무엇보다 마음이 편해야 한다.

(5) 문장의 연결 관계를 분명히 하고자 할 때 절과 절 사이에 쓴다.

　예 콩 심은 데 콩 나고, 팥 심은 데 팥 난다.

　예 저는 신뢰와 정직을 생명과 같이 여기고 살아온바, 이번 비리 사건과는 무관하다는 점을 분명히 밝힙니다.

　예 떡국은 설날의 대표적인 음식인데, 이걸 먹어야 비로소 나이도 한 살 더 먹는다고 한다.

(6) 같은 말이 되풀이되는 것을 피하기 위하여 일정한 부분을 줄여서 열거할 때 쓴다.

[예] 여름에는 바다에서, 겨울에는 산에서 휴가를 즐겼다.

(7) 부르거나 대답하는 말 뒤에 쓴다.

[예] 지은아, 이리 좀 와 봐.　　　　[예] 네, 지금 가겠습니다.

(8) 한 문장 안에서 앞말을 '곧', '다시 말해' 등과 같은 어구로 다시 설명할 때 앞말 다음에 쓴다.

[예] 책의 서문, 곧 머리말에는 책을 지은 목적이 드러나 있다.
[예] 원만한 인간관계는 말과 관련한 예의, 즉 언어 예절을 갖추는 것에서 시작된다.
[예] 호준이 어머니, 다시 말해 나의 누님은 올해로 결혼한 지 20년이 된다.
[예] 나에게도 작은 소망, 이를테면 나만의 정원을 가졌으면 하는 소망이 있어.

(9) 문장 앞부분에서 조사 없이 쓰인 제시어나 주제어의 뒤에 쓴다.

[예] 돈, 돈이 인생의 전부이더냐?
[예] 열정, 이것이야말로 젊은이의 가장 소중한 자산이다.
[예] 지금 네가 여기 있다는 것, 그것만으로도 나는 충분히 행복해.
[예] 저 친구, 저러다가 큰일 한번 내겠어.
[예] 그 사실, 넌 알고 있었지?

(10) 한 문장에 같은 의미의 어구가 반복될 때 앞에 오는 어구 다음에 쓴다.

[예] 그의 애국심, 몸을 사리지 않고 국가를 위해 헌신한 정신을 우리는 본받아야 한다.

(11) 도치문에서 도치된 어구들 사이에 쓴다.

[예] 이리 오세요, 어머님.　　　　[예] 다시 보자, 한강수야.

(12) 바로 다음 말과 직접적인 관계에 있지 않음을 나타낼 때 쓴다.

[예] 갑돌이는, 울면서 떠나는 갑순이를 배웅했다.
[예] 철원과, 대관령을 중심으로 한 강원도 산간 지대에 예년보다 일찍 첫눈이 내렸습니다.

(13) 문장 중간에 끼어든 어구의 앞뒤에 쓴다.

[예] 나는, 솔직히 말하면, 그 말이 별로 탐탁지 않아.
[예] 영호는 미소를 띠고, 속으로는 화가 치밀어 올라 잠시라도 견딜 수 없을 만큼 괴로웠지만, 그들을 맞았다.

[붙임 1] 이때는 쉼표 대신 줄표를 쓸 수 있다.

> 예 나는 ― 솔직히 말하면 ― 그 말이 별로 탐탁지 않아.
> 예 영호는 미소를 띠고 ― 속으로는 화가 치밀어 올라 잠시라도 견딜 수 없을 만큼 괴로웠지만 ― 그들을 맞았다.

[붙임 2] 끼어든 어구 안에 다른 쉼표가 들어 있을 때는 쉼표 대신 줄표를 쓴다.

> 예 이건 내 것이니까 ― 아니, 내가 처음 발견한 것이니까 ― 절대로 양보할 수가 없다.

(14) 특별한 효과를 위해 끊어 읽는 곳을 나타낼 때 쓴다.

> 예 내가, 정말 그 일을 오늘 안에 해낼 수 있을까?
> 예 이 전투는 바로 우리가, 우리만이, 승리로 이끌 수 있다.

(15) 짧게 더듬는 말을 표시할 때 쓴다.

> 예 선생님, 부, 부정행위라니요? 그런 건 새, 생각조차 하지 않았습니다.

[붙임] '쉼표' 대신 '반점'이라는 용어를 쓸 수 있다.

◉ 해설

문장 안에서 짧은 쉼, 의미 분화(意味 分化), 내포되는 종류 등을 나타낼 때에 쓰는 문장 부호로 쉼표(,), 가운뎃점(·), 쌍점(:), 빗금(/)이 있다. 종전 문장 부호법에서는 이것들을 묶어 모두 '쉼표' 또는 '휴지부(休止符)'라고 불렀다. 그러나 현행 문장 부호법에서는 ','만을 쉼표라 부르고, 다른 것들은 개별 이름으로 부른다. 쉼표(,)는 종전 규정에서 부르던 이름인 '반점'으로 칭하는 것도 허용한다.

쉼표는 같은 자격의 어구가 열거될 때, 짝을 지어 구별할 필요가 있을 때에 쓰며, 대등하거나 종속적인 절이 이어질 때에 절 사이에도 쓴다. 또한, 쉼표는 "빵, 빵이 인생의 전부이더냐?"에서처럼 제시어 다음에 쓰고, "아, 깜박 잊었구나."에서처럼 가벼운 감탄을 나타내는 말 뒤에도 쓸 수 있다. '5, 6세기'처럼 이웃하는 수를 개략적으로 나타낼 때나, 열거의 순서를 나타낼 때에도 쉼표를 찍는다. 부르거나 대답하는 말의 뒤, 제시어나 주제어 뒤, 도치문에서 도치된 어구들 사이, 삽입구의 앞뒤에도 쉼표를 쓸 수 있다.

쉼표의 사용에서 주의해야 할 점으로 줄임표(……) 앞에는 쉼표를 쓰지 않으며, 쉼표가 없더라도 열거되는 사항임을 쉽게 알 수 있을 때에는 쓰지 않아도 된다는 것이다. 또한 삽입구의 앞뒤에는 쉼표 대신 '나는 — 솔직히 말하면 — 그 말이 별로 탐탁지 않아.'처럼 줄표를 써도 된다.

5. 가운뎃점(·)

(1) 열거할 어구들을 일정한 기준으로 묶어서 나타낼 때 쓴다.
> 예 민수·영희, 선미·준호가 서로 짝이 되어 윷놀이를 하였다.
> 예 지금의 경상남도·경상북도, 전라남도·전라북도, 충청남도·충청북도 지역을 예부터 삼남이라 일러 왔다.

(2) 짝을 이루는 어구들 사이에 쓴다.
> 예 한(韓)·이(伊) 양국 간의 무역량이 늘고 있다.
> 예 우리는 그 일의 참·거짓을 따질 겨를도 없었다.
> 예 하천 수질의 조사·분석
> 예 빨강·초록·파랑이 빛의 삼원색이다.

다만, 이때는 가운뎃점을 쓰지 않거나 쉼표를 쓸 수도 있다.
> 예 한(韓) 이(伊) 양국 간의 무역량이 늘고 있다.
> 예 우리는 그 일의 참 거짓을 따질 겨를도 없었다.
> 예 하천 수질의 조사, 분석
> 예 빨강, 초록, 파랑이 빛의 삼원색이다.

(3) 공통 성분을 줄여서 하나의 어구로 묶을 때 쓴다.
> 예 상·중·하위권 예 금·은·동메달
> 예 통권 제54·55·56호

[붙임] 이때는 가운뎃점 대신 쉼표를 쓸 수 있다.
      예 상, 중, 하위권   예 금, 은, 동메달
      예 통권 제54, 55, 56호

◑ 해설

　가운뎃점(·)은 주로 '철수·영이, 영식·숙희는 서로 짝이다.'처럼 열거할 어구들을 일정한 기준으로 묶어서 나타낼 때 쓴다. 또한 가운뎃점은 '빨강·초록·파랑이 빛의 삼원색이다.'에서처럼 짝을 이루는 어구들 사이에도 쓰고, '금·은·동메달'처럼 공통 성분을 줄여서 하나의 어구로 묶을 때에도 쓴다. 그러나 이 두 가지 경우에 모두 가운뎃점 대신 쉼표를 쓸 수 있다. 가운뎃점은 컴퓨터에서 입력할 때에는 자판에 없는 특수 문자에 속한다. 특수 문자는 사용에 불편함이 있으므로 가운뎃점을 쉼표로 대신 쓰는 것이 효과적이다.

6. 쌍점(:)

(1) 표제 다음에 해당 항목을 들거나 설명을 붙일 때 쓴다.
      예 문방사우: 종이, 붓, 먹, 벼루
      예 일시: 2014년 10월 9일 10시
      예 흔하진 않지만 두 자로 된 성씨도 있다.(예: 남궁, 선우, 황보)
      예 올림표(♯): 음의 높이를 반음 올릴 것을 지시한다.

(2) 희곡 등에서 대화 내용을 제시할 때 말하는 이와 말한 내용 사이에 쓴다.
      예 김 과장: 난 못 참겠다.
      예 아들: 아버지, 제발 제 말씀 좀 들어 보세요.

(3) 시와 분, 장과 절 등을 구별할 때 쓴다.
      예 오전 10:20(오전 10시 20분)
      예 두시언해 6:15(두시언해 제6권 제15장)

(4) 의존명사 '대'가 쓰일 자리에 쓴다.

      예 65:60(65 대 60)   예 청군:백군(청군 대 백군)

[붙임] 쌍점의 앞은 붙여 쓰고 뒤는 띄어 쓴다. 다만, (3)과 (4)에서는 쌍점의 앞뒤를 붙여 쓴다.

◉ 해설

쌍점(:)은 주로 '문방사우: 종이, 붓, 먹, 벼루'에서처럼 표제 항목을 설명하는 말이나 예를 보일 때 쓴다. 또한 희곡 등에서 '김 과장: 난 못 참겠다.'처럼 대화 내용을 제시할 때에 말하는 이와 말한 내용 사이에 쓴다. '오전 3:30'처럼 시간과 분을 구별할 때에도 쓰고, '청군:백군'처럼 둘을 비교하거나 대조할 때에도 쓴다.

쌍점을 쓸 때 주의할 점은 띄어쓰기이다. 쌍점은 표제항에 대해서 설명하거나 열거할 적, 대화 내용을 제시할 적에는 앞말과는 붙여 쓰고, 뒷말과는 띄어 써야 한다. 하지만 시간과 분의 구별이나 '대'라는 말을 대신하여 비교하거나 대조할 때에는 앞뒤의 말과 붙여 쓴다.

7. 빗금(/)

(1) 대비되는 두 개 이상의 어구를 묶어 나타낼 때 그 사이에 쓴다.

      예 먹이다/먹히다   예 남반구/북반구

      예 금메달/은메달/동메달

      예 (　)이/가 우리나라의 보물 제1호이다.

(2) 기준 단위당 수량을 표시할 때 해당 수량과 기준 단위 사이에 쓴다.

      예 100미터/초   예 1,000원/개

(3) 시의 행이 바뀌는 부분임을 나타낼 때 쓴다.

      예 산에 / 산에 / 피는 꽃은 / 저만치 혼자서 피어 있네

다만, 연이 바뀜을 나타낼 때는 두 번 겹쳐 쓴다.

> 예 산에는 꽃 피네 / 꽃이 피네 / 갈 봄 여름 없이 / 꽃이 피네 // 산에 / 산에 / 피
> 는 꽃은 / 저만치 혼자서 피어 있네

[붙임] 빗금의 앞뒤는 (1)과 (2)에서는 붙여 쓰며, (3)에서는 띄어 쓰는 것을 원칙으로 하되 붙여
쓰는 것을 허용한다. 단, (1)에서 대비되는 어구가 두 어절 이상인 경우에는 빗금의 앞
뒤를 띄어 쓸 수 있다.

◉ 해설

빗금(/)은 '남반구/북반구'처럼 대비되는 두 개 이상의 어구를 묶어 나타낼 때나
'100미터/초'처럼 기준 단위당 수량을 표시할 때에 쓴다. 또한 시의 행이 바뀌는 표
시로 쓸 수 있으며, 연이 바뀌는 부분을 나타낼 때에는 '//'처럼 두 번 겹쳐 쓴다.

빗금의 앞뒤는 대비되는 두 개 이상의 어구를 묶어 나타낼 때나 단위당 수량을
표시할 때에는 붙여 쓰며, 시의 행이나 연을 나타낼 때에는 붙여 쓰는 것을 원칙으
로 하되 띄어 쓸 수 있다. 또한 대비되는 어구가 두 어절 이상인 경우에는 빗금의
앞뒤를 띄어 쓰는 것을 허용한다.

8. 큰따옴표(" ")

(1) 글 가운데에서 직접 대화를 표시할 때 쓴다.

> 예 "어머니, 제가 가겠어요."
> "아니다. 내가 다녀오마."

(2) 말이나 글을 직접 인용할 때 쓴다.

> 예 나는 "어, 광훈이 아니냐?" 하는 소리에 깜짝 놀랐다.
> 예 밤하늘에 반짝이는 별들을 보면서 "나는 아무 걱정도 없이 가을 속의 별들을
> 다 헬 듯합니다."라는 시구를 떠올렸다.

예 편지의 끝머리에는 이렇게 적혀 있었다.
"할머니, 편지에 사진을 동봉했다고 하셨지만 봉투 안에는 아무것도 없었어요."

9. 작은따옴표(' ')

(1) 인용한 말 안에 있는 인용한 말을 나타낼 때 쓴다.
　예 그는 "여러분! '시작이 반이다.'라는 말 들어 보셨죠?"라고 말하며 강연을 시작했다.

(2) 마음속으로 한 말을 적을 때 쓴다.
　예 나는 '일이 다 틀렸나 보군.' 하고 생각하였다.
　예 '이번에는 꼭 이기고야 말겠어.' 호연이는 마음속으로 몇 번이나 그렇게 다짐하며 주먹을 불끈 쥐었다.

◉ 해설

　따옴표에는 큰따옴표(" ")와 작은따옴표(' ')가 있다. 큰따옴표는 주로 '직접 대화, 직접 인용'을 표시할 때 쓴다. 반면, 작은따옴표는 따온 말 가운데 다시 따온 말이 들어갈 때에나 마음속으로 한 말을 적을 때에 주로 쓴다. 또한 작은따옴표는 문장에서 중요한 부분을 두드러지게 하기 위해서 드러냄표 대신 쓰기도 한다.

　큰따옴표는 특별히 겹낫표(『 』)와 겹화살괄호(≪ ≫)처럼 책 제목이나 신문을 이름을 쓸 때에도 사용할 수 있으며, 작은따옴표로는 홑낫표(「 」)와 홑화살괄호(< >)처럼 작품 이름, 법률 이름 등을 나타낼 때에도 쓸 수 있다.

10. 소괄호(( ))

(1) 주석이나 보충적인 내용을 덧붙일 때 쓴다.

　　예 니체(독일의 철학자)의 말을 빌리면 다음과 같다.

　　예 2014. 12. 19.(금)

　　예 문인화의 대표적인 소재인 사군자(매화, 난초, 국화, 대나무)는 고결한 선비 정
　　　신을 상징한다.

(2) 우리말 표기와 원어 표기를 아울러 보일 때 쓴다.

　　예 기호(嗜好), 자세(姿勢)

　　예 커피(coffee), 에티켓(étiquette)

(3) 생략할 수 있는 요소임을 나타낼 때 쓴다.

　　예 학교에서 동료 교사를 부를 때는 이름 뒤에 '선생(님)'이라는 말을 덧붙인다.

　　예 광개토(대)왕은 고구려의 전성기를 이끌었던 임금이다.

(4) 희곡 등 대화를 적은 글에서 동작이나 분위기, 상태를 드러낼 때 쓴다.

　　예 현우: (가쁜 숨을 내쉬며) 왜 이렇게 빨리 뛰어?

　　예 "관찰한 것을 쓰는 것이 습관이 되었죠. 그러다 보니, 상상력이 생겼나 봐요."
　　　(웃음)

(5) 내용이 들어갈 자리임을 나타낼 때 쓴다.

　　예 우리나라의 수도는 (　)이다.

　　예 다음 빈칸에 알맞은 조사를 쓰시오.
　　　민수가 할아버지(　) 꽃을 드렸다.

(6) 항목의 순서나 종류를 나타내는 숫자나 문자 등에 쓴다.

　　예 사람의 인격은 (1) 용모, (2) 언어, (3) 행동, (4) 덕성 등으로 표현된다.

　　예 (가) 동해, (나) 서해, (다) 남해

11. 중괄호({ })

(1) 같은 범주에 속하는 여러 요소를 세로로 묶어서 보일 때 쓴다.

예 주격조사 { 이 가 }

예 국가의 3요소 { 국토 국민 주권 }

(2) 열거된 항목 중 어느 하나가 자유롭게 선택될 수 있음을 보일 때 쓴다.
예 아이들이 모두 학교{에, 로, 까지} 갔어요.

12. 대괄호([ ])

(1) 괄호 안에 또 괄호를 쓸 필요가 있을 때 바깥쪽의 괄호로 쓴다.
예 어린이날이 새로 제정되었을 당시에는 어린이들에게 경어를 쓰라고 하였다. [윤석중 전집(1988), 70쪽 참조]
예 이번 회의에는 두 명[이혜정(실장), 박철용(과장)]만 빼고 모두 참석했습니다.

(2) 고유어에 대응하는 한자어를 함께 보일 때 쓴다.
예 나이[年歲]   예 낱말[單語]
예 손발[手足]

(3) 원문에 대한 이해를 돕기 위해 설명이나 논평 등을 덧붙일 때 쓴다.
예 그것[한글]은 이처럼 정보화 시대에 알맞은 과학적인 문자이다.
예 신경준의 ≪여암전서≫에 "삼각산은 산이 모두 돌 봉우리인데, 그 으뜸 봉우리를 구름 위에 솟아 있다고 백운(白雲)이라 하며 [이하 생략]"
예 그런 일은 결코 있을 수 없다.[원문에는 '업다'임.]

◉ 해설

　종전 문장 부호 규정에서는 '소괄호(( )), 중괄호({ }), 대괄호([ ])'를 통틀어 '묶음표' 또는 '괄호부'라 불렸지만, 현행 규정에서는 각각을 개별 이름으로만 부른다. 소괄호(( ))는 '커피(Coffee)는 기호 식품이다.'에서처럼 주로 어떤 말에 원어, 연대, 주석, 설명 등 보충적인 내용을 넣을 적에 쓴다. 또 '기호(嗜好)'처럼 우리말 표기와 원어 표기를 아울러 보일 때에 쓰며, 희곡 등 대화를 적은 글에서는 동작이나 상태를 드러낼 때 쓴다. '선생(님)'처럼 생략할 수 있는 요소임을 나타낼 때도 쓰며, '우리나라의 수도는 (　)이다.'에서처럼 내용이 들어갈 빈자리임을 나타낼 적에도 쓴다.

　중괄호({ })는 여러 요소를 동등하게 묶어서 보일 때나 '아이들이 모두 학교{에, 로, 까지} 갔어요.'처럼 열거된 항목 중 어느 하나를 자유롭게 선택할 수 있음을 보일 때 쓴다.

　대괄호([ ])는 [윤석중 전집(1988), 70쪽 참조]처럼 괄호 안에 또 괄호를 쓸 필요가 있을 때나 '나이[年歲]'처럼 대응하는 한자말을 함께 보일 때에 쓴다. 또한, 원문에 대한 이해를 돕거나 설명을 덧붙일 때에도 쓸 수 있다.

13. 겹낫표 (『 』)와 겹화살괄호(≪ ≫)

　책의 제목이나 신문 이름 등을 나타낼 때 쓴다.
　　　예 우리나라 최초의 민간 신문은 1896년에 창간된 『독립신문』이다.
　　　예 『훈민정음』은 1997년에 유네스코 세계 기록 유산으로 지정되었다.
　　　예 ≪한성순보≫는 우리나라 최초의 근대 신문이다.
　　　예 윤동주의 유고 시집인 ≪하늘과 바람과 별과 시≫에는 31편의 시가 실려 있다.

　[붙임] 겹낫표나 겹화살괄호 대신 큰따옴표를 쓸 수 있다.
　　　예 우리나라 최초의 민간 신문은 1896년에 창간된 "독립신문"이다.
　　　예 윤동주의 유고 시집인 "하늘과 바람과 별과 시"에는 31편의 시가 실려 있다.

14. 홑낫표(「 」)와 홑화살괄호(〈 〉)

소제목, 그림이나 노래와 같은 예술 작품의 제목, 상호, 법률, 규정 등을 나타낼 때 쓴다.
> 예 「국어 기본법 시행령」은 「국어 기본법」에서 위임된 사항과 그 시행에 필요한 사항을 규정함을 목적으로 한다.
> 예 이 곡은 베르디가 작곡한 「축배의 노래」이다.
> 예 사무실 밖에 「해와 달」이라고 쓴 간판을 달았다.
> 예 〈한강〉은 사진집 ≪아름다운 땅≫에 실린 작품이다.
> 예 백남준은 2005년에 〈엄마〉라는 작품을 선보였다.

[붙임] 홑낫표나 홑화살괄호 대신 작은따옴표를 쓸 수 있다.
> 예 사무실 밖에 '해와 달'이라고 쓴 간판을 달았다.
> 예 '한강'은 사진집 "아름다운 땅"에 실린 작품이다.

◉ 해설

겹낫표(『 』)와 홑낫표(「 」)는 종전의 규정에서 세로쓰기용 따옴표이었는데, 현행 규정에서 가로쓰기용 부호로 바꾸어 용도를 새로 부여한 것이다. 반면, 겹화살괄호(≪ ≫), 홑화살괄호(< >)는 겹낫표(『 』), 홑낫표(「 」)와 동일한 용도로 사용하기 위하여 현행 규정에서 새롭게 정한 부호이다. 겹낫표(『 』)와 홑낫표(「 」)는 특수 문자에 속하여서 컴퓨터로 글쓰기 할 때 자판에서 곧바로 입력하기 어려운 부호이다. 겹화살괄호(≪ ≫)와 홑화살괄호(< >)는 겹낫표(『 』)와 홑낫표(「 」)의 이러한 입력상의 어려움을 보완해 줄 수 있다.

겹낫표(『 』)와 겹화살괄호(≪ ≫)는 기본적으로 책의 제목이나 신문 이름 등을 나타낼 때 쓴다. 반면, 홑낫표(「 」)와 홑화살괄호(< >)는 소제목이나 작품 제목, 상호, 법률 등을 나타낼 때 쓴다. 이들 부호와 동일한 용도로 큰따옴표와 작은따옴표도 쓸 수 있다.

15. 줄표(—)

제목 다음에 표시하는 부제의 앞뒤에 쓴다.

> 예 이번 토론회의 제목은 '역사 바로잡기 — 근대의 설정 —'이다.
>
> 예 '환경 보호 — 숲 가꾸기 —'라는 제목으로 글짓기를 했다. 다만, 뒤에 오는 줄표는 생략할 수 있다.
>
> 예 이번 토론회의 제목은 '역사 바로잡기 — 근대의 설정'이다.
>
> 예 '환경 보호 — 숲 가꾸기'라는 제목으로 글짓기를 했다.

[붙임] 줄표의 앞뒤는 띄어 쓰는 것을 원칙으로 하되, 붙여 쓰는 것을 허용한다.

16. 붙임표(-)

(1) 차례대로 이어지는 내용을 하나로 묶어 열거할 때 각 어구 사이에 쓴다.

> 예 멀리뛰기는 도움닫기-도약-공중 자세-착지의 순서로 이루어진다.
>
> 예 김 과장은 기획-실무-홍보까지 직접 발로 뛰었다.

(2) 두 개 이상의 어구가 밀접한 관련이 있음을 나타내고자 할 때 쓴다.

> 예 드디어 서울-북경의 항로가 열렸다.
>
> 예 원-달러 환율
>
> 예 남한-북한-일본 삼자 관계

17. 물결표(~)

기간이나 거리 또는 범위를 나타낼 때 쓴다.

> 예 9월 15일~9월 25일
>
> 예 김정희(1786~1856)
>
> 예 서울~천안 정도는 출퇴근이 가능하다.
>
> 예 이번 시험의 범위는 3~78쪽입니다.

[붙임] 물결표 대신 붙임표를 쓸 수 있다.
　　　예 9월 15일-9월 25일
　　　예 김정희(1786-1856)
　　　예 서울-천안 정도는 출퇴근이 가능하다.
　　　예 이번 시험의 범위는 3-78쪽입니다.

◑ 해설

　줄표(―), 붙임표(-), 물결표(～)는 종전 규정에서 이음표, 또는 연결 부호라고 부르던 것들이지만, 현행 규정에서는 개별 이름으로만 부른다. 이 중 줄표(―)는 주로 문장 중간에 부연하는 말이 끼어들거나, 제목 다음에 부제를 붙일 때에 쓴다. 줄표는 원칙적으로 덧붙이는 내용의 앞뒤에 각각 하나씩을 쓰지만, 뒤의 줄표는 생략해도 된다. 줄표의 앞뒤는 띄어 쓰는 것이 원칙이되 붙여 쓰는 것을 허용한다.

　붙임표(-)는 차례대로 이어지는 내용을 하나로 묶어 열거할 때 각 어구 사이에 쓴다. 그리고 두 개 이상의 어구가 밀접한 관련이 있음을 나타내고자 할 때 쓴다. 또한 '겨울-나그네, 슬기-롭-다'처럼 복합어에서 구성 성분의 경계를 나타내거나 접사, 어미 등 의존형태소를 나타낼 적에도 쓴다. 붙임표는 앞뒤를 붙여 쓴다.

　물결표(～)는 '9월 15일～9월 25일'처럼 기간이나 거리 또는 범위를 나타낼 때 쓴다. 또한 어떤 말의 앞이나 뒤에 들어갈 말 대신에도 쓸 수 있다. 문법 기술에서 형태소 경계를 나타내는 뜻으로는 주로 붙임표(-)를 쓰고, 어떤 들어갈 말을 대신하는 뜻으로는 이 물결표를 쓴다. 사용상의 편리를 위하여 기간이나 거리 또는 범위를 나타낼 때에 물결표 대신 붙임표를 쓰는 것도 허용한다.

18. 드러냄표(˙)와 밑줄(＿)

문장 내용 중에서 주의가 미쳐야 할 곳이나 중요한 부분을 특별히 드러내 보일 때 쓴다.
- 예 한글의 본디 이름은 훈민정음이다.
- 예 중요한 것은 왜 사느냐가 아니라 어떻게 사느냐이다.
- 예 지금 필요한 것은 지식이 아니라 실천입니다.
- 예 다음 보기에서 명사가 아닌 것은?

[붙임] 드러냄표나 밑줄 대신 작은따옴표를 쓸 수 있다.
- 예 한글의 본디 이름은 '훈민정음'이다.
- 예 중요한 것은 '왜 사느냐'가 아니라 '어떻게 사느냐'이다.
- 예 지금 필요한 것은 '지식'이 아니라 '실천'입니다.
- 예 다음 보기에서 명사가 '아닌' 것은?

◉ 해설

드러냄표는 문장 내용 중에서 주의가 미쳐야 할 곳이나 중요한 부분을 특별히 드러내 보일 때 쓴다. 전통적으로 글자의 옆이나 위에 점을 찍어 내용을 드러내 보이는 방법이 있는데, 이를 '방점(傍點, 곁점)'이라고 부른다. 한국어 현행 문장 부호법에서 드러냄표는 내용 위에 찍는 '점'을 일컫는다. 드러냄표와 똑 같은 구실을 하는 것으로 내용 아래에 긋는 '밑줄'도 있다. 또한 현행 문장 부호법에서는 내용을 강조하는 드러냄표나 밑줄 대신 작은따옴표도 쓸 수 있도록 규정하고 있다. 요컨대, 어떤 내용을 강조하거나 드러내 보이고 싶으면 작은따옴표, 드러냄표, 밑줄 가운데 한 가지를 사용하면 된다.

19. 숨김표(○, ×)

(1) 금기어나 공공연히 쓰기 어려운 비속어임을 나타낼 때, 그 글자의 수효만큼 쓴다.
- 예 배운 사람 입에서 어찌 ○○○란 말이 나올 수 있느냐?
- 예 그 말을 듣는 순간 ×××란 말이 목구멍까지 치밀었다.

(2) 비밀을 유지해야 하거나 밝힐 수 없는 사항임을 나타낼 때 쓴다.

> 예 1차 시험 합격자는 김○영, 이○준, 박○순 등 모두 3명이다.
> 예 육군 ○○ 부대 ○○○ 명이 작전에 참가하였다.
> 예 그 모임의 참석자는 김×× 씨, 정×× 씨 등 5명이었다.

20. 빠짐표(□)

(1) 옛 비문이나 문헌 등에서 글자가 분명하지 않을 때 그 글자의 수효만큼 쓴다.

> 예 大師爲法主□□賴之大□薦

(2) 글자가 들어가야 할 자리를 나타낼 때 쓴다.

> 예 훈민정음의 초성 중에서 아음(牙音)은 □□□의 석 자다.

21. 줄임표(……)

(1) 할 말을 줄였을 때 쓴다.

> 예 "어디 나하고 한번……" 하고 민수가 나섰다.

(2) 말이 없음을 나타낼 때 쓴다.

> 예 "빨리 말해!"
> "……."

(3) 문장이나 글의 일부를 생략할 때 쓴다.

> 예 '고유'라는 말은 문자 그대로 본디부터 있었다는 뜻은 아닙니다. …… 같은 역사
> 적 환경에서 공동의 집단생활을 영위해 오는 동안 공동으로 발견된, 사물에 대
> 한 공동의 사고방식을 우리는 한국의 고유 사상이라 부를 수 있다는 것입니다.

(4) 머뭇거림을 보일 때 쓴다.

> 예 "우리는 모두…… 그러니까…… 예외 없이 눈물만…… 흘렸다."

[붙임 1] 점은 가운데에 찍는 대신 아래쪽에 찍을 수도 있다.

　예　"어디 나하고 한번......" 하고 민수가 나섰다.

　예　"실은...... 저 사람...... 우리 아저씨일지 몰라."

[붙임 2] 점은 여섯 점을 찍는 대신 세 점을 찍을 수도 있다.

　예　"어디 나하고 한번…" 하고 민수가 나섰다.

　예　"실은… 저 사람… 우리 아저씨일지 몰라."

[붙임 3] 줄임표는 앞말에 붙여 쓴다. 다만, (3)에서는 줄임표의 앞뒤를 띄어 쓴다.

◉ 해설

　숨김표(○, ×)와 빠짐표(□)와 줄임표(……)를 통틀어 종전 문장 부호법에서는 '안 드러냄표' 혹은 '잠재 부호'라고 불렸지만, 현행 규정에서는 이것들을 개별 이름으로만 부른다. 숨김표는 금기어나 공공연히 쓰기 어려운 비속어임을 나타낼 때, 그 글자의 수효만큼 쓰는 '○'나 '×'이다. 비밀을 유지해야 하거나 밝힐 수 없는 사항임을 나타낼 때에도 '○'나 '×'를 쓸 수 있다.

　빠짐표는 옛 비문이나 문헌 등에서 글자가 분명하지 않을 때 '大師爲法主□□賴之大□薦'처럼 그 글자의 수효만큼 쓰는 '□'이다. 글자가 들어가야 할 자리를 일부러 비어 두었을 때에도 '훈민정음의 초성 중에서 아음(牙音)은 □□□의 석 자이다.'처럼 비워 둔 자리를 나타내기 위해 '□'를 쓴다.

　줄임표(……)는 할 말을 줄였을 때나 말이 없음을 나타낼 때 쓰는 부호이다. 또한 문장이나 글의 일부를 생략할 때나 머뭇거림을 나타낼 때에도 쓸 수 있다. 줄임표(……)는 종전 문장 부호법에서는 꼭 가운뎃점 6개를 찍도록 되어 있었다. 가운뎃점은 특수 문자이기 때문에 줄임표를 이렇게 찍는 것은 컴퓨터나 통신 기기를 사용하는 글쓰기에서 많은 불편을 초래한다. 이에 현행 규정에서는 가운뎃점 6개(……), 온점 6개(......), 가운뎃점 3개(…), 온점 3개(...)를 찍는 것을 모두 허용하고 있다. 만약 문장을 마치는 뜻이라면 여기에다 각각 온점을 하나씩 더 찍어 줘야 한다.

◉ 질문과 대답

문 연도 표시는 띄어 써야 하며 반드시 온점을 찍어야 한다고 알고 있습니다. (예: 1988년 12월 18일→1988. 12. 18.) 그런데 통상 우리는 연도를 줄여서 '88년, '88년도, '88처럼도 쓰고 있습니다. 이 중에서 어느 것이 올바른 표현인지 확실히 모르고 사용하고 있는 것 같습니다. 저는 1988년도'와 동의로 보고 '88을 자주 사용했습니다. 어깨점(')은 '19'를 생략할 때 사용하고, 온점(.)은 연, 월, 일을 생략할 때 사용하는 것 같은데 둘 다 어문 규범에 나와 있는지요? 아니면 근거가 없이 관행적으로 우리가 사용하고 있는 것인가요? 궁금합니다.

답 질문하신 연도 표기는 현행 한글 맞춤법 부록 '문장 부호'의 마침표(.)의 용법을 규정한 부분에 나옵니다. 여기에서는 '2018년 2월 11일' 또는 '2018. 2. 11.'처럼 쓰는 것만 허용합니다. ' '18. 2. 11.'과 같은 표기를 관행적으로 사용하는 경우가 있지만 권장하지 않습니다. 1900년대에 '19'를 생략하여, 예를 들면, '1918. 2. 11.'을 ' '18. 2. 11.'식으로 표기하였다가 2018년인지 1918년인지를 구별하는 문제로 혼란을 겪은 적이 있습니다. 따라서 ' '18. 9. 11.'과 같은 표기는 쓰지 말아야 합니다.

문 느낌표 물음표를 함께 사용할 때 어느 쪽을 먼저 쓰나요? '?!', '!?' 중 어느 것이 맞나요? 인터넷을 찾아 봐도 없어요. 그런 부호는 잘 안 쓰나요? 부호 이름도 있나요?

답 한글 맞춤법 부록에 문장 부호의 이름과 용법이 실려 있습니다. 질문하신 부호들은, 우리가 만화 같은 데서 자주 보기도 합니다만, 문장 부호를 적절하게 사용한 것이라고 하기는 어렵습니다. 문장 부호는 글의 내용이나 글 쓰는 사람의 생각에 알맞도록 사용하는 표현 방식의 하나라고 할 수 있을 것입니다. 하나의 문장에는 한 가지의 생각이나 태도를 표현하는 것이 자연스러운 일이므로, 문장 부호도 한 번에 하나만 쓰는 것이 바람직합니다. 혹 질문하신 것처럼 물음과 느낌의 뜻을 동시에 나타내고 싶다고 하더라도, 더 강한 의미를 나타내는 하나의 부호만 사용하면 될 것입니다. 문장 부호법에도 문장의 형식은 의문문이지만 놀람이나 항의의 뜻을 나타내기 위해 느낌표를 쓸 수도 있다고 하고 있으니 참고하시기 바랍니다.

문 제가 궁금한 것은 원고지 쓰기에 관한 것입니다. 원고지를 쓸 때는 몇 가지 규칙이 있습니다. 그런데 그 규칙이 규범으로 정해져 있는지 궁금합니다. 예를 들면 '한글 맞춤법'이나 '외래어 표기법' 같은 규정으로요.

답 국가에서 규범으로 정하여 고시한 표준 원고지 사용법은 없습니다. 아무리 컴퓨터로 글쓰기를 한다고 해도, 글 쓰는 사람은 '원고지 사용법' 혹은 '원고 작성법'을 반드시 익혀야 합니다. 워드프로세서를 이용한 글쓰기 방식 역시 원고 작성법이 기본이 되기 때문입니다. 한국어 원고지 사용법은 한국어로 된 통일된 출판물을 만드는 일과 관계가 있습니다. 제목 달기, 단락이라는 표시로서 첫 칸 들여 쓰기, 인용문 쓰는 방법, 시 쓰는 방법 등은 물론, 문장 부호의 사용, 교정 부호의 사용 등에 대한 통일된 방식이 있는데, 이것을 '원고지 사용법' 혹은 '원고 작성법'이라고 할 수 있습니다. 하지만 현실적으로는 논문이나 저서 등 출판물의 저술에 따라서, 또는 학교, 학회나 출판사에 따라서 자체적인 원고 작성법을 두는데 여기에 약간의 차이점들이 있기도 합니다. 그렇더라도 표준적인 출판을 위한 한국어 원고 작성법이 있어야 하는데, 이것은 현행 초, 중, 고 국정 교과서들을 본보기로 해야 할 것으로 판단합니다.

문 예전에 세로쓰기 용 문장 부호가 있었다고 하는데 지금은 없습니다. 그렇다면 한국어의 세로쓰기는 완전히 없어진 것인가요?

답 말씀하신 것처럼 세로쓰기 용 문장 부호는 2015년 1월 1일부터는 사용하지 않습니다. 오늘날 한국어 쓰기는 완전히 가로쓰기로 바뀌었습니다. 다만, 사적인 글쓰기에서나 광고 문구 등에서 간혹 세로쓰기를 하는 것을 볼 수 있습니다. 또한 축의금이나 부조금을 건네기 위한 단자나 봉투 쓰기에는 여전히 세로쓰기가 남아 있습니다. 그렇더라도 공식적으로는 세로쓰기용 부호가 없으므로 문장 부호만큼은 가로쓰기용을 사용해야 합니다.

Ⅲ. 표준어 규정

제1장 총칙

제1항 표준어는 교양 있는 사람들이 두루 쓰는 현대 서울말로 정함을 원칙으로 한다.
제2항 외래어는 따로 사정한다.

◉ 해설

● 표준어와 표준어 규정의 개념

표준어는 한 국가에서 언어의 통일성을 유지하고 언어생활의 편리를 위하여 제정하는 말이다. 어느 나라에나 여러 가지 언어의 성층이 있어서 한 언어의 다양한 변종이 쓰이기도 하고, 둘 이상의 언어를 사용하기도 한다. 이런 상황에서 국가는 국민들의 언어생활에 장애가 되는 일이 생기지 않도록 공용어를 지정하거나 표준어를 제정하기도 한다. 요컨대 표준어는 한 국가의 모든 국민이 지키고 따르도록 정하는 말이며, 이를 규범으로 제정한 것이 표준어 규정이다. 한국어의 현행 표준어 규정은 1988. 1. 19. 문교부 고시 제88-2호로 공포한 것이다.

표준어는 새로이 말을 만드는 것이 아니라, 이미 그 나라에서 쓰는 말 중 가장 큰 세력을 가지고 있고, 또 사람들이 가장 좋은 말로 여기는 말을 바탕으로 하여 정하는 것이 보통이다. 한국어의 표준어는 표준어 규정 제1부 제1장에서 '교양 있는 사람들이 두루 쓰는 현대 서울말'로 규정하고 있다. 한국어 표준어는 이미 쓰고 있는 말 중에서 시대적으로는 현대, 지역적으로는 서울, 사회적으로는 교양 있는 사람들이, 두루 쓰는 말로 정한다는 것이다. 여기서 '두루 쓰는'이라는 말도 다른 기준들과 함께 중요한 의미를 지닌다. 표준어는 방언이던 것이 오늘날 서울에서 널리 쓰인다든지, 고어이던 것이 사어가 되지 않고 오늘날에도 널리 쓰인다든지 하는 것을 사정의 원칙으로 삼고 있기 때문이다. 그리고 '교양 있는'이라는 표현의 의미에 대해서도 생각해 볼 수 있다. '교양 있는'이라는 표현은 표준어를 원칙적으로 특정한 집단의 은어라든지 사회적으로 지탄의 대상이 되는 집단의 언어보다는 상식적으로 교양 있는 사람들의 말로 선정한다는 의미이다. 이 말이 '더럽다, 나쁘다' 등의 저속한 의미를 지니는 말들을 표준어에서 제외한다는 뜻이라고 생각해서는 안 된다. 물론 동일한 의미를 지닌 여러 단어들 중에서 표준어를 고른다고 할 때 상대적으로 저속한 말보다는 교양 있는 말로 선정한다는 의미로는 받아들여도 좋다.

표준어라고 하면 흔히 표기법의 대상으로만 생각하는 수가 많은데, 표준어는 문어로서 표기법의 대상이 됨은 물론, 구어로서 표준 발음의 대상이 된다. 예를 들어, 동일한 동물에 대한 명칭으로 '암딱, 암탁, 암닥' 등의 구어가 있다고 할 때, 이 중 '암탁'을 표준어로 삼아 '암탉'으로 적게 하고, [암탁]으로 발음하도록 한다면, 이때 '암탉'은 문어로서의 표준어이고, [암탁]은 구어로서의 표준어라고 할 수 있다. 요컨대 표준어는 문어로서의 표기법과 구어로서의 발음에 모두 관련을 맺는 것이다.

◔ 표준어를 정하는 이유

실제 언어생활에서 사용하는 언어가 지역이나 사회 계층에 따라서 다양한데 군이 표준어를 정하는 까닭은 무엇일까? 가장 큰 이유는 국민들의 언어를 통일하려는 것이다. 우리 사회는 남북한이 분단되어 있고, 지역마다 사용하는 말이 조금씩 다르다. 한 국가를 통일된 사회로 만드는 데 언어의 역할이 중요하다. 언어가 달라질수록 생각도 달라지고 분열되어 한 국가 체제를 유지하는 데 많은 어려움이 따를 것이다. 언어의 통일을 목적으로 한다고 하여도 구어의 완전한 통일을 이룰 수 있는 것은 아니다. 그렇지만 문어의 통일은 좀 더 쉽다. 따라서 표준어 등 언어 규범을 제정함으로써 각종 출판물 및 글자로 적는 모든 말에 대해서는 현실적인 어려움이 있더라도 완전한 통일을 추구한다. 이러한 표준어의 기능을 통일의 기능이라고 부를 수 있다.

표준어는 교양 있는 사람들의 말로 정함으로써 언중이 본받아 쓰고자 하는 마음이 생기게 할 수 있다. 표준어가 갖는 이러한 특성을 사회언어학적으로는 '공공연한 우월성(overt prestige)'이라고 부르는데, 표준어를 쓴다는 것이 사회적으로 우월감을 줄 수 있다는 뜻이 된다. 표준어가 갖는 이러한 기능을 우월의 기능이라고 부를 수 있다.

표준어는 규범으로 제정하여 국민들에게 교육하고 잘못 쓰는 경우 바로잡는 근거로 삼기도 한다. 이러한 표준어의 기능을 준거의 기능이라고 부를 수 있다. 의사소통을 위해서 실제로 사용하는 여러 가지 언어는 그 자체로 '알맞지 않다.'라고 말할 수 있는 성질의 것이 아니지만, 표준어나 어문 규범을 준거로 할 때 누군가가 사용하는 말이 '그 규범에 비추어 알맞지 않다.'라고 지적할 수 있다. 또 규범에 맞게 사용하도록 권고할 수도 있다. 이런 점에서 표준어나 어문 규범은 언중의 언어생활을 통제하는 구실도 하는 것이다.

'한국어, 일본어, 중국어' 등처럼 부를 수 있는 말, 곧 어떤 나라나 그 말을 대표하고, 그 나라의 정체성을 나타내는 말이 바로 표준어이다. 따라서 일반적으로 외국인이 한국어를 배우고자 할 때 우선적으로 학습해야 할 언어가 표준어이다. 사정에 따라 지역어를 배웠다고 할지라도 수준 높은 한국어로 말글생활을 하고자 한다면 반드시 표준어를 배워야 한다. 요컨대, 표준어는 한 나라를 대표하고 그 나라가 언어적으로 독립적임을 드러내는 구실을 하기도 한다. 이런 구실을 표준어의 독립의 기능이라고 부를 수 있다.

● 표준어 규정의 내용

표준어 규정은 크게 두 부분으로 이루어져 있다. 제1부 표준어 사정 원칙과 제2부 표준 발음법이 그것이다. 표준어 사정 원칙은 다시 제1장 총칙과 제2장 발음 변화에 따른 표준어 규정, 제3장 어휘 선택에 따른 표준어 규정으로 이루어져 있다. 그리고 표준 발음법은 제1장 총칙을 포함하여 총 7장 30개 항목으로 되어 있다.

표준어 사정 원칙이란 표준어를 심사하여 정하는 기준을 밝힌 것이다. 한글 맞춤법이 주로 표기 원리에 입각하여 표준어를 소리대로 적을 것인가 어법에 따라 적을 것인가를 규정하는 것인 데 반해, 표준어 규정은 어떤 표준어를 선택하게 되는 이유를 밝힌 것이다. 따라서 어떤 표준어는 단수의 말이 선택되고, 어떤 표준어는 복수의 말이 선택되기도 한다. 이에 표준어 규정 각론인 제2장과 제3장에는 각각 단수 표준어와 복수 표준어를 사정한 결과를 제시하고 있다.

표준 발음법은 사정한 표준어들의 발음을 규정한 것이다. 1933년 한글 맞춤법 통일안에는 없던 내용이었는데, 1988년 1월 14일 문교부 고시 제88-2호로 처음으로 공포한 것이다. 표준 발음법은 자음과 모음의 발음, 음의 길이, 받침의 발음, 음의 동화, 경음화, 음의 첨가 등에 해당하는 말들에 대해 그 발음을 규정하고 있다. 표준 한국어를 말하는 사람이라면 마땅히 이 표준 발음법에 의거하여 발음해야 하며, 한국어를 배우는 학습자들의 발음 교육 역시 이에 근거하여 이루어져야 함은 두 말할 것도 없다.

● 외래어의 사정

다른 나라 말에서 들어와 한국어가 된 말들인 외래어도 한국어 표준어와 동일한 것이다. 따라서 외래어 또한 표준어 사정의 중요한 대상이 되어야 한다. 그런데 표준어 사정 원칙 제2항에서는 "외래어는 따로 사정한다."고 함으로써 외래어(한자어 제외)를 고유어와 다른 차원에서 사정해야 함을 밝히고 있다. 1933년 '한글 맞춤법 통일안'의 '외래어 표기 규정', 1940년 '외래어 표기법 통일안' 등의 표기 원칙을 이어받아 1986년 1월 7일 공포한 '외래어 표기법'이 외래어 표기에 대한 현행 규정이다. 이후 1992년 문화부 고시로 폴란드 어, 체코 어, 세르보크로아트 어, 루마니아 어, 헝가리 어의 외래어 표기법을 마련한 이후 지속적으로 교류가 빈번한 나라의 언어들에서 들어온 말들의 표기 세칙을 추가해 왔다. 2013년 현재 외래어 표기법에는 영어, 독일어, 프랑스 어, 에스파냐 어, 이탈리아 어, 일본어, 중국어, 폴란드 어, 체코 어, 세르보크로아트 어, 루마니아 어, 헝가리 어, 스웨덴 어, 노르웨이 어, 덴마크 어, 말레이인도네시아 어, 타이 어, 베트남 어, 포르투갈 어, 네덜란드 어, 러시아 어의 총 21개 언어의 표기 세칙을 두고 있다.

그러나 세계가 좁아지면서 각국에서 벌어지는 일이 하루도 쉬지 않고 매체를 통해 우리에게 알려지고, 세계 각국의 인명, 지명은 물론 그 밖의 말들도 쏟아져 들어오고 있다. 이러한 외래어 중에는 고유 명사뿐만 아니라 새로운 문물을 가리키는 보통 명사도 있어 우리말로 바꿀 수 있는 것은 바꾸어 쓰지만 그렇지 못한 것은 그 발음을 한글로 적어야 한다. 특히 고유명사는 대부분 번역이 불가능해서 현지 발음에 가깝게 적게 된다. 이러한 외래어는 속성상 사람마다 표기를 다르게 하기 쉬우므로, 그 표기의 통일을 위해 외래어 표기법을 두고 있다. 그러나 외래어 표기법이 있다고 하더라도 각 낱말에 대해서 모든 사람이 동일한 표기법을 적용하는 일은 쉽지 않다. 이에 1991년 정부와 언론(한국 신문 방송 편집인 협회)은 외래어 심의 공동 위원회를 구성하여 주로 언론에 보도되는 시사성 있는 말을 중심으로 외국어와 외래어의 표기를 심의하여 한글 표기를 결정하고 있다.

제2장 발음 변화에 따른 표준어 규정

제1절 자음

제3항 다음 단어들은 거센소리를 가진 형태를 표준어로 삼는다. (ㄱ을 표준어로 삼고, ㄴ을 버림.)

ㄱ	ㄴ	비 고
끄나풀	끄나불	
나팔 – 꽃	나발 – 꽃	
녘	녁	동~, 들~, 새벽~, 동틀 ~
부엌	부억	
살 – 쾡이	삵 – 괭이	
칸	간	1. ~막이, 빈 ~, 방 한 ~
		2. '초가 삼간, 윗간'의 경우에는 '간'임.
털어 – 먹다	떨어 – 먹다	재물을 다 없애다.

제4항 다음 단어들은 거센소리로 나지 않는 형태를 표준어로 삼는다. (ㄱ을 표준어로 삼고, ㄴ을 버림.)

ㄱ	ㄴ	비 고
가을 – 갈이	가을 – 카리	
거시기	거시키	
분침	푼침	

제5항 어원에서 멀어진 형태로 굳어져서 널리 쓰이는 것은, 그것을 표준어로 삼는다. (ㄱ을 표준어로 삼고, ㄴ을 버림.)

ㄱ	ㄴ	비 고
강낭-콩	강남-콩	
고삿	고샅	겉~, 속~
사글-세	삭월-세	'월세'는 표준어임.
울력-성당	위력-성당	떼를 지어서 으르고 협박하는 일

다만, 어원적으로 원형에 더 가까운 형태가 아직 쓰이고 있는 경우에는, 그것을 표준어로 삼는다. (ㄱ을 표준어로 삼고, ㄴ을 버림.)

ㄱ	ㄴ	비 고
갈비	가리	~구이, ~찜, 갈빗-대
갓모	갈모	1. 사기 만드는 물레 밑고리
굴-젓	구-젓	2. '갈모'는 갓 위에 쓰는, 유지로 만든 우비
말-곁	말-겻	
물-수란	물-수랄	
밀-뜨리다	미-뜨리다	
적-이	저으기	
휴지	수지	적이-나, 적이나-하면

제6항 다음 단어들은 의미를 구별함이 없이, 한 가지 형태만을 표준어로 삼는다. (ㄱ을 표준어로 삼고, ㄴ을 버림.)

ㄱ	ㄴ	비 고
돌	돐	생일, 주기
둘-째	두-째	'제2, 두 개째'의 뜻
셋-째	세-째	'제3, 세 개째'의 뜻
넷-째	네-째	'제4, 네 개째'의 뜻
빌리다	빌다	1. 빌려 주다, 빌려 오다
		2. '용서를 빌다'는 '빌다'임.

다만, '둘째'는 십 단위 이상의 서수사에 쓰일 때에 '두째'로 한다.

ㄱ	ㄴ	비 고
열두-째		열두 개째의 뜻은 '열둘째'로
스물두-째		스물두 개째의 뜻은 '스물둘째'로

제7항 수컷을 이르는 접두사는 '수-'로 통일한다. (ㄱ을 표준어로 삼고, ㄴ을 버림.)

ㄱ	ㄴ	비 고
수-꿩	수-퀑/숫-꿩	'장끼'도 표준어임.
수-나사	숫-나사	
수-놈	숫-놈	
수-사돈	숫-사돈	
수-소	숫-소	'황소'도 표준어임.
수-은행나무	숫-은행나무	

다만 1. 다음 단어에서는 접두사 다음에서 나는 거센소리를 인정한다. 접두사 '암-'이 결합되는 경우에도 이에 준한다. (ㄱ을 표준어로 삼고, ㄴ을 버림.)

ㄱ	ㄴ	비 고
수-캉아지	숫-강아지	
수-캐	숫-개	
수-컷	숫-것	
수-키와	숫-기와	
수-탉	숫-닭	
수-탕나귀	숫-당나귀	
수-톨쩌귀	숫-돌쩌귀	
수-퇘지	숫-돼지	
수-평아리	숫-병아리	

다만 2. 다음 단어의 접두사는 '숫-'으로 한다. (ㄱ을 표준어로 삼고, ㄴ을 버림.)

ㄱ	ㄴ	비 고
숫-양	수-양	
숫-염소	수-염소	
숫-쥐	수-쥐	

◉ 해설

발음이란 발음기관의 작용으로 음성이 산출되는 현상을 일컫는다. 말은 문자 이전에 본질적으로 음성이다. 일정한 물리적 성질을 가진 이 음성이 사용하는 사람들 사이에서 변별되고 의미를 전달하는 수단으로 작용할 때 언어 기호가 된다. 이 음성의 산출, 곧 발음은 개인적인 이유에서든지, 지역적, 사회적인 이유에서든지 끊임없이 변한다. 또 시대에 따라서도 변한다. 예를 들어 어떤 식물에 대하여 '나발꽃'이라고 부르는 것이 조금도 이상하지 않던 때가 있었지만, 이 말은 차츰 '나팔꽃'으로 발음이 변하였다. 전통 악기로서 '나발'이 있는데, 서양 악기 중 이와 흡사한 것들을 '나팔'이라고 부르면서 꽃의 이름에도 그러한 변화가 생기게 되었을 것이다. 이러한 발음의 현저한 변화를 반영하여 표준어를 정한다는 것이 표준 발음법 제1부 표준어 사정 원칙 제2장 '발음 변화에 따른 표준어 규정'의 주요 내용이다.

표준어 사정 원칙 제3항은 '삵'의 다른 말인 '살쾡이', '칸막이, 빈칸, 방 한 칸' 등의 '칸', '털어먹다' 등의 거센소리를 가진 말을 표준어로 삼는다는 규정이다. 하지만 '초가삼간, 삼간초가, 윗간(온돌방에서 아궁이로부터 먼 부분, '위 칸'과는 다름)'의 경우에는 관용구로 보아 '간'으로 두었음을 유의해야 한다.

　　표준어 사정 원칙 제4항은 제3항과 달리 예사소리를 가진 말을 표준어로 삼는다는 규정이다. 예를 들면, 말하는 도중 얼른 생각나지 않거나 확실하지 않은 것을 가리킬 때 쓰는 말로 거센소리 '거시키'가 아닌 '거시기'를 표준어로 한다. '거시기'는 이름이 얼른 생각나지 않거나 바로 말하기 곤란한 사람 또는 사물을 가리킬 때에는 대명사이지만, 하려는 말이 얼른 생각나지 않거나 바로 말하기가 거북할 때에 쓰는 군소리로는 감탄사이다.

　　표준어 사정 원칙 제5항은 예를 들면, 예부터 '강남'에서 온 것이라 하여 '강남콩'으로 부르던 '콩'의 명칭으로 어원에서 멀어진 형태인 '강낭콩'을 표준어로 삼는다는 규정이다. '월세'와 비슷한 말로 '삭월세'가 있지만, '사글세'로 표준어를 삼는 것도 같은 이유에서이다. '고샅'은 '초가지붕을 만들 때 쓰는 새끼'를 말한다. '시골 마을의 좁은 골목길, 또는 골목 사이'는 여전히 '고샅' 혹은 '고샅길'이 맞다. 그러나 어원적으로 원형에 더 가까운 형태가 아직 쓰이고 있는 경우에는, 여전히 그것을 표준어로 삼는다. 위 제5항 '다만'에 있는 예들 중에서, '말곁'은 '남이 말하는 옆에서 덩달아 참견하는 말'이고, '적이'는 '꽤 어지간한 정도로'의 뜻을 지닌 부사이다. 그리고 '물수란'은 '달걀을 깨뜨려 그대로 끓는 물에 넣어 반쯤 익힌 음식'으로 '담수란'과 비슷한 말이다. 이 셋은 '말겻, 저으기, 물수랄' 대신 어원적으로 원형에 더 가까운 그대로를 표준어로 한다.

　　표준어 사정 원칙 제6항은 첫 생일과 1주기를 이르는 말을 모두 '돌'로 통일하고, 서수사로 '둘째, 셋째, 넷째'를 표준어로 한다는 규정이다. 다만 십 단위 이상의 서수사에서 '둘째'는 '스물두째'처럼 '두째'로 한다. 그러나 '스물두 개째'의 뜻으로는 '스물둘째'로 하고 있으므로 각별한 주의가 필요하다.

　　특히 서수사에서 '셋'과 '넷'은 수 관형사가 될 때 보통은 '세'와 '네'로 바뀌어 '세 개, 네 개, 세 마리' 등으로 한다. 하지만, '서 돈, 서 말, 서 발, 서 푼, 석 냥,

석 되, 석 섬, 석 자, 석 잔'('너/넉'도 마찬가지, 표준어 사정 원칙 제17항 참조)처럼 '서/석, 너/넉'으로 되기도 한다. '셋, 세, 서, 석'의 변화에 유의해야 한다.

표준어 사정 원칙 제7항은 한글 맞춤법 제31항에서 표준어 사정 원칙 제7항을 관련지어 설명한 바 있다. 제7항을 요약하면 남성을 가리키는 접두사로 '수놈, 수소' 등의 '수', '수퇘지, 수캐' 등의 '수ㅎ', '숫쥐, 숫양, 숫염소'의 '숫'의 세 가지 형태가 쓰인다는 것이다.

◎ 질문과 대답

문 소주를 병째로 마실 때 '나발을 불다'가 맞나요? 아니면 '나팔을 불다'가 맞나요?

답 '술이나 음료를 병째로 마시다, 당치 않은 말을 하다, 어떤 사실을 자백하다, 아이가 소리 내어 시끄럽게 울다' 등의 의미를 나타내는 관용 표현으로는 '나발'과 '나팔'이 넘나든 '나발을 불다, 나팔을 불다'가 구별 없이 쓰입니다. 다만 '나발'은 전통 악기를 가리키는 말이고, '나팔'은 서양 악기를 가리키는 말이므로 구분해서 사용해야 할 것입니다. '병나발, 손나발'은 표준어이지만, '병나팔, 손나팔'은 표준어로 인정하지 않으므로 이 또한 주의해야 할 것입니다.

문 수컷을 나타내는 접두어는 다른 것들은 다 '수-'로 통일하는데 왜 양과 염소와 쥐는 '숫-'을 붙이나요?

답 그렇습니다. 표준어 규정 제7항에 따르면 수컷을 이르는 접두사는 '수-'로 통일하는 것으로 하고 있습니다. 다만 '숫양, 숫염소, 숫쥐' 세 단어에서는 접두사를 '숫-'으로 정하였습니다. 수컷을 이르는 접두사를 '수-'로 통일하여, 대부분의 형태가 '수꿩, 수소, 수은행나무'처럼 적는 것이 발음이나 형태면에서 문제가 없다고 보았지만, '숫양, 숫염소, 숫쥐'의 경우는 현실 발음에서 [순냥, 순념소, 순쥐]처럼 사잇소리가 첨가된다고 본 것입니다.

제2절 모음

제8항 양성 모음이 음성 모음으로 바뀌어 굳어진 다음 단어는 음성 모음 형태를 표준어로 삼는다. (ㄱ을 표준어로 삼고, ㄴ을 버림.)

ㄱ	ㄴ	비　　고
깡충 – 깡충	깡총 – 깡총	큰말은 '껑충껑충'임.
– 둥이	– 동이	← 童이. 귀 –, 막 –, 선 –, 쌍 –, 검 –, 바람 –, 흰 –
발가 – 숭이	발가 – 송이	센말은 '빨가숭이', 큰말은 '벌거숭이, 뻘거숭이'임.
보퉁이	보통이	
봉죽	봉족	← 奉足. ~꾼, ~들다
뻗정 – 다리	뻗장 – 다리	
아서, 아서라	앗아, 앗아라	하지 말라고 금지하는 말
오뚝 – 이	오똑 – 이	부사도 '오뚝 – 이'임.
주추	주초	← 柱礎. 주춧 – 돌

다만, 어원 의식이 강하게 작용하는 다음 단어에서는 양성 모음 형태를 그대로 표준어로 삼는다. (ㄱ을 표준어로 삼고, ㄴ을 버림.)

ㄱ	ㄴ	비　　고
부조(扶助)	부주	~금, 부좃 – 술
사돈(査頓)	사둔	밭~, 안~
삼촌(三寸)	삼춘	시~, 외~, 처~

제9항 'ㅣ' 역행동화 현상에 의한 발음은 원칙적으로 표준 발음으로 인정하지 아니하되, 다만 다음 단어들은 그러한 동화가 적용된 형태를 표준어로 삼는다. (ㄱ을 표준어로 삼고, ㄴ을 버림.)

ㄱ	ㄴ	비　　고
– 내기	– 나기	서울 –, 시골 –, 신출 –, 풋 –
냄비	남비	
동댕이 – 치다	동당이 – 치다	

[붙임 1] 다음 단어는 'ㅣ' 역행동화가 일어나지 아니한 형태를 표준어로 삼는다. (ㄱ을 표준어로 삼고, ㄴ을 버림.)

ㄱ	ㄴ	비　　고
아지랑이	아지랭이	

[붙임 2] 기술자에게는 '-장이', 그 외에는 '-쟁이'가 붙는 형태를 표준어로 삼는다. (ㄱ을 표준
    어로 삼고, ㄴ을 버림.)

ㄱ	ㄴ	비 고
미장이	미쟁이	
유기장이	유기쟁이	
멋쟁이	멋장이	
소금쟁이	소금장이	
담쟁이-덩굴	담장이-덩굴	
골목쟁이	골목장이	
발목쟁이	발목장이	

제10항 다음 단어는 모음이 단순화한 형태를 표준어로 삼는다. (ㄱ을 표준어로 삼고, ㄴ을 버림.)

ㄱ	ㄴ	비 고
괴팍-하다	괴퍅-하다/괴팩-하다	
-구먼	-구면	
미루-나무	미류-나무	←美柳 ~
미륵	미력	←彌勒. ~보살, ~불, 돌~
여느	여늬	
온-달	왼-달	만 한 달
으레	으례	
케케-묵다	켸켸-묵다	
허우대	허위대	
허우적-허우적	허위적-허위적	허우적-거리다

제11항 다음 단어에서는 모음의 발음 변화를 인정하여, 발음이 바뀌어 굳어진 형태를 표준어
    로 삼는다. (ㄱ을 표준어로 삼고, ㄴ을 버림.)

ㄱ	ㄴ	비 고
-구려	-구료	
깍쟁이	깍정이	1. 서울 ~, 알~, 찰~
		2. 도토리, 상수리 등의 받침은 '깍정이'임.
나무라다	나무래다	
미수	미시	미숫-가루
바라다	바래다	'바램[所望]'은 비표준어임.
상추	상치	~쌈
시러베-아들	실업의-아들	
주책	주착	←主着. ~망나니, ~없다
지루-하다	지리-하다	←支離
튀기	트기	
허드레	허드래	허드렛-물, 허드렛-일
호루라기	호루루기	

제12항 '웃 -' 및 '윗 -'은 명사 '위'에 맞추어 '윗 -'으로 통일한다. (ㄱ을 표준어로 삼고, ㄴ을 버림.)

ㄱ	ㄴ	비 고
윗 - 넓이	웃 - 넓이	
윗 - 눈썹	웃 - 눈썹	
윗 - 니	웃 - 니	
윗 - 당줄	웃 - 당줄	
윗 - 덧줄	웃 - 덧줄	
윗 - 도리	웃 - 도리	
윗 - 동아리	웃 - 동아리	준말은 '윗동'임.
윗 - 막이	웃 - 막이	
윗 - 머리	웃 - 머리	
윗 - 목	웃 - 목	
윗 - 몸	웃 - 몸	~ 운동
윗 - 바람	웃 - 바람	
윗 - 배	웃 - 배	
윗 - 벌	웃 - 벌	
윗 - 변	웃 - 변	수학 용어
윗 - 사랑	웃 - 사랑	
윗 - 세장	웃 - 세장	
윗 - 수염	웃 - 수염	
윗 - 입술	웃 - 입술	
윗 - 잇몸	웃 - 잇몸	
윗 - 자리	웃 - 자리	
윗 - 중방	웃 - 중방	

다만 1. 된소리나 거센소리 앞에서는 '위 -'로 한다. (ㄱ을 표준어로 삼고, ㄴ을 버림.)

ㄱ	ㄴ	비 고
위 - 짝	웃 - 짝	
위 - 쪽	웃 - 쪽	
위 - 채	웃 - 채	
위 - 층	웃 - 층	
위 - 치마	웃 - 치마	
위 - 턱	웃 - 턱	~구름〔上層雲〕
위 - 팔	웃 - 팔	

다만 2. '아래, 위'의 대립이 없는 단어는 '웃 -'으로 발음되는 형태를 표준어로 삼는다. (ㄱ을 표준어로 삼고, ㄴ을 버림.)

ㄱ	ㄴ	비 고
웃 - 국	윗 - 국	
웃 - 기	윗 - 기	
웃 - 돈	윗 - 돈	
웃 - 비	윗 - 비	~걷다
웃 - 어른	윗 - 어른	
웃 - 옷	윗 - 옷	

제13항 한자 '구(句)'가 붙어서 이루어진 단어는 '귀'로 읽는 것을 인정하지 아니하고, '구'로 통일한다. (ㄱ을 표준어로 삼고, ㄴ을 버림.)

ㄱ	ㄴ	비　고
구법(句法)	귀법	
구절(句節)	귀절	
구점(句點)	귀점	
결구(結句)	결귀	
경구(警句)	경귀	
경인구(警人句)	경인귀	
난구(難句)	난귀	
단구(短句)	단귀	
단명구(短命句)	단명귀	
대구(對句)	대귀	~법(對句法)
문구(文句)	문귀	
성구(成句)	성귀	~어(成句語)
시구(詩句)	시귀	
어구(語句)	어귀	
연구(聯句)	연귀	
인용구(引用句)	인용귀	
절구(絕句)	절귀	

다만, 다음 단어는 '귀'로 발음되는 형태를 표준어로 삼는다. (ㄱ을 표준어로 삼고, ㄴ을 버림.)

ㄱ	ㄴ	비　고
귀-글	구-글	
글-귀	글-구	

◑ 해설

　표준어 사정 원칙 제8항은 한국어에서 모음조화가 지켜지지 않는 현상을 표준어 사정에 반영한다는 내용이다. '깡충깡충', '오뚝이'나 '-둥이'가 붙는 '늦둥이, 쌍둥이, 막둥이' 등이 다 그러하다. '보퉁이'는 '물건을 보에 싸서 꾸려 놓은 것', '봉죽'은 '일을 꾸려 나가는 사람을 곁에서 거들어 도와 줌.', '뻗정-다리'는 '벋정다리의 센말'로 '구부렸다 폈다 하지 못하고 늘 벋어 있는 다리, 또는 그런 다리를 가진 사람'을 의미하는데 모두 모음조화에 어긋나는 말들이다. 그러나 '부조(扶助), 사돈(査

頓), 삼촌(三寸)'은 한자어 본음에 충실한 것을 표준어로 한다.

표준어 사정 원칙 제9항은 'ㅣ' 모음 역행동화가 한국어에서 매우 빈번한 음운현상이지만, '-내기, 냄비, 동댕이치다, -쟁이' 이외에는 인정하지 않는다는 규정이다. '-내기'는 '풋내기, 서울내기, 시골내기' 등으로 쓰인다. '-쟁이'는 '기술자'를 가리키는 '-장이'와 마찬가지로 명사 뒤에 붙는데, '앞의 명사가 나타내는 속성을 많이 가진 사람'이라는 뜻을 더하는 접미사이다.

표준어 사정 원칙 제10항은 '괴팍하다 ← 괴퍅하다', '미루나무 ← 미류나무', '여느 ← 여늬', '으레 ← 으례', '케케묵다 ← 켸켸묵다'처럼 단모음화한 형태를 표준어로 삼는다는 규정이다. 그러나 '미류(美柳)'와 같은 말에서 '류'는 여전히 그대로 쓴다.

표준어 사정 원칙 제11항은 모음의 발음이 변한 말들을 표준어로 삼는다는 규정이다. '상추, 주책, 미수, 지루하다, 튀기' 등이 그런 예들이다. 여기서 '주책'은 '주책없다', '주책을 부리다' 등에 쓰며, '미수'는 주로 '미숫가루'에 쓴다. '시러베아들'은 '시러베자식'이라고도 하는데 '실없는 사람을 낮잡아 이르는 말'이다.

표준어 사정 원칙 제12항은 '위, 윗, 웃'에 대한 규정이다. 정리하면 '윗사람 : 아랫사람'처럼 위와 아래의 구별이 가능한 말은 '윗'으로 쓰고, 그렇지 않은 말은 '웃돈'처럼 '웃'으로 쓴다. 다만 '위층, 위치마, 위통'처럼 거센소리와 연결되면 '위'로 쓴다. 이로써 명사 '위'는 사이시옷을 가진 '윗, 웃'과 함께 세 가지 형태로 쓰인다. 참고로 위 제12항 다만 2의 말들 중 '웃기'는 '떡, 포, 과일 따위를 괸 위에 모양을 내기 위하여 얹는 재료'를 뜻하고, '웃비'는 '아직 우기(雨氣)는 있으나 좍좍 내리다가 그친 비'를 이른다.

표준어 사정 원칙 제13항은 한자 '구(句)'는 '귀글(句文), 글귀'에서를 제외하고는 '귀'로 읽거나 쓰는 것을 인정하지 아니한다는 내용이다. 따라서 모두 '구'로 통일하고, '구법, 구절, 결구, 대구, 어구, 인용구' 등을 표준어로 정하였다.

◉ 질문과 대답

문 '상추'나 '강냉이'처럼 원래 사투리였던 말이 표준어로 되기도 하는데 이런 말이 또 있나요? 있는 거 다 말씀해 주세요.

답 우리가 쓰고 있는 표준어는 표준어 규정에 따라 정해집니다. '상추'는 모음의 발음 변화를 인정하여, 발음이 바뀌어 굳어진 형태인 '깍쟁이, 튀기' 등 13개의 다른 낱말과 함께 표준어로 인정(표준어 규정 제1부 표준어 사정 원칙 제11항)한 낱말입니다. 따라서 변하기 전의 '상치'는 표준어의 지위를 갖지 못합니다. '강냉이'는 한 가지 의미를 나타내는 형태 몇 가지가 널리 쓰이며 표준어 규정에 맞으면, 그 모두를 표준어로 삼기로 한 표준어 사정 원칙 제26항에 제시된 많은 복수 표준어 가운데 하나입니다. 이 조항에 의해 '강냉이, 옥수수'는 둘 다 표준어입니다. 표준어 규정 제1부 표준어 사정 원칙 제23항에는 방언이던 단어가 표준어보다 더 널리 쓰이게 된 것은, 그것을 표준어로 삼고 원래의 표준어도 그대로 표준어로 남겨 두는 것을 원칙으로 합니다. '멍게-우렁쉥이, 물방개-선두리, 애순-어린순'과 같은 낱말의 쌍이 그 예입니다.

문 '남비, 담장이, 욕장이'와 '냄비, 담쟁이, 욕쟁이' 중 옳은 것은 무엇입니까?

답 국어에서는 'ㅣ' 모음 역행 동화가 매우 일반적인 현상입니다. 예를 들어 '손잡이'나, '먹이다'는 뒤에 오는 모음 'ㅣ'에 동화하여 '손잽이, 멕이다'로 발음하기도 합니다. 그러나 표준어 규정에서는 이러한 'ㅣ' 모음 역행동화 현상을 원칙적으로 인정하지 않아 '손잡이, 먹이다'를 표준어로 삼고 있습니다. 다만, '냄비, 서울내기, 풋내기, 신출내기, 동댕이치다'에 대해서만은 예외적으로 이런 현상을 인정합니다. 그리고 '-장이'와 '-쟁이' 중에서 '-장이'는 '미장이, 유기장이, 땜장이'처럼 기술자라는 뜻일 때에 쓰고, 그 외에는 '요술쟁이, 욕심쟁이, 중매쟁이, 점쟁이'처럼 '-쟁이'를 씁니다.

문 '윗층'과 '위층' 중 옳은 것은 무엇입니까?

답 '위'는 된소리나 거센소리가 아닌 말 앞에서는 모두 '윗'으로 통일하여 적어야 합니다. 다만, '아래'와 '위'의 대립이 없는 말만은 '웃'으로 발음되는 형태를 표준어로 삼습니다. 곧 아래와 위의 대립이 없는 말들은 '웃국, 웃기, 웃돈, 웃어른, 웃옷'과 같이 표기하고, 뒷말이 된소리나 거센소리인 말들은 '위짝, 위쪽, 위채, 위층, 위치마, 위팔, 위턱'과 같이 표기하며, 그 외에는 모두 '윗'으로 표기합니다.

제3절 준말

제14항 준말이 널리 쓰이고 본말이 잘 쓰이지 않는 경우에는, 준말만을 표준어로 삼는다. (ㄱ을 표준어로 삼고, ㄴ을 버림.)

ㄱ	ㄴ	비　고
귀찮다	귀치 않다	
김	기음	~매다
똬리	또아리	
무	무우	~강즙, ~말랭이, ~생채, 가랑~, 갓~, 왜~, 총각~
미다	무이다	1. 털이 빠져 살이 드러나다 2. 찢어지다
뱀	배암	
뱀-장어	배암-장어	
빔	비음	설~, 생일~
샘	새암	~바르다, ~바리
생-쥐	새앙-쥐	
솔개	소리개	
온-갖	온-가지	
장사-치	장사-아치	

제15항 준말이 쓰이고 있더라도, 본말이 널리 쓰이고 있으면 본말을 표준어로 삼는다. (ㄱ을 표준어로 삼고, ㄴ을 버림.)

ㄱ	ㄴ	비　고
경황-없다	경-없다	
궁상-떨다	궁-떨다	
귀이-개	귀-개	
낌새	낌	
낙인-찍다	낙-하다/낙-치다	
내왕-꾼	냉-꾼	
돗-자리	돗	
뒤웅-박	뒝-박	
뒷물-대야	뒷-대야	
마구-잡이	막-잡이	
맵자-하다	맵자다	모양이 제격에 어울리다
모이	모	
벽-돌	벽	
부스럼	부럼	정월 보름에 쓰는 '부럼'은 표준어임.
살얼음-판	살-판	
수두룩-하다	수둑-하다	
암-죽	암	
어음	엄	

ㄱ	ㄴ	비　고
일구다 죽 – 살이 퇴박 – 맞다 한통 – 치다	일다 죽 – 살 퇴 – 맞다 통 – 치다	

[붙임] 다음과 같이 명사에 조사가 붙은 경우에도 이 원칙을 적용한다. (ㄱ을 표준어로 삼고, ㄴ을 버림.)

ㄱ	ㄴ	비　고
아래 – 로	알 – 로	

제16항 준말과 본말이 다 같이 널리 쓰이면서 준말의 효용이 뚜렷이 인정되는 것은, 두 가지를 다 표준어로 삼는다. (ㄱ은 본말이며, ㄴ은 준말임.)

ㄱ	ㄴ	비　고
거짓 – 부리 노을 막대기 망태기 머무르다 서두르다 서투르다 석새 – 삼베 시 – 누이 오 – 누이 외우다 이기죽 – 거리다 찌꺼기	거짓 – 불 놀 막대 망태 머물다 서둘다 서툴다 석새 – 베 시 – 뉘/시 – 누 오 – 뉘/오 – 누 외다 이죽 – 거리다 찌끼	작은말은 '가짓부리, 가짓불'임. 저녁~ ㄱ 모음 어미가 연결될 때에는 준말의 활용형을 ㄴ 인정하지 않음. 외우며, 외워 : 외며, 외어 '찌꺽지'는 비표준어임.

제4절 단수 표준어

제17항 비슷한 발음의 몇 형태가 쓰일 경우, 그 의미에 아무런 차이가 없고, 그 중 하나가 더 널리 쓰이면, 그 한 형태만을 표준어로 삼는다. (ㄱ을 표준어로 삼고, ㄴ을 버림.)

ㄱ	ㄴ	비　고
거든 – 그리다 구어 – 박다 귀 – 고리	거둥 – 그리다 구워 – 박다 귀엣 – 고리	1. 거든하게 거두어 싸다 2. 작은말은 '가든 – 그리다'임. 사람이 한 군데에서만 지내다

귀 – 띔	귀 – 팀	
귀 – 지	귀에 – 지	
까딱 – 하면	까땍 – 하면	
꼭두 – 각시	꼭둑 – 각시	
내색	나색	감정이 나타나는 얼굴빛
내숭 – 스럽다	내흉 – 스럽다	
냠냠 – 거리다	얌냠 – 거리다	냠냠 – 하다
냠냠 – 이	얌냠 – 이	
너[四]	네	~ 돈, ~ 말~, ~ 발, ~ 푼
넉[四]	너/네	~ 냥, ~ 되, ~ 섬, ~ 자
다다르다	다닫다	
댑 – 싸리	대 – 싸리	
더부룩 – 하다	더뿌룩 – 하다/듬뿌룩 – 하다	
– 던	– 든	선택, 무관의 뜻을 나타내는 어미는 '– 든'임.
– 던가	– 든가	가 – 든(지) 말 – 든(지), 보 – 든(가) 말 – 든(가)
– 던걸	– 든걸	
– 던고	– 든고	
– 던데	– 든데	
– 던지	– 든지	
– (으)려고	– (으)ㄹ려고/ – (으)ㄹ라고	
– (으)려야	– (으)ㄹ려야/ – (으)ㄹ래야	
망가 – 뜨리다	망그 – 뜨리다	
멸치	며루치/메리치	
반빗 – 아치	반비 – 아치	'반빗' 노릇을 하는 사람. 찬비(饌婢) '반비'는 밥짓는 일을 맡은 계집종
보습	보십/보섭	
본새	뽄새	
봉숭아	봉숭화	'봉선화'도 표준어임.
뺨 – 따귀	뺨 – 따귀/뺨 – 따구니	'뺨'의 비속어임.
뻐개다[斫]	뻐기다	두 조각으로 가르다.
뻐기다[誇]	뻐개다	뽐내다
사자 – 탈	사지 – 탈	
상 – 판대기	쌍 – 판대기	
서[三]	세/석	~ 돈, ~ 말~, ~ 발, ~ 푼
석[三]	세	~ 냥, ~ 되, ~ 섬, ~ 자
설령(設令)	서령	
– 습니다	– 읍니다	먹습니다, 받습니다, 없습니다, 있습니다, 좋습니다, 모음 뒤에는 '– ㅂ니다'임.
시름 – 시름	시늠 – 시늠	
씀벅 – 씀벅	썸벅 – 썸벅	
아궁이	아궁지	
아내	안해	
어 – 중간	어지 – 중간	
오금 – 팽이	오금 – 탱이	
오래 – 오래	도래 – 도래	돼지 부르는 소리

-올시다	-올습니다	
옹골-차다	공골-차다	작은말은 '오도카니'임.
우두커니	우두머니	
잠-투정	잠-투세/잠-주정	
재봉-틀	자봉-틀	발~, 손~
짓-무르다	짓-물다	
짚-북데기	짚-북세기	'짚북더기'도 비표준어임.
쪽	짝	편(便). 이~, 그~, 저~
		다만, '아무-짝'은 '짝'임.
천장(天障)	천정	'천정부지(天井不知)'는 '천정'임.
코-맹맹이	코-맹녕이	
흉-업다	흉-헙다	

제5절 복수 표준어

제18항 다음 단어는 ㄱ을 원칙으로 하고, ㄴ도 허용한다.

ㄱ	ㄴ	비 고
네	예	
쇠-	소-	-가죽, -고기, -기름, -머리, -뼈
괴다	고이다	물이 ~, 밑을 ~
꾀다	꼬이다	어린애를 ~, 벌레가 ~
쐬다	쏘이다	바람을 ~
죄다	조이다	나사를 ~
쬐다	쪼이다	볕을 ~

제19항 어감의 차이를 나타내는 단어 또는 발음이 비슷한 단어들이 다 같이 널리 쓰이는 경우에는, 그 모두를 표준어로 삼는다. (ㄱ, ㄴ을 모두 표준어로 삼음.)

ㄱ	ㄴ	비 고
거슴츠레-하다	게슴츠레-하다	
고까	꼬까	~신, ~옷
고린-내	코린-내	
교기(驕氣)	갸기	교만한 태도
구린-내	쿠린-내	
꺼림-하다	께름-하다	
나부랭이	너부렁이	

◉ 해설

표준어 사정 원칙 제14항~제16항은 준말과 본말 중에서 표준어를 정하는 규정들이다. 제14항은 '빔, 샘, 생쥐, 솔개, 장사치, 김, 무' 등 준말만을 표준어로 하고, 제15항은 '귀이개, 낌새, 뒤웅박, 모이' 등 본말만을 표준어로 한다고 규정하고 있다. 그러나 제16항에서는 '노을/놀, 막대기/막대, 머무르다/머물다, 오누이/오뉘/오누' 등처럼 본말과 준말이 두루 쓰이면 모두 표준어로 인정하고 있다. 이 중 '머무르다/머물다, 서두르다/서둘다, 서투르다/서툴다' 등은 자음으로 시작하는 어미와의 활용에서는 '머무르고/머물고, 머무르네/머무네' 등처럼 복수 표준어를 인정한다. 하지만 모음으로 시작하는 어미와의 활용에서는 '머물러, 머무르니, 머물러야' 등만 인정하고, '머물어, 머물으니, 머물어야' 등은 인정하지 않는다.

표준어 사정 원칙 제18항은 '네'에 대해서 '예', '쇠고기'에 대해서 '소고기'처럼 어느 하나가 줄임말의 성격을 지니는 것들을 복수로 표준어로 인정한 규정이다. 이 규정에 따라 대답하는 말은 '네'를 원칙으로 하되 '예'를 허용한다. 이로써 한국어의 대답하는 말은 평칭에 '응'과 '아니'가 있고, 경칭에 '네/예'와 '아니요'가 있는 것이다. 또한 이 제18항에 따라 '쇠고기/소고기', '쐬다/쏘이다', '죄다//쪼이다' 등도 복수 표준어이다.

표준어 사정 원칙 제19항은 어감의 차이를 나타내는 단어들 '고까/꼬까, 거슴츠레하다/게슴츠레하다' 등을 복수 표준어로 인정하는 규정이다. 2011년 새로 복수 표준어로 인정받은 다음과 같은 말들도 제19항의 예들과 같은 성격이다.

걸리적거리다	거치적거리다	두리뭉실하다	두루뭉술하다
맨숭맨숭/맹숭맹숭	맨송맨송	바둥바둥	바동바동
새초롬하다	새치름하다	아웅다웅	아옹다옹
야멸차다	야멸치다	오손도손	오순도순
찌뿌둥하다	지뿌듯하다	추근거리다	치근거리다

◉ 질문과 대답

문 표준어 사정 원칙 제16항을 보면 '준말과 본말이 다 같이 널리 쓰이면서 준말의 효용이 뚜렷이 인정되는 것은, 두 가지를 다 표준어로 삼는다.'라고 나와 있는데요. 여기서 준말의 효용이란 구체적으로 무엇을 말하는 건가요?

답 표준어 사정 원칙 제16항 '준말과 본말이 다 같이 널리 쓰이면서 준말의 효용이 뚜렷이 인정되는 것은, 두 가지를 다 표준어로 삼는다.'에서 '준말의 효용이 뚜렷이 인정되는 것'이란, 본말이나 준말의 세력이 대등하여 어느 것 한 가지만을 표준어로 정하기 어려움을 의미합니다. 따라서 이럴 때는 본말과 준말을 둘 다 표준어로 인정합니다. 이는 제14항과 제15항에서처럼 준말과 본말의 세력이 달라서 둘 중 세력이 더 큰 하나만을 표준어로 인정하는 것과는 다릅니다.

문 표준어 사정 원칙 중 제17항에서는 '비슷한 발음의 몇 형태가 쓰일 경우, 그 의미에 아무런 차이가 없고, 그 중 하나가 더 널리 쓰이면, 그 한 형태만을 표준어로 삼는다.'고 하였고, 제19항에서는 '어감의 차이를 나타내는 단어 또는 발음이 비슷한 단어들이 다 같이 널리 쓰이는 경우에는, 그 모두를 표준어로 삼는다.'고 하였는데, 단수 표준어를 취하는 것 중에서도 어감의 차이를 보이는 것들이 있지 않나요? 정확히 어감의 차이란 무엇을 말하는지 알고 싶습니다.

답 표준어 규정 제17항에 '비슷한 발음의 몇 형태가 쓰일 경우, 그 의미에 아무런 차이가 없고, 그 중 하나가 더 널리 쓰이면, 그 한 형태만을 표준어로 삼는다.'고 한 것은 문제의 말들이 단순히 발음상의 차이만 있으므로 둘 또는 그 이상의 형태 중에서 더 일반적으로 쓰이는 형태 하나만을 표준어로 삼는다는 말입니다. 그러나 제19항에서는 '어감의 차이를 나타내는 단어 또는 발음이 비슷한 단어들이 다 같이 널리 쓰이는 경우에는, 그 모두를 표준어로 삼는다.'고 하여 '어감의 차이'를 복수 표준어를 인정하는 기준으로 삼고 있습니다. 여기서 '어감의 차이'는 어떤 단어들이 기본 의미와 어원은 같지만 느낌만이 다른 것을 말합니다. 제19항에 나오는 단어들은 모두 큰말/작은말, 센말/여린말 등의 관계를 보이는 낱말들이고 이것을 '어감의 차이'라 부른 것입니다.

문 문법 책에서 고유어 수사인 '셋'과 '넷'이 수 관형사를 수식할 때 분류사인 '달, 잔, 장' 등과 결합하는 경우 각각 '석 달, 넉 달/석 잔, 넉 잔/석 장, 넉 장'의 형태로 나타난다고 강조했는데, 생각해 보았더니 실제 언어생활에서 '세 달, 네 달/세 잔, 네 잔/세 장, 네 장'으로 하는 경우가 종종 있는 것 같습니다. 그럼 '세 달, 네 달/세 잔,

네 잔/세 장, 네 장'은 바르지 않은 표현인가요? 아니면 두 가지 다 허용되는 표현이에요?

답 표준어 규정 제17항에는 단위를 나타내는 말 중 '냥, 되, 섬, 자' 앞에는 수 관형사로 '석'이나 '넉'을 쓰도록 하고, '돈, 말, 발, 푼' 앞에는 '서'나 '너'를 쓰도록 하고 있습니다. 이 경우에 '세'나 '네'를 쓰는 것을 표준이 아니라고 보는 것입니다. 따라서 실제 언어생활에서 '냥, 되, 섬, 자', '돈, 말, 발, 푼' 앞에 '세'나 '네'를 쓰는 사례가 있다고 하더라도 표준어로는 인정할 수 없습니다. 그러나 '냥, 되, 섬, 자', '돈, 말, 발, 푼' 이외의 명사나 단위 명사 앞에 '세'나 '네'를 쓰는 것에는 제한이 없습니다. '석 달, 넉 달/석 잔, 넉 잔/석 장, 넉 장' 역시 표준어 규정에 특별한 제한이 없으므로 틀린 표현은 아닙니다. '냥, 되, 섬, 자', '돈, 말, 발, 푼' 앞에 쓰는 이러한 수 관형사는 관용적인 것이므로 용법을 별도로 익혀 두어야 할 것입니다.

제3장 어휘 선택의 변화에 따른 표준어 규정

제1절 고어

제20항 사어(死語)가 되어 쓰이지 않게 된 단어는 고어로 처리하고, 현재 널리 사용되는 단어를 표준어로 삼는다. (ㄱ을 표준어로 삼고, ㄴ을 버림.)

ㄱ	ㄴ	비 고
난봉	봉	
낭떠러지	낭	
설거지 - 하다	설겆다	
애달프다	애닲다	
오동 - 나무	머귀 - 나무	
자두	오얏	

◕ 해설

표준어의 사정은 한 가지 뜻을 나타내는 몇 개의 낱말이 있을 때, 어떤 원칙을 정하여 단수나 혹은 복수의 낱말을 표준어로 고르는 것이다. 표준어 사정 원칙 제2장에서는 발음의 변화에 의하여 동일한 뜻을 가진 낱말들의 선택 항이 몇이 있을 때, 여러 가지 기준을 정하여 표준어를 골랐다. 이어서 표준어 사정 원칙 제3장은 '발음의 변화와는 관계없이 동일한 의미로 쓰이는 낱말들 중에서 표준어를 정하는 원칙'들을 제시한다.

언어의 변화는 발음, 문법, 어휘 등 언어의 모든 측면에서 이루어진다. 특히 어휘의 변화는 고어와 신어의 경쟁, 고유어와 외래어의 경쟁, 방언과 중앙어의 경쟁 등 여러 가지 이유에서 비롯한다. 위 제3장은 표준어의 선정에 고어, 한자어, 고유어, 방언들 사이에 몇 가지 선택 가능한 동의어들이 있을 때 일정한 기준에 따라 단수나 복수로 표준어를 정하는 내용이다.

표준어 사정 원칙 제20항은 사어(死語)가 되어 쓰이지 않게 된 단어는 고어로 처리하고, 현재 널리 사용되는 단어를 표준어로 삼는다는 규정이다. 보통 고어, 곧 '옛말'은 국어사적으로는 현대한국어가 아닌 근대한국어, 중세한국어, 고대한국어 따위를 나타낼 수 있다. 하지만 표준어 사정 원칙 제20항에서 고어는 어떤 한 시기의 한국어를 딱 고정하여 말하는 것은 아니다. 예를 들어, '자두'는 '오얏 리(李)'처럼 한자어의 뜻을 말할 때 관용적으로 쓰지만, 현대어라고 하기 어렵다. 오늘날 이를 대부분 '자두'라고 하므로 '오얏'은 사어가 된 고어로 보고 '자두'만을 표준어로 삼는 것이다.

제2절 한자어

제21항 고유어 계열의 단어가 널리 쓰이고 그에 대응되는 한자어 계열의 단어가 용도를 잃게 된 것은, 고유어 계열의 단어만을 표준어로 삼는다. (ㄱ을 표준어로 삼고, ㄴ을 버림.)

ㄱ	ㄴ	비 고
가루-약	말-약	
구들-장	방-돌	
길품-삯	보행-삯	
까막-눈	맹-눈	

ㄱ	ㄴ	비고
꼭지-미역	총각-미역	
나뭇-갓	시장-갓	
늙-다리	노닥다리	
두껍-닫이	두껍-창	
떡-암죽	병-암죽	
마른-갈이	건-갈이	
마른-빨래	건-빨래	
메-찰떡	반-찰떡	
박달-나무	배달-나무	
밥-소라	식-소라	큰 놋그릇
사래-논	사래-답	묘지기나 마름이 부쳐 먹는 땅
사래-밭	사래-전	
삯-말	삯-마	
성냥	화곽	
솟을-무늬	솟을-문(~紋)	
외-지다	벽-지다	
움-파	동-파	
잎-담배	잎-초	
잔-돈	잔-전	
조-당수	조-당죽	
죽데기	피-죽	'죽더기'도 비표준어임.
지겟-다리	목-발	지게 동발의 양쪽 다리
짐-꾼	부지-군(負持-)	
푼-돈	분-전/푼-전	
흰-말	백-말/부루-말	'백마'는 표준어임.
흰-죽	백-죽	

제22항 고유어 계열의 단어가 생명력을 잃고 그에 대응되는 한자어 계열의 단어가 널리 쓰이면, 한자어 계열의 단어를 표준어로 삼는다. (ㄱ을 표준어로 삼고, ㄴ을 버림.)

ㄱ	ㄴ	비 고
개다리-소반	개다리-밥상	
겸-상	맞-상	
고봉-밥	높은-밥	
단-벌	홑-벌	
마방-집	마바리-집	馬房~
민망-스럽다/면구-스럽다	민주-스럽다	
방-고래	구들-고래	
부항-단지	뜸-단지	
산-누에	멧-누에	
산-줄기	멧-줄기/멧-발	
수-삼	무-삼	
심-돋우개	불-돋우개	
양-파	둥근-파	

어질 – 병	어질 – 머리
윤 – 달	군 – 달
장력 – 세다	장성 – 세다
제석	젯 – 돗
총각 – 무	알 – 무/알타리 – 무
칫 – 솔	잇 – 솔
포수	총 – 댕이

제3절 방언

제23항 방언이던 단어가 표준어보다 더 널리 쓰이게 된 것은, 그것을 표준어로 삼는다. 이 경우, 원래의 표준어는 그대로 표준어로 남겨 두는 것을 원칙으로 한다. (ㄱ을 표준어로 삼고, ㄴ도 표준어로 남겨 둠.)

ㄱ	ㄴ	비　　고
멍게	우렁쉥이	
물 – 방개	선두리	
애 – 순	어린 – 순	

제24항 방언이던 단어가 널리 쓰이게 됨에 따라 표준어이던 단어가 안 쓰이게 된 것은, 방언이던 단어를 표준어로 삼는다. (ㄱ을 표준어로 삼고, ㄴ을 버림.)

ㄱ	ㄴ	비　　고
귀밑 – 머리	귓 – 머리	
까 – 뭉개다	까 – 무느다	
막상	마기	
빈대 – 떡	빈자 – 떡	
생인 – 손	생안 – 손	준말은 '생 – 손'임.
역 – 겹다	역 – 스럽다	
코 – 주부	코 – 보	

◉ 해설

　표준어 사정 원칙 제21항과 제22항은 고유어 계열의 단어가 한자어 계열보다 널리 쓰이면 고유어 계열을, 그 반대의 경우에는 한자어 계열을 표준어로 삼는다는 내용이다. 한자어와 고유어는 오랜 경쟁 관계였다. '뫼'와 '산', 'ㄱ룸'과 '강'의 대립에서처럼 경쟁의 결과가 한자어의 승리로 끝난 경우도 있고, '사람'과 '인간'처럼 공존하는 경우도 있고, '까막눈'과 '맹눈'의 대립에서처럼 고유어가 우세한 경우도 있다.

한자어는 한국어에서 문어로 발달해 왔지만 고유어와는 성격이 다른 점이 많다. 한자어는 중국어에서는 단음절 한자어가 대부분 단어의 구실을 하지만 한국어 속에서 단음절 한자어는 그 수효가 매우 적다. 한국어 한자어는 두 글자 이상의 한자가 결합하여야 단어로서의 자격을 갖는 경우가 많다. 한자어는 오래된 외래어로서 한국어 속에 들어와 정착하였으나, 조어론적 성격에는 여전히 고유어와 다른 점이 많은 것이다.

표준어 사정 원칙 제24항은 방언이던 단어가 널리 쓰이게 됨에 따라 표준어이던 단어가 안 쓰이게 된 것은, 방언이던 단어를 표준어로 삼는다는 규정이다. 방언이라고 하여 표준어가 될 수 없는 것은 아니다. 방언도 널리 쓰이게 되면 표준어의 자격을 가질 수 있다. 다만 표준어와 방언이 공존하면 위 제23항처럼 복수 표준어로 선정하고, 방언이던 말이 더 널리 쓰이게 되고 표준어가 쓰이지 않으면, 제24항처럼 그 방언만을 표준어로 삼는다.

제4절 단수 표준어

제25항 의미가 똑같은 형태가 몇 가지 있을 경우, 그 중 어느 하나가 압도적으로 널리 쓰이면, 그 단어만을 표준어로 삼는다. (ㄱ을 표준어로 삼고, ㄴ을 버림.)

ㄱ	ㄴ	비　고
-게끔	-게시리	
겸사-겸사	겸지-겸지/겸두-겸두	
고구마	참-감자	
고치다	낫우다	병을 ~
골목-쟁이	골목-자기	
광주리	광우리	
괴통	호구	자루를 박는 부분
국-물	멀-국/말-국	
군-표	군용-어음	

길 – 잡이	길 – 앞잡이	'길라잡이'도 표준어임.
까다롭다	까닭 – 스럽다/까탈 – 스럽다	
까치 – 발	까치 – 다리	선반 따위를 받치는 물건
꼬창 – 모	말뚝 – 모	꼬챙이로 구멍을 뚫으면서 심는 모
나룻 – 배	나루	'나루〔津〕'는 표준어임.
납 – 도리	민 – 도리	
농 – 지거리	기롱 – 지거리	다른 의미의 '기롱지거리'는 표준어임.
다사 – 스럽다	다사 – 하다	간섭을 잘 하다
다오	다구	이리 ~
담배 – 꽁초	담배 – 꼬투리/담배 – 꽁치/담배 – 꽁추	
담배 – 설대	대 – 설대	
대장 – 일	성냥 – 일	
뒤져 – 내다	뒤어 – 내다	
뒤통수 – 치다	뒤꼭지 – 치다	
등 – 나무	등 – 칡	
등 – 때기	등 – 떠리	'등'의 낮은 말
등잔 – 걸이	등경 – 걸이	
떡 – 보	떡 – 충이	
뚝딱 – 단추	딸꼭 – 단추	
매 – 만지다	우미다	
먼 – 발치	먼 – 발치기	
며느리 – 발톱	뒷 – 발톱	
명주 – 붙이	주 – 사니	
목 – 메다	목 – 맺히다	
밀짚 – 모자	보릿짚 – 모자	
바가지	열 – 바가지/열 – 박	
바람 – 꼭지	바람 – 고다리	튜브의 바람을 넣는 구멍에 붙은, 쇠로 만든 꼭지
반 – 나절	나절 – 가웃	그물의 한 가지
반두	독대	
버젓 – 이	뉘연 – 히	
본 – 받다	법 – 받다	
부각	다시마 – 자반	
부끄러워 – 하다	부끄리다	
부스러기	부스럭지	
부지깽이	부지팽이	
부항 – 단지	부항 – 항아리	부스럼에서 피고름을 빨아 내기 위하여 부항을 붙이는 데 쓰는, 자그마한 단지
붉으락 – 푸르락	푸르락 – 붉으락	
비켜 – 덩이	옆 – 사리미	김맬 때에 흙덩이를 옆으로 빼내는 일 또는 그 흙덩이
빙충 – 이	빙충 – 맞이	작은말은 '뱅충이'
빠 – 뜨리다	빠 – 치다	'빠트리다'도 표준어임.
뻣뻣 – 하다	왜굿다	
뽐 – 내다	느물다	
사로 – 잠그다	사로 – 채우다	자물쇠나 빗장 따위를 반 정도만 걸어 놓다

살 – 풀이	살 – 막이	
상투 – 쟁이	상투 – 꼬부랑이	상투 튼 이를 놀리는 말
새앙 – 손이	생강 – 손이	
샛 – 별	새벽 – 별	
선 – 머슴	풋 – 머슴	
섭섭 – 하다	애운 – 하다	
속 – 말	속 – 소리	국악 용어 '속소리'는 표준어임.
손목 – 시계	팔목 – 시계/팔뚝 – 시계	
손 – 수레	손 – 구루마	'구루마'는 일본어임.
쇠 – 고랑	고랑 – 쇠	
수도 – 꼭지	수도 – 고동	
숙성 – 하다	숙 – 지다	
순대	골집	
술 – 고래	술 – 꾸러기/술 – 부대/	
	술 – 보/술 – 푸대	
식은 – 땀	찬 – 땀	
신기 – 롭다	신기 – 스럽다	'신기하다'도 표준어임.
쌍동 – 밤	쪽 – 밤	
쏜살 – 같이	쏜살 – 로	
아주	영판	
안 – 걸이	안 – 낚시	씨름 용어
안다미 – 씌우다	안다미 – 시키다	제가 담당할 책임을 남에게 넘기다
안쓰럽다	안 – 슬프다	
안절부절 – 못하다	안절부절 – 하다	
앉은뱅이 – 저울	앉은 – 저울	
알 – 사탕	구슬 – 사탕	
암 – 내	곁땀 – 내	
앞 – 지르다	따라 – 먹다	
애 – 벌레	어린 – 벌레	
얕은 – 꾀	물탄 – 꾀	
언뜻	펀뜻	
언제나	노다지	
얼룩 – 말	워라 – 말	
– 에는	– 엘랑	
열심 – 히	열심 – 으로	
입 – 담	말 – 담	
자배기	너벅지	
전봇 – 대	전선 – 대	
주책 – 없다	주책 – 이다	'주착→주책'은 제11항 참조
쥐락 – 펴락	펴락 – 쥐락	
– 지만	– 지만서도	← – 지마는
짓고 – 땡	지어 – 땡/짓고 – 땡이	
짧은 – 작	짜른 – 작	
찹 – 쌀	이 – 찹쌀	
청대 – 콩	푸른 – 콩	
칡 – 범	갈 – 범	

제5절 복수 표준어

제26항 한 가지 의미를 나타내는 형태 몇 가지가 널리 쓰이며 표준어 규정에 맞으면, 그 모두를 표준어로 삼는다.

복수 표준어	비 고
가는 – 허리/잔 – 허리	
가락 – 엿/가래 – 엿	
가뭄/가물	
가엾다/가엽다	가엾어/가여워, 가엾은/가여운
감감 – 무소식/감감 – 소식	
개수 – 통/설거지 – 통	'설겆다'는 '설거지-하다'로
개숫 – 물/설거지 – 물	
갱 – 엿/검은 – 엿	
– 거리다/ – 대다	가물-, 출렁-
거위 – 배/횟 – 배	
것/해	내~, 네~, 뉘~
게을러 – 빠지다/게을러 – 터지다	
고깃 – 간/푸줏 – 간	'고깃 – 관, 푸줏 – 관, 다림 – 방'은 비표준어임.
곰곰/곰곰 – 이	
관계 – 없다/상관 – 없다	
교정 – 보다/준 – 보다	
구들 – 재/구재	
귀퉁 – 머리/귀퉁 – 배기	'귀퉁이'의 비어임.
극성 – 떨다/극성 – 부리다	
기세 – 부리다/기세 – 피우다	
기승 – 떨다/기승 – 부리다	
깃 – 저고리/배내 – 옷/배냇 – 저고리	
꼬까/때때/고까	~신, ~옷
꼬리 – 별/살 – 별	
꽃 – 도미/붉 – 돔	
나귀/당 – 나귀	
날 – 걸/세 – 뿔	윷판의 쩰밭 다음의 셋째 밭
내리 – 글씨/세로 – 글씨	
넝쿨/덩굴	'덩쿨'은 비표준어임.
녘/쪽	동~, 서~
눈 – 대중/눈 – 어림/눈 – 짐작	
느리 – 광이/느림 – 보/늘 – 보	
늦 – 모/마냥 – 모	←만이앙 – 모
다기 – 지다/다기 – 차다	
다달 – 이/매 – 달	
– 다마다/ – 고말고	
다박 – 나룻/다박 – 수염	
닭의 – 장/닭 – 장	
댓 – 돌/툇 – 돌	

덧 – 창/겉 – 창	
독장 – 치다/독판 – 치다	
동자 – 기둥/쪼구미	
돼지 – 감자/뚱딴지	
되우/된통/되게	
두동 – 무니/두동 – 사니	윷놀이에서, 두 동이 한데 어울려 가는 말
뒷 – 갈망/뒷 – 감당	
뒷 – 말/뒷 – 소리	
들락 – 거리다/들랑 – 거리다	
들락 – 날락/들랑 – 날랑	
딴 – 전/딴 – 청	
땅 – 콩/호 – 콩	
땔 – 감/땔 – 거리	
– 뜨리다/ – 트리다	깨 –, 떨어 –, 쏟 –
뜬 – 것/뜬 – 귀신	
마룻 – 줄/용총 – 줄	돛대에 매어 놓은 줄 '이어줄'은 비표준어임.
마 – 파람/앞 – 바람	
만장 – 판/만장 – 중(滿場中)	
만큼/만치	
말 – 동무/말 – 벗	
매 – 갈이/매 – 조미	
매 – 통/목 – 매	
먹 – 새/먹음 – 새	'먹음 – 먹이'는 비표준어임.
멀찌감치/멀찌가니/멀찍이	
멱통/산 – 멱/산 – 멱통	
면 – 치레/외면 – 치레	
모 – 내다/모 – 심다	모 – 내기, 모 – 심기
모쪼록/아무쪼록	
목판 – 되/모 – 되	
목화 – 씨/면화 – 씨	
무심 – 결/무심 – 중	
물 – 봉숭아/물 – 봉선화	
물 – 부리/빨 – 부리	
물 – 심부름/물 – 시중	
물추리 – 나무/물추리 – 막대	
물 – 타작/진 – 타작	
민둥 – 산/벌거숭이 – 산	
밑 – 층/아래 – 층	
바깥 – 벽/밭 – 벽	
바른/오른[右]	~손, ~쪽, ~편
발 – 모가지/발 – 목쟁이	'발목의 비속어임.
버들 – 강아지/버들 – 개지	
벌레/버러지	'벌거지, 벌러지'는 비표준어임.
변덕 – 스럽다/변덕 – 맞다	
보 – 조개/볼 – 우물	

보통 - 내기/여간 - 내기/예사 - 내기   '행 - 내기'는 비표준어임.
볼 - 따구니/볼 - 퉁이/볼 - 때기   '볼'의 비속어임.
부침개 - 질/부침 - 질/지짐 - 질   '부치개 - 질'은 비표준어임.
불똥 - 앉다/등화 - 지다/등화 - 앉다
불 - 사르다/사르다
비발/비용(費用)
뽀두라지/뽀루지
살 - 쾡이/삵   삵 - 피
삽살 - 개/삽사리
상두 - 꾼/상여 - 꾼   '상도 - 꾼, 향도 - 꾼'은 비표준어임.
상 - 씨름/소 - 걸이
생/새앙/생강
생 - 뿔/새앙 - 뿔/생강 - 뿔   '쇠뿔'의 형용
생 - 철/양 - 철   1. '서양철'은 비표준어임.
    2. '生鐵'은 '무쇠'임.
서럽다/섧다   '설다'는 비표준어임.
서방 - 질/화냥 - 질
성글다/성기다
- (으)세요/ - (으)셔요
송이/송이 - 버섯
수수 - 깡/수숫 - 대
술 - 안주/안주
- 스레하다/ - 스름하다   거무 -, 발그 -
시늉 - 말/흉내 - 말
시새/세사(細沙)
신/신발
신주 - 보/독보(櫝褓)
심술 - 꾸러기/심술 - 쟁이
씁쓰레 - 하다/씁쓰름 - 하다
아귀 - 세다/아귀 - 차다
아래 - 위/위 - 아래
아무튼/어떻든/어쨌든/하여튼/여하튼
앉음 - 새/앉음 - 앉음
알은 - 척/알은 - 체
애 - 갈이/애벌 - 갈이
애꾸눈 - 이/외눈 - 박이   '외대 - 박이, 외눈 - 퉁이'는 비표준어임.
양념 - 감/양념 - 거리
어금버금 - 하다/어금지금 - 하다
어기여차/어여차
어림 - 잡다/어림 - 치다
어이 - 없다/어처구니 - 없다
어저께/어제
언덕 - 바지/언덕 - 배기
얼렁 - 뚱땅/엄벙 - 뗑
여왕 - 벌/장수 - 벌
여쭈다/여쭙다

여태/입때	
여태 – 껏/이제 – 껏/입때 – 껏	'여직, 여직 – 껏'은 비표준어임.
역성 – 들다/역성 – 하다	'편역 – 들다'는 비표준어임.
연 – 달다/잇 – 달다	
엿 – 가락/엿 – 가래	
엿 – 기름/엿 – 길금	
엿 – 반대기/엿 – 자박	
오사리 – 잡놈/오색 – 잡놈	'오합 – 잡놈'은 비표준어임.
옥수수/강냉이	~떡, ~묵, ~밥, ~튀김
왕골 – 기직/왕골 – 자리	
외겹 – 실/외올 – 실/홑 – 실	'홑겹 – 실, 올 – 실'은 비표준어임.
외손 – 잡이/한손 – 잡이	
욕심 – 꾸러기/욕심 – 쟁이	
우레/천둥	우렛 – 소리, 천둥 – 소리
우지/울 – 보	
을러 – 대다/을러 – 메다	
의심 – 스럽다/의심 – 쩍다	
– 이에요/– 이어요	
이틀 – 거리/당 – 고금	학질의 일종임.
일일 – 이/하나 – 하나	
일찌감치/일찌거니	
입찬 – 말/입찬 – 소리	
자리 – 옷/잠 – 옷	
자물 – 쇠/자물 – 통	
장가 – 가다/장가 – 들다	'서방 – 가다'는 비표준어임.
재롱 – 떨다/재롱 – 부리다	
제 – 가끔/제 – 각기	
좀 – 처럼/좀 – 체	'좀-체로, 좀-해선, 좀-해'는 비표준어임.
줄 – 꾼/줄 – 잡이	
중신/중매	
짚 – 단/짚 – 뭇	
쪽/편	오른~, 왼~
차차/차츰	
책 – 씻이/책 – 거리	
척/체	모르는 ~, 잘난 ~
천연덕 – 스럽다/천연 – 스럽다	
철 – 따구니/철 – 딱서니/철 – 딱지	'철 – 때기'는 비표준어임.
추어 – 올리다/추어 – 주다	'추켜 – 올리다'는 비표준어임.
축 – 가다/축 – 나다	
침 – 놓다/침 – 주다	
통 – 꼭지/통 – 젖	통에 붙은 손잡이
파자 – 쟁이/해자 – 쟁이	점치는 이
편지 – 투/편지 – 틀	
한턱 – 내다/한턱 – 하다	
해웃 – 값/해웃 – 돈	'해우 – 차'는 비표준어임.
혼자 – 되다/홀로 – 되다	
흠 – 가다/흠 – 나다/흠 – 지다	

◉ 질문과 대답

문 표준어 규정 중에 '겸상, 방고래, 부항 단지, 산누에, 산줄기'와 같이 순우리말이 있지만 널리 쓰이지 않아서 한자어를 표준어로 삼고 우리말을 버린다는 규정이 있는데요. 제가 보기에는 이것들의 순우리말인 '맞상, 구들 고래, 뜸단지, 멧누에, 멧줄기' 등은 지금 써도 거부감이나 이질감 없이 자연스럽게 사용할 수 있을 것이라고 보거든요. 근데 이것들을 비표준어로 규정해 버린다는 것은 지금 국립국어원이나 국어 관련 단체들이 하는 순우리말 사용 장려 정책과는 맞지 않는다고 보는데 이것에 대해 어떻게 생각하시는지 궁금합니다.

답 질문자님처럼 생각하시는 분들도 적지 않으리라 봅니다. 이 같은 태도로 우리 국어를 사랑하여, 순우리말을 일상 언어생활에서도 널리 사용하고, 그것이 상용화된다면, 언젠가는 질문자님의 바람처럼 표준어로 정착하지 않을까 생각합니다.

문 '주책없다/주책이다/주책을 부리다/주책을 떨다'에 대하여 궁금합니다.

답 '주책없다'는 '일정한 줏대가 없이 이랬다저랬다 하여 몹시 실없다.'의 뜻입니다. 그동안 이런 뜻으로 '주책이다'를 쓰는 것은 잘못으로 보았지만, 2017년 1월 1일부터는 '주책이다'도 '주책없다'와 어감의 차이만 있는 '표준형'으로 인정하였습니다. 표준형이라는 것은 '주책'에 서술격 조사 '이다'가 결합한 형식을 표준으로 본다는 뜻입니다. '주책'은 표준 국어 대사전의 설명을 보면 두 가지 뜻을 가진 단어로 나옵니다. 곧, ① '일정하게 자리 잡힌 주장이나 판단력'이라는 긍정적인 의미와 ② '일정한 줏대가 없이 되는 대로 하는 짓'이라는 부정적인 의미가 그것입니다. '주책없다'는 이 의미들 중 전자의 의미와 관련이 있습니다. '주책'이 후자 ②의 의미를 가지는 경우는 '주책을 떨다/주책을 부리다/주책이 심하다' 등의 표현이 모두 가능합니다. '주책이다'도 ②의 의미를 가진 '주책'에 조사 '이다(조사)'가 결합한 것입니다.

문 '엿기름과 엿길금', 둘이 같은 뜻이 맞나요? 맞다면 '엿길금'의 어원이나, 왜 '엿기름'과 같은 뜻인지 알고 싶어요.

답 '엿기름'과 '엿길금'은 같은 뜻을 가진 복수 표준어입니다. 밑말을 고려하면 각각 '엿-기름', '엿-길금'으로 분석할 수 있습니다. '기름'은 '기르다'의 명사형이고, '길금'은 '기름'의 방언형으로 추정됩니다. 전라도 방언에서는 '엿지름', '엿질금'이라고도 하는데, 여기의 '지름', '질금' 역시 '기르다>지르다'의 방언형으로 추정됩니다.

문 '합시다'의 존대말이 '하시겠습니다'입니까? 예배 시간에 기도를 인도하시는 분이 기도 시작하기 전 "기도하시겠습니다."라고 한 후 기도를 합니다. 회중을 높이 생각하고 존중하는 의미로 쓰이는 말 같은데 아무래도 듣기가 거북하여 질문 올립니다. '기도한다'의 존대말은 '기도하신다' 같은데……, 당사자가 기도하기 전 기도하시겠다고 말한다면 자신을 높이는 어처구니없는 말 같은데 전문인의 조언을 구합니다. '기도합시다'가 바른 말 같은데 '합시다'의 존댓말은 어떤 형태인지 알려주세요.

답 질문하신 분은 우리말을 바르게 쓰시려고 각별히 애쓰시는 분이시군요. 예배 시간에 기도를 인도하시는 분이 기도를 시작하기 전에 "기도하시겠습니다."라고 한 후 기도를 하는 것은, 질문하신 분의 말씀처럼, 회중을 존중하여 높이는 말로 받아들일 수 있을 뿐만 아니라 실제로도 상당한 세력을 갖고 있습니다. 그러나 이런 표현은 지적하신 것처럼, 말하는 사람이 '스스로 기도하는 것'을 가리켜 말할 수는 없고, '기도하십시오.' 또는 '기도합시다.'처럼 말해야 할 경우에, 위에서 말한 것처럼, 듣는 이를 더욱 높이 대접하여 공손하게 말할 경우에만 가능합니다. 말하는 사람 스스로의 경우라면 '기도하겠습니다.'라 하여야 합니다. 혹 이런 설명을 들으시면서, '기도하십시오.' 또는 '기도합시다.'와 같은 의미 전달이 분명한 표현을 두고 '기도하시겠습니다.'와 같은 (생각하기에 따라서는) 애매한 표현을 굳이 써야 하며 그것이 우리말 어법에 맞느냐는 궁금증을 가질 수 있을 것입니다. 답은 어떤 표현을 쓰느냐 하는 것은 말하는 사람의 선택 문제이며, 듣는 이를 높이기 위한 일종의 완곡한 어법이라는 것입니다. 묻는 말이나 명령, 청유하는 말은 듣는 이로 하여금 그 말에 응대를 요구하는 말입니다. 그러므로 '합니까, 하십시오, 합시다'와 같은 표현은 우리말의 높임법 체계상 더 높일 수 없는 가장 윗 단계의 표현임에 틀림없지만, 듣는 이가 반응을 해야 한다는 점에서 말하는 이가 부담을 느낄 수 있습니다. 이런 심리적 부담을 덜기 위해서, 말하는 이는 '의문, 명령, 청유'의 말 대신에 '듣는 이가 응대를 하지 않아도 되는 진술'인 평서문으로 말할 수도 있습니다. 예를 들면, 사장을 모시고 다중이 모이는 자리에 간 사원이 좋은 자리를 찾은 뒤, "사장님, 이쪽으로 오십시오."라고 하지 않고, "사장님, 여기 좋은 자리가 있습니다."라고 말하는 경우입니다. 태어나면서부터 같은 한국말을 써 온 같은 민족이지만 우리말에 대한 어감은 말할 것도 없고 심하면 어법에 대한 판단조차 같을 수는 없습니다. 질문하신 분처럼 익숙하지 않은 표현들에 대해서도 소홀히 넘기지 않고 관심을 갖는 것이 우리말을 아름답고 바르게 가꾸는 좋은 길이라 생각하고, 이 자리에서 질문하신 분께 우리말을 공부하는 사람으로서 감사를 드립니다.

[부록]

▌2011년 추가한 표준어 39개

현재 표준어와 별도의 표준어로 추가한 것(25개)

추가된 표준어	기존 표준어	뜻 차이
~길래	~기에	~길래: '~기에'의 구어적 표현
개발새발	괴발개발	'괴발개발'은 고양이의 발과 개의 발이라는 뜻이고, '개발새발'은 개의 발과 새의 발이라는 뜻임.
나래	날개	'나래'는 날개의 문학적 표현
내음	냄새	'내음'은 향기롭거나 나쁘지 않은 냄새로 제한됨.
눈꼬리	눈초리	'눈초리'는 어떤 대상을 바라볼 때 눈에 나타나는 표정. 예: 매서운 눈초리 '눈꼬리'는 눈의 귀 쪽으로 째진 부분
떨구다	떨어뜨리다	'떨구다'에 시선을 '아래로 향하다'라는 뜻이 있음.
뜨락	뜰	'뜨락'에 추상적 공간을 비유하는 뜻이 있음.
먹거리	먹을거리	'먹거리'는 사람이 살아가기 위해 먹는 음식을 통틀어 이름
메꾸다	메우다	'메꾸다'는 무료한 시간을 적당히 또는 그럭저럭 흘러가게 하다는 뜻
손주	손자	'손자'는 아들의 아들, 또는 딸의 아들 '손주'는 손자와 손녀를 아울러 이르는 말
어리숙하다	어수룩하다	'어수룩하다'는 순박함/순진함의 뜻이 강한 반면에, '어리숙하다'는 어리석음의 뜻이 강함.
연신	연방	'연신'이 반복성을 강조한다면, '연방'은 연속성을 강조
횡하니	휭허케	'휭허케'는 '횡하니'의 예스러운 표현
걸리적거리다	거치적거리다	자음 또는 모음의 차이로 인한 어감 및 뜻의 차이 존재
두리뭉실하다	두루뭉술하다	
맨숭맨숭/맹숭맹숭	맨송맨송	
바둥바둥	바동바동	
새초롬하다	새치름하다	
아웅다웅	아옹다옹	
야멸차다	야멸치다	
오손도손	오순도순	
찌뿌둥하다	지뿌듯하다	
추근거리다	치근거리다	

현재 표준어와 같은 뜻으로 추가한 복수 표준어(11개)

추가된 표준어	기존 표준어
간지럽히다	간질이다
남사스럽다	남우세스럽다
등물	목물
맨날	만날
묫자리	묏자리
복숭아뼈	복사뼈
세간살이	세간
쌉싸름하다	쌉싸래하다
토란대	고운대
허접쓰레기	허섭스레기
흙담	토담

두 가지 표기를 모두 표준어로 인정한 것(3개)

추가된 표준어	기존 표준어
택견	태껸
품새	품세
짜장면	자장면

▌2014년 추가한 표준어(13개)

현재 표준어와 같은 뜻의 복수 표준어로 인정한 것(5개)

추가 표준어	현재 표준어
구안와사	구안괘사
굽신*	굽실
눈두덩이	눈두덩
삐지다	삐치다
초장초	작장초

* '굽신'을 표준어로 인정함에 따라, '굽신거리다, 굽신대다, 굽신하다, 굽신굽신, 굽신굽신하다' 등도 표준어로 함께 인정함.

현재 표준어와 뜻이나 어감이 차이가 나는 별도의 표준어로 인정한 것(8개)

추가 표준어	현재 표준어	뜻 차이
개기다	개개다	개기다: (속되게) 명령이나 지시를 따르지 않고 버티거나 반항하다. (※ 개개다: 성가시게 달라붙어 손해를 끼치다.)
꼬시다	꾀다	꼬시다: '꾀다'를 속되게 이르는 말. (※ 꾀다: 그럴듯한 말이나 행동으로 남을 속이거나 부추겨서 자기 생각대로 끌다.)
놀잇감	장난감	놀잇감: 놀이 또는 아동 교육 현장 따위에서 활용되는 물건이나 재료. (※ 장난감: 아이들이 가지고 노는 여러 가지 물건.)
딴지	딴죽	딴지: (주로 '걸다, 놓다'와 함께 쓰여) 일이 순순히 진행되지 못하도록 훼방을 놓거나 어기대는 것. (※ 딴죽: 이미 동의하거나 약속한 일에 대하여 딴전을 부림을 비유적으로 이르는 말.)
사그라들다	사그라지다	사그라들다: 삭아서 없어져 가다. (※ 사그라지다: 삭아서 없어지다.)
섬찟*	섬뜩	섬찟: 갑자기 소름이 끼치도록 무시무시하고 끔찍한 느낌이 드는 모양. (※ 섬뜩: 갑자기 소름이 끼치도록 무섭고 끔찍한 느낌이 드는 모양.)
속앓이	속병	속앓이: 「1」 속이 아픈 병. 또는 속에 병이 생겨 아파하는 일. 「2」 겉으로 드러내지 못하고 속으로 걱정하거나 괴로워하는 일. (※ 속병: 「1」 몸속의 병을 통틀어 이르는 말. 「2」 '위장병01'을 일상적으로 이르는 말. 「3」 화가 나거나 속이 상하여 생긴 마음의 심한 아픔.
허접하다	허접스럽다	허접하다: 허름하고 잡스럽다. (※허접스럽다: 허름하고 잡스러운 느낌이 있다.)

* '섬찟'을 표준어로 인정함에 따라, '섬찟하다. 섬찟섬찟. 섬찟섬찟하다' 등도 표준어로 함께 인정함.

▌2015년 추가한 표준어(9개), 표준형(2개)

현재 표준어와 같은 뜻을 가진 복수 표준어로 인정한 것(4개)

추가 표준어	현재 표준어	비고
마실	마을	• '이웃에 놀러 다니는 일'의 의미에 한하여 표준어로 인정함. '여러 집이 모여 사는 곳'의 의미로 쓰인 '마실'은 비표준어임. • '마실꾼, 마실방, 마실돌이, 밤마실'도 표준어로 인정함. (예문) 나는 아들의 방문을 열고 이모네 마실 갔다 오마고 말했다.
이쁘다	예쁘다	• '이쁘장스럽다, 이쁘장스레, 이쁘장하다. 이쁘디이쁘다'도 표준어로 인정함. (예문) 어이구, 내 새끼 이쁘기도 하지.
찰지다	차지다	• 사전에서 〈'차지다'의 원말〉로 풀이함. (예문) 화단의 찰진 흙에 하얀 꽃잎이 화사하게 떨어져 날리곤 했다.
-고프다	-고 싶다	• 사전에서 〈'-고 싶다'가 줄어든 말〉로 풀이함. (예문) 그 아이는 엄마가 보고파 앙앙 울었다.

현재 표준어와 뜻이 다른 별도 표준어로 인정한 것(5개)

추가 표준어	현재 표준어	뜻 차이
꼬리연	가오리연	• 꼬리연: 긴 꼬리를 단 연. ※ 가오리연: 가오리 모양으로 만들어 꼬리를 길게 단 연. 띄우면 오르면서 머리가 아래위로 흔들린다. (예문) 행사가 끝날 때까지 하늘을 수놓았던 대형 꼬리연도 비상을 꿈꾸듯 끊임없이 창공을 향해 날아올랐다.
의론	의논	• 의론(議論): 어떤 사안에 대하여 각자의 의견을 제기함. 또는 그런 의견. ※ 의논(議論): 어떤 일에 대하여 서로 의견을 주고 받음. • '의론되다, 의론하다'도 표준어로 인정함. (예문) 이러니저러니 의론이 분분하다.
이크	이키	• 이크: 당황하거나 놀랐을 때 내는 소리. '이키'보다 큰 느낌을 준다. ※ 이키: 당황하거나 놀랐을 때 내는 소리. '이끼'보다 거센 느낌을 준다. (예문) 이크, 이거 큰일 났구나 싶어 허겁지겁 뛰어갔다.
잎새	잎사귀	• 잎새: 나무의 잎사귀. 주로 문학적 표현에 쓰인다. ※ 잎사귀: 낱낱의 잎. 주로 넓적한 잎을 이른다. (예문) 잎새가 몇 개 남지 않은 나무들이 창문 위로 뻗어올라 있었다.
푸르르다	푸르다	• 푸르르다: '푸르다'를 강조할 때 이르는 말. ※ 푸르다: 맑은 가을 하늘이나 깊은 바다, 풀의 빛깔과 같이 밝고 선명하다. • '푸르르다'는 '으불규칙용언'으로 분류함. (예문) 겨우내 찌푸리고 있던 잿빛 하늘이 푸르르게 맑아 오고 어디선지도 모르게 흙 냄새가 뭉클하니 풍겨 오는 듯한 순간 벌써 봄이 온 것을 느낀다.

현재 표준적인 활용형과 용법이 같은 활용형으로 인정한 것(2개)

추가 표준형	현재 표준형	비고
말아 말아라 말아요	마 마라 마요	• '말다'에 명령형어미 '-아', '-아라', '-아요' 등이 결합할 때는 어간 끝의 'ㄹ'이 탈락하기도 하고 탈락하지 않기도 함. (예문) 내가 하는 말 농담으로 듣지 마/말아. 얘야, 아무리 바빠도 제사는 잊지 마라/말아라. 아유, 말도 마요/말아요.
노랗네 동그랗네 조그맣네 …	노라네 동그라네 조그마네 …	• ㅎ불규칙용언이 어미 '-네'와 결합할 때는 어간 끝의 'ㅎ'이 탈락하기도 하고 탈락하지 않기도 함. • '그렇다, 노랗다, 동그랗다, 뿌옇다, 어떻다, 조그맣다, 커다랗다' 등등 모든 ㅎ불규칙용언의 활용형에 적용됨. (예문) 생각보다 훨씬 노랗네/노라네. 이 빵은 동그랗네/동그라네. 건물이 아주 조그맣네/조그마네.

▌2016년 추가한 표준어(4개), 표준형(2개)

현재 표준어와 뜻이 다른 별도 표준어로 인정한 것(4개)

추가 표준어	현재 표준어	뜻 차이
걸판지다	거방지다	걸판지다〔형용사〕① 매우 푸지다. ¶ 술상이 걸판지다 / 마침 눈먼 돈이 생긴 것도 있으니 오늘 저녁은 내가 걸판지게 사지. ② 동작이나 모양이 크고 어수선하다. ¶ 싸움판은 자못 걸판져서 구경거리였다. / 소리판은 옛날이 걸판지고 소리할 맛이 났었지. 거방지다〔형용사〕① 몸집이 크다. ② 하는 짓이 점잖고 무게가 있다. ③ =걸판지다①.
겉울음	건울음	겉울음〔명사〕① 드러내 놓고 우는 울음. ¶ 꼭꼭 참고만 있다 보면 간혹 속울음이 겉울음으로 터질 때가 있다. ② 마음에도 없이 겉으로만 우는 울음. ¶ 눈물도 안 나면서 슬픈 척 겉울음 울지 마. 건울음〔명사〕 =강울음. 강울음〔명사〕 눈물 없이 우는 울음, 또는 억지로 우는 울음.
까탈스럽다	까다롭다	까탈스럽다〔형용사〕① 조건, 규정 따위가 복잡하고 엄격하여 적응하거나 적용하기에 어려운 데가 있다. '가탈스럽다①'보다 센 느낌을 준다. ¶ 까탈스러운 공정을 거치다 / 규정을 까탈스럽게 정하다 / 가스레인지에 길들여진 현대인들에게 지루하고 까탈스러운 숯 굽기 작업은 쓸데없는 시간 낭비로 비칠 수도 있겠다. ② 성미나 취향 따위가 원만하지 않고 별스러워 맞춰 주기에 어려운 데가 있다. '가탈스럽다②'보다 센 느낌을 준다. ¶ 까탈스러운 입맛 / 성격이 까탈스럽다 / 딸아이는 사 준 옷이 맘에 안 든다고 까탈스럽게 굴었다. ※ 같은 계열의 '가탈스럽다'도 표준어로 인정함. 까다롭다〔형용사〕① 조건 따위가 복잡하거나 엄격하여 다루기에 순탄하지 않다. ② 성미나 취향 따위가 원만하지 않고 별스럽게 까탈이 많다.
실뭉치	실몽당이	실뭉치〔명사〕 실을 한데 뭉치거나 감은 덩이. ¶ 뒤엉킨 실뭉치 / 실뭉치를 풀다 / 그의 머릿속은 엉클어진 실뭉치같이 갈피를 못 잡고 있었다. 실몽당이〔명사〕 실을 풀기 좋게 공 모양으로 감은 뭉치.

추가 표준형(2개)

추가 표준형	현재 표준형	비고
엘랑	에는	• 표준어 규정 제25항에서 '에는'의 비표준형으로 규정해 온 '엘랑'을 표준형으로 인정함. • '엘랑' 외에도 'ㄹ랑'에 조사 또는 어미가 결합한 '에설랑, 설랑, -고설랑, -어설랑, -질랑'도 표준형으로 인정함. • '엘랑, -고설랑' 등은 단순한 조사/어미 결합형이므로 사전 표제어로는 다루지 않음. (예문) 서울엘랑 가지를 마오. 　　　 교실에설랑 떠들지 마라. 　　　 나를 앞에 앉혀놓고설랑 자기 아들 자랑만 하더라.
주책이다	주책없다	• 표준어 규정 제25항에 따라 '주책없다'의 비표준형으로 규정해 온 '주책이다'를 표준형으로 인정함. • '주책이다'는 '일정한 줏대가 없이 되는대로 하는 짓'을 뜻하는 '주책'에 서술격조사 '이다'가 붙은 말로 봄. • '주책이다'는 단순한 명사+조사 결합형이므로 사전 표제어로는 다루지 않음. (예문) 이제 와서 오래 전에 헤어진 그녀를 떠올리는 나 자신을 보며 '나도 참 주책이군' 하는 생각이 들었다.

2017년 추가하거나 수정한 표준어(8개)

추가한 표준어(3개)

추가 표준어	뜻
기다래지다	기다랗게 되다
이보십시오	듣는 이를 부를 때 쓰는 말. '합쇼' 할 자리에 쓴다. ※ '이보세요, 이보쇼, 이보시게, 이봅시오, 이봐요' 등도 함께 표준어로 인정한다.
기-	접두사로서 '그것이 이미 된, 그것을 이미 한'의 뜻. 예) 기구축, 기수강, 기출석 등.

뜻 수정한 표준어(2개)

뜻 수정 표준어	수정한 뜻
개사	'노랫말을 고치거나 다시 짓다.'라는 뜻 추가.
미망인	'아직 따라 죽지 못한 사람이라는 뜻으로 남편이 죽고 홀로 남은 여자'를 이르는 말이었으나 '남편을 여읜 여자'로 뜻풀이 수정.

표준 발음 수정 표준어(2개)

표준 발음 수정 표준어	수정 내용
효과	기존 표준 발음 〔효과〕와 함께 〔효꽈〕를 새로운 표준 발음으로 인정
관건	기존 표준 발음 〔관건〕와 함께 〔관껀〕을 새로운 표준 발음으로 인정

◎ 질문과 대답

문 2015년에 새로운 표준어 9개 이외에 표준형 2개를 추가하였는데, 표준형 추가에 대한 내용에 '현재 표준적인 활용형과 용법이 같은 활용형으로 인정한 것(2개)으로 '말아, 말아라, 말아요'와 '노랗네, 동그랗네, 조그맣네......' 등을 예시하고 있습니다. 그 정확한 취지가 무엇인지 궁금합니다.

답 한글 맞춤법 제18항에는 어간의 끝에서 'ㄹ'이 줄어질 적에 준 대로 적도록 하고 있습니다. 예를 들면 동사나 보조동사로 쓰는 '말다'는 '마니, 만, 맙니다, 마오'처럼 활용에서 'ㄹ'이 탈락하는 현상이 있을 때 그것을 표기에 반영하라는 것입니다. 또한 명령형 어미 '-아라'나 '-아'가 붙을 때에도 '가지 마라, 가지 마'처럼 'ㄹ'이 준대로 적도록 하고 있습니다. 그런데 2015년에 새로 표준어와 표준형을 추가하면서 '말다'에 명령형어미 '-아', '-아라', '-아요' 등이 결합할 때는 어간 끝의 'ㄹ'이 탈락하는 것이나 탈락하지 않는 것을 모두 인정하여 표기하도록 한 것입니다.

　　예) 가. 내가 하는 말 농담으로 듣지 마/말아.
　　　　나. 얘야, 아무리 바빠도 제사는 잊지 마라/말아라.
　　　　다. 아유, 말도 마요/말아요.

　　한편, '노랗네, 동그랗네, 조그맣네......' 등의 예시는 'ㅎ 불규칙 용언'의 활용형에 관한 것입니다. ㅎ 불규칙 용언들은 어간과 어미가 동시에 불규칙한 용언들입니다. 예를 들면 '노라네, 노란, 노라니' 등에서는 어간이 불규칙하지만, '노래', '까매', '파래지다' 등에서는 어간과 어미가 동시에 불규칙합니다. 2015년의 표준형 변경 내용은 ㅎ 불규칙용언이 어미 '-네'와 결합할 때에는 어간 끝의 'ㅎ'이 탈락하는 것과 탈락하지 않는 것을 모두 인정하여 표기에 반영한다는 것입니다. 따라서 '그렇다, 노랗다, 동그랗다, 뿌옇다, 어떻다, 조그맣다, 커다랗다' 등 모든 ㅎ 불규칙용언은 어미 '-네'와 결합할 때 두 가지의 표준형을 갖게 되었음을 유의하시기 바랍니다.

제1장 총칙

제1항 표준 발음법은 표준어의 실제 발음을 따르되, 국어의 전통성과 합리성을 고려하여 정함을 원칙으로 한다.

● 해설

1936년 조선어 학회의 표준어 사정에서는 발음 규칙을 따로 두지 않았다. 현행 표준 발음법은 1988년 표준어 규정이 제정되면서 처음으로 마련하였다. 총 7장 30개 항으로 이루어진 표준 발음법은 사정된 표준어들의 발음에 대한 규범을 제시하는 것이다. 표준어가 한국어 사용자의 표기법을 통일하려는 큰 목적을 지니고 있는 것과 똑같이 표준 발음법은 한국어 사용자의 발음을 통일하려는 목적을 갖는다.

그러나 발음은 동일 언어 사용자들 사이에서도 개인마다 조금씩 다르기도 하고, 방언에 따라서는 많은 차이를 보이기도 한다. 예를 들면 표준어에서는 [춥꼬, 춥찌, 추워서, 추워] 등으로 발음하는 것을 일부 방언권에서는 [춥꼬, 춥찌, 추버서, 추버]처럼 발음한다. 또 표준어에서는 [짇꼬, 짇찌, 지어서, 지어]처럼 발음하는 것을 [짇꼬, 짇찌, 지서서, 지서]처럼 발음하는 방언권도 있다. 개인에 따라서도 '밟다'의 활용형에 대해서 [밥따, 밥찌, 밥꼬, 발바서, 발바]처럼 발음하는 사람도 있고, [발따, 발찌, 발꼬, 발바서, 발바]처럼 발음하는 사람도 있다. 표준 발음법은 이러한 표준어의 다양한 발음 변이를 합리적인 규칙과 표준어의 현실 발음에 근거하여 통일하려는 것이다.

제2장 자음과 모음

제2항 표준어의 자음은 다음 19개로 한다.

ㄱ ㄲ ㄴ ㄷ ㄸ ㄹ ㅁ ㅂ ㅃ ㅅ ㅆ ㅇ ㅈ
ㅉ ㅊ ㅋ ㅌ ㅍ ㅎ

제3항 표준어의 모음은 다음 21개로 한다.

ㅏ ㅐ ㅑ ㅒ ㅓ ㅔ ㅕ ㅖ ㅗ ㅘ ㅙ ㅚ ㅛ
ㅜ ㅝ ㅞ ㅟ ㅠ ㅡ ㅢ ㅣ

제4항 'ㅏ ㅐ ㅓ ㅔ ㅗ ㅚ ㅜ ㅟ ㅡ ㅣ'는 단모음(單母音)으로 발음한다.

[붙임] 'ㅚ, ㅟ'는 이중 모음으로 발음할 수 있다.

제5항 'ㅑ ㅒ ㅕ ㅖ ㅘ ㅙ ㅛ ㅝ ㅞ ㅠ ㅢ'는 이중 모음으로 발음한다.

다만 1. 용언의 활용형에 나타나는 '져, 쪄, 쳐'는 [저, 쩌, 처]로 발음한다.

가지어 → 가져[가저]　　　　　　　찌어 → 쪄[쩌]
다치어 → 다쳐[다처]

다만 2. '예, 례' 이외의 'ㅖ'는 [ㅔ]로도 발음한다.

계집[계:집/게:집]　　　　　　계시다[계:시다/게:시다]
시계[시계/시게](時計)　　　　연계[연계/연게](連繫)
몌별[몌별/메별](袂別)　　　　개폐[개폐/개페](開閉)
혜택[혜:택/헤:택](惠澤)　　　　지혜[지혜/지헤](智慧)

다만 3. 자음을 첫소리로 가지고 있는 음절의 'ㅢ'는 [ㅣ]로 발음한다.

널리리　　　　닝큼　　　　무늬　　　　띄어쓰기
씌어　　　　틔어　　　　희어　　　　희떱다
희망　　　　유희

다만 4. 단어의 첫음절 이외의 '의'는 [ㅣ]로, 조사 '의'는 [ㅔ]로 발음함도 허용한다.

주의[주의/주이]　　　　　　협의[혀븨/혀비]
우리의[우리의/우리에]　　　강의의[강:의의/강:이에]

◐ 해설

표준 발음법 제2장은 한국어의 음소로서 자음과 모음의 수를 확정하고 이의 발음에 대하여 규정하고 있다. 한국어의 자음 19개는 조음 방식으로는 파열음으로 'ㄱ, ㅋ, ㄲ, ㄷ, ㅌ, ㄸ, ㅂ, ㅍ, ㅃ', 마찰음으로 'ㅅ, ㅆ, ㅎ', 파찰음으로 'ㅈ, ㅊ, ㅉ', 비음으로 'ㄴ, ㅁ, ㅇ', 유음으로 'ㄹ'로 나눌 수 있다. 조음 위치로는 양순음으로 'ㅂ, ㅁ, ㅍ, ㅃ', 치경음으로 'ㄷ, ㄴ, ㅌ, ㄸ, ㅅ, ㅆ, ㄹ', 경구개음으로 'ㅈ, ㅊ, ㅉ', 연구개음으로 'ㄱ, ㅇ, ㅋ, ㄲ', 성문음으로 'ㅎ'으로 구별한다. 또한 조음 방식의 하나인 발음상의 특성을 기준으로 예사소리로 'ㄱ, ㄷ, ㅂ, ㅅ, ㅈ', 거센소리로 'ㅋ, ㅌ, ㅍ, ㅊ', 된소리로 'ㄲ, ㄸ, ㅃ, ㅆ, ㅉ'으로 나눈다. 이러한 자음의 분류 기준이 되는 특성들은 곧바로 해당음의 발음을 결정하는 중요한 내용들이다.

한국어의 모음은 전설, 중설, 후설이냐 하는 혀의 위치와 원순이냐 평순이냐 하는 입술의 모양, 그리고 개구도에 의하여 발음이 결정된다. 단모음의 경우 'ㅣ, ㅔ, ㅐ'는 전설의 평순 모음이고, 'ㅡ, ㅓ, ㅏ'는 중설의 평순모음이다. 반면, 'ㅟ, ㅚ'는 전설의 원순 모음이고, 'ㅜ, ㅗ'는 후설의 원순 모음이다. 이중 모음 중에서 반모음 'w'가 부음이 된 것들이나 모음 'ㅗ/ㅜ'가 주음이 되는 것들은 모두 원순 모음이고, 그 외에는 모두 평순 모음이다. 개구도는 'ㅣ'가 가장 작고, 'ㅏ'가 가장 크다.모음의 이러한 분류 특성들 역시 모음의 발음과 직접적으로 관련이 있다.

위 표준 발음법 제2장 제5항은 이중 모음으로 발음하는 것들에 대한 규정이다. 위 제5항 다만 1은 '져, 쪄, 쳐'를 [저, 쩌, 처]로 단모음으로 발음하도록 한 규정이고, 다만 2는 '예, 례' 이외의 'ㅖ'를 단모음 [ㅔ]로 발음하는 것을 허용하는 규정이다. 다만 2는 국어의 모음 'ㅖ'와 'ㅔ'의 발음상의 혼란을 반영한 규정이다. 다만 3에서는 이중 모음 'ㅢ'는 원칙적으로 단어의 첫음절일 때만 반드시 [ㅢ]로 발음하고 자음 뒤에서는 [ㅣ]로, 첫음절 이외의 '의'는 [ㅣ]나 [ㅔ]로 발음함을 허용하고 있다.

◉ 질문과 대답

문 얼마 전 표준 발음법을 보다가 의문 나는 점이 있어서 이렇게 글을 올립니다. 표준 발음법 제5항에서 다만 3에 보면 '자음을 첫소리로 가지고 있는 음절의 'ㅢ'는 [ㅣ]로 발음한다.'라고 나와 있습니다. 음절은 표기가 아니라 발음이 기준이라고 알고 있습니다. 그런데 그 아래 다만 4에서 '협의'라는 단어의 발음이 [혀븨/혀비]라고 나와 있는데, 앞의 다만 3을 적용하면, '븨'가 'ㅂ'을 음절의 첫소리로 가졌기 때문에 [혀븨]라는 발음은 불가능하고, [혀비]라는 발음만 가능한 것이 아닌가 하는 의문이 들었습니다. 어떤 것이 맞는지, 제 생각에 어떤 오류가 있었는지 궁금합니다.

답 'ㅢ'의 음성적 성질과 화자들의 실제 발음은 매우 미묘하지만, 표준 발음법에서 이 'ㅢ'의 발음을 비교적 구체적으로 정해 놓고 있으므로 이에 따르면 큰 불편은 없을 것으로 생각합니다. 질문하신 것처럼, 표준 발음법 제5항 다만 3에 보면, "자음을 첫소리로 가지고 있는 음절의 'ㅢ'는 [ㅣ]로 발음한다."라고 규정하고 있는데, 이어 나오는 다만 4에서 '협의'라는 단어의 발음을 '[혀븨/혀비]'라고 제시함으로써, 다만 3과 다만 4가 부분적으로 상충되는 것처럼 비칠 수도 있을 것입니다. 즉 다만 3에 따르면 '[혀븨]'라는 발음은 맞지 않는 발음인 것처럼 생각할 수 있습니다. 다만 3과 다만 4만을 놓고 보면 위와 같은 오해가 생길 수도 있습니다. 그러나 'ㅢ'에 관한 발음을 규정한 다만 3과 다만 4는 미세한 차이가 있습니다. 즉 다만 3은 본디의 음절이 '(무)늬, (유)희'에서처럼 첫소리를 가진 음절의 소리를 규정한 것인 반면, 다만 4는 본디 '의'이던 것이 앞 음절의 끝소리를 첫소리로 갖는 경우를 말한 것이라는 점에서 차이가 있으므로 발음도 다르게 제시한 것입니다. 그러므로 '무늬'는 다만 3의 적용을 받아 '무니'로만 발음해야 하지만, '문의'는 다만 4의 적용을 받아 원칙 발음은 '무늬'이고 '무니'도 허용되는 발음이라는 것입니다. '혀븨'는 원칙 발음, '혀비'는 허용 발음입니다.

문 '반모음'에 대한 정확한 정의와 음가에 대해 알고 싶습니다.

답 국어의 반모음은 /y/(혹은 /j/)와 /w/가 있습니다. /y/는 단순 모음들과 결합하여 'ㅑ, ㅕ, ㅛ, ㅠ' 등의 이중 모음을 만드는 데 관여하며, /w/도 역시 단순 모음들과 결합하여 'ㅘ, ㅝ, ㅞ' 등의 이중 모음을 만드는 데 관여합니다. 언어는 자음, 모음과 같은 말소리로 이루어져 있으므로, 말소리의 특성을 이해하는 것은 학문 연구를 위해서만이 아니라, 바른 언어를 사용하기 위해서도 필요한 일입니다. 자음은 소리 기관 어디

에선가 장애를 받아서(막히거나 좁아지거나) 소리가 만들어지지만(자음의 토박이말 '닿소리'는 '닿아서 만들어지는 소리'라는 뜻), 모음은 자음과는 달리 입안에서의 혀의 높이(고, 중, 저), 혀의 위치(앞, 뒤), 입술의 모양(둥긂, 안둥긂) 등이 달라짐에 따라 달리 만들어지는 소리(홀로 소리난다 하여 '홀소리')입니다. 우리말의 자음은 모음과 어울려야 소리를 낼 수 있지만, 모음은 홀로서도 소리를 낼 수 있을 뿐 아니라, 반모음이라 불리는 소리와 어울리기도 합니다. 하나만으로 된 모음을 가리켜 단(순)모음이라 하고, 반모음과 어울린 모음을 (이)중모음이라 부릅니다. 표준어 규정에 따르면, 우리말의 단모음은 'ㅏ ㅐ ㅓ ㅔ ㅗ ㅚ ㅜ ㅟ ㅡ ㅣ'의 10개이고, 이중 모음은 'ㅑ ㅒ ㅕ ㅖ ㅘ ㅙ ㅛ ㅝ ㅞ ㅠ ㅢ'의 11개입니다(표준 발음법 4항, 5항 참조).

제3장 음의 길이

제6항 모음의 장단을 구별하여 발음하되, 단어의 첫음절에서만 긴소리가 나타나는 것을 원칙으로 한다.

(1) 눈보라[눈:보라]	말씨[말:씨]	밤나무[밤:나무]
많다[만:타]	멀리[멀:리]	벌리다[벌:리다]
(2) 첫눈[천눈]	참말[참말]	쌍동밤[쌍동밤]
수많이[수:마니]	눈멀다[눈멀다]	떠벌리다[떠벌리다]

다만, 합성어의 경우에는 둘째 음절 이하에서도 분명한 긴소리를 인정한다.

반신반의[반:신 바:늬/반:신 바:니]
재삼재사[재:삼 재:사]

[붙임] 용언의 단음절 어간에 어미 '-아/-어'가 결합되어 한 음절로 축약되는 경우에도 긴소리로 발음한다.

보아 → 봐[봐:]   기어 → 겨[겨:]   되어 → 돼[돼:]
두어 → 둬[둬:]   하여 → 해[해:]

다만, '오아 → 와, 지어 → 져, 찌어 → 쪄, 치어 → 쳐' 등은 긴소리로 발음하지 않는다.

제7항 긴소리를 가진 음절이라도, 다음과 같은 경우에는 짧게 발음한다.

1. 단음절인 용언 어간에 모음으로 시작된 어미가 결합되는 경우

감다[감:따]—감으니[가므니]　　　　밟다[밥:따]—밟으면[발브면]
신다[신:따]—신어[시너]　　　　　　알다[알:다]—알아[아라]

다만, 다음과 같은 경우에는 예외적이다.

끌다[끌:다]—끌어[끄:러]　　　　　떫다[떨:따]—떫은[떨:븐]
벌다[벌:다]—벌어[버:러]　　　　　썰다[썰:다]—썰어[써:러]
없다[업:따]—없으니[업:쓰니]

2. 용언 어간에 피동, 사동의 접미사가 결합되는 경우

감다[감:따]—감기다[감기다]　　　　꼬다[꼬:다]—꼬이다[꼬이다]
밟다[밥:따]—밟히다[발피다]

다만, 다음과 같은 경우에는 예외적이다.

끌리다[끌:리다]　　벌리다[벌:리다]　　없애다[업:쌔다]

[붙임] 다음과 같은 복합어에서는 본디의 길이에 관계없이 짧게 발음한다.

밀-물　　　　　　썰-물　　　　　쏜-살-같이　　　　작은-아버지

◐ 해설

　한국어의 표준어에는 소리의 장단(length)에 의하여 변별되는 낱말들이 있다. 이러한 소리의 장단을 초 분절 음소(suprasegmental phoneme)라고 부르는데, '눈'과 '눈:', '말'과 '말:', '밤'과 '밤:' 등처럼 최소 대립어의 변별 기준이 된다. 표준 발음법 제3장은 모음의 장단에 대한 규정으로, 표준 발음상 장단의 대립을 단어의 제1음절에서만 인정하고, 제2음절 이하에서는 대립이 모두 사라지는 것으로 규정하고 있다. 현실 발음상 제2음절 이하의 모음의 길이는 규칙성을 찾기가 매우 어려운 것이 그 이유이다.

따라서 단음절이나 제1음절에서 긴소리이던 말도 '첫눈[천눈], 참말[참말]' 등에서처럼 복합어의 제2음절이 되면 긴소리로 발음하지 않는다. 다만 '반신반의[반:신바:니], 재삼재사[재:삼재:사], 대동소이[대:동소:이]' 등에서처럼 제1음절이 긴소리인 두 말이 대등하게 연결된 경우에서는 각 낱말의 제1음절과 같은 것으로 보아 긴소리를 허용한다. 그러나 긴소리를 가진 음절이 '감으니[가므니], 밟으면[발브면]'에서처럼 모음으로 시작하는 어미와 결합하거나, 피동, 사동 접미사가 결합하는 경우에는 긴소리로 발음하지 않는다. 다만 여기에도 '끌어[끄:러], [업:쌔다]' 등의 예외를 규정하고 있으므로 주의해야 한다.

◉ 질문과 대답

문 '반신반의[반 : 신 바 : 늬/반 : 신 바 : 니]' 둘 다를 인정하는 까닭은 무엇입니까?

답 앞의 표준 발음법 제5항과 관련하여 설명한 내용과 중복되는 것입니다. 표준 발음법 제5항에 "자음을 첫소리로 가지고 있는 음절의 'ㅢ'는 [ㅣ]로 발음한다."라고 규정하고 있지만, '협의'라는 단어의 발음은 '[혀븨/혀비]'로 제시하고 있습니다. 곧 본디의 음절이 '무늬'에서처럼 첫소리를 가진 음절의 소리를 가진 것은 [무니]로만 발음해야 하지만, '문의'와 같은 예는 원칙 발음은 [무늬]이고, [무니]를 허용하는 것입니다. '반신반의[반 : 신 바 : 늬/반 : 신 바 : 니]'도 마찬가지입니다.

문 '넓죽하다'는 [넙쭈카다]로 발음하는데, '넓디넓다'는 [널띠널따]로 발음하는지 궁금합니다.

답 '넓죽하다'는 [넙쭈카다]로, '넓디넓다'는 [널띠널따]로 발음해야 맞습니다. 두 말이 '넓-'이라는 공통 요소를 가지고 있음에도 불구하고, '넓죽하다'의 '넓-'은 [넙]으로, '넓디넓다'의 '넓-'은 [널]로 발음하는 것에 주의하셔야 합니다. 이렇게 말하면 같은 것을 왜 다르게 발음해야 하느냐고 묻거나, 심지어는 왜 그렇게 혼란스럽게 정했느냐고 말하는 이들이 있지만, 이것은 누가 일부러 혼란을 일으키기 위해 또는 그 밖의 다른 뜻이 있어서 그렇게 정한 것이 아니라, 많은 사람들이 그렇게 발음하므로 이를 따라서 정리했을 뿐이라 이해해야 합니다. 문법도, 어문 규정도 사람들이 실제 사용하는 말(표준어)에 들어 있는 규칙이나 현상을 체계적으로 정리해 놓은 것입니다.

제4장 받침의 발음

제8항 받침소리로는 'ㄱ, ㄴ, ㄷ, ㄹ, ㅁ, ㅂ, ㅇ'의 7개 자음만 발음한다.

제9항 받침 'ㄲ, ㅋ', 'ㅅ, ㅆ, ㅈ, ㅊ, ㅌ', 'ㅍ'은 어말 또는 자음 앞에서 각각 대표음 [ㄱ, ㄷ, ㅂ]으로 발음한다.

닦다[닥따]	키읔[키윽]	키읔과[키윽꽈]	옷[옫]
웃다[욷ː따]	있다[읻따]	젖[젇]	빚다[빋따]
꽃[꼳]	쫓다[쫃따]	솥[솓]	뱉다[밷ː따]
앞[압]	덮다[덥따]		

제10항 겹받침 'ㄳ', 'ㄵ', 'ㄼ, ㄽ, ㄾ', 'ㅄ'은 어말 또는 자음 앞에서 각각 [ㄱ, ㄴ, ㄹ, ㅂ]으로 발음한다.

넋[넉]	넋과[넉꽈]	앉다[안따]	여덟[여덜]
넓다[널따]	외곬[외골]	핥다[할따]	값[갑]
없다[업ː따]			

다만, '밟-'은 자음 앞에서 [밥]으로 발음하고, '넓-'은 다음과 같은 경우에 [넙]으로 발음한다.

(1) 밟다[밥ː따]　　　　밟소[밥ː쏘]　　　　　밟지[밥ː찌]
　　밟는[밥ː는→밤ː는]　밟게[밥ː께]　　　　　밟고[밥ː꼬]
(2) 넓-죽하다[넙쭈카다]　넓-둥글다[넙뚱글다]

제11항 겹받침 'ㄺ, ㄻ, ㄿ'은 어말 또는 자음 앞에서 각각 [ㄱ, ㅁ, ㅂ]으로 발음한다.

닭[닥]	흙과[흑꽈]	맑다[막따]	늙지[늑찌]
삶[삼ː]	젊다[점ː따]	읊고[읍꼬]	읊다[읍따]

다만, 용언의 어간 말음 'ㄺ'은 'ㄱ' 앞에서 [ㄹ]로 발음한다.

맑게[말께]　　　　묽고[물꼬]　　　　얽거나[얼꺼나]

제12항 받침 'ㅎ'의 발음은 다음과 같다.

1. 'ㅎ(ㄶ, ㅀ)' 뒤에 'ㄱ, ㄷ, ㅈ'이 결합되는 경우에는, 뒤 음절 첫소리와 합쳐서 [ㅋ, ㅌ, ㅊ]으로 발음한다.

놓고[노코]	좋던[조ː턴]	쌓지[싸치]	많고[만ː코]
않던[안턴]	닳지[달치]		

[붙임 1] 받침 'ㄱ(ㄲ), ㄷ, ㅂ(ㄼ), ㅈ(ㄵ)'이 뒤 음절 첫소리 'ㅎ'과 결합되는 경우에도, 역시 두 음을 합쳐서 [ㅋ, ㅌ, ㅍ, ㅊ]으로 발음한다.

각하[가카]　　　　　먹히다[머키다]　　　　밝히다[발키다]
맏형[마텽]　　　　　좁히다[조피다]　　　　넓히다[널피다]
꽂히다[꼬치다]　　　앉히다[안치다]

[붙임 2] 규정에 따라 'ㄷ'으로 발음되는 'ㅅ, ㅈ, ㅊ, ㅌ'의 경우에도 이에 준한다.

옷 한 벌[오탄벌]　　　낮 한때[나탄때]　　　　꽃 한 송이[꼬탄송이]
숱하다[수타다]

2. 'ㅎ(ㄶ, ㅀ)' 뒤에 'ㅅ'이 결합되는 경우에는, 'ㅅ'을 [ㅆ]으로 발음한다.

닿소[다쏘]　　　　　많소[만:쏘]　　　　　싫소[실쏘]

3. 'ㅎ' 뒤에 'ㄴ'이 결합되는 경우에는, [ㄴ]으로 발음한다.

놓는[논는]　　　　　쌓네[싼네]

[붙임] 'ㄶ, ㅀ' 뒤에 'ㄴ'이 결합되는 경우에는, 'ㅎ'을 발음하지 않는다.

않네[안네]　　　　　않는[안는]
뚫네[뚤네 → 뚤레]　　뚫는[뚤는 → 뚤른]
* '뚫네[뚤네 → 뚤레], 뚫는[뚤는 → 뚤른]'에 대해서는 제20항 참조.

4. 'ㅎ(ㄶ, ㅀ)' 뒤에 모음으로 시작된 어미나 접미사가 결합되는 경우에는, 'ㅎ'을 발음하지 않는다.

낳은[나은]　　놓아[노아]　　쌓이다[싸이다]　　많아[마:나]
않은[아는]　　닳아[다라]　　싫어도[시러도]

제13항 홑받침이나 쌍받침이 모음으로 시작된 조사나 어미, 접미사와 결합되는 경우에는, 제 음가대로 뒤 음절 첫소리로 옮겨 발음한다.

깎아[까까]　　옷이[오시]　　있어[이써]　　낮이[나지]
꽂아[꼬자]　　꽃을[꼬츨]　　쫓아[쪼차]　　밭에[바테]
앞으로[아프로]　덮이다[더피다]

제14항 겹받침이 모음으로 시작된 조사나 어미, 접미사와 결합되는 경우에는, 뒤엣것만을 뒤 음절 첫소리로 옮겨 발음한다.(이 경우, 'ㅅ'은 된소리로 발음함.)

넋이[넉씨]　　앉아[안자]　　닭을[달글]　　젊어[절머]

곬이[골씨]　　　　핥아[할타]　　　　읊어[을퍼]　　　　값을[갑쓸]
없어[업:써]

제15항 받침 뒤에 모음 'ㅏ, ㅓ, ㅗ, ㅜ, ㅟ' 들로 시작되는 실질 형태소가 연결되는 경우에는, 대
표음으로 바꾸어서 뒤 음절 첫소리로 옮겨 발음한다.

밭 아래[바다래]　　　　　　　늪 앞[느밥]
젖어미[저더미]　　　　　　　맛없다[마덥따]
겉옷[거돋]　　　　　　　　　헛웃음[허두슴]
꽃 위[꼬뒤]

다만, '맛있다, 멋있다'는 [마싣따], [머싣따]로도 발음할 수 있다.
[붙임] 겹받침의 경우에는, 그 중 하나만을 옮겨 발음한다.

넋없다[너겁따]　　　　　　　닭 앞에[다가페]
값어치[가버치]　　　　　　　값있는[가빈는]

제16항 한글 자모의 이름은 그 받침소리를 연음하되, 'ㄷ, ㅈ, ㅊ, ㅋ, ㅌ, ㅍ, ㅎ'의 경우에는 특별
히 다음과 같이 발음한다.

디귿이[디그시]　　　　디귿을[디그슬]　　　　디귿에[디그세]
지읒이[지으시]　　　　지읒을[지으슬]　　　　지읒에[지으세]
치읓이[치으시]　　　　치읓을[치으슬]　　　　치읓에[치으세]
키읔이[키으기]　　　　키읔을[키으글]　　　　키읔에[키으게]
티읕이[티으시]　　　　티읕을[티으슬]　　　　티읕에[티으세]
피읖이[피으비]　　　　피읖을[피으블]　　　　피읖에[피으베]
히읗이[히으시]　　　　히읗을[히으슬]　　　　히읗에[히으세]

◉ 해설

　표준 발음법 제4장 받침의 발음의 주요 내용은 일곱 받침소리로의 중화, 음절 재
구조화에 의한 겹받침의 발음 변화, 'ㅎ' 받침의 발음, 연음법칙, 절음법칙, 자음 자
모 이름의 연음상의 발음에 대한 것이다.

　한국어의 받침소리는 표준 발음법 제7항에 있는 'ㄱ, ㄴ, ㄷ, ㄹ, ㅁ, ㅂ, ㅇ'의 일
곱 소리만이 실현된다. 표준 발음법 제9항~제11항은 'ㄱ, ㄴ, ㄷ, ㄹ, ㅁ, ㅂ, ㅇ'

이외의 자음들이 어떻게 이 일곱 자음으로 중화하는지에 대하여 규정하고 있다. 중화라는 것은 음운 간의 대립이 없어진다는 뜻이다. 제9항은 'ㄲ, ㅋ, ㅅ, ㅈ, ㅊ, ㅌ, ㅍ'이 어말에서 [ㄱ, ㄷ, ㅂ]으로 중화하는 현상에 대한 규정이며, 제10항은 'ㄳ, ㄵ, ㄼ, ㄽ, ㄾ, ㅄ'이 어말 또는 자음 앞에서 [ㄱ, ㄴ, ㄹ, ㅂ]으로, 'ㄺ, ㄻ, ㄿ'이 [ㄱ, ㅁ, ㅂ]으로 중화하는 현상에 대한 규정이다. 겹받침의 중화는 한국어의 가능한 음절 구조인 'V, CV, VC, CVC'로의 음절 재구조화 혹은 자음군 단순화에 의해 생기는 현상이다. 다만 예외적으로 겹받침의 발음 중 '밟다'의 'ㄼ'은 같은 환경에서 [ㅂ]으로 중화하고, '맑게, 맑고, 읽기, 읽고' 등의 용언 어간 'ㄺ'은 'ㄱ'으로 시작하는 어미 앞에서 [ㄹ]로 중화하는 것으로 규정하고 있음을 유의해야 한다.

표준 발음법 제12항은 받침 'ㅎ'의 발음에 대한 상세한 규정이다. 한국어의 'ㅎ'은 어두에서나 모음과 받침 'ㄴ, ㅁ, ㄹ' 뒤에서만 제 음가대로 [ㅎ]으로 발음하고(예: 은행, 여행), 'ㄱ, ㄷ, ㅈ'과 결합할 때에는 [ㅋ, ㅌ, ㅊ]으로 합쳐서 발음하고(예: 좋고[조:코], 좋지[조:치]), 'ㅅ' 앞에서는 합쳐서 [ㅆ]으로(예: 닿소[다쏘]), 'ㄴ' 앞이나 모음 앞에서는 발음하지 않는다.(예: 않는[안는], 낳은[나은])

표준 발음법 제13항과 제14항은 모든 받침이 모음으로 시작하는 말과 결합하면 제 음가대로 뒤 음절 첫소리로 옮겨 발음한다는 연음 법칙의 규정이다. 물론 겹받침의 경우는 둘 중 뒤엣것을 그렇게 한다.(예: 앉아[안자])

표준 발음법 제15항은 받침 뒤에 모음 'ㅏ, ㅓ, ㅗ, ㅜ, ㅟ' 등으로 시작하는 실질 형태소가 연결되는 경우, 대표음으로 바꾼 뒤에 뒤 음절의 첫소리로 옮겨 발음한다.(예: 겉옷[거돋], 헛웃음[허두슴]) 합성어나 단어 사이에서 앞의 받침이 모음을 만날 때, 받침이 그 모음 위에 연음되지 아니하고, 끊어져서 대표음으로 발음되는 이러한 현상을 절음법칙이라고도 부른다.

표준 발음법 제16항은 한글 맞춤법 제4항에서도 설명한 바 있는데, 한글 자모의 이름은 그 받침소리를 연음하되, 'ㄷ, ㅈ, ㅊ, ㅌ, ㅎ'은 [ㅅ]으로(예: 티읕을[티으슬]), 'ㅋ'은 [ㄱ]으로(예: 키읔이[키으기]), 'ㅍ'은 [ㅂ]으로(예: 피읖을[피으블]) 바꾸어 연음한다는 규정이다.

◉ 질문과 대답

문 <한글 맞춤법 강의>(신구문화사) 책을 보다 보니 '맛없다[마덥다], 옷맵시[온맵시]'와 같이 발음된다고 되어 있는데요. '맛없다[마덥따], 옷맵시[온맵씨]로 경음화 현상이 적용되야 하는 거 아닌가요? 또, '옷 맞추다'는 [온마추다]가 맞는지 [온맏추다]가 맞는지 궁금합니다.

답 표준 발음법에 표기된 것을 보면, '맛없다, 옷맵시'의 정식 발음은 [마덥따], [온맵씨]가 맞습니다. 아마도 음절 말 자음의 발음에만 논의의 초점을 맞추어 [마덥다], [온맵시]라고 한 것 아닌가 합니다. 그리고 '옷 맞추다'의 표준 발음은 표준 발음법 제18항 붙임에 [온마추다]로 제시되어 있습니다. [온맏추다]는 제시되어 있지 않지만, 제23항 등의 규정을 적용한다면, 맞는 발음입니다.

제5장 음의 동화

제17항 받침 'ㄷ, ㅌ(ㄾ)'이 조사나 접미사의 모음 'ㅣ'와 결합되는 경우에는, [ㅈ, ㅊ]으로 바꾸어서 뒤 음절 첫소리로 옮겨 발음한다.

곧이듣다[고지듣따]	굳이[구지]	미닫이[미다지]
땀받이[땀바지]	밭이[바치]	벼훑이[벼홀치]

[붙임] 'ㄷ' 뒤에 접미사 '히'가 결합되어 '티'를 이루는 것은 [치]로 발음한다.

굳히다[구치다]	닫히다[다치다]	묻히다[무치다]

제18항 받침 'ㄱ(ㄲ, ㅋ, ㄳ, ㄺ), ㄷ(ㅅ, ㅆ, ㅈ, ㅊ, ㅌ, ㅎ), ㅂ(ㅍ, ㄼ, ㄿ, ㅄ)'은 'ㄴ, ㅁ' 앞에서 [ㅇ, ㄴ, ㅁ]으로 발음한다.

먹는[멍는]	국물[궁물]	깎는[깡는]	키읔만[키응만]
몫몫이[몽목씨]	긁는[긍는]	흙만[흥만]	닫는[단는]
짓는[진:는]	옷맵시[온맵씨]	있는[인는]	맞는[만는]
젖멍울[전멍울]	쫓는[쫀는]	꽃망울[꼰망울]	붙는[분는]
놓는[논는]	잡는[잠는]	밥물[밤물]	앞마당[암마당]
밟는[밤:는]	읊는[음는]	없는[엄:는]	값매다[감매다]

[붙임] 두 단어를 이어서 한 마디로 발음하는 경우에도 이와 같다.

책 넣는다[챙넌는다]　　　흙 말리다[흥말리다]　　　옷 맞추다[온마추다]
밥 먹는다[밤멍는다]　　　값 매기다[감매기다]

제19항 받침 'ㅁ, ㅇ' 뒤에 연결되는 'ㄹ'은 [ㄴ]으로 발음한다.

담력[담:녁]　　　　침략[침:냑]　　　　강릉[강능]
항로[항:노]　　　　대통령[대:통녕]

[붙임] 받침 'ㄱ, ㅂ' 뒤에 연결되는 'ㄹ'도 [ㄴ]으로 발음한다.

막론[막논→망논]　　　백리[백니→뱅니]　　　협력[협녁→혐녁]
십리[십니→심니]

제20항 'ㄴ'은 'ㄹ'의 앞이나 뒤에서 [ㄹ]로 발음한다.

(1) 난로[날:로]　　　　신라[실라]　　　　천리[철리]
광한루[광:할루]　　　대관령[대:괄령]
(2) 칼날[칼랄]　　　　물난리[물랄리]　　　줄넘기[줄럼끼]
할는지[할른지]

[붙임] 첫소리 'ㄴ'이 'ㄶ', 'ㄾ' 뒤에 연결되는 경우에도 이에 준한다.

닳는[달른]　　　　뚫는[뚤른]　　　　핥네[할레]

다만, 다음과 같은 단어들은 'ㄹ'을 [ㄴ]으로 발음한다.

의견란[의:견난]　　　임진란[임:진난]　　　생산량[생산냥]
결단력[결딴녁]　　　공권력[공꿘녁]　　　동원령[동:원녕]
상견례[상견녜]　　　횡단로[횡단노]　　　이원론[이:원논]
입원료[이붠뇨]　　　구근류[구근뉴]

제21항 위에서 지적한 이외의 자음 동화는 인정하지 않는다.

감기[감:기](×[강:기])　　　　　옷감[옫깜](×[옥깜])
있고[읻꼬](×[익꼬])　　　　　　꽃길[꼳낄](×[꼭낄])
젖먹이[전머기](×[점머기])　　　문법[문뻡](×[뭄뻡])
꽃밭[꼳빧](×[꼽빧])

제22항 다음과 같은 용언의 어미는 [어]로 발음함을 원칙으로 하되, [여]로 발음함도 허용한다.

되어[되어/되여]　　　　　　　피어[피어/피여]

[붙임] '이오, 아니오'도 이에 준하여 [이요, 아니요]로 발음함을 허용한다.

◑ 해설

표준어 규정 제5장 '음의 동화'에서는 구개음화(제17항), 비음화(제18항), 유음화(제20항) 등 음운이 변동할 때의 발음에 대하여 규정한다. 또한 'ㄹ'이 받침 'ㅁ, ㅇ' 뒤에 연결되거나 받침 'ㄱ, ㅂ' 뒤에 연결될 때 [ㄴ]으로 발음되는 현상(제19항)에 대해서도 규정하고 있다.

한국어는 'ㄷ, ㅌ'이 모음 'ㅣ'나 접미사 '히'와 결합할 때 'ㅈ, ㅊ'으로 바뀌는 현상이 있는데 이때 표기는 원형대로 하더라도 발음은 [ㅈ, ㅊ]으로 해야 한다. 이를 구개음화라고 한다. 표준어 규정 제17항은 바로 구개음화에 대한 발음 규정으로서 한글 맞춤법 제6항과 관련지어 이해하면 된다.

표준어 규정 제18항은 비음화에 대한 발음 규정이다. 비음화는 'ㄱ(ㄲ, ㅋ, ㄳ, ㄺ), ㄷ(ㅅ, ㅆ, ㅈ, ㅊ, ㅌ, ㅎ), ㅂ(ㅍ, ㄼ, ㄿ, ㅄ)'이 'ㄴ, ㅁ' 앞에서 [ㅇ, ㄴ, ㅁ]으로 발음되는 현상으로, 한국어에서 동일한 조건이면 예외 없이 일어나는 음운 현상이다. 그리고 '책 넣는다[챙넌는다]'에서처럼 두 단어를 이어서 한마디로 발음할 때도 동일하다.

한편, 표준 발음법 제19항은 받침 'ㅁ, ㅇ' 뒤에서 'ㄹ'이 [ㄴ]으로 동화하는 현상을 규정하고 있고, 제20항은 'ㄴ'이 'ㄹ' 앞이나 뒤에서 'ㄹ'로 동화하는 현상에 대해서 규정하고 있다. 전자는 역행적인 비음화이고, 후자는 유음화이다. 하지만 '권력'은 [궐력]으로 발음하는데, '공권력'은 [공꿘녁]으로 비음화하여 발음하도록 하고 있다. 동일한 단어에 대한 현실 발음의 수용에 일관성이 없는 것처럼 보인다. 이런 문제점을 해결하기 위하여 3음절 이상의 단어에서 비음화가 일어난 것으로 볼지, 유음화가 일어나는 것으로 볼지를 구분하는 한 가지 방법으로 해당 단어 내부에 완전한 형태의 단어가 있는지의 여부를 들기도 한다. 예를 들면 '음운론'은 제20항 다만의 규정에 있는 '이원론[이:원논]'의 발음을 참고하여 [으문논]이라고 발음하는 것이 규범에 맞다. 그런데 3음절인 이 두 단어에는 모두 '원론', '음운'이라는 완전한 형태의 단어가 들어 있으므로 비음화가 원칙이라고 판단한다는 것이다. 그러나 현실적으로 이를 [으물론]이라고 발음하는 사람도 많다. 유음화와 순행적 비음화는 단어마다 표준 발음을 잘 알고 사용해야 할 필요가 있다.

표준 발음법 제21항에서 다루는 내용은 이른바 연구개음화와 양순음화에 대한 규정이다. 이는 'ㅁ'이나 'ㄷ'이 연구개음이나 양순음 앞에서 연구개음 [ㅇ, ㄱ]이나, [ㅁ, ㅂ]으로 발음되는 현상인데, 모두 표준 발음으로 인정하지 않는다.

◉ 질문과 대답

문 1. 음운 변동에서 규칙과 불규칙에 대해서 궁금합니다. 2. 모음 충돌 회피에 대해서 설명해 주십시오. 3. '미시오'를 [미시요]로 발음하는 것은 어떤 음운 현상입니까? 정리해 주시면 고맙겠습니다.

답 1. 규칙 변동은 결정적 변동으로, 불규칙 변동은 수의적 변동으로 볼 수 있습니다. 음운 현상은 형태소의 정해진 발음이 바뀌는 현상을 말하며, 음운 변화와 음운 변동으로 나타납니다. 음운 변화는 15세기의 '가히'가 현대의 '개'로 바뀐 것과 같은 통시적인 음운 현상을 말하며, 음운 변동은 '컵 모양'이 [컴 모양]으로 발음되는 것과 같은 현대의 공시적 음운 현상을 말합니다. 그리고 음운 변동은 변동의 성격상 자생적(自生的) 변동과 결합적(結合的) 변동으로 나뉩니다. 자생적 변동은 음운 자체의 성격으로 말미암아 스스로 변하는 것이며, 결합적 변동은 음운의 환경이나 음운이 결합되는 조건 등으로 말미암아 변하는 것입니다. 그러나 공시적인 음운 변동은 대부분이 결합적 변동이며, 자생적 변동은 많지 않습니다. 결합적 변동은 다시 일정한 조건 아래에서 필연적으로 일어나는 결정적 변동과 임의적으로 일어나는 수의적 변동으로 나뉩니다. 결정적 변동은 일정한 조건이 주어지면 예외 없이 일어나는 음운 변동으로 비음동화(표준 발음법 18항), 유음화(표준 발음법 20항), 구개음화(표준 발음법 17항) 등이 이에 속합니다. 반면 수의적 변동은 일정한 조건이 주어지더라도 경우에 따라 일어나기도 하고 일어나지 않기도 하는 음운 변동으로 연구개음화, 양순음화, 사잇소리 현상 등이 이에 속합니다. '믿는다[민는다], 닫는[단는]'과 같이 비음(鼻音)(ㅁ, ㄴ, ㅇ) 앞에 오는 /ㄷ/이 예외 없이 /ㄴ/으로 변하는 것은 결정적 변동입니다. 반면에 '신문'은 또박또박 발음할 때에는 [신문]으로 발음하고 이것이 표준 발음입니다. 표준 발음은 아니지만, 편하게 발음할 때에는 [심문]으로 되기도 합니다. [심문]은 앞 음절의 종성 'ㄴ'을 뒤 음절 초성 'ㅁ'의 조음 위치와 같은 'ㅁ'(양순음)으로 바꿔, 발음을 편하게 한 것입니다. 이러한 양순음화는 경우에 따라 일어나기도 하고 일어나지 않기도 하기 때문에 수의적 변동입니다. 학자에 따라서는 음운 변화와 음운 변동이라는 용어를 구분하지 않고 쓰기도 합니다.

2. 모음 충돌(히아투스 hiatus)은 한 단어 안에서 또는 두 단어 사이에서 각각 다른 음절에 속한 두 모음이 충돌하는 것입니다. 두 모음이 충돌하면 자음이 끼어 있는 음절 연결보다 발음과 청취에 어려움이 있습니다. 그래서 모음충돌이 나타나는 경우 단어의 뜻을 다치지 않고 충돌을 피하려는 여러 방법을 사용합니다. '가히>가이>개'와 같이 두 모음을 축약하거나 '쓰어'가 '써'로 되는 경우처럼 모음 하나를 탈락시키기도 합니다. 또는 통시적으로 보면 '냉이'는 반치음을 가진 중세 어형에서 반치음이 약화 탈락하여 '나이'로 되었다가 다시 '나이>나+[ŋ]+이>낭이>냉이'의 변화를 겪어 오늘날 '냉이'로 쓰이게 된 것인데 이 과정에서 두 모음 사이에 다른 자음([ŋ])이 들어간 것입니다.

3. '미시오'를 [미시요]로 발음하는 것은 'ㅣ' 모음 순행 동화입니다. 'ㅣ' 모음 순행 동화는 'ㅣ' 모음 뒤에 'ㅏ, ㅓ, ㅗ, ㅜ'가 오면 'ㅣ'의 영향을 받아 'ㅑ, ㅕ, ㅛ, ㅠ'로 바뀌는 현상을 말합니다. 곧 뒤 음절 모음 'ㅗ[o]'가 앞 음절 모음 'ㅣ[i]'의 영향을 받아 'ㅛ[yo]'로 바뀐 동화 현상입니다. [yo]를 'y+o'로 본다면, 'y'가 첨가되는 현상이라고도 할 수 있을 것입니다.

제6장 경음화

제23항 받침 'ㄱ(ㄲ, ㅋ, ㄳ, ㄺ), ㄷ(ㅅ, ㅆ, ㅈ, ㅊ, ㅌ), ㅂ(ㅍ, ㄼ, ㄿ, ㅄ)' 뒤에 연결되는 'ㄱ, ㄷ, ㅂ, ㅅ, ㅈ'은 된소리로 발음한다.

국밥[국빱]	깎다[깍따]	넋받이[넉빠지]
삯돈[삭똔]	닭장[닥짱]	칡범[칙뻠]
뻗대다[뻗때다]	옷고름[옫꼬름]	있던[읻떤]
꽂고[꼳꼬]	꽃다발[꼳따발]	낯설다[낟썰다]
밭갈이[받까리]	솥전[솓쩐]	곱돌[곱똘]
덮개[덥깨]	옆집[엽찝]	넓죽하다[넙쭈카다]
읊조리다[읍쪼리다]	값지다[갑찌다]	

제24항 어간 받침 'ㄴ(ㄵ), ㅁ(ㄻ)' 뒤에 결합되는 어미의 첫소리 'ㄱ, ㄷ, ㅅ, ㅈ'은 된소리로 발음

한다.

신고[신:꼬]　　　껴안다[껴안따]　　　앉고[안꼬]
얹다[언따]　　　삼고[삼:꼬]　　　더듬지[더듬찌]
닮고[담:꼬]　　　젊지[점:찌]

다만, 피동, 사동의 접미사 '-기-'는 된소리로 발음하지 않는다.

안기다　　　감기다　　　굶기다　　　옮기다

제25항 어간 받침 'ㄼ, ㄾ' 뒤에 결합되는 어미의 첫소리 'ㄱ, ㄷ, ㅅ, ㅈ'은 된소리로 발음한다.

넓게[널께]　　　핥다[할따]　　　훑소[훌쏘]　　　떫지[떨:찌]

제26항 한자어에서, 'ㄹ' 받침 뒤에 연결되는 'ㄷ, ㅅ, ㅈ'은 된소리로 발음한다.

갈등[갈뜽]　　　발동[발똥]　　　절도[절또]
말살[말쌀]　　　불소[불쏘](弗素)　　　일시[일씨]
갈증[갈쯩]　　　물질[물찔]　　　발전[발쩐]
몰상식[몰쌍식]　　　불세출[불쎄출]

다만, 같은 한자가 겹쳐진 단어의 경우에는 된소리로 발음하지 않는다.

허허실실[허허실실](虛虛實實)　　　절절-하다[절절하다](切切-)

제27항 관형사형 '-(으)ㄹ' 뒤에 연결되는 'ㄱ, ㄷ, ㅂ, ㅅ, ㅈ'은 된소리로 발음한다.

할 것을[할꺼슬]　　　갈 데가[갈떼가]　　　할 바를[할빠를]
할 수는[할쑤는]　　　할 적에[할쩌게]　　　갈 곳[갈꼳]
할 도리[할또리]　　　만날 사람[만날싸람]

다만, 끊어서 말할 적에는 예사소리로 발음한다.

[붙임] '-(으)ㄹ'로 시작되는 어미의 경우에도 이에 준한다.

할걸[할껄]　　　할밖에[할빠께]　　　할세라[할쎄라]
할수록[할쑤록]　　　할지라도[할찌라도]　　　할지언정[할찌언정]
할진대[할찐대]

제28항 표기상으로는 사이시옷이 없더라도, 관형격 기능을 지니는 사이시옷이 있어야 할(휴지가 성립되는) 합성어의 경우에는, 뒤 단어의 첫소리 'ㄱ, ㄷ, ㅂ, ㅅ, ㅈ'을 된소리로 발음한다.

문-고리[문꼬리]	눈-동자[눈똥자]	신-바람[신빠람]
산-새[산쌔]	손-재주[손째주]	길-가[길까]
물-동이[물똥이]	발-바닥[발빠닥]	굴-속[굴ː쏙]
술-잔[술짠]	바람-결[바람껼]	그믐-달[그믐딸]
아침-밥[아침빱]	잠-자리[잠짜리]	강-가[강까]
초승-달[초승딸]	등-불[등뿔]	창-살[창쌀]
강-줄기[강쭐기]		

◉ 해설

표준 발음법 제6장은 한국어의 다양한 된소리 현상을 발음에 반영토록 한 규정이다. 먼저, 한국어는 받침 'ㄱ(ㄲ, ㅋ, ㄳ, ㄺ), ㄷ(ㅅ, ㅆ, ㅈ, ㅊ, ㅌ), ㅂ(ㅍ, ㄼ, ㄿ, ㅄ)' 뒤에 연결되는 'ㄱ, ㄷ, ㅂ, ㅅ, ㅈ'을 예외 없이 된소리로 발음한다(표준 발음법 제23항). 둘째로, 어간 받침 'ㄴ(ㄵ), ㅁ(ㄻ)'이나, 'ㄼ, ㄾ' 뒤에 결합되는 어미의 첫소리 'ㄱ, ㄷ, ㅅ, ㅈ'을 된소리로 발음한다.(표준 발음법 제24항, 제25항) 그러나 'ㄴ, ㅁ' 뒤의 'ㄱ, ㄷ, ㅅ, ㅈ'이라도 어미의 첫소리가 아니면 한글 맞춤법 제5항에서 규정하고 있는 말들을 제외하고는 '산들산들, 잔등이, 잠자리'처럼 된소리로 발음하지 않는다. 또한 '안기다, 감기다'에서처럼 피동, 사동의 접미사 '-기-'는 된소리로 발음하지 않는다.

셋째로, 한자어에서, 'ㄹ' 받침 뒤에 연결되는 'ㄷ, ㅅ, ㅈ'은 된소리로 발음한다. 따라서 한자어에서 'ㄹ' 받침 뒤에 연결되는 'ㄱ'과 'ㅂ'은 '발광, 발각, 발견', '칠분, 팔복, 돌발' 등처럼 된소리로 발음하지 않는 것이 일반적이다. 그러나 '발권[발꿘], 물가[물까], 탈격[탈껵], 율법[율뻡]' 등처럼 일부 접미사 자격을 가진 말에서 된소리로 발음하는 수도 있다. 다만 '허허실실, 절절하다'처럼 같은 한자가 겹쳐진 단어의 경우에는 된소리로 발음하지 않는다. 참고로 2017년에 표준어를 추가하거나 수정하면서 한자어 '효과'와 '관건'의 발음에 대해 그동안 현실 발음과는 달리 [효과], [관건]만을 표준으로 다루었던 것을 경음화가 일어나는 [효꽈]와 [관껀]도 표준 발음으로 인정하였음 말해 둔다. 오늘날 한자어의 발음은 장단이나 된소리의 구별 등에서 많은 혼란이 있으므로 꼭 표준 발음을 확인하고 사용하기를 권고한다.

넷째로, 관형사형 '-(으)ㄹ' 뒤에 연결되는 'ㄱ, ㄷ, ㅂ, ㅅ, ㅈ'이나 '-(으)ㄹ'로 시작되는 어미에서 'ㄱ, ㄷ, ㅂ, ㅅ, ㅈ'은 된소리로 발음한다. 다만 관형사형과 뒷말 사이를 끊어서 발음할 때는 예사소리로 발음한다.(표준 발음법 제27항)

다섯째로, 표기상으로는 사이시옷이 없더라도, 관형격 기능을 지니는 사이시옷이 있어야 할(휴지가 성립되는) 합성어의 경우에는, 뒤 단어의 첫소리 'ㄱ, ㄷ, ㅂ, ㅅ, ㅈ'을 된소리로 발음한다.(표준 발음법 제28항) 이것은 한글 맞춤법 제30항과 표준 발음법 제30항에 있는 사이시옷이 붙는 단어들의 발음에서 사이시옷 뒷말의 첫소리를 된소리로 발음하는 경우와 같은 현상이다.

◎ 질문과 대답

문 질문 1. 표기상으로 사이시옷이 없더라도 관형격 기능을 지니는 사이시옷이 있어야 할 합성어에는, 뒤 단어의 첫소리 'ㄱ, ㄷ, ㅂ, ㅅ, ㅈ'을 된소리로 발음하는 것으로 알고 있습니다. '개인기'의 경우 보통 [개인기]로 발음되는 것으로 알고 있는데 왜 위의 법칙에 따라 [개인끼]로 발음하지 않는지요? 질문 2. 저는 민중서림에서 나온 <엣센스 국어사전>을 보고 있는데요. 찾는 단어에 된소리나 거센소리로 발음되는 부분이 있으면, 예를 들어 '넋두리[넉뚜-]'로 표기되는데 '국밥'의 경우에 발음 기호가 표기되지 않습니다. 이럴 때는 밥을 [빱]이 아닌[밥]으로 읽어야 하는 게 맞는지요?

답 지적하신 것처럼 표준 발음법 제28항에는 "표기상으로는 사이시옷이 없더라도, 관형격 기능을 지니는 사이시옷이 있어야 할(휴지가 성립되는) 합성어의 경우에는, 뒤 단어의 첫소리 'ㄱ, ㄷ, ㅂ, ㅅ, ㅈ'을 된소리로 발음한다."고 규정하고 있습니다. 그러나 이 규정은 예외 없이 적용되는 것이 아님을 알아야 합니다. 규정에는 조건이 맞으면 예외 없이 적용해야 하는 것도 있고, 조문에 열거된 것에만 제한적으로 적용되는 것도 있습니다. 여기의 제28항은 후자로 이해해야 할 것입니다. '개인기'가 제28항의 조건에 맞음에도 불구하고 [개인끼]로 발음하지 않고 [개인기]로 발음되는 까닭은 실제 발음이 [개인기]이기 때문이라고 할 것입니다. 특히 예외가 많은 것이 언어 현상임을 이해하셨으면 합니다. 사전 또한 우리가 믿고 의지할 수 있는 좋은 참고 자료이지만 항상 절대적인 기준은 아니라는 사실도 잊지 말아야 합니다. 각종 어문 규범에 명확하게 규정되어 있는 대로 정확하고 충실하게 이를 반영한 사전이 있는가 하면, 사전 편찬자의 주관적 판단이 들어 있는 경우도 있습니다. 그런 가운데도 국가 기관이 관리하고 있는 <표준 국어 대사전>이 충실하게 어문 규범의 취지를 반영하고 있음을 밝힙니다.

제7장 음의 첨가

제29항 합성어 및 파생어에서, 앞 단어나 접두사의 끝이 자음이고 뒤 단어나 접미사의 첫음절이 '이, 야, 여, 요, 유'인 경우에는, 'ㄴ' 음을 첨가하여 [니, 냐, 녀, 뇨, 뉴]로 발음한다.

솜-이불[솜ː니불]	홑-이불[혼니불]	막-일[망닐]
삯-일[상닐]	맨-입[맨닙]	꽃-잎[꼰닙]
내복-약[내ː봉냑]	한-여름[한녀름]	남존-여비[남존녀비]
신-여성[신녀성]	색-연필[생년필]	직행-열차[지캥녈차]
늑막-염[능망념]	콩-엿[콩녇]	담-요[담ː뇨]
눈-요기[눈뇨기]	영업-용[영엄뇽]	식용-유[시굥뉴]
국민-윤리[궁민뉼리]	밤-윷[밤ː뉻]	

다만, 다음과 같은 말들은 'ㄴ' 음을 첨가하여 발음하되, 표기대로 발음할 수 있다.

이죽-이죽[이중니죽/이주기죽]	야금-야금[야금냐금/야그먀금]
검열[검ː녈/거ː멸]	욜랑-욜랑[욜랑뇰랑/욜랑욜랑]
금융[금늉/그뮹]	

[붙임 1] 'ㄹ' 받침 뒤에 첨가되는 'ㄴ' 음은 [ㄹ]로 발음한다.

들-일[들ː릴]	솔-잎[솔립]	설-익다[설릭따]
물-약[물략]	불-여우[불려우]	서울-역[서울력]
물-엿[물렫]	휘발-유[휘발류]	유들-유들[유들류들]

[붙임 2] 두 단어를 이어서 한 마디로 발음하는 경우에도 이에 준한다.

한 일[한닐]	옷 입다[온닙따]	서른여섯[서른녀섣]
3 연대[삼년대]	먹은 엿[머근녇]	
할 일[할릴]	잘 입다[잘립따]	스물여섯[스물려섣]
1 연대[일련대]	먹을 엿[머글렫]	

다만, 다음과 같은 단어에서는 'ㄴ(ㄹ)' 음을 첨가하여 발음하지 않는다.

6·25[유기오]   3·1절[사밀쩔]   송별-연[송:벼련]
등-용문[등용문]

제30항 사이시옷이 붙은 단어는 다음과 같이 발음한다.

1. 'ㄱ, ㄷ, ㅂ, ㅅ, ㅈ'으로 시작하는 단어 앞에 사이시옷이 올 때는 이들 자음만을 된소리로 발음하는 것을 원칙으로 하되, 사이시옷을 [ㄷ]으로 발음하는 것도 허용한다.

냇가[내:까/낻:까]	샛길[새:낄/샏:낄]	빨랫돌[빨래똘/빨랟똘]
콧등[코뜽/콛뜽]	깃발[기빨/긷빨]	대팻밥[대:패빱/대:팯빱]
햇살[해쌀/핻쌀]	뱃속[배쏙/밷쏙]	뱃전[배쩐/밷쩐]
고갯짓[고개찓/고갣찓]		

2. 사이시옷 뒤에 'ㄴ, ㅁ'이 결합되는 경우에는 [ㄴ]으로 발음한다.

콧날[콛날 → 콘날]	아랫니[아랟니 → 아랜니]
툇마루[퇻:마루 → 퇸:마루]	뱃머리[밷머리 → 밴머리]

3. 사이시옷 뒤에 '이' 음이 결합되는 경우에는 [ㄴㄴ]으로 발음한다.

베갯잇[베갣닏 → 베갠닏]	깻잎[깯닙 → 깬닙]
나뭇잎[나묻닙 → 나문닙]	도리깻열[도리깯녈 → 도리깬녈]
뒷윷[뒫:뉻 → 뒨:뉻]	

◉ 해설

    표준 발음법 제7장의 '음의 첨가'는 두 개의 형태소 사이에 어떤 음을 첨가하여 발음하는 현상에 대하여 규정한 내용이다. 음의 첨가는 합성어나 파생어에서 이루어지는데, 표준 발음법 제7장은 제30항 사이시옷이 붙는 단어의 경우에서 사이시옷 뒷말의 첫소리가 된소리로 나는 경우 [ㄷ]이 첨가되는 사례를 제외하고는 대부분 'ㄴ' 첨가 현상에 대한 규정이다.

    위 표준 발음법 제29항은 합성어 및 파생어에서, 앞 단어나 접두사의 끝이 자음이고 뒤 단어나 접미사의 첫음절이 '이, 야, 여, 요, 유'인 경우에 'ㄴ' 음을 첨가하여 [니, 냐, 녀, 뇨, 뉴]로 발음하도록 하고 있다. 그러나 '이죽이죽[이중니죽/이주기죽], 검열[검 : 녈/거 : 멸], 금융[금늉/그뮹]', 또는 '육이오[유기오], 송별연[송벼련]' 같은 말들에서는 현실 발음을 따라 예외를 인정하고 있다. 곧 표준 발음법 제29항이 모든 단어에 일관되게 적용할 수 있는 것은 아니다. 같은 환경이지만 'ㄹ' 받침 뒤에서 첨가된 'ㄴ'은 '들일[들릴], 서울역[서울력]'처럼 'ㄹ'로 발음해야 하는 경우도 있다. 이때에도 현실 발음에 대한 고려가 필요하다.

표준 발음법 제30항은 한글 맞춤법 제30항과 대응하는 규정으로 사이시옷이 개재하는 합성 명사에서의 'ㄷ' 첨가나 'ㄴ' 첨가에 대한 내용이다. 사이시옷 뒷말이 된소리인 경우에는 '냇가[내:까/낻:까]'처럼 [ㄷ]을 첨가하는 것을 허용하고(물론 [ㄷ]을 첨가 하지 않고 발음하는 것도 표준이다.), 사이시옷 뒤에 'ㄴ, ㅁ'이나 '이'가 연결되면 'ㄴ'을 첨가하여 사이시옷과 함께 'ㄴㄴ'으로 발음하도록 규정하고 있다.

◉ 질문과 대답

문 '3연대'는 [삼년대]라고 읽는데 '3연승'은 왜 [삼년승]이 아닌 [사면승]으로 읽는 건가요? 그리고 띄어쓰기에서 '마흔여섯'이 맞나요, '마흔 여섯'이 맞나요?

답 표준 발음법 제29항에서는 합성어 및 파생어에서 앞 단어나 접두사의 끝이 자음이고 뒤 단어나 접미사의 첫 음절이 '이, 야, 여, 요, 유'인 경우에는 'ㄴ' 소리를 첨가하여 [니, 냐, 녀, 뇨, 뉴]로 발음한다고 규정하고, [붙임 2]에서는 두 단어를 이어서 한 마디로 발음하는 경우에도 이에 준한다며 '한 일[한닐], 3 연대[삼년대]' 등을 예로 들고 있습니다. 질문하신 '3연승'도 '3연대'와 다른 구조라 하기 어려우므로 위의 규정에 따라 [삼년승]으로 발음하는 것이 온당할 듯하나 실제의 언어생활에서 언중들은 [사면승]으로 발음하는 것이 우세한 듯합니다. 같거나 비슷한 조건을 가진 소리의 연쇄들이지만, 동일한 'ㄴ첨가'가 일어나지 않는 예외가 적지 않습니다. '마흔여섯'의 띄어쓰기는 한글 맞춤법 제44항에 '만' 단위로 띄어 쓰도록 규정하고 있으므로, '마흔여섯'으로 붙여 써야 합니다.

문 너무 궁금해서 여쭤 보고 싶습니다. 첫째는 ㄴ 첨가에 관한 질문입니다. 자음으로 끝나고 후행 음절은 '이'나 y계 이중 모음으로 시작하면 'ㄴ 첨가'가 일어난다는데 '맛

있다, 정신없이'와 같은 단어들은 왜 'ㄴ 첨가'가 일어나지 않는지 궁금합니다. ㄴ 첨가 현상이 일어나는 환경은 표준 발음법에서 후행 음절은 '이, 야, 여, 요, 유'로 규정했는데 '애, 예, 의'도 포함한가요? 그리고 'ㄴ 첨가'는 반드시 일어나는 음운 현상인가요? '한 일', '옷 입다', '할 일' 같은 경우 표준 발음법에 [한닐, 온닙따, 할릴]로 발음한다고 규정하고 있는데 저는 계속 ㄴ 첨가 없이 발음했었습니다. 그동안 계속 정확하지 않는 발음을 했습니까? 반드시 적용되는 음운 현상이라면 '좋은 일 있다.'는 '조은닐 닏따'로 발음해야 한가요? 둘째는 연음 현상에 관한 질문입니다. 선행 음절은 'ㅇ, ㅎ'을 제외한 자음으로 끝나고 후행 음절은 모음으로 시작하면 연음 현상이 일어난다는데 '부엌 안', '숲 안', '몇 월', '맛없다', '눈 앞' 같은 경우는 연음 현상이 일어나지 않는 것 같습니다. 설명 부탁드립니다. 감사합니다.

답 같은 한국어라도 지역에 따라 사람에 따라 다르게 발음되는 일이 적지 않아서 이것을 그대로 방치하면 의사소통에 장애를 가져 오게 되므로 표준 발음을 정하여 이에 따르도록 하고 있습니다. 질문하신 이른바 'ㄴ음 첨가' 발음도 이러한 혼란이 일어나므로 표준 발음법 제29항에서 이를 자세히 규정해 두고 있습니다. 이 조항에서는 합성어와 파생어에서 앞 형태의 끝이 자음이고, 뒤 형태의 첫소리에 'ㄴ'이 첨가되는 현상을 설명하고, 이어서 합성어나 파생어가 아니더라도 두 낱말이 한 낱말처럼 발음될 때는 마찬가지로 이를 적용하도록 하고 있습니다. 질문하신 '맛있다, 정신없이'는 ㄴ첨가가 일어나지 않습니다. '맛있다'는 표준발음이 [마딛따]입니다. 굳이 이유를 말씀드리면 'ㄴ첨가'에 예외가 많아서이기도 하지만, ㄴ이 첨가되는 것이 아니라 뒷말의 첫 음절에 원래 'ㄴ'음이 있었다고 하는 견해가 있습니다. 이런 견해를 가진 학자들을 'ㄴ첨가'라고 하지 않고 오히려 'ㄴ'이 나타나지 않는 말들에 대해 'ㄴ탈락'이라고 부르고 있음을 말해 둡니다. '정신없이'는 ㄴ첨가의 조건을 갖추지 않은 예이고, '좋은 일 있다.'는 쉽없이 발음하면 [조은닐리따]로 발음해야 합니다.

두 번째 질문인 연음 현상에 관한 내용입니다. 말씀하신 것처럼 선행 음절이 'ㅇ, ㅎ'을 제외한 자음으로 끝나고 후행 음절이 모음으로 시작하면 연음 현상이 일어납니다. 이 경우 모음으로 시작하는 후행 음절은 실질적인 뜻을 갖는 말, 곧 단어가 아니라, 조사나 어미처럼 문법적 기능만을 갖는 요소여야 합니다. 예를 든 '부엌 안, 숲 안, 몇 월, 맛없다' 같은 경우, 앞 자음의 발음이 그대로 연음되지 않는 것은 후행하는 음절이 모두 실질적인 뜻을 가진 말이기 때문입니다. 이 경우에는 먼저 [부억, 숩, 면, 맏]으로 발음이 조정된(절음 현상, 대표음으로 귀착) 후에, 최종적으로 연음이 됩니다.

Ⅳ. 외래어 표기법

제1장 표기의 기본 원칙

제1항 외래어는 국어의 현용 24자모만으로 적는다.
제2항 외래어의 1음운은 원칙적으로 1기호로 적는다.
제3항 받침에는 'ㄱ, ㄴ, ㄹ, ㅁ, ㅂ, ㅅ, ㅇ'만을 쓴다.
제4항 파열음 표기에는 된소리를 쓰지 않는 것을 원칙으로 한다.
제5항 이미 굳어진 외래어는 관용을 존중하되, 그 범위와 용례는 따로 정한다.

◑ 해설

현행 외래어 표기법은 기본적으로 1986년 1월 7일 문교부 고시 제85-11호로 공포한 내용이다. 이후 1992년 루마니아 어, 헝가리 어, 폴란드 어 등 동구권 언어의 표기 규칙을 문화부 고시 제1992-31호로 추가하고, 1995년에는 스웨덴 어, 노르웨이 어, 덴마크 어 등 북구권 언어에 대한 표기 규칙을 문화체육부 고시 제1995-8호로 추가한 이래로 지속적인 추가가 이루어져 2013년 현재 총 21개 언어에 대한 표기 세칙을 두고 있다.

외래어 표기법은 총 4장으로 구성되어 있다. 제1장은 '표기의 기본 원칙'으로서 총 5개 항을 제시하고 있다. 제2장은 '표기 일람표'로서 국제 음성 기호, 일본어 가나 문자, 중국어 한어 병음 및 기타 16개 언어의 자모와 한글 대조표를 제시하고 있으며, 제3장에서는 21개 언어의 '표기 세칙'과 예시를 제시하고 있다. 그리고 제4장에서는 '인명, 지명의 표기 원칙'을 제시하고 있다. 아래에서는 제1장의 외래어 표기법의 다섯 가지 기본 원칙에 대해 살펴보기로 한다.

외래어 표기법 제1장 제1항 "외래어는 국어의 현용 24자모만으로 적는다."는 규정은, 외래어를 표기할 때 한글 맞춤법에 정한 24자모 이외의 특수한 기호나 문자를 쓰지 않는다는 것이다. 외래어도 한글로 표기되어 우리 언어생활에 사용되면 이미 한국어 어휘이므로 이는 당연한 원칙이다. 그러나 외래어의 발음을 정확하게 나타내기 위해 새로운 자모를 만들어 써야 한다고 주장하는 사람들이 종종 있다. 그런 사람들은 흔히 외래어 표기법을 외국어 학습과 연관 지어 국어의 24 자모만으로 적는 것은 불합리하다고 주장한다. 예를 들면 [p]와 [f] 소리를 똑같이 'ㅍ'으로 적거나, [l]과 [r] 소리를 똑같이 'ㄹ'로 적도록 하기 때문에 이러한 소리의 발음을 제대로 익힐 수 없다는 것이다. 따라서 [f] 소리는 'ㅍㅎ'이나 'ㆄ', [l] 소리는 'ㄹㄹ' 따위로 표기하자는 것이다. 그러나 외래어 표기에 새로운 문자나 부호를 만들어 사용하는 것은 이미 1933년에 공포된 '한글 맞춤법 통일안'에서부터 엄격히 금지해 왔다.

외래어를 원음에 가깝게 적기 위해 새로운 문자나 부호를 만들어 쓰자는 주장은 외래어 표기법의 목적을 잘못 이해한 데에서 비롯한다. 외래어 표기의 목적은 한국어 화자들이 사용하는 외래어의 표기를 통일하기 위한 것이지, 외국어 발음을 정확하게 나타내기 위한 것이 아니다. 예를 들면, 영어의 'fighting[faitiŋ]'에 대하여 한국인들이 [파이팅, 화이팅, 빠이팅]이라고 발음할 수 있지만, 이것들을 제각각으로 적지 말고 '파이팅'이라는 한 가지 형태로 통일하여 적자는 것이다. 이것은 외래어가 한국어의 한 가지라는 인식 아래 일상적인 의사소통에 필요한 표준형을 제공하려는 것일 뿐, 외국어의 발음을 교육하려는 것이 아니기 때문이다.

외래어 표기법 제1장 제2항의 "외래어의 1음운은 원칙적으로 1기호로 적는다."는 규정은 외국어의 1음운에 대하여 1기호로 대응하여 적용한다는 뜻이다. 이것은 고유어의 표기에서도 하나의 음운에 대하여 하나의 기호로 나타내는 것과 같은 내용이다. 그러나 외국어의 어떤 음운은 사용 환경에 따라서는 1음운 1기호 원칙을 적용할 수 없는 경우도 있다. 이런 이유에서 원칙적으로라는 단서를 붙이고 있다. 예를 들면 'pipe'에서 음운 'p'는 한국어의 'ㅍ'에 대응하여 쓰는 것이 원칙이다. 그러나 'shop, gap'과 같은 말에서 'p'는 외래어 표기법 제1장 제3항의 일곱 받침소리 현상에 따라 1음운 1기호의 원칙에서 벗어나지만 'ㅂ'으로 적게 되는 것이다. 이에 대해서는 영어의 표기 세칙 제1항에서 따로 규정하고 있다.

그러나 1음운에 대하여 1기호로 대응하여 적는 일은 기본적으로 외래어를 기억하고 쓰는 데 편리하게 하려는 뜻을 가지고 있다. 예를 들면 content[kántent/kɔ́n-], concert[kánsə(ː)rt/kɔ́n-]나 concrete[kánkriːt, káŋ-, kɑnkríːt/kɔ́ŋ-]는 실제로 영어에서도 두 가지 이상의 발음을 가질 수 있다. 이런 이유로 한국어 화자들이 이를 발음하거나 외래어 표기를 할 때 각각 '콘텐츠/컨텐츠/칸텐츠', '콘서트/콘써트/칸서트', '콘크리트/컨크리트/칸크리트' 등 여러 가지 선택 사항을 가질 수 있다. 그러나 현행 외래어 표기법은 세 단어에서 'con-'의 발음을 [kɔn-]으로 보고, 제2장 표기 일람표 '표 1 국제 음성 기호와 한글 대조표'에 따라 '[ɔ]'를 '오'로 대치하여 [kɔn-]을 [콘]으로 적도록 하고 있다. 따라서 위 세 단어의 바른 외래어 표기는 각각 '콘텐츠, 콘서트, 콘크리트'가 된다. 곧 1음운 1기호 표기를 함으로써 동일한 음운에 대하여 좀 더 효율적인 표기를 할 수 있도록 하려는 뜻이다.

외래어 표기법 제1장 제3항의 "외래어의 받침에는 'ㄱ, ㄴ, ㄹ, ㅁ, ㅂ, ㅅ, ㅇ'만을 적는다."는 규정은 한국어의 일곱 받침소리가 외래어에서는 'ㄷ → ㅅ'이 된 '7종성'임을 말해 주는 내용이다. 이 규정은 또한 외래어를 적을 때에는 고유어를 적을 때와는 달리 'ㄷ, ㅈ, ㅊ, ㅋ, ㅌ, ㅍ, ㅎ' 등의 받침을 적지 않는다는 사실을 말하고 있다. 고유어를 적을 때에는 실제 발음과 상관없이 한글 맞춤법의 원리에 따르기만 하면, 일곱 받침소리 이외의 받침 글자를 적는 데에는 제약이 없다. 반면 외래어 표기에서는 '*북, *숲, *디스켙, *슈퍼마켙' 등과 같이 적는 것은 잘못이다.

이것은 한국어의 외래어가 받침소리를 뒤 음절의 첫소리로 연음할 때 특이한 현상을 보이기 때문이다. 고유어 받침소리는 모음과 연결되면 '잎이[이피]', '잎을[이플]' 등처럼 제 음가대로 발음된다. 그런데 외래어의 예를 보면, 'coffee shop'의 'p'를 'ㅍ'으로 적어 '커피숖'이라고 적는다고 해도 뒤의 모음과 연음할 때에는 일반적으로 [커피쇼피], [커피쇼페서]와 같이 발음하지 않고 [커피쇼비], [커피쇼베서]처럼 발음한다. 이런 이유로 '커피숍'으로 적도록 한 것이다. 일곱 받침소리로 'ㄷ' 대신 'ㅅ'을 쓰도록 한 것도 마찬가지의 이유에서이다. 'supermarket'은 맡음 't'를 'ㅌ'으로 적거나 일곱 받침소리인 'ㄷ'으로 적어서 '슈퍼마켙/슈퍼마켇'으로 할 수 있다. 그러나 이것을 모음을 가진 조사와 연결하여 보면 일반적으로 '슈퍼마케티(치)/슈퍼마케디(지), 슈퍼마케틀/슈퍼마케들'처럼 발음하지 않고, '슈퍼마케시', '슈퍼마케슬'처럼 발음한다. 이런 이유에서 역시 'ㅅ'을 받침으로 하여 '슈퍼마켓'으로 쓰기로 한 것이다.

외래어 표기법 제1장 제4항 "파열음 표기에는 된소리를 쓰지 않는 것을 원칙으로 한다."는 '*빠리/파리, *뻐스/버스, *핸드빽/핸드백, *꼬냑/코냑, *스뜨라이크/스트라이크' 등에서처럼 'ㄱ, ㄷ, ㅂ'의 표기에 된소리를 사용하지 않는다는 규정이다. 특정 언어의 현지음이나 한국인들의 외래어 발음 현실에서는 [빠리], [뻐스], [꼬냑], [핸드빽] 등처럼 된소리 발음이 많이 나타나지만, 이 규정에 따라 이러한 발음들을 그대로 표기하는 것은 인정하지 않는다. 한국인들의 외래어 발음 습관은 'Paris[빠리/파리], stop[스땁/스탑/스톱]'과 같은 예들에서는 무성 파열음에 대한 현지에서의 발음과 관련이 있지만, 'bus[뻐스/버스], bag[빽/백]' 등의 예에 이르면 영어 유성 파열음을 된소리화하는 우리나라 사람들의 발음 습관과 관계된다. 이런 현상은 외래어가 한국어화하는 과정에서 독특하게 일어나는 것이다. 외래어 표기법 제4항은 영어, 독일어, 프랑스 어, 이탈리아 어 등에서 기원한 외래어의 파열음을 모두 된소리로 적지 못하도록 하고 있다.

그러나 2004년에 새로 제정한 동남아시아 언어 외래어 표기법 중 베트남 어와 타이 어 표기에는 'ㄲ, ㄸ, ㅃ' 등 된소리를 쓸 수 있도록 하였다. 이들 언어에는 우리말처럼 세 가지 소리가 서로 구분되는 특징이 있다. b와 ph, p가 우리말의 'ㅂ, ㅍ, ㅃ'처럼 서로 다른 소리라서 ph(ㅍ)를 써야 할 자리에 p(ㅃ)를 쓰게 되면 다른 뜻을 가진 말이 되고 만다. 예를 들어 '푸껫'과 '푸켓'은 우리말의 '정주'와 '청주'처럼 완전히 다른 말이 되어 서로 구분해서 표기할 수밖에 없다. 이런 점에서 외래어 표기법 제1장 제4항의 규정은 타이 어와 베트남 어 두 언어에는 예외가 된다. 따라서 태국의 Pattani는 '빠따니'로, 베트남의 Pleiku는 '쁠래이꾸'로 적는다. 이외에도 예외적으로 된소리 표기를 하는 외래어들이 있다. 이미 관용적으로 된소리로 적는 것이 굳어진 몇몇 낱말들은 그대로 된소리로 적는다. '빵, 껌, 삐라, 빨치산' 등이 그 예이다.

영어, 독일어, 프랑스 어, 이탈리아 어 등에서 기원한 외래어는 마찰음, 파찰음의 경우에도 된소리를 쓰지 않는 것이 기본 원칙이다. 따라서 '*써비스/서비스(service), *써클/서클(circle), *씬/*띤/신(thin), *모짜르트/모차르트(Mozart)' 등처럼 예사소리로 적어야 한다. 그러나 일본어의 'ッ(쓰)', 중국어의 'z[zi](쯔), s[si](쓰)', 베트남어 'x

(ㅆ)'의 표기에서는 예외이다.

　외래어 표기법 제1장 제5항 "이미 굳어진 외래어는 관용을 존중한다."는 외래어 중 오랫동안 쓰여 아주 굳어진 것은 관용대로 적는다는 규정이다. 그러나 관용을 인정하는 범위를 어디까지로 할 것인가는 쉽게 결정하기 어려운 문제이다. 관용을 인정하는 표기의 대표적인 예로 '라디오'와 '카메라'를 들 수 있다. 영어 'radio'의 발음은 [réidiòu]이고, 'camera'의 발음은 [kǽmərə]이므로 표기법에 따르면 각각 '*레이디오'와 '*캐머러'가 될 것이다. 그러나 이들은 오래전부터 '라디오, 카메라'라고 쓰던 관습이 굳어져 있으므로, 지금에 와서 '*레이디오'와 '*캐머러'를 쓴다면 혼란이 더해질 것이다. 이러한 경우에는 관용적 표기를 인정하여 '라디오, 카메라'를 옳은 표기로 정한 것이다. '모델, 남포, 담배, 커트' 등도 다 관용적으로 굳어진 외래어의 사례들이다. 이 중 '남포'와 '커트'에 대해서는 각각 '램프'와 '컷'도 인정한다. '남포'와 '램프'는 모두 '석유를 넣어 심지에 불을 켜는, 유리 바람막이가 있는 등잔'의 이름을 나타내는데, 언중 사이에 '남포'가 이미 쓰이고 있었으나, 다시 서양어 'lamp'의 발음에 충실하여 '램프'로도 표기하게 한 것이다. '커트'는 '머리카락을 자르는 일. 또는 그 머리 모양' 혹은 '탁구·테니스·골프 등에서, 공을 비스듬히 아래로 깎아 치는 일'을 가리키는 의미로 쓰고, '컷'은 '영화의 편집·검열 등을 할 때, 촬영한 필름에서 불필요한 부분을 삭제하는 일'이나 '작은 삽화' 등의 의미로 쓰고 있다. 둘 다 서양어 'cut'에서 유래하였지만 한국어화 과정에서 이런 두 가지 모습을 갖게 된 것이다.

◉ 질문과 대답

문 음운론 수업을 듣다가 궁금한 것이 생겼습니다. 불어에는 있는 비모음이 국어에는 없어서 비자음인 (ㅁ, ㄴ, ㅇ)을 넣어 표시한다고 배웠습니다. 프랑스 어인 'enfant'을 '앙팡'으로, 'blanc'을 '블랑'으로, 'maison'을 '메종'으로 표기하던데, '암팜', '메존'으로 표기하지 않고 '앙팡', '메종'이라고 표기하는 특별한 이유가 있는지 궁금합니다. 왜 그럴까요?

답 본디 한 나라의 말소리를 다른 나라의 글자로 정확하게 옮겨 적기란 여간 어려운 일이 아닐 뿐만 아니라, 정확히 적을 수 없는 소리도 적지 않습니다. 한글이 세계의 어느 글자보다도 뛰어난 글자라 하더라도 우리말을 적기 위해 만들어진 것이므로, 우리말과 소리 체계가 다른 언어를 적는 데에는 한계가 있게 마련입니다. 질문하신 것처럼 불어에는 비모음이 널리 쓰이는 데 반하여, 우리가 지금 쓰고 있는 한글에는 이 비모음을 적는 글자가 따로 없기 때문에, 모음에 'ㅇ'을 받쳐 적어 이를 나타내기로 하였습니다.(아래 외래어 표기법 제2장 [표1] 국제 음성 기호와 한글 대조표 참조) 소리를 내면서 비교해 보시면, 모음에 'ㅁ'이나 'ㄴ'을 받쳐 적는 것보다 'ㅇ'을 받쳐 적는 것이 불어의 비모음 소리에 가장 가까운 소리임을 쉽게 알 수 있을 것입니다.

문 제가 방학 숙제를 하다가 길을 잃었죠. 어떻게 해야 할지 막막해서……, 질문을 드려도 되겠죠? 부탁드려요. 제 숙제는요, 길가에 판을 치는 간판들 중 잘못 표기되거나, 잘못 표현된 간판을 찾아 바르게 고치는 건데요. 덧붙여서 국어적인 지식을 보태면 더 좋을 거라고 선생님께서 말씀해 주시더군요. 모둠별 숙제라서 순순히 준비가 잘 되어 가나 싶었지요. 그런데 간판을 찾아 바르게 고치는 것까지는 제가 별 탈 없이 잘해 왔는데요, 왜 그러한 간판들이 잘못되었는지를 모르겠더군요. 외래어 표기법도 찾아보고, 여기저기 기웃거려 봐도 제가 이해하기에는 다 어려운 말이더군요. 그래서 이렇게 질문을 올립니다.

    크리닉 → 클리닉, 메가씨티 → 메가시티, 술창꼬 → 술창고,
    온누리다나아약국 → ?

　이외의 것들은 조사해서 찾았지만 이 4가지는 아직도 여전히 오리무중입니다. '크리닉'이라는 표현이 왜 '클리닉'이라 표기해야 하는 거죠? 당연히 '클리닉'이라는 것은 익히 들어왔지만 '클리닉'이 맞고 '크리닉'이 틀린 연유를 몰라서……, '크리닉'과 '메가씨티', '술창꼬'가 왜 우리말에서 어긋나는지 알고 싶어요. 한 가지 더 덧붙여서, '온누리다나아약국'은요. '다나아약국'이 틀린 건지 맞은 건지도 모르겠네요.

답 영어의 clinic, megacity는 외래어 표기법에 따르면 '클리닉, 메가시티'로 표기해야 합니다. 굳이 외국어를 쓸 필요는 없지만, 외국에서 들어온 말이라도 어쩔 수 없이 써야 할 때가 있습니다. 그런데 이를 사용하는 사람마다 다르게 표기한다면 의사소통에 어려움이 일어나게 되므로 이를 막기 위해 한글 맞춤법이나 외래어 표기법 등을 만들어서 모두가 이에 따르도록 하고 있습니다. clinic, megacity의 l과 s는 외래어 표

기법 제2장의 '[표1] 국제 음성 기호와 한글 대조표'와 제3장 제1절 '영어의 표기'에서 정한 바에 따라, 각각 'ㄹㄹ'과 'ㅅ'으로 표기해야 합니다. 따라서 '크리닉, 메가씨티'가 아니라 '클리닉, 메가시티'로 적게 됩니다.

　그리고 '술창고'가 맞는 표기입니다. 이 말은 '술'과 '창고'가 합해진 말인데, '창고'는 그것만 발음할 때에도, '술'과 합하여 '술창고'가 되어도, 발음은 [창고]입니다. '온누리다나아약국'은 띄어쓰기를 제외하면 맞는 표기입니다. 이 말은 '온, 누리, 다, 나아'로 구성 성분을 나누어 볼 수 있습니다. 이 가운데 문제를 삼은 '나아'는 '(병이) 낫다'가 변한 말인데(이를 '활용'이라 합니다.) 어간 '낫-'에 어미 '-아'가 결합하면 '나아'로 바뀝니다.(ㅅ 불규칙 활용)

문 요즘 '멘탈붕괴'라는 말이 자주 쓰이고 있는데요, 우리나라 외래어 표기법에 따르면 '멘탈'이 맞나요, '멘털'이 맞나요? 검색해 보니 sentimental은 '센티멘털'이라 나오는데 'mental'의 단독 표기법이 궁금하여 여쭈어 봅니다.

답 '멘털'로 써야 합니다. '멘탈'이라 발음하고 적는 것은 '디지탈', '크리스탈', '센타', '파우다' 등에서처럼, 'ㅓ'로 발음하고 적어야 할 것을 'ㅏ'로 발음하고 적는 잘못된 관행을 따른 것입니다. 이러한 현상은 'ㅓ' 발음이 없어 이런 경우 'ㅏ'로 발음하고 적는 수밖에 다른 도리가 없는 일본어의 영향을 받은 것이라 보이는데, 우리는 'ㅓ' 발음이 'ㅏ'와 같이 자연스러운 발음이고, 이를 적는 문자도 엄연히 있으므로 바로잡아야 할 것입니다. 이뿐만 아니라, '멘탈 붕괴', 특히 이의 줄임말인 '멘붕' 같은 말은 바람직하지 않습니다. 외래어에 대해 과민 반응을 할 필요는 없지만, 아무 말이나 다 수용하는 것은 언어생활을 혼란에 빠트리는 일입니다. 이런 말을 만들어 내거나 퍼트리는 사람은 제법 유식한 사람에 속할 터인데, 이런 사람들일수록 원활한 언어생활을 위해 언중 사이의 소통을 어렵게 하는 말은 삼가야 하고 그것이 식자의 도리일 것입니다.

문 '자장면' 발음에 대해 궁금한 점이 있어서 문의 드립니다. 얼마 전 KBS 모 방송 프로그램에서 한 아나운서가 '자장면'을 '짜장면'과 '자장면'의 중간 발음으로 발음해야 한다는 식으로 말했습니다. '자장면'이 표준어이지만 '짜장면'으로 발음하는 사람이 많으니 아나운서 선배가 그 중간 발음으로 발음해야 한다고 알려 줬다는 내용이었습니다. 물론 오락 프로그램에서의 사적인 이야기일 수 있겠지만 공영 방송에서 그것도 인지도가 높은 아나운서가 하는 말이므로 많은 사람들이 그렇게 발음해야 맞다고 할 수도 있겠기에 정확하게 자장면을 어떻게 발음해야 하는지 알려 주시면 감사하겠습니다.

답 '자장면'은 중국어에서 차용한 외래어로 이에 해당하는 중국어는 '炸醬'이고, 발음은 [zhajiang]입니다. 이 말은 우리의 외래어 표기법에 따라 '자장면'으로 적고, 적은 대로 읽는 것입니다. 이러한 설명은 물론 2011년에 '짜장면'이 표준어로 새로 지정되기 전까지의 설명입니다. 지금은 '짜장면'도 '자장면'과 더불어 표준어입니다. 굳이 말할 필요도 없지만, '짜장면'은 [짜장면]으로 발음하고 '자장면'은 [자장면]으로 발음합니다.

문 '워크샾, 슈퍼마켙'과 '워크숍, 슈퍼마켓' 중 옳은 것은 무엇입니까?

답 외래어를 표기할 때 받침에는 'ㄱ, ㄴ, ㄹ, ㅁ, ㅂ, ㅅ, ㅇ'만을 사용합니다. 표준 발음법에서 규정한 7종성과는 달리는 여기에는 'ㄷ'이 없고, 'ㅅ'이 들어 있습니다. 따라서 '워크숍, 슈퍼마켓'으로 써야 옳습니다.

문 '파리, 콩트, 코냑'과 '빠리, 꽁트, 꼬냑' 중 옳은 것은 무엇입니까?

답 외래어의 파열음 표기에는 된소리를 쓰지 않는 것을 원칙으로 합니다. 예컨대, 외래어 파열음 [b, d, g]는 'ㅂ, ㄷ, ㄱ'로 [p, t, k]는 'ㅍ, ㅌ, ㅋ'로 적어야 합니다. 마찰음의 경우에도 된소리로 표기하지 않고 '서비스, 서클, 쇼, 사운드' 등처럼 적는 것이 원칙입니다. 따라서 '파리, 콩트, 코냑'이 옳은 표기입니다.

문 '화일, 화이팅, 호일'과 '파일, 파이팅, 포일' 중 옳은 것은 무엇입니까?

답 외래어 순치 마찰음 [f]는 국어의 후음 'ㅎ'으로 대치하지 않고, '파일, 파이팅, 필로폰' 등처럼 'ㅍ'으로 적어야 합니다. 따라서 '파일, 파이팅, 포일'로 적는 것이 옳습니다.

문 국어 속에 있는 일본말에 대해 궁금합니다. 구정 연휴, 신정 등의 말은 일본말의 잔재라고 알고 있습니다. 그런데 이들 말들은 일본말 발음으로 우리가 쉽게 알고 있는, 예를 들어 '곤색→검남색, 다마네기→양파, 우동→가락국수' 등의 예에서처럼 쉽게 구분하지 못하겠습니다. 왜냐하면, 한자를 매개로 하고 있기 때문이죠. 한자를 매개로 하는 일본말의 잔재들을 쉽게 알 수 있는 방법이 있을까요? 그리고, 우리가 흔히 쓰는 '학생 및 교사, 한국 및 일본' 등의 문장체 접속 부사 '및' 또한 일본식 표기입니까? 일본식 표기라면 어떻게 고쳐야 하나요.

답 문화 교류 등의 여러 가지 원인으로 다른 언어가 우리말 속에 들어와 있습니다. 한자어나 영어는 우리말 속에 들어와 강한 세력을 갖고 있는 말들이라고 할 수 있습니다. 어떤 점에서 한자어나 영어는 자발적인 수용이라고 보아야 할지도 모릅니다.

그러나 일본말은 식민지 시대에 우리의 자발적 의지와 무관하게 우리말 속에 들어와 섞인 말이라고 할 수 있을 것입니다. 그래서 일본말의 찌꺼기를 우리말의 순수함을 해치는 가장 치욕스런 것으로 생각하는 사람들이 많습니다.

일본말 찌꺼기 중에서 '와리바시(나무젓가락), 사시미(생선회), 기스(흠), 다꾸앙(단무지), 다마네기(양파), 도끼다시(윤내기), 와사비(고추냉이), 요오지(이쑤시개), 우동(가락국수), 사라(접시)' 등처럼 일본말 발음이 남아 있는 것들은 고유어로 순화하기가 쉽습니다. 그러나 한자를 매개로 하는 일본말(일본 기원 한자어)인 '개화, 국회, 기차, 농구, 대통령, 도서관, 방송, 수학, 판사, 역도, 철도, 회사, 철학' 등은 일본 사람들이 만든 말이라는 의식이 전혀 없이 사용하고 있는 것이 현실입니다. 한자로 된 법률, 금융, 건축, 의학 용어의 80% 이상이 이런 식의 일본 기원 한자어라는 설도 있습니다. 최근에는 '가봉(시침질), 격납고(곳집), 기합(얼차려), 유모차(아기차), 수입(손질), 특단(특별), 납득하다(알아듣다), 추월하다(앞지르다), 품절(동남)' 등처럼 일본식 한자어를 순화하고 몰아내자는 움직임도 있으나, 세력이 강한 한자를 매개로 하기 때문인지 현실적으로는 그다지 성과를 거두지 못하고 있는 것으로 보입니다. '구정'이라는 말은 '음력설'을 가리키는 것으로 <표준 국어 대사전>에 실려 있습니다. 고유어 '설' 혹은 '설날'이라고 하는 것이 바람직할 것으로 봅니다. '구정'은 우리의 '설'을 폄하하기 위하여 일본 총독부에서 권장한 것이라는 설이 있습니다. 한편, '신정(新正)'은 '양력설'을 뜻하는 것으로 되어 있습니다. 특별히 '신정'이나 '구정'이라는 말을 쓰지 않도록 정한 바는 없습니다. 따라서 이들 표현을 사용하더라도 잘못은 아닙니다. 다만, 음력으로 한 해의 첫날을 일컫는 말로, 낡은 것이라는 인상을 주기 쉬운 '구정'이라는 말은 쓰지 않는 것이 좋다는 의견이 많으므로 '신정'이나 '구정'이라는 표현보다는 '양력설', '음력설'이라는 표현을 쓰는 것이 더 바람직하다고 봅니다. '및'은 '그리고', '그 밖에', '또'의 뜻으로, 문장에서 같은 종류의 성분을 연결할 때 쓰입니다. 이것의 쓰임이 약간 문어적이기는 하지만 구어체에 써도 무방합니다.

제2장 표기 일람표

외래어는 [표 1]~[표 13]에 따라 표기한다.

[표 1] 국제 음성 기호와 한글 대조표

자 음			반 모 음		모 음	
국제 음성 기호	한 글		국제 음성 기호	한 글	국제 음성 기호	한 글
	모음 앞	자음 앞 또는 어말				
p	ㅍ	ㅂ, 프	j	이*	i	이
b	ㅂ	브	ɥ	위	y	위
t	ㅌ	ㅅ, 트	w	오, 우*	e	에
d	ㄷ	드			ø	외
k	ㅋ	ㄱ, 크			ɛ	에
g	ㄱ	그			ɛ̃	앵
f	ㅍ	프			œ	외
v	ㅂ	브			œ̃	욍
θ	ㅅ	스			æ	애
ð	ㄷ	드			a	아
s	ㅅ	스			ɑ	아
z	ㅈ	즈			ɑ̃	앙
ʃ	시	슈, 시			ʌ	어
ʒ	ㅈ	지			ɔ	오
ts	ㅊ	츠			ɔ̃	옹
dz	ㅈ	즈			o	오
tʃ	ㅊ	치			u	우
dʒ	ㅈ	지			ə**	어
m	ㅁ	ㅁ			ɚ	어
n	ㄴ	ㄴ				
ɲ	니*	뉴				
ŋ	ㅇ	ㅇ				
l	ㄹ, ㄹㄹ	ㄹ				
r	ㄹ	르				
h	ㅎ	흐				
ç	ㅎ	히				
x	ㅎ	흐				

* [j], [w]의 '이'와 '오, 우', 그리고 [ɲ]의 '니'는 모음과 결합할 때 제3장 표기 세칙에 따른다.
** 독일어의 경우에는 '에', 프랑스 어의 경우에는 '으'로 적는다.

[표 2] 에스파냐 어 자모와 한글 대조표

	자모	한글		보 기
		모음 앞	자음 앞·어말	
자음	b	ㅂ	브	biz 비스, blandon 블란돈, braceo 브라세오
	c	ㅋ, ㅅ	ㄱ, ㅋ	colcren 콜크렌, Cecilia 세실리아, coccion 콕시온, bistec 비스텍, dictado 딕타도
	ch	ㅊ	—	chicharra 치차라
	d	ㄷ	드	felicidad 펠리시다드
	f	ㅍ	프	fuga 푸가, fran 프란
	g	ㄱ, ㅎ	그	ganga 강가, geologia 헤올로히아, yungla 융글라
	h	—	—	hipo 이포, quehacer 케아세르
	j	ㅎ	—	jueves 후에베스, reloj 렐로
	k	ㅋ	ㅋ	kapok 카포크
	l	ㄹ, ㄹㄹ	ㄹ	lacrar 라크라르, Lulio 룰리오, ocal 오칼
	ll	이*	—	llama 야마, lluvia 유비아
	m	ㅁ	ㅁ	membrete 멤브레테
	n	ㄴ	ㄴ	noche 노체, flan 플란
	ñ	니*	—	ñoñez 뇨녜스, mañana 마냐나
	p	ㅍ	ㅂ, ㅍ	pepsina 펩시나, plantón 플란톤
	q	ㅋ	—	quisquilla 키스키야
	r	ㄹ	르	rascador 라스카도르
	s	ㅅ	스	sastreria 사스트레리아
	t	ㅌ	트	tetraetro 테트라에트로
	v	ㅂ	—	viudedad 비우데다드
	x	ㅅ, ㄲ	ㄱㅅ	xenón 세논, laxante 락산테, yuxta 육스타
	z	ㅅ	스	zagal 사갈, liquidez 리키데스
반모음	w	오·우*	—	walkirias 왈키리아스
	y	이*	—	yungla 융글라
모음	a	아		braceo 브라세오
	e	에		reloj 렐로
	i	이		Lulio 룰리오
	o	오		ocal 오칼
	u	우		viudedad 비우데다드

*ll, y, ñ, w의 '이, 니, 오, 우'는 다른 모음과 결합할 때 합쳐서 1음절로 적는다.

[표 3] 이탈리아 어 자모와 한글 대조표

자모	한글 모음 앞	한글 자음 앞·어말	보 기
b	ㅂ	브	Bologna 볼로냐, bravo 브라보
c	ㅋ, ㅊ	크	Como 코모, Sicilia 시칠리아, credo 크레도
ch	ㅋ	—	Pinocchio 피노키오, cherubino 케루비노
d	ㄷ	드	Dante 단테, drizza 드리차
f	ㅍ	프	Firenze 피렌체, freddo 프레도
g	ㄱ, ㅈ	그	Galileo 갈릴레오, Genova 제노바, gloria 글로리아
h	—	—	hanno 안노, oh 오
l	ㄹ, ㄹㄹ	ㄹ	Milano 밀라노, largo 라르고, palco 팔코
m	ㅁ	ㅁ	Macchiavelli 마키아벨리, mamma 맘마, Campanella 캄파넬라
n	ㄴ	ㄴ	Nero 네로, Anna 안나, divertimento 디베르티멘토
p	ㅍ	프	Pisa 피사, prima 프리마
q	ㅋ	—	quando 콴도, queto 퀘토
r	ㄹ	르	Roma 로마, Marconi 마르코니
s	ㅅ	스	Sorrento 소렌토, asma 아스마, sasso 사소
t	ㅌ	트	Torino 토리노, tranne 트란네
v	ㅂ	브	Vivace 비바체, manovra 마노브라
z	ㅊ	—	nozze 노체, mancanza 만칸차
a	아		abituro 아비투로, capra 카프라
e	에		erta 에르타, padrone 파드로네
i	이		infamia 인파미아, manica 마니카
o	오		oblio 오블리오, poetica 포에티카
u	우		uva 우바, spuma 스푸마

[표 4] 일본어의 가나와 한글 대조표

가 나					한 글									
					어 두					어 중·어 말				
ア	イ	ウ	エ	オ	아	이	우	에	오	아	이	우	에	오
カ	キ	ク	ケ	コ	가	기	구	게	고	카	키	쿠	케	코
サ	シ	ス	セ	ソ	사	시	스	세	소	사	시	스	세	소
タ	チ	ツ	テ	ト	다	지	쓰	데	도	타	치	쓰	테	토
ナ	ニ	ヌ	ネ	ノ	나	니	누	네	노	나	니	누	네	노
ハ	ヒ	フ	ヘ	ホ	하	히	후	헤	호	하	히	후	헤	호
マ	ミ	ム	メ	モ	마	미	무	메	모	마	미	무	메	모
ヤ	イ	ユ	エ	ヨ	야	이	유	에	요	야	이	유	에	요
ラ	リ	ル	レ	ロ	라	리	루	레	로	라	리	루	레	로
ワ	(ヰ)	ウ	(ヱ)	ヲ	와	(이)	우	(에)	오	와	(이)	우	(에)	오
ン										ㄴ				
ガ	ギ	グ	ゲ	ゴ	가	기	구	게	고	가	기	구	게	고
ザ	ジ	ズ	ゼ	ゾ	자	지	즈	제	조	자	지	즈	제	조
ダ	ヂ	ヅ	デ	ド	다	지	즈	데	도	다	지	즈	데	도
バ	ビ	ブ	ベ	ボ	바	비	부	베	보	바	비	부	베	보
パ	ピ	プ	ペ	ポ	파	피	푸	페	포	파	피	푸	페	포
キャ		キュ		キョ	갸		규		교	캬		큐		쿄
ギャ		ギュ		ギョ	갸		규		교	갸		규		교
シャ		シュ		ショ	샤		슈		쇼	샤		슈		쇼
ジャ		ジュ		ジョ	자		주		조	자		주		조
チャ		チュ		チョ	자		주		조	차		추		초
ヒャ		ヒュ		ヒョ	햐		휴		효	햐		휴		효
ビャ		ビュ		ビョ	뱌		뷰		뵤	뱌		뷰		뵤
ピャ		ピュ		ピョ	퍄		퓨		표	퍄		퓨		표
ミャ		ミュ		ミョ	먀		뮤		묘	먀		뮤		묘
リャ		リュ		リョ	랴		류		료	랴		류		료

[표 5] 중국어의 주음 부호(注音符號)와 한글 대조표

[ ]는 단독 발음될 경우의 표기임.

( )는 자음이 선행할 경우의 표기임.

*는 순치성(脣齒聲), 권설운(捲舌韻).

성 모(聲母)									
음의 분류	주음 부호	한어 병음 자모	웨이드 식 로마자	한글	음의 분류	주음 부호	한어 병음 자모	웨이드 식 로마자	한글
중순성 (重脣聲)	ㄅ	b	p	ㅂ	설면성 (舌面聲)	ㄐ	j	ch	ㅈ
	ㄆ	p	pʻ	ㅍ		ㄑ	q	chʻ	ㅊ
	ㄇ	m	m	ㅁ		ㄒ	x	hs	ㅅ
순치성*	ㄈ	f	f	ㅍ	교설첨성 (翹舌尖聲)	ㄓ	zh [zhi]	ch [chih]	ㅈ [즈]
설첨성 (舌尖聲)	ㄉ	d	t	ㄷ		ㄔ	ch [chi]	chʻ [chʻih]	ㅊ [츠]
	ㄊ	t	tʻ	ㅌ		ㄕ	sh [shi]	sh [shih]	ㅅ [스]
	ㄋ	n	n	ㄴ		ㄖ	r [ri]	j [jih]	ㄹ [르]
	ㄌ	l	l	ㄹ	설치성 (舌齒聲)	ㄗ	z [zi]	ts [tzŭ]	ㅉ [쯔]
설근성 (舌根聲)	ㄍ	g	k	ㄱ		ㄘ	c [ci]	tsʻ [tzʻŭ]	ㅊ [츠]
	ㄎ	k	kʻ	ㅋ		ㄙ	s [si]	s [ssŭ]	ㅆ [쓰]
	ㄏ	h	h	ㅎ					

운 모(韻母)

음의 분류	주음 부호	한어 병음 자모	웨이드 식 로마자	한글
단운(單韻)	ㄚ	a	a	아
	ㄛ	o	o	오
	ㄜ	e	ê	어
	ㄝ	ê	e	에
	ㄧ	yi (i)	i	이
	ㄨ	wu (u)	wu (u)	우
	ㄩ	yu (u)	yü (ü)	위
복운(複韻)	ㄞ	ai	ai	아이
	ㄟ	ei	ei	에이
	ㄠ	ao	ao	아오
	ㄡ	ou	ou	어우
부성운(附聲韻)	ㄢ	an	an	안
	ㄣ	en	ên	언
	ㄤ	ang	ang	앙
	ㄥ	eng	êng	엉
권설운*	ㄦ	er (r)	êrh	얼
제치류	ㄧㄚ	ya (ia)	ya (ia)	야
	ㄧㄛ	yo	yo	요
	ㄧㄝ	ye (ie)	yeh (ieh)	예

결 합 운 모 (結合韻母)

음의 분류	주음 부호	한어 병음 자모	웨이드 식 로마자	한글
(齊齒類)	ㄧㄞ	yai	yai	야이
	ㄧㄠ	yao (iao)	yao (iao)	야오
	ㄧㄡ	you (ou, iu)	yu (iu)	유
	ㄧㄢ	yan (ian)	yen (ien)	옌
	ㄧㄣ	yin (in)	yin (in)	인
	ㄧㄤ	yang (iang)	yang (iang)	양
	ㄧㄥ	ying (ing)	ying (ing)	잉
합구류(合口類)	ㄨㄚ	wa (ua)	wa (ua)	와
	ㄨㄛ	wo (uo)	wo (uo)	워
	ㄨㄞ	wai (uai)	wai (uai)	와이
	ㄨㄟ	wei (ui)	wei (uei, ui)	웨이 (우이)
	ㄨㄢ	wan (uan)	wan (uan)	완
	ㄨㄣ	wen (un)	wên (un)	원(운)
	ㄨㄤ	wang (uang)	wang (uang)	왕
	ㄨㄥ	weng (ong)	wêng (ung)	웡(웅)
촬구류(撮口類)	ㄩㄝ	yue (ue)	yüeh (üeh)	웨
	ㄩㄢ	yuan (uan)	yüan (üan)	위안
	ㄩㄣ	yun (un)	yün (ün)	윈
	ㄩㄥ	yong (iong)	yung (iung)	융

[표 6] 폴란드 어 자모와 한글 대조표

	자모	한글		보 기
		모음 앞	자음 앞·어말	
자음	b	ㅂ	ㅂ, 브, 프	burak 부라크, szybko 십코, dobrze 도브제, chleb 흘레프
	c	ㅊ	츠	cel 첼, Balicki 발리츠키, noc 노츠
	ć	―	치	dać 다치
	d	ㄷ	드, 트	dach 다흐, zdrowy 즈드로비, słodki 스워트키, pod 포트
	f	ㅍ	프	fasola 파솔라, befsztyk 베프슈티크
	g	ㄱ	ㄱ, 그, 크	góra 구라, grad 그라트, targ 타르크
	h	ㅎ	흐	herbata 헤르바타, Hrubieszów 흐루비에슈프
	k	ㅋ	ㄱ, 크	kino 키노, daktyl 닥틸, król 크룰, bank 반크
	l	ㄹ, ㄹㄹ	ㄹ	lis 리스, kolano 콜라노, motyl 모틸
	m	ㅁ	ㅁ, 므	most 모스트, zimno 짐노, sam 삼
	n	ㄴ	ㄴ	nerka 네르카, dokument 도쿠멘트, dywan 디반
	ń	―	ㄴ	Gdańsk 그단스크, Poznań 포즈난
	p	ㅍ	ㅂ, 프	para 파라, Słupsk 스웁스크, chłop 흐워프
	r	ㄹ	르	rower 로베르, garnek 가르네크, sznur 슈누르
	s	ㅅ	스	serce 세르체, srebro 스레브로, pas 파스
	ś	―	시	ślepy 실레피, dziś 지시
	t	ㅌ	트	tam 탐, matka 마트카, but 부트
	w	ㅂ	브, 프	Warszawa 바르샤바, piwnica 피브니차, krew 크레프
	z	ㅈ	즈, 스	zamek 자메크, zbrodnia 즈브로드니아, wywóz 비부스
	ź	―	지, 시	gwoździk 그보지지크, więź 비엥시
	ż	ㅈ, 시*	주, 슈, 시	żyto 지토, różny 루주니, łyżka 위슈카, straż 스트라시
	ch	ㅎ	흐	chory 호리, kuchnia 쿠흐니아, dach 다흐
	dz	ㅈ	즈, 츠	dziura 지우라, dzwon 즈본, mosiądz 모시옹츠
	dź	―	치	niedźwiedź 니에치비에치
	dż, drz	ㅈ	치	drzewo 제보, łódź 워치
	cz	ㅊ	치	czysty 치스티, beczka 베치카, klucz 클루치
	sz	시*	슈, 시	szary 샤리, musztarda 무슈타르다, kapelusz 카펠루시
	rz	ㅈ, 시*	주, 슈, 시	rzeka 제카, Przemyśl 프셰미실, kołnierz 코우니에시
반모음	j	이*		jasny 야스니, kraj 크라이
	ł	우		łono 워노, głowa 그워바, bułka 부우카, kanał 카나우
모음	a	아		trawa 트라바
	ą	옹		trąba 트롱바, mąka 몽카, kąt 콩트, tą 통
	e	에		zero 제로
	ę	엥, 에		kępa 켐파, węgorz 벵고시, Częstochowa 쳉스토호바, proszę 프로셰
	i	이		zima 지마
	o	오		udo 우도
	ó	우		próba 프루바
	u	우		kula 쿨라
	y	이		daktyl 닥틸

* ż, sz, rz의 '시'와 j의 '이'는 뒤따르는 모음과 결합할 때 합쳐서 1음절로 적는다.

[표 7] 체코 어 자모와 한글 대조표

	자모	한글 모음 앞	한글 자음 앞·어말	보 기
자음	b	ㅂ	ㅂ, 브, 프	barva 바르바, obchod 옵호트, dobrý 도브리, jeřab 예르자프
	c	ㅊ	츠	cigareta 치가레타, nemocnice 네모츠니체, nemoc 네모츠
	č	ㅊ	치	čapek 차페크, kulečnik 쿨레치니크, míč 미치
	d	ㄷ	드, 트	dech 데흐, divadlo 디바들로, led 레트
	ďʼ	디*	디, 티	ďábel 댜벨, loďka 로티카, hruďʼ 흐루티
	f	ㅍ	프	fík 피크, knoflík 크노플리크
	g	ㄱ	ㄱ, 그, 크	gramofon 그라모폰
	h	ㅎ	흐	hadr 하드르, hmyz 흐미스, bůh 부흐
	ch	ㅎ	흐	choditi 호디티, chlapec 흘라페츠, prach 프라흐
	k	ㅋ	ㄱ, 크	kachna 카흐나, nikdy 니크디, padák 파다크
	l	ㄹ, ㄹㄹ	ㄹ	lev 레프, šplhati 슈플하티, postel 포스텔
	m	ㅁ	ㅁ, 므	most 모스트, mrak 므라크, podzim 포드짐
	n	ㄴ	ㄴ	noha 노하, podmínka 포드민카
	ň	니*	ㄴ	němý 네미, sáňky 산키, Plzeň 플젠
	p	ㅍ	ㅂ, 프	Praha 프라하, koroptev 코롭테프, strop 스트로프
	qu	크ㅂ	—	quasi 크바시
	r	ㄹ	ㄹ	ruka 루카, harmonika 하르모니카, mír 미르
	ř	ㄹㅈ	르주, 르슈, 르시	řeka 르제카, námořník 나모르주니크, hořký 호르슈키, kouř 코우르시
	s	ㅅ	스	sedlo 세들로, máslo 마슬로, nos 노스
	š	시*	슈, 시	šaty 샤티, šternberk 슈테른베르크, koš 코시
	t	ㅌ	트	tam 탐, matka 마트카, bolest 볼레스트
	ťʼ	티*	티	tělo 텔로, štěstí 슈테스티, obět́ 오베티
	v	ㅂ	브, 프	vysoký 비소키, knihovna 크니호브나, kov 코프
	w	ㅂ	브, 프	
	x**	ㄱㅅ, ㅈ	ㄱ 스	xerox 제록스, saxofón 삭소폰
	z	ㅈ	즈, 스	zámek 자메크, pozdní 포즈드니, bez 베스
	ž	ㅈ	주, 슈, 시	žižka 지슈카, žvěřina 주베르지나, Brož 브로시
반모음	j	이*		jaro 야로, pokoj 포코이
모음	a, á	아		balík 발리크, komár 코마르
	e, é	에		dech 데흐, léto 레토
	ě	예		šest 셰스트, věk 베크
	i, í	이		kino 키노, míra 미라
	o, ó	오		obec 오베츠, nervózni 네르보즈니
	u, ú, ů	우		buben 부벤, úrok 우로크, dům 둠
	y, ý	이		jazýk 야지크, líný 리니

※ ďʼ, ň, š, ťʼ, j의 '디, 니, 시, 티, 이'는 뒤따르는 모음과 결합할 때 합쳐서 1음절로 적는다.
※ x는 개별 용례에 따라 한글 표기를 정한다.

[표 8] 세르보크로아트 어 자모와 한글 대조표

자모	한글 모음 앞	한글 자음 앞·어말	보 기
b	ㅂ	브	bog 보그, drobnjak 드로브냐크, pogreb 포그레브
c	ㅊ	츠	cigara 치가라, novac 노바츠
č	ㅊ	치	čelik 첼리크, točka 토치카, kolač 콜라치
ć, tj	ㅊ	치	naći 나치, sestrić 세스트리치
d	ㄷ	드	desno 데스노, drvo 드르보, medved 메드베드
dž	ㅈ	지	džep 제프, narudžba 나루지바
đ, dj	ㅈ	지	Đurađ 주라지
f	ㅍ	프	fasada 파사다, kifla 키플라, šaraf 샤라프
g	ㄱ	그	gost 고스트, dugme 두그메, krug 크루그
h	ㅎ	흐	hitan 히탄, šah 샤흐
k	ㅋ	ㄱ, ㅋ	korist 코리스트, krug 크루그, jastuk 야스투크
l	ㄹ, ㄹㄹ	ㄹ	levo 레보, balkon 발콘, šal 샬
lj	리*, ㄹ리*	ㄹ	ljeto 레토, pasulj 파술
m	ㅁ	ㅁ, 므	malo 말로, mnogo 므노고, osam 오삼
n	ㄴ	ㄴ	nos 노스, banka 반카, loman 로만
nj	니*	ㄴ	Njegoš 네고시, svibanj 스비반
p	ㅍ	ㅂ, 프	peta 페타, opština 옵슈티나, lep 레프
r	ㄹ	르	riba 리바, torba 토르바, mir 미르
s	ㅅ	스	sedam 세담, posle 포슬레, glas 글라스
š	시*	슈, 시	šal 샬, vlasništvo 블라스니슈트보, broš 브로시
t	ㅌ	트	telo 텔로, ostrvo 오스트르보, put 푸트
v	ㅂ	브	vatra 바트라, olovka 올로브카, proliv 프롤리브
z	ㅈ	즈	zavoj 자보이, pozno 포즈노, obraz 오브라즈
ž	ㅈ	주	žena 제나, izložba 이즐로주바, muž 무주
반모음 j	이*		pojas 포야스, zavoj 자보이, odjelo 오델로
모음 a	아		bakar 바카르
e	에		cev 체브
i	이		dim 딤
o	오		molim 몰림
u	우		zubar 주바르

※ lj, nj, š, j의 '리, 니, 시, 이'는 뒤따르는 모음과 결합할 때 합쳐서 1음절로 적는다.

[표 9] 루마니아 어 자모와 한글 대조표

	자모	한글		보기
		모음 앞	자음 앞·어말	
자음	b	ㅂ	브	bibliotecă 비블리오테커, alb 알브
	c	ㅋ, ㅊ	ㄱ, ㅋ	Cîntec 큰테크, Cine 치네, factură 팍투러
	d	ㄷ	드	Moldova 몰도바, Brad 브라드
	f	ㅍ	프	Focşani 폭샤니, Cartof 카르토프
	g	ㄱ, ㅈ	그	Galaţi 갈라치, Gigel 지젤, hering 헤린그
	h	ㅎ	흐	haţeg 하체그, duh 두흐
	j	ㅈ	지	Jiu 지우, Cluj 클루지
	k	ㅋ	—	kilogram 킬로그람
	l	ㄹ, ㄹㄹ	ㄹ	bibliotecă 비블리오테커, hotel 호텔
	m	ㅁ	ㅁ	Maramureş 마라무레슈, Avram 아브람
	n	ㄴ	ㄴ, 느	Nucet 누체트, Bran 브란, pumn 품느
	p	ㅍ	ㅂ, 프	pianist 피아니스트, septembrie 셉템브리에, cap 카프
	r	ㄹ	르	radio 라디오, dor 도르
	s	ㅅ	스	Sibiu 시비우, pas 파스
	ş	시*	슈	şag 샤그, Mureş 무레슈
	t	ㅌ	트	telefonist 텔레포니스트, bilet 빌레트
	ţ	ㅊ	츠	ţigară 치가러, braţ 브라츠
	v	ㅂ	브	Victoria 빅토리아, Braşov 브라쇼브
	x**	ㄱㅅ, ㄱㅈ	크스, ㄱ스	taxi 탁시, examen 에그자멘
	z	ㅈ	즈	ziar 지아르, autobuz 아우토부즈
	ch	ㅋ	—	Cheia 케이아
	gh	ㄱ	—	Gheorghe 게오르게
모음	a	아		Arad 아라드
	ă	어		Bacău 바커우
	e	에		Elena 엘레나
	i	이		pianist 피아니스트
	î, â	으		Cîimpina 큼피나, România 로므니아
	o	오		Oradea 오라데아
	u	우		Nucet 누체트

※ ş의 '시'는 뒤따르는 모음과 결합할 때 합쳐서 1음절로 적는다.
※ x는 개별 용례에 따라 한글 표기를 정한다.

[표 10] 헝가리 어 자모와 한글 대조표

자모		한 글		보 기
		모음 앞	자음 앞·어말	
자음	b	ㅂ	브	bab 버브, ablak 어블러크
	c	ㅊ	츠	citrom 치트롬, nyolcvan 뇰츠번, arc 어르츠
	cs	ㅊ	치	csavar 처버르, kulcs 쿨치
	d	ㄷ	드	daru 더루, medve 메드베, gond 곤드
	dzs	ㅈ	지	dzsem 젬
	f	ㅍ	프	elfog 엘포그
	g	ㄱ	그	gumi 구미, nyugta 뉴그터, csomag 초머그
	gy	ㅈ	지	gyár 자르, hagyma 허지머, nagy 너지
	h	ㅎ	흐	hal 헐, juh 유흐
	k	ㅋ	ㄱ, 크	béka 베커, keksz 켁스, szék 세크
	l	ㄹ, ㄹㄹ	ㄹ	len 렌, meleg 멜레그, dél 델
	m	ㅁ	ㅁ	málna 말너, bomba 봄버, álom 알롬
	n	ㄴ	ㄴ	néma 네머, bunda 분더, pihen 피헨
	ny	니*	니	nyak 녀크, hányszor 하니소르, irány 이라니
	p	ㅍ	ㅂ, 프	árpa 아르퍼, csipke 칩케, hónap 호너프
	r	ㄹ	르	róka 로커, barna 버르너, ár 아르
	s	시*	슈, 시	sál 샬, puska 푸슈카, aratás 어러타시
	sz	ㅅ	스	alszik 얼시크, asztal 어스털, húsz 후스
	t	ㅌ	트	ajto 어이토, borotva 보로트버, csont 촌트
	ty	ㅊ	치	atya 어처
	v	ㅂ	브	vesz 베스, évszázad 에브사저드, enyv 에니브
	z	ㅈ	즈	zab 저브, kezd 케즈드, blúz 블루즈
	zs	ㅈ	주	zsák 자크, tőzsde 퇴주데, rozs 로주
반모음	j	이*		ajak 어여크, fej 페이, január 여누아르
	ly	이*		lyuk 유크, mélység 메이셰그, király 키라이
모음	a	어		lakat 러커트
	á	아		máj 마이
	e	에		mert 메르트
	é	에		mész 메스
	i	이		isten 이슈텐
	í	이		sí 시
	o	오		torna 토르너
	ó	오		róka 로커
	ö	외		sör 쇠르
	ő	외		nő 뇌
	u	우		bunda 분더
	ú	우		hús 후시
	ü	위		füst 퓌슈트
	ű	위		fű 퓌

[표 11] 스웨덴 어 자모와 한글 대조표

	자모	한글		보 기
		모음 앞	자음 앞·어말	
자음	b	ㅂ	ㅂ, 브	bal 발, snabbt 스납트, Jacob 야코브
	c	ㅋ, ㅅ	ㄱ	Carlsson 칼손, Celsius 셀시우스, Ericson 에릭손
	ch	시*	크	charm 샤름, och 오크
	d	ㄷ	드	dag 다그, dricka 드리카, Halmstad 할름스타드
	dj	이*	—	Djurgården 유르고르덴, adjö 아예
	ds	—	스	Sundsvall 순스발
	f	ㅍ	프	Falun 팔룬, luft 루프트
	g	ㄱ		Gustav 구스타브, helgon 헬곤
		이*		Göteborg 예테보리, Geijer 예이예르, Gislaved 이슬라베드
			이(lg, rg)	älg 엘리, Strindberg 스트린드베리, Borg 보리
			ㅇ(n 앞)	Magnus 망누스, Ragnar 랑나르, Agnes 앙네스
			ㄱ(무성음 앞)	högst 획스트
			그	Grönberg 그뢴베리, Ludvig 루드비그
	gj	이*	—	Gjerstad 예르스타드, Gjörwell 예르벨
	h	ㅎ	적지 않음.	Hälsingborg 헬싱보리, hyra 휘라, Dahl 달
	hj	이*	—	Hjälmaren 옐마렌, Hjalmar 얄마르, Hjort 요르트
	j	이*	—	Jansson 얀손, Jönköping 옌셰핑, Johansson 요한손, börja 뵈리아, fjäril 피에릴, mjuk 미우크, mjöl 미엘
	k	ㅋ, 시*	ㄱ, 크	Karl 칼, Kock 코크, Kungsholm 쿵스홀름, Kerstin 셰르스틴, Norrköping 노르셰핑, Lysekil 뤼세실, oktober 옥토베르, Fredrik 프레드리크, kniv 크니브
	ck	ㅋ	ㄱ, 크	vacker 바케르, Stockholm 스톡홀름, bock 보크
	kj	시*	—	Kjell 셸, Kjula 슐라
	l	ㄹ, ㄹㄹ	ㄹ	Linköping 린셰핑, tala 탈라, tal 탈
	lj	이*, ㄹ리	ㄹ리	Ljusnan 유스난, Södertälje 쇠데르텔리에, detalj 데탈리
	m	ㅁ	ㅁ	Malmö 말뫼, samtal 삼탈, hummer 훔메르
	n	ㄴ	ㄴ	Norrköping 노르셰핑, Vänern 베네른, land 란드
			적지 않음. (m 다음)	Karlshamn 칼스함
	ng	ㅇ	ㅇ	Borlänge 볼렝에, kung 쿵, lång 롱

	자모	한 글		보 기
		모음 앞	자음 앞·어말	
자음	nk	ㅇ크	ㅇ, ㅇ크	anka 앙카, Sankt 상트, bank 방크
	p	ㅍ	ㅂ, 프	Piteå 피테오, knappt 크납트, Uppsala 웁살라, kamp 캄프
	qv	크ㅂ	—	Malmqvist 말름크비스트, Lindqvist 린드크비스트
	r	ㄹ	르	röd 뢰드, Wilander 빌란데르, Björk 비에르크
	rl	ㄹㄹ	ㄹ	Erlander 엘란데르, Karlgren 칼그렌, Jarl 얄
	s	ㅅ	스	sommar 솜마르, Storvik 스토르비크, dans 단스
	sch	시*	슈	Schack 샤크, Schein 셰인, revansch 레반슈
	sj	시*	—	Nässjö 네셰, sjukhem 슈크헴, Sjöberg 셰베리
	sk	스크, 시*	—	Skoglund 스코글룬드, Skellefteå 셸레프테오, Skövde 셰브데, Skeppsholmen 솁스홀멘
	skj	시*	—	Hammarskjöld 함마르셸드, Skjöldebrand 셸데브란드
	stj	시*	—	Stjärneborg 셰르네보리, Oxenstjerna 옥센셰르나
	t	ㅌ	ㅅ, 트	Göta 예타, Botkyrka 봇쉬르카, Trelleborg 트렐레보리, båt 보트
	th	ㅌ	트	Luther 루테르, Thunberg 툰베리
	ti	시*	—	lektion 렉숀, station 스타숀
	tj	시*	—	tjeck 셰크, Tjåkkå 쇼코, tjäna 셰나, tjugo 슈고
	v, w	ㅂ	브	Sverige 스베리예, Wasa 바사, Swedenborg 스베덴보리, Eslöv 에슬뢰브
	x	ㄱㅅ	ㄱ스	Axel 악셀, Alexander 알렉산데르, sex 섹스
	z	ㅅ	—	Zachris 사크리스, zon 손, Lorenzo 로렌소
모음	a	아		Kalix 칼릭스, Falun 팔룬, Alvesta 알베스타
	e	에		Enköping 엔셰핑, Svealand 스베알란드
	ä	에		Mälaren 멜라렌, Vänern 베네른, Trollhättan 트롤헤탄
	i	이		Idre 이드레, Kiruna 키루나
	å	오		Åmål 오몰, Västerås 베스테로스, Småland 스몰란드
	o	오		Boden 보덴, Stockholm 스톡홀름, Örebro 외레브로
	ö	외, 에		Östersund 외스테르순드, Björn 비에른, Linköping 린셰핑
	u	우		Umeå 우메오, Luleå 룰레오, Lund 룬드
	y	위		Ystad 위스타드, Nynäshamn 뉘네스함, Visby 비스뷔

[표 12] 노르웨이 어 자모와 한글 대조표

자모	한 글		보 기
	모음 앞	자음 앞·어말	
자음 b	ㅂ	ㅂ, 브	Bodø 보되, Ibsen 입센, dobb 도브
c	ㅋ, ㅅ	ㅋ	Jacob 야코브, Vincent 빈센트
ch	ㅋ	ㅋ	Joachim 요아킴, Christian 크리스티안
d	ㄷ		Bodø 보되, Norden 노르덴
	적지 않음 (장모음뒤)		spade 스파에
		적지 않음 (ld, nd의 d)	Arnold 아르놀, Harald 하랄, Roald 로알, Aasmund 오스문, Vigeland 비겔란, Svendsen 스벤센
		적지 않음 (장모음 + rd)	fjord 피오르, Sigurd 시구르, gård 고르, nord 노르, Halvard 할바르, Edvard 에드바르
		드 (단모음 + rd)	ferd 페르드, Rikard 리카르드
		적지 않음. (장모음뒤)	glad 글라, Sjaastad 쇼스타
		드	dreng 드렝, bad 바드
f	ㅍ	ㅍ	Hammerfest 함메르페스트, biff 비프
g	ㄱ		gå 고, gave 가베
	이*		gigla 이글라, gyllen 윌렌
		적지 않음. (이중 모음 뒤와 ig, lig)	haug 헤우, deig 데이, Solveig 솔베이, farlig 팔리
		ㅇ (n 앞)	Agnes 앙네스, Magnus 망누스
		ㄱ (무성음 앞)	sagtang 삭탕
		그	grov 그로브, berg 베르그, helg 헬그
gj	이*	—	Gjeld 옐, gjenta 옌타
h	ㅎ		Johan 요한, Holm 홀름
		적지 않음.	Hjalmar 얄마르, Hvalter 발테르, Krohg 크로그
j	이*	—	Jonas 요나스, Bjørn 비에른, fjord 피오르, Skodje 스코디에, Evje 에비에, Tjeldstø 티엘스퇴
k	ㅋ, 시*	ㄱ, ㅋ	Rikard 리카르드, Kirsten 시르스텐, Kyndig 쉰디, Køyra 셰위라, lukt 룩트, Erik 에리크
kj	시*	—	Kjerschow 셰르쇼브, Kjerulf 셰룰프, Mikkjel 미셀
l	ㄹ, ㄹㄹ	ㄹ	Larvik 라르비크, Ålesund 올레순, sol 솔
m	ㅁ	ㅁ	Moss 모스, Trivandrum 트리반드룸
n	ㄴ	ㄴ	Namsos 남소스, konto 콘토
ng	ㅇ	ㅇ	Lange 랑에, Elling 엘링, tvang 트방

자모	한글		보 기
	모음 앞	자음 앞·어말	
자음			
nk	ㅇㅋ	ㅇㅋ	ankel 앙켈, punkt 풍트, bank 방크
p	ㅍ	ㅂ, 프	pels 펠스, september 셉템베르, sopp 소프
qu	ㅋㅂ	—	Quisling 크비슬링
r	ㄹ	르	Ringvassøy 링바쇠위, Lillehammer 릴레함메르
rl	ㄹㄹ	ㄹ	Øverland 외벨란
s	ㅅ	스	Namsos 남소스, Svalbard 스발바르
sch	시*	슈	Schæferhund 셰페르훈, Frisch 프리슈
sj	시*	—	Sjaastad 쇼스타, Sjoa 쇼아
sk	스ㅋ	스크	skatt 스카트, Skienselv 시엔스엘브, skram 스크람, Ekofisk 에코피스크
skj	시*	—	Skjeggedalsfoss 셰게달스포스, Skjåk 쇼크
t	ㅌ	ㅅ, 트 적지 않음. (어말 관사 et)	metal 메탈, husets 후셋스, slet 슬레트, lukt 룩트 huset 후세, møtet 뫼테, taket 타케
th	ㅌ	트	Dorthe 도르테, Matthias 마티아스, Hjorth 요르트
tj	시*	—	tjern 셰른, tjue 슈에
v, w	ㅂ	브	varm 바름, Kjerschow 셰르쇼브
모음			
a	아		Hamar 하마르, Alta 알타
aa, å	오		Aall 올, Aasmund 오스문, Kåre 코레, Vesterålen 베스테롤렌, Vestvågøy 베스트보괴위, Ålesund 올레순
au	에우		haug 헤우, lauk 레우크, grauk 그레우크
æ	에		være 베레, Svolvær 스볼베르
e	에		esel 에셀, fare 파레
eg	에이, 에그		regn 레인, tegn 테인, negl 네일, deg 데그, egg 에그
ø	외, 에		Løken 뢰켄, Gjøvik 예비크, Bjørn 비에른
i	이		Larvik 라르비크, Narvik 나르비크
ie	이		Grieg 그리그, Nielsen 닐센, Lie 리
o	오		Lonin 로닌, bok 보크, bord 보르, fjorten 피오르텐
øg	외위		døgn 되윈, løgn 뢰윈
øy	외위		høy 회위, røyk 뢰위크, nøytral 뇌위트랄
u	우		Ålesund 올레순, Porsgrunn 포르스그룬
y	위		Stjernøy 스티에르뇌위, Vestvågøy 베스트보괴위

※ g, gj, j, lj의 '이'와 k, kj, sch, sj, sk, skj, tj의 '시'가 뒤따르는 모음과 결합할 때에는 합쳐서 한 음절로 적는다. 다만, j는 표기 세칙 제5항, 제12항을 따른다.

[표 13] 덴마크 어 자모와 한글 대조표

자모	한글 모음 앞	한글 자음 앞·어말	보 기
b	ㅂ	ㅂ, 브	Bornholm 보른홀름, Jacobsen 야콥센, Holstebro 홀스테브로
c	ㅋ, ㅅ	ㅋ	cafeteria 카페테리아, centrum 센트룸, crosset 크로세트
ch	시*	ㅋ	Charlotte 샤를로테, Brochmand 브로크만, Grønbech 그뢴베크
d	ㄷ		Odense 오덴세, dansk 단스크, vendisk 벤디스크
		적지 않음. (ds, dt, ld, nd, rd)	plads 플라스, Grundtvig 그룬트비, kridt 크리트, Lolland 롤란, Öresund 외레순, hård 호르
		드 (ndr)	andre 안드레, vandre 반드레
		드	dreng 드렝
f	ㅍ	ㅍ	Falster 팔스테르, flod 플로드, ruf 루프
g	ㄱ		give 기베, general 게네랄, gevær 게베르, hugge 후게
		적지 않음. (어미 ig)	herlig 헤를리, Grundtvig 그룬트비
		(u와 l 사이)	fugl 풀, kugle 쿨레
		(borg, berg)	Nyborg 뉘보르, Frederiksberg 프레데릭스베르
		그	magt 마그트, dug 두그
h	ㅎ	적지 않음.	Helsingør 헬싱외르, Dahl 달
hj	이*	—	hjem 옘, hjort 요르트, Hjøring 예링
j	이*	—	Jensen 옌센, Esbjerg 에스비에르그, Skjern 스키에른
k	ㅋ	ㄱ, ㅋ	København 쾨벤하운, køre 쾨레, Skære 스케레, Frederikshavn 프레데릭스하운, Holbæk 홀베크
l	ㄹ, ㄹㄹ	ㄹ	Lolland 롤란, Falster 팔스테르
m	ㅁ	ㅁ	Møn 묀, Bornholm 보른홀름
n	ㄴ	ㄴ	Rønne 뢰네, Fyn 퓐
ng	ㅇ	ㅇ	Helsingør 헬싱외르, Hjøring 예링
nk	ㅇㅋ	ㅇㅋ	ankel 앙켈, Munk 뭉크
p	ㅍ	ㅂ, 프	hoppe 호페, september 셉템베르, spring 스프링, hop 호프
qu	크ㅂ	—	Taanquist 톤크비스트
r	ㄹ	르	Rønne 뢰네, Helsingør 헬싱외르
s, sc	ㅅ	ㅅ	Sorø 소뢰, Roskilde 로스킬레, Århus 오르후스, scene 세네

자음 (세로로 표기)

자모		한 글		보 기
		모음 앞	자음 앞·어말	
자음	sch	시*	슈	Schæfer 셰페르
	sj	시*	—	Sjælland 셸란, sjal 샬, sjus 슈스
	t	ㅌ	ㅅ, 트	Tønder 퇴네르, stå 스토, vittig 비티, nattkappe 낫카페, træde 트레데, streng 스트렝, hat 하트, krudt 크루트
	th	ㅌ	트	Thorshavn 토르스하운, Thisted 티스테드
	v	ㅂ		Vejle 바일레, dvale 드발레, pulver 풀베르, rive 리베, lyve 뤼베, løve 뢰베
		우 (단모음 뒤)		doven 도우엔, hoven 호우엔, oven 오우엔, sove 소우에
			적지 않음(lv)	halv 할, gulv 굴
			우 (av, æv, øv, ov, ev)	gravsten 그라우스텐, København 쾨벤하운, Thorshavn 토르스하운, jævn 예운, Støvle 스퇴울레, lov 로우, rov 로우, Hjelmslev 옐름슬레우
			브	arv 아르브
	x	ㄱㅅ	ㄱ스	Blixen 블릭센, sex 섹스
	z	ㅅ	—	zebra 세브라
모음	a	아		Falster 팔스테르, Randers 라네르스
	æ	에		Næstved 네스트베드, træ 트레, fæ 페, mæt 메트
	aa, å	오		Kierkegaard 키르케고르, Århus 오르후스, las 로스
	e	에		Horsens 호르센스, Brande 브라네
	eg	아이		negl 나일, segl 사일, regn 라인
	ej	아이		Vejle 바일레, Sejerø 사이에뢰
	ø	외		Rønne 뢰네, Ringkøbing 링쾨빙, Sorø 소뢰
	øg	오이		nøgle 노일레, øgle 오일레, løgn 로인, døgn 도인
	øj	오이		Højer 호이에르, øje 오이에
	i	이		Ribe 리베, Viborg 비보르
	ie	이		Niels 닐스, Nielsen 닐센, Nielson 닐손
	o	오		Odense 오덴세, Svendborg 스벤보르
	u	우		Århus 오르후스, Toflund 토플룬
	y	위		Fyn 퓐, Thy 튀

※ hj, j의 '이'와 sch, sj의 '시'가 뒤따르는 모음과 결합할 때에는 합쳐서 한 음절로 적는다. 다만, j는 표기 세칙 제5항을 따른다.

[표 14] 말레이인도네시아 어 자모와 한글 대조표

	자모	한글		보 기
		모음 앞	자음 앞·어말	
자음	b	ㅂ	ㅂ, 브	Bali 발리, Abdul 압둘, Najib 나집, Bromo 브로모
	c	ㅊ	츠	Ceto 체토, Aceh 아체, Mac 마츠
	d	ㄷ	ㅅ, 드	Denpasar 덴파사르, Ahmad 아맛, Idris 이드리스
	f	ㅍ	ㅂ	Fuji 푸지, Arifin 아리핀, Jusuf 유숩
	g	ㄱ	ㄱ, 그	gamelan 가믈란, gudeg 구득, Nugroho 누그로호
	h	ㅎ	—	Halmahera 할마헤라, Johor 조호르, Ipoh 이포
	j	ㅈ	즈	Jambi 잠비, Majapahit 마자파힛, mikraj 미크라즈
	k	ㅋ	ㄱ, 크	Kalimantan 칼리만탄, batik 바틱, Krakatau 크라카타우
	kh	ㅎ	ㄱ, 크	khas 하스, akhbar 악바르, Fakhrudin 파크루딘
	l	ㄹ, ㄹㄹ	ㄹ	Lombok 롬복, Palembang 팔렘방, Bangsal 방살
	m	ㅁ	ㅁ	Maluku 말루쿠, bemo 베모, Iram 이람
	n	ㄴ	ㄴ	Nias 니아스, Sukarno 수카르노, Prambanan 프람바난
	ng	응	ㅇ	Ngarai 응아라이, bonang 보낭, Bandung 반둥
	p	ㅍ	ㅍ, 프	Padang 파당, Yap 얍, Suprana 수프라나
	q	ㅋ	ㄱ	furqan 푸르칸, Taufiq 타우픽
	r	ㄹ	르	ringgit 링깃, Rendra 렌드라, asar 아사르
	s	ㅅ	스	Sabah 사바, Brastagi 브라스타기, Gemas 게마스
	t	ㅌ	ㅅ, 트	Timor 티모르, Jakarta 자카르타, Rahmat 라맛, Trisno 트리스노
	v	ㅂ	—	Valina 발리나, Eva 에바, Lovina 로비나
	x	ㅅ	—	xenon 세논
	z	ㅈ	즈	zakat 자캇, Azlan 아즐란, Haz 하즈
반모음	w	오, 우		Wamena 와메나, Badawi 바다위
	y	이		Yudhoyono 유도요노, Surabaya 수라바야
모음	a	아		Ambon 암본, sate 사테, Pancasila 판차실라
	e	에, 으		Ende 엔데, Ampenan 암페난, Pane 파네, empat 음팟, besar 브사르, gendang 근당
	i	이		Ibrahim 이브라힘, Biak 비악, trimurti 트리무르티
	o	오		Odalan 오달란, Barong 바롱, komodo 코모도
	u	우		Ubud 우붓, kulit 쿨릿, Dampu 담푸
이중모음	ai	아이		ain 아인, Rais 라이스, Jelai 즐라이
	au	아우		aula 아울라, Maumere 마우메레, Riau 리아우
	oi	오이		Amboina 암보이나, boikot 보이콧

[표 15] 타이 어 자모와 한글 대조표

	로마자	타이 어 자모	한글 모음 앞	한글 자음 앞·어말	보 기
자음	b	บ	ㅂ	ㅂ	baht 밧, Chonburi 촌부리, Kulab 꿀랍
	c	จ	ㅉ	—	Caolaw 짜올라우
	ch	ฉ ช ฌ	ㅊ	ㅅ	Chiang Mai 치앙마이, buach 부앗
	d	ฎ ด	ㄷ	ㅅ	Dindaeng 딘댕, Rad Burana 랏부라나, Samed 사멧
	f	ฝ ฟ	ㅍ	—	Maefaluang 매팔루앙
	h	ห ฮ	ㅎ	—	He 헤, Lahu 라후, Mae Hong Son 매홍손
	k	ก	ㄲ	ㄱ	Kaew 깨우, malako 말라꼬, Rak Mueang 락므앙, phrik 프릭
	kh	ข ฃ ค ฅ ฆ	ㅋ	ㄱ	Khaosan 카오산, lakhon 라콘, Caroenrachphakh 짜른랏팍
	l	ล ฬ	ㄹ, ㄹㄹ	ㄴ	lamyai 람야이, Thalang 탈랑, Sichol 시촌
	m	ม	ㅁ	ㅁ	Maikhao 마이카오, mamuang 마무앙, khanom 카놈, Silom 실롬
	n	ณ น	ㄴ	ㄴ	Nan 난, Ranong 라농, Arun 아룬, Huahin 후아힌
	ng	ง	응	ㅇ	nga 응아, Mongkut 몽꿋, Chang 창
	p	ป	ㅃ	ㅂ	Pimai 삐마이, Paknam 빡남, Nakhaprathip 나카쁘라팁
	ph	ผ พ ภ	ㅍ	ㅂ	Phuket 푸껫, Phicit 피찟, Saithiph 사이팁
	r	ร	ㄹ	ㄴ	ranat 라낫, thurian 투리안
	s	ซ ศ ษ ส	ㅅ	ㅅ	Siam 시암, Lisu 리수, Saket 사껫

	로마자	타이 어 자모	한 글		보 기
			모음 앞	자음 앞·어말	
자음	t	ฏ ฎ	ㄸ	ㅅ	Tak 딱, Satun 사뚠, natsin 낫신, Phuket 푸껫
	th	ฐ ฑ ฒ ถ ท ธ	ㅌ	ㅅ	Tham Boya 탐보야, Thon Buri 톤부리, thurian 투리안, song thaew 송태우, Pathumthani 빠툼타니, Chaiyawath 차이야왓
반모음	y	ญ ย	이		lamyai 람야이, Ayutthaya 아유타야
	w	ว	오, 우		Wan Songkran 완송끄란, Malaiwong 말라이웡, song thaew 송태우
모음	a	–ะ –า	아		Akha 아카, kapi 까삐, lang sad 랑삿, Phanga 팡아
	e	เ–ะ เ–	에, 예		Erawan 에라완, Akhane 아카네, Panare 빠나레
	i	–ิ –ี	이		Sire 시레, linci 린찌, Krabi 끄라비, Lumphini 룸피니
	o	โ–ะ โ– เ–าะ –อ	오		khon 콘, Loi 로이, namdokmai 남독마이, Huaito 후아이또
	u	–ุ –ู ฤ	우		thurian 투리안, Chonburi 촌부리, Satun 사뚠
	ae	แ–ะ แ–	애		kaeng daeng 깽댕, Maew 매우, Bangsaen 방샌, Kaibae 까이배
	oe	เ–อะ เ–อ	으		Mai Mueangdoem 마이 므앙듬
	ue	–ึ –ื	으		kaeng cued 깽쯧, Maeraphueng 매라퐁, Buengkum 븡꿈

[표 16] 베트남 어 자모와 한글 대조표

자모	한글 모음 앞	한글 자음 앞·어말	보 기
b	ㅂ	—	Bao 바오, bo 보
c,k,q	ㄲ	ㄱ	cao 까오, khac 칵, kiêt 끼엣, lăk 락, quan 꽌
ch	ㅉ	ㄱ	cha 짜, bach 박
d,gi	ㅈ	—	duc 죽, Dương 즈엉, gia 자, giây 저이
đ	ㄷ	—	đan 단, đinh 딘
g,gh	ㄱ	—	gai 가이, go 고, ghe 개, ghi 기
h	ㅎ	—	hai 하이, hoa 호아
kh	ㅋ	—	Khai 카이, khi 키
l	ㄹ, ㄹㄹ	—	lâu 러우, long 롱, My Lay 밀라이
m	ㅁ	ㅁ	minh 민, măm 맘, tôm 똠
n	ㄴ	ㄴ	Nam 남, non 논, bun 분
ng,ngh	응	ㅇ	ngo 응오, ang 앙, đông 동, nghi 응이, nghê 응에
nh	니	ㄴ	nhât 녓, nhơn 년, minh 민, anh 아인
p	ㅃ	ㅂ	put 뿟, chap 짭
ph	ㅍ	—	Pham 팜, phơ 퍼
r	ㄹ	—	rang 랑, rôi 로이
s	ㅅ	—	sang 상, so 소
t	ㄸ	ㅅ	tam 땀, têt 뗏, hat 핫
th	ㅌ	—	thao 타오, thu 투
	ㅉ	—	Trân 쩐, tre 째
v	ㅂ	—	vai 바이, vu 부
x	ㅆ	—	xanh 싸인, xeo 쌔오
a		아	an 안, nam 남
ă		아	ăn 안, Đăng 당, măc 막
â		어	ân 언, cân 껀, lâu 러우
e		애	em 앰, cheo 째오
ê		에	êm 엠, chê 쩨, Huê 후에
i		이	in 인, dai 자이
y		이	yên 옌, quy 꾸이
o		오	ong 옹, bo 보
ô		오	ôm 옴, đông 동
ơ		어	ơn 언, sơn 선, mơi 머이
u		우	um 움, cung 꿍
ư		으	ưn 은, tư 뜨
ia		이어	kia 끼어, ria 리어
iê		이에	chiêng 찌엥, diêm 지엠
ua		우어	lua 루어, mua 무어
uô		우오	buôn 부온, quôc 꾸옥
ưa		으어	cưa 끄어, mưa 므어, sưa 스어
ươ		으어	nươu 르어우, phương 프엉

(자음: b ~ x / 모음: a ~ ư / 이중 모음: ia ~ ươ)

[표 17] 포르투갈 어 자모와 한글 대조표

자모	한글 모음 앞	한글 자음 앞·어말	보 기
자음			
b	ㅂ	브	bossa nova 보사노바, Abreu 아브레우
c	ㅋ, ㅅ	ㄱ	Cabral 카브랄, Francisco 프란시스쿠, aspecto 아스펙투
ç	ㅅ	—	saraça 사라사, Eça 에사
ch	시*	—	Chaves 샤베스, Espichel 이스피셸
d	ㄷ, ㅈ	드	escudo 이스쿠두, Bernardim 베르나르딩, Dias 지아스(브)
f	ㅍ	프	fado 파두, Figo 피구
g	ㄱ, ㅈ	그	Saramago 사라마구, Jorge 조르즈, Portalegre 포르탈레그르, Guerra 게하
h	—	—	Henrique 엔히크, hostia 오스티아
j	ㅈ	—	Aljezur 알제주르, panja 판자
l	ㄹ, ㄹㄹ	ㄹ, 우	Lisboa 리스보아, Manuel 마누엘, Melo 멜루, Salvador 사우바도르(브)
lh	ㄹ리*	—	Coelho 코엘류, Batalha 바탈랴
m	ㅁ	ㅁ, ㅇ	Moniz 모니스, Humberto 움베르투, Camocim 카모싱
n	ㄴ	ㄴ, ㅇ	Natal 나탈, António 안토니우, Angola 앙골라, Rondon 혼동
nh	니*	—	Marinha 마리냐, Matosinhos 마토지뉴스
p	ㅍ	프	Pedroso 페드로주, Lopes 로페스, Prado 프라두
q	ㅋ	—	Aquilino 아킬리누, Junqueiro 중케이루
r	ㄹ, ㅎ	르	Freire 프레이르, Rodrigues 호드리게스, Cardoso 카르도주
s	ㅅ, ㅈ	스, 즈	Salazar 살라자르, Barroso 바호주, Egas 에가스, mesmo 메즈무
t	ㅌ, ㅊ	트	Tavira 타비라, Garrett 가헤트, Aracati 아라카치(브)
v	ㅂ	—	Vicente 비센트, Oliveira 올리베이라
x	시*, ㅈ	스	Xira 시라, exame 이자므, exportar 이스포르타르
z	ㅈ	스	fazenda 파젠다, Diaz 디아스
모음			
a	아		Almeida 알메이다, Egas 에가스
e	에, 이, 으		Elvas 엘바스, escudo 이스쿠두, Mangualde 망구알드, Belmonte 베우몬치(브)
i	이		Amalia 아말리아, Vitorino 비토리누
o	오, 우		Odemira 오데미라, Melo 멜루, Passos 파수스
u	우		Manuel 마누엘, Guterres 구테흐스
이중 모음			
ai	아이		Sampaio 삼파이우, Cascais 카스카이스
au	아우		Bauru 바우루, São Paulo 상파울루
ae	앙이		Guimarães 기마랑이스, Magalhães 마갈량이스
ão	앙		Durão 두랑, Fundão 푼당
ei	에이		Ribeiro 히베이루, Oliveira 올리베이라
eu	에우		Abreu 아브레우, Eusebio 에우제비우
iu	이우		Aeminium 아에미니웅, Ituiutaba 이투이우타바
oi	오이		Coimbra 코임브라, Goiás 고이아스
ou	오		Lousã 로장, Mogadouro 모가도루
õe	옹이		Camões 카몽이스, Pilões 필롱이스
ui	우이		Luis 루이스, Cuiabá 쿠이아바

※ ch의 '시', lh의 '리', nh의 '니', x의 '시'가 뒤따르는 모음과 결합할 때에는 합쳐서 한 음절로 적는다.
※ k, w, y는 외래어나 외래어에서 파생된 포르투갈식 어휘 또는 국제적으로 통용되는 약자나 기호의 표기에서 사용 되는 것으로 포르투갈어 알파벳에 속하지 않으므로 해당 외래어 발음에 가깝게 표기한다.
※ (브)는 브라질 포르투갈어에 적용되는 표기이다.

[표 18] 네덜란드 어 자모와 한글 대조표

자모	한글		보 기
	모음 앞	자음 앞 · 어말	
자음 b	ㅂ	ㅂ, 브, 프	Borst 보르스트, Bram 브람, Jacob 야코프
c	ㅋ	ㄱ, 크	Campen 캄펀, Nicolaas 니콜라스, topic 토픽, scrupel 스크뤼펄
	ㅅ		cyaan 시안, Ceelen 세일런
ch	ㅎ	흐	Volcher 폴허르, Utrecht 위트레흐트
d	ㄷ	ㅅ, 드, 트	Delft 델프트, Edgar 엣하르, Hendrik 헨드릭, Helmond 헬몬트
f	ㅍ	프	Flevoland 플레볼란트, Graaf 흐라프
g	ㅎ	흐	Goes 후스, Limburg 림뷔르흐
h	ㅎ	—	Heineken 헤이네컨, Hendrik 헨드릭
j	이*	—	Jongkind 용킨트, Jan 얀, Jeroen 예룬
k	ㅋ	ㄱ, 크	Kok 콕, Alkmaar 알크마르, Zierikzee 지릭제이
kw(qu)	ㅋㅂ	—	kwaliteit 크발리테이트, kwellen 크벨런, kwitantie 크비탄시
l	ㄹ, ㄹㄹ	ㄹ	Lasso 라소, Friesland 프리슬란트, sabel 사벌
m	ㅁ	ㅁ	Meerssen 메이르선, Zalm 잘름
n	ㄴ	ㄴ	Nijmegen 네이메헌, Jansen 얀선
ng	ㅇ	ㅇ	Inge 잉어, Groningen 흐로닝언
p	ㅍ	ㅂ, 프	Peper 페퍼르, Kapteyn 캅테인, Koopmans 코프만스
r	ㄹ	르	Rotterdam 로테르담, Asser 아서르
s	ㅅ	스	Spinoza 스피노자, Hals 할스
sch	스ㅎ	스	Schiphol 스히폴, Escher 에스허르, typisch 티피스
sj	시*	시	sjaal 샬, huisje 하위셔, ramsj 람시 fetisj 페티시
t	ㅌ	ㅅ, 트	Tinbergen 틴베르헌, Gerrit 헤릿, Petrus 페트뤼스
ts	ㅊ	츠	Aartsen 아르천, Beets 베이츠
v	ㅂ, ㅍ	브	Veltman 펠트만, Einthoven 에인트호번, Weltevree 벨테브레이
w	ㅂ	—	Wim 빔
y	이	이	cyaan 시안, Lyonnet 리오넷, typisch 티피스, Verwey 페르베이
z	ㅈ	—	Zeeman 제이만, Huizinga 하위징아
모음 a	아		Asser 아서르, Frans 프란스
e	에, 어		Egmont 에흐몬트, Frederik 프레데릭, Heineken 헤이네컨, Lubbers 뤼버르스, Campen 캄펀
i	이		Nicolaas 니콜라스, Tobias 토비아스
ie	이		Pieter 피터르, Vries 프리스
o	오		Onnes 오너스, Vondel 폰덜
oe	우		Boer 부르, Boerhaave 부르하버
u	위		Utrecht 위트레흐트, Petrus 페트뤼스
eu	외		Europort 외로포르트, Deurne 되르너
uw	위		ruw 뤼, duwen 뒤언, Euwen 에위언
이중 모음 ou(w), au(w)	아우		Bouts 바우츠, Bouwman 바우만, Paul 파울, Lauwersmeer 라우에르스메이르
ei, ij	에이		Heike 헤이커, Bolkestein 볼케스테인, Ijssel 에이설
ui(uy)	아위		Huizinga 하위징아, Zuid-Holland 자위트홀란트, Buys 바위스
aai	아이		draaien 드라이언, fraai 프라이, zaait 자이트, Maaikes 마이커스
ooi	오이		Booisman 보이스만 Hooites 호이터스
oei	우이		Boeijinga 부잉아, moeite 무이터
eeuw	에이우		Leeuwenhoek 레이우엔훅, Meeuwes 메이우어스
ieuw	이우		Lieuwma 리우마, Rieuwers 리우어르스

* j의 '이', sj의 '시'가 뒤따르는 모음과 결합할 때에는 합쳐서 한 음절로 적는다.

[표 19] 러시아 어 자모와 한글 대조표

	로마자	러시아 어 자모	한글 모음 앞	한글 자음 앞	한글 어말	보 기
자음	b	б	ㅂ	ㅂ, 브	프	Bolotov(Болотов) 볼로토프, Bobrov(Бобров) 보브로프, Kurbskii(Курбский) 쿠릅스키, Gleb(Глеб) 글레프
	ch	ч	ㅊ	치	치	Goncharov(Гончаров) 곤차로프, Manechka(Манечка) 마네치카, Yakubovich(Якубович) 야쿠보비치
	d	д	ㄷ	ㅅ, 드	트	Dmitrii(Дмитрий) 드미트리, Benediktov(Бенедиктов) 베네딕토프, Nakhodka(Находка) 나홋카, Voskhod(Восход) 보스호트
	f	ф	ㅍ	ㅂ, 프	프	Fyodor(Фёдор) 표도르, Yefremov(Ефремов) 예프레모프, Iosif(Иосиф) 이오시프
	g	г	ㄱ	ㄱ, 그	크	Gogol'(Гоголь) 고골, Musorgskii(Мусоргский) 무소륵스키, Bogdan(Богдан) 보그단, Andarbag(Андарбаг) 안다르바크
	kh	х	ㅎ	흐	흐	Khabarovsk(Хабаровск) 하바롭스크, Akhmatova(Ахматова) 아흐마토바, Oistrakh(Ой страх) 오이스트라흐
	k	к	ㅋ	ㄱ, 크	크	Kalmyk(Калмык) 칼미크, Aksakov(Аксаков) 악사코프, Kvas(Квас) 크바스, Vladivostok(Владивосток) 블라디보스토크
	l	л	ㄹ, ㄹㄹ	ㄹ	ㄹ	Lenin(Ленин) 레닌, Nikolai(Николай) 니콜라이, Krylov(Крылов) 크릴로프, Pavel(Павел) 파벨
	m	м	ㅁ	ㅁ, 므	ㅁ	Mikhaiil(Михаийл) 미하일, Maksim(Максим) 막심, Mtsensk(Мценск) 므첸스크
	n	н	ㄴ	ㄴ	ㄴ	Nadya(Надя) 나댜, Stefan(Стефан) 스테판
	p	п	ㅍ	ㅂ, 프	프	Pyotr(Пётр) 표트르, Rostopchinya(Ростопчиня) 로스톱치냐, Pskov(Псков) 프스코프, Maikop(Майкоп) 마이코프
	r	р	ㄹ	르	르	Rybinsk(Рыбинск) 리빈스크, Lermontov(Лермонтов) 레르몬토프, Artyom(Артём) 아르툠
	s	с	ㅅ	스	스	Vasilii(Василий) 바실리, Stefan(Стефан) 스테판, Boris(Борис) 보리스
	sh	ш	시*	시	시	Shelgunov(Шелгунов) 셸구노프, Shishkov(Шишков) 시시코프
	shch	щ	시*	시	시	Shcherbakov(Щербаков) 셰르바코프, Shchirets(Щирец) 시레츠, borshch(борщ) 보르시

	로마자	러시아 어 자모	한글			보 기
			모음 앞	자음 앞	어말	
자음	t	т	ㅌ	ㅅ, 트	트	Tat'yana(Татьяна) 타티야나, Khvatkov(Хватков) 흐밧코프, Tver'(Тверь) 트베리, Buryat(Буря т) 부랴트
	tch	тч	ㅊ		—	Gatchina(Гатчина) 가치나, Tyutchev(Тютчев) 튜체프
	ts	ц, тс	ㅊ		츠	Kapitsa(Капица) 카피차, Tsvetaeva(Цветаев а) 츠베타예바, Bryatsk(Брятск) 브랴츠크, Yakutsk(Якутск) 야쿠츠크
	v	в	ㅂ	ㅂ, 브	프	Verevkin(Веревкин) 베렙킨, Dostoevskii(Дост оевский) 도스토옙스키, Vladivostok(Владивос ток) 블라디보스토크, Markov(Марков) 마르코프
	z	з	ㅈ	즈, 스	스	Zaichev(Зайчев) 자이체프, Kuznetsov(Кузне цов) 쿠즈네초프, Agryz(Агрыз) 아그리스
	zh	ж	ㅈ	즈, 시	시	Zhadovskaya(Жадовская) 자돕스카야, Zhdanov(Жданов) 즈다노프, Luzhkov(Лужков) 루시코 프, Kebezh(Кебеж) 케베시
	j/i	й	이	이		Yurii(Юрий) 유리, Andrei(Андрей) 안드레이, Belyi(Белый) 벨리
모음	a	а	아			Aksakov(Аксаков) 악사코프, Abakan(Абакан) 아바칸
	e	е э	에, 예			Petrov(Петров) 페트로프, Evgenii(Евгений) 예브게니, Alekseev(Алексеев) 알렉세예프, Ertel' (Эртель) 예르텔
	i	и	이			Ivanov(Иванов) 이바노프, Iosif(Иосиф) 이오 시프
	o	о	오			Khomyakov(Хомяков) 호먀코프, Oka(Ока) 오카
	u	у	우			Ushakov(Ушаков) 우샤코프, Sarapul(Сарапу л) 사라풀
	y	ы	이			Saltykov(Салтыков) 살티코프, Kyra(Кыра) 키 라, Belyi(Белый) 벨리
	ya	я	야			Yasinskii(Ясинский) 야신스키, Adygeya(Ады гея) 아디게야
	yo	ё	요			Solov'yov(Соловьёв) 솔로비요프, Artyom(Артё м) 아르툠
	yu	ю	유			Yurii(Юрий) 유리, Yurga(Юрга) 유르가

※ sh(ш), shch(щ)의 '시'가 뒤따르는 모음과 결합할 때에는 합쳐서 한 음절로 적는다.

제3장 표기 세칙

제1절 영어의 표기

[표 1]에 따라 적되, 다음 사항에 유의하여 적는다.

제1항 무성 파열음([p], [t], [k])

1. 짧은 모음 다음의 어말 무성 파열음([p], [t], [k])은 받침으로 적는다.

   gap[gæp] 갭   cat[kæt] 캣   book[buk] 북

2. 짧은 모음과 유음·비음([l], [r], [m], [n]) 이외의 자음 사이에 오는 무성 파열음([p], [t], [k])은 받침으로 적는다.

   apt[æpt] 앱트   setback[setbæk] 셋백   act[ækt] 액트

3. 위 경우 이외의 어말과 자음 앞의 [p], [t], [k]는 '으'를 붙여 적는다.

   stamp[stæmp] 스탬프   cape[keip] 케이프   nest[nest] 네스트
   part[pɑːt] 파트   desk[desk] 데스크   make[meik] 메이크
   apple[æpl] 애플   mattress[mætris] 매트리스   chipmunk[tʃipmʌŋk] 치프멍크
   sickness[siknis] 시크니스

제2항 유성 파열음([b], [d], [g])

어말과 모든 자음 앞에 오는 유성 파열음은 '으'를 붙여 적는다.

   bulb[bʌlb] 벌브   land[lænd] 랜드   zigzag[zigzæg] 지그재그
   lobster[lɔbstə] 로브스터   kidnap[kidnæp] 키드냅   signal[signəl] 시그널

제3항 마찰음([s], [z], [f], [v], [θ], [ð], [ʃ], [ʒ])

1. 어말 또는 자음 앞의 [s], [z], [f], [v], [θ], [ð]는 '으'를 붙여 적는다.

   mask[mɑːsk] 마스크   jazz[dʒæz] 재즈   graph[græf] 그래프
   olive[ɔliv] 올리브   thrill[θril] 스릴   bathe[beið] 베이드

2. 어말의 [ʃ]는 '시'로 적고, 자음 앞의 [ʃ]는 '슈'로, 모음 앞의 [ʃ]는 뒤따르는 모음에 따라 '샤', '섀', '셔', '셰', '쇼', '슈', '시'로 적는다.

flash[flæʃ] 플래시   shrub[ʃrʌb] 슈러브   shark[ʃɑːk] 샤크

shank[ʃæŋk] 섕크   fashion[fæʃən] 패션   sheriff[ʃerif] 셰리프

shopping[ʃɔpiŋ] 쇼핑   shoe[ʃuː] 슈   shim[ʃim] 심

3. 어말 또는 자음 앞의 [ʒ]는 '지'로 적고, 모음 앞의 [ʒ]는 'ㅈ'으로 적는다.

mirage[mirɑːʒ] 미라지   vision[viʒən] 비전

제4항 파찰음([ts], [dz], [tʃ], [dʒ])

1. 어말 또는 자음 앞의 [ts], [dz]는 '츠', '즈'로 적고, [tʃ], [dʒ]는 '치', '지'로 적는다.

Keats[kiːts] 키츠   odds[ɔdz] 오즈

switch[switʃ] 스위치   bridge[bridʒ] 브리지

Pittsburgh[pitsbəːg] 피츠버그   hitchhike[hitʃhaik] 히치하이크

2. 모음 앞의 [tʃ], [dʒ]는 'ㅊ', 'ㅈ'으로 적는다.

chart[tʃɑːt] 차트   virgin[vəːdʒin] 버진

제5항 비음([m], [n], [ŋ])

1. 어말 또는 자음 앞의 비음은 모두 받침으로 적는다.

steam[stiːm] 스팀   corn[kɔn] 콘   ring[riŋ] 링

lamp[læmp] 램프   hint[hint] 힌트   ink[iŋk] 잉크

2. 모음과 모음 사이의 [ŋ]은 앞 음절의 받침 'ㅇ'으로 적는다.

hanging[hæŋiŋ] 행잉   longing[lɔŋiŋ] 롱잉

제6항 유음([l])

1. 어말 또는 자음 앞의 [l]은 받침으로 적는다.

hotel[houtel] 호텔   pulp[pʌlp] 펄프

2. 어중의 [l]이 모음 앞에 오거나, 모음이 따르지 않는 비음([m], [n]) 앞에 올 때에는 'ㄹㄹ'로 적는다. 다만, 비음([m], [n]) 뒤의 [l]은 모음 앞에 오더라도 'ㄹ'로 적는다.

slide[slaid] 슬라이드   film[film] 필름   helm[helm] 헬름

swoln[swouln] 스월른   Hamlet[hæmlit] 햄릿   Henley[henli] 헨리

제7항 장모음

장모음의 장음은 따로 표기하지 않는다.

team[ti:m] 팀   route[ru:t] 루트

제8항 중모음([ai], [au], [ei], [ɔi], [ou], [auə])

중모음은 각 단모음의 음가를 살려서 적되, [ou]는 '오'로, [auə]는 '아워'로 적는다.

time[taim] 타임   house[haus] 하우스   skate[skeit] 스케이트

oil[ɔil] 오일   boat[bout] 보트   tower[tauə] 타워

제9항 반모음([w], [j])

1. [w]는 뒤따르는 모음에 따라 [wə], [wɔ], [wou]는 '워', [wɑ]는 '와', [wæ]는 '왜', [we]는 '웨', [wi]는 '위', [wu]는 '우'로 적는다.

word[wə:d] 워드   want[wɔnt] 원트   woe[wou] 워

wander[wɑndə] 완더   wag[wæg] 왜그   west[west] 웨스트

witch[witʃ] 위치   wool[wul] 울

2. 자음 뒤에 [w]가 올 때에는 두 음절로 갈라 적되, [gw], [hw], [kw]는 한 음절로 붙여 적는다.

swing[swiŋ] 스윙   twist[twist] 트위스트   penguin[peŋgwin] 펭귄

whistle[hwisl] 휘슬   quarter[kwɔ:tə] 쿼터

3. 반모음 [j]는 뒤따르는 모음과 합쳐 '야', '얘', '여', '예', '요', '유', '이'로 적는다. 다만, [d], [l], [n] 다음에 [jə]가 올 때에는 각각 '디어', '리어', '니어'로 적는다.

yard[jɑ:d] 야드   yank[jæŋk] 얭크   yearn[jə:n] 연

yellow[jelou] 옐로   yawn[jɔ:n] 욘   you[ju:] 유

year[jiə] 이어   Indian[indjən] 인디언   battalion[bətæljən] 버탤리언

union[ju:njən] 유니언

제10항 복합어

1. 따로 설 수 있는 말의 합성으로 이루어진 복합어는 그것을 구성하고 있는 말이 단독으로 쓰일 때의 표기대로 적는다.

cuplike[kʌplaik] 컵라이크   bookend[bukend] 북엔드

headlight[hedlait] 헤드라이트   touchwood[tʌtʃwud] 터치우드

sit-in[sitin] 싯인   bookmaker[bukmeikə] 북메이커

flashgun[flæʃgʌn] 플래시건   topknot[tɔpnɔt] 톱놋

2. 원어에서 띄어 쓴 말은 띄어 쓴 대로 한글 표기를 하되, 붙여 쓸 수도 있다.

Los Alamos[lɔs æləmous] 로스 앨러모스/로스앨러모스

top class[tɔpklæs] 톱 클래스/톱클래스

제2절 독일어의 표기

[표 1]을 따르고, 제1절(영어의 표기 세칙)을 준용한다. 다만, 독일어의 독특한 것은 그 특징을 살려서 다음과 같이 적는다.

제1항 [r]

1. 자음 앞의 [r]는 '으'를 붙여 적는다.

Hormon[hɔrmoːn] 호르몬 Hermes[hɛrmɛs] 헤르메스

2. 어말의 [r]와 '-er[ər]'는 '어'로 적는다.

Herr[hɛr] 헤어 Razur[razuːr] 라주어 Tür[tyːr] 튀어
Ohr[oːr] 오어 Vater[faːtər] 파터 Schiller[ʃilər] 실러

3. 복합어 및 파생어의 선행 요소가 [r]로 끝나는 경우는 2의 규정을 준용한다.

verarbeiten[fɛrarbaitən] 페어아르바이텐 zerknirschen[tsɛrknirʃən] 체어크니르셴
Fürsorge[fyːrzorgə] 퓌어조르게 Vorbild[foːrbilt] 포어빌트
auβerhalb[ausərhalp] 아우서할프 Urkunde[uːrkundə] 우어쿤데
Vaterland[faːtərlant] 파터란트

제2항

어말의 파열음은 '으'를 붙여 적는 것을 원칙으로 한다.

Rostock[rɔstɔk] 로스토크 Stadt[ʃtat] 슈타트

제3항

철자 'berg', 'burg'는 '베르크', '부르크'로 통일해서 적는다.

Heidelberg[haidəlbɛrk, -bɛrç] 하이델베르크
Hamburg[hamburk, -burç] 함부르크

제4항 [ʃ]

1. 어말 또는 자음 앞에서는 '슈'로 적는다.

Mensch[menʃ] 멘슈 Mischling[miʃliŋ] 미슐링

2. [y], [ø] 앞에서는 'ㅅ'으로 적는다.

Schüler[ʃyːlər] 쉴러 schön[ʃøːn] 쇤

3. 그 밖의 모음 앞에서는 뒤따르는 모음에 따라 '샤, 쇼, 슈' 등으로 적는다.

Schatz[ʃats] 샤츠

Schule[ʃuːlə] 슐레

schon[ʃoːn] 숀

Schelle[ʃɛlə] 셸레

제5항

[ɔy]로 발음되는 äu, eu는 '오이'로 적는다.

läuten[lɔytən] 로이텐

Europa[ɔyroːpa] 오이로파

Fräulein[frɔylain] 프로일라인

Freundin[frɔyndin] 프로인딘

제3절 프랑스 어의 표기

[표 1]에 따르고, 제1절(영어의 표기 세칙)을 준용한다. 다만, 프랑스 어의 독특한 것은 그 특징을 살려서 다음과 같이 적는다.

제1항 파열음([p], [t], [k]; [b], [d], [g])

1. 어말에서는 '으'를 붙여서 적는다.

soupe[sup] 수프

baobab[baɔbab] 바오바브

tête[tɛt] 테트

ronde[rɔ̃ːd] 롱드

avec[avɛk] 아베크

bague[bag] 바그

2. 구강 모음과 무성 자음 사이에 오는 무성 파열음('구강 모음 + 무성 파열음 + 무성 파열음 또는 무성 마찰음'의 경우)은 받침으로 적는다.

septembre[sɛptɑ̃ːbr] 셉탕브르

octobre[ɔktɔbr] 옥토브르

apte[apt] 압트

action[aksjɔ̃] 악시옹

제2항 마찰음([ʃ], [ʒ])

1. 어말과 자음 앞의 [ʃ], [ʒ]는 '슈', '주'로 적는다.

manche[mɑ̃ːʃ] 망슈

acheter[aʃte] 아슈테

piège[pjɛːʒ] 피에주

dégeler[deʒle] 데줄레

2. [ʃ]가 [ə], [w] 앞에 올 때에는 뒤따르는 모음과 합쳐 '슈'로 적는다.

chemise[ʃəmiːz] 슈미즈

choix[ʃwa] 슈아

chevalier[ʃəvalje] 슈발리에

chouette[ʃwɛt] 슈에트

3. [ʃ]가 [y], [œ], [ø] 및 [i], [ɥ] 앞에 올 때에는 'ㅅ'으로 적는다.

chute[ʃyt] 쉬트

chuchoter[ʃyʃɔte] 쉬쇼테

pêcheur[pɛʃœ:r] 페쇠르   shunt[ʃœ̃:t] 셩트
fâcheux[faʃø] 파쇠   chien[ʃjɛ̃] 시앵
chuinter[ʃɥɛ̃te] 쉬앵테

제3항 비자음([ɲ])

1. 어말과 자음 앞의 [ɲ]는 '뉴'로 적는다.

   campagne[kɑ̃paɲ] 캉파뉴   dignement[diɲmɑ̃] 디뉴망

2. [ɲ]가 '아, 에, 오, 우' 앞에 올 때에는 뒤따르는 모음과 합쳐 각각 '냐, 녜, 뇨, 뉴'로 적는다.

   saignant[sɛɲɑ̃] 세냥   peigner[peɲe] 페녜
   agneau[aɲo] 아뇨   mignon[miɲɔ̃] 미뇽

3. [ɲ]가 [ə], [w] 앞에 올 때에는 뒤따르는 소리와 합쳐 '뉴'로 적는다.

   lorgnement[lɔrɲəmɑ̃] 로르뉴망   baignoire[bɛɲwa:r] 베뉴아르

4. 그 밖의 [ɲ]는 'ㄴ'으로 적는다.

   magnifique[maɲifik] 마니피크   guignier[giɲje] 기니에
   gagneur[gaɲœ:r] 가뇌르   montagneux[mɔtaɲø] 몽타뇌
   peignures[pɛɲy:r] 페뉘르

제4항 반모음([j])

1. 어말에 올 때에는 '유'로 적는다.

   Marseille[marsɛj] 마르세유   taille[tɑ:j] 타유

2. 모음 사이의 [j]는 뒤따르는 모음과 합쳐 '예, **앵**, 야, 양, 요, 용, 유, 이' 등으로 적는다. 다만, 뒷모음이 [ø], [œ]일 때에는 '이'로 적는다.

   payer[peje] 페예   billet[bijɛ] 비예   moyen[mwajɛ̃] 무아앵
   pleiade[plejad] 플레야드   ayant[ɛjɑ̃] 에양   noyau[nwajo] 누아요
   crayon[krɛjɔ̃] 크레용   voyou[vwaju] 부아유   cueillir[kœji:r] 쾨이르
   aïeul[ajœl] 아이욀   aïeux[ajø] 아이외

3. 그 밖의 [j]는 '이'로 적는다.

   hier[jɛ:r] 이에르   Montesquieu[mɔ̃tɛskjø] 몽테스키외
   champion[ʃɑ̃pjɔ̃] 샹피옹   diable[djɑ:bl] 디아블

제5항 반모음([w])

[w]는 '우'로 적는다.

alouette[alwɛt] 알루에트

douane[dwan] 두안

quoi[kwa] 쿠아

toi[twa] 투아

제4절 에스파냐 어의 표기

[표 2]에 따라 적되, 다음과 같은 특징을 살려서 적는다.

제1항 gu, qu

gu, qu는 i, e 앞에서는 각각 'ㄱ, ㅋ'으로 적고, o 앞에서는 '구, 쿠'로 적는다. 다만, a 앞에서는 그 a와 합쳐 '과, 콰'로 적는다.

guerra 게라

queso 케소

Guipuzcoa 기푸스코아

quisquilla 키스키야

antiguo 안티구오

Quorem 쿠오렘

Nicaragua 니카라과

Quarai 콰라이

제2항

같은 자음이 겹치는 경우에는 겹치지 않은 경우와 같이 적는다. 다만, -cc-는 'ㄱㅅ'으로 적는다.

carrera 카레라

carreterra 카레테라

accion 악시온

제3항 c, g

c와 g 다음에 모음 e와 i가 올 때에는 c는 'ㅅ'으로, g는 'ㅎ'으로 적고, 그 외는 'ㅋ'과 'ㄱ'으로 적는다.

Cecilia 세실리아

cifra 시프라

georgico 헤오르히코

giganta 히간타

coquito 코키토

gato 가토

제4항 x

x가 모음 앞에 오되 어두일 때에는 'ㅅ'으로 적고, 어중일 때에는 'ㄱㅅ'으로 적는다.

xilofono 실로포노

laxante 락산테

제5항 l

어말 또는 자음 앞의 l은 받침 'ㄹ'로 적고, 어중의 l이 모음 앞에 올 때에는 'ㄹㄹ'로 적는다.

ocal 오칼

colcren 콜크렌

blandon 블란돈

Cecilia 세실리아

제6항 nc, ng

c와 g 앞에 오는 n은 받침 'ㅇ'으로 적는다.

blanco 블랑코   yungla 융글라

제5절 이탈리아 어의 표기

[표 3]에 따르고, 다음과 같은 특징을 살려서 적는다.

제1항 gl

i 앞에서는 'ㄹㄹ'로 적고, 그 밖의 경우에는 '글ㄹ'로 적는다.

paglia 팔리아   egli 엘리   gloria 글로리아   glossa 글로사

제2항 gn

뒤따르는 모음과 합쳐 '냐', '녜', '뇨', '뉴', '니'로 적는다.

montagna 몬타냐   gneiss 네이스   gnocco 뇨코   gnu 뉴
ogni 오니

제3항 sc

sce는 '셰'로, sci는 '시'로 적고, 그 밖의 경우에는 '스ㅋ'으로 적는다.

crescendo 크레셴도   scivolo 시볼로   Tosca 토스카   scudo 스쿠도

제4항

같은 자음이 겹쳤을 때에는 겹치지 않은 경우와 같이 적는다. 다만, -mm-, -nn-의 경우는 'ㅁㅁ', 'ㄴㄴ'으로 적는다.

Puccini 푸치니   buffa 부파   allegretto 알레그레토   carro 카로
rosso 로소   mezzo 메초   gomma 곰마   bisnonno 비스논노

제5항 c, g

1. c와 g는 e, i 앞에서 각각 'ㅊ', 'ㅈ'으로 적는다.

cenere 체네레   genere 제네레   cima 치마   gita 지타

2. c와 g 다음에 ia, io, iu가 올 때에는 각각 '차, 초, 추', '자, 조, 주'로 적는다.

caccia 카차   micio 미초

제6항 qu

qu는 뒤따르는 모음과 합쳐 '콰, 퀘, 퀴' 등으로 적는다. 다만, o 앞에서는 '쿠'로 적는다.

soqquadro 소콰드로　　quello 퀠로　　quieto 퀴에토　　quota 쿠오타

제7항 l, ll

어말 또는 자음 앞의 l, ll은 받침으로 적고, 어중의 l, ll이 모음 앞에 올 때에는 'ㄹㄹ'로 적는다.

sol 솔　　polca 폴카　　Carlo 카를로　　quello 퀠로

제6절 일본어의 표기

[표 4]에 따르고, 다음 사항에 유의하여 적는다.

제1항
촉음(促音) [ッ(っ)]는 'ㅅ'으로 통일해서 적는다.

サッポロ 삿포로　　トットリ 돗토리　　ヨッカイチ 욧카이치

제2항 장모음
장모음은 따로 표기하지 않는다.

キュウシュウ(九州) 규슈　　ニイガタ(新潟) 니가타
トウキョウ(東京) 도쿄　　オオサカ(大阪) 오사카

제7절 중국어의 표기

[표 5]에 따르고, 다음 사항에 유의하여 적는다.

제1항
성조는 구별하여 적지 아니한다.

제2항 ㅈ, ㅉ, ㅊ
'ㅈ, ㅉ, ㅊ'으로 표기되는 자음(ㄐ, ㄓ, ㄗ, ㄑ, ㄔ, ㄘ) 뒤의 'ㅑ, ㅖ, ㅛ, ㅠ' 음은 'ㅏ, ㅔ, ㅗ, ㅜ'로 적는다.

ㄐ丨ㄚ 쟈→자　　　　ㄐ丨ㄝ 졔→제

제8절 폴란드 어의 표기

[표 6]에 따르고, 다음과 같은 특징을 살려서 적는다.

제1항 k, p
어말과 유성 자음 앞에서는 '으'를 붙여 적고, 무성 자음 앞에서는 받침으로 적는다.

    zamek 자메크   mokry 모크리   Słupsk 스웁스크

제2항 b, d, g
1. 어말에 올 때에는 '프', '트', '크'로 적는다.

    od 오트

2. 유성 자음 앞에서는 '브', '드', '그'로 적는다.

    zbrodnia 즈브로드니아

3. 무성 자음 앞에서 b, g는 받침으로 적고, d는 '트'로 적는다.

    Grabski 그랍스키   odpis 오트피스

제3항 w, z, ź, dz, ż, rz, sz
1. w, z, ź, dz가 무성 자음 앞이나 어말에 올 때에는 '프, 스, 시, 츠'로 적는다.

    zabawka 자바프카   obraz 오브라스

2. ż와 rz는 모음 앞에 올 때에는 'ㅈ'으로 적되, 앞의 자음이 무성 자음일 때에는 '시'로 적는다. 유성 자음 앞에 올 때에는 '주', 무성 자음 앞에 올 때에는 '슈', 어말에 올 때에는 '시'로 적는다.

    Rzeszów 제슈프   Przemyśl 프셰미실   grzmot 그주모트
    łóżko 우슈코   pęcherz 펭헤시

3. sz는 자음 앞에서는 '슈', 어말에서는 '시'로 적는다.

    koszt 코슈트   kosz 코시

제4항 ł
1. ł는 뒤따르는 모음과 결합할 때 합쳐서 적는다. (ło는 '워'로 적는다.) 다만, 자음 뒤에 올 때에는 두 음절로 갈라 적는다.

    łono 워노   głowa 그워바

2. oł는 '우'로 적는다.
    przjyaciół 프시야치우

제5항 ł

어중의 ł이 모음 앞에 올 때에는 'ㄹㄹ'로 적는다.
    olej 올레이

제6항 m

어두의 m이 l, r 앞에 올 때에는 '으'를 붙여 적는다.
    mleko 믈레코   mrówka 므루프카

제7항 ę

ę은 '엥'으로 적는다. 다만, 어말의 ę는 '에'로 적는다.
    ręka 렝카   proszę 프로셰

제8항

'ㅈ', 'ㅊ'으로 표기되는 자음(c, z) 뒤의 이중 모음은 단모음으로 적는다.
    stacja 스타차   fryzjer 프리제르

제9절 체코 어의 표기

[표 7]에 따르고, 다음과 같은 특징을 살려서 적는다.

제1항 k, p

어말과 유성 자음 앞에서는 '으'를 붙여 적고, 무성 자음 앞에서는 받침으로 적는다.
    mozek 모제크   koroptev 코롭테프

제2항 b, d, d', g

1. 어말에 올 때에는 '프', '트', '티', '크'로 적는다.
    led 레트

2. 유성 자음 앞에서는 '브', '드', '디', '그'로 적는다.
    ledvina 레드비나

3. 무성 자음 앞에서 b, g는 받침으로 적고, d, ď는 '트', '티'로 적는다.
    obchod 옵호트   odpadky 오트파트키

제3항 v, w, z, ř, ž, š

1. v, w, z가 무성 자음 앞이나 어말에 올 때에는 '프, 프, 스'로 적는다.
    hmyz 흐미스

2. ř, ž가 유성 자음 앞에 올 때에는 '르주', '주', 무성 자음 앞에 올 때에는 '르슈', '슈', 어말에 올 때
    에는 '르시', '시'로 적는다.
    námořník 나모르주니크   hořký 호르슈키   kouř 코우르시

3. š는 자음 앞에서는 '슈', 어말에서는 '시'로 적는다.
    puška 푸슈카   myš 미시

제4항 l, lj

어중의 l, lj가 모음 앞에 올 때에는 'ㄹㄹ', 'ㄹ리'로 적는다.
    kolo 콜로

제5항 m

m이 r 앞에 올 때에는 '으'를 붙여 적는다.
    humr 후므르

제6항

자음에 '예'가 결합되는 경우에는 '예' 대신에 '에'로 적는다. 다만, 자음이 'ㅅ'인 경우에는 '셰'로 적는다.
    věk 베크   šest 셰스트

제10절 세르보크로아트 어의 표기

[표 8]에 따르고, 다음과 같은 특징을 살려서 적는다.

제1항 k, p

k, p는 어말과 유성 자음 앞에서는 '으'를 붙여 적고, 무성 자음 앞에서는 받침으로 적는다.
    jastuk 야스투크   opština 옵슈티나

제2항 l

어중의 l이 모음 앞에 올 때에는 'ㄹㄹ'로 적는다.

kula 쿨라

제3항 m

어두의 m이 l, r, n 앞에 오거나 어중의 m이 r 앞에 올 때에는 '으'를 붙여 적는다.

mlad 믈라드　　　　　　mnogo 므노고　　　　　　smrt 스므르트

제4항 š

š는 자음 앞에서는 '슈', 어말에서는 '시'로 적는다.

šljivovica 슐리보비차　　　　　　　Niš 니시

제5항

자음에 '예'가 결합되는 경우에는 '예' 대신에 '에'로 적는다. 다만, 자음이 'ㅅ'인 경우에는 '셰'로 적는다.

bjedro 베드로　　　　　　　　sjedlo 셰들로

제11절 루마니아 어의 표기

[표 9]에 따르고, 다음과 같은 특징을 살려서 적는다.

제1항 c, p

어말과 유성 자음 앞에서는 '으'를 붙여 적고, 무성 자음 앞에서는 받침으로 적는다.

cap 카프　　　　　Cîntec 큰테크　　　factură 팍투러　　septembrie 셉템브리에

제2항 c, g

c, g는 e, i 앞에서는 각각 'ㅊ', 'ㅈ'으로, 그 밖의 모음 앞에서는 'ㅋ', 'ㄱ'으로 적는다.

cap 카프　　　　　centru 첸트루　　　Galaţi 갈라치　　　Gigel 지젤

제3항 l

어중의 l이 모음 앞에 올 때에는 'ㄹㄹ'로 적는다.

clei 클레이

제4항 n

n이 어말에서 m 뒤에 올 때는 '으'를 붙여 적는다.

    lemn 렘느   pumn 품느

제5항 e

e는 '에'로 적되, 인칭 대명사 및 동사 este, era 등의 어두 모음 e는 '예'로 적는다.

    Emil 에밀   eu 예우   el 옐   este 예스테
    era 예라

제12절 헝가리 어의 표기

[표 10]에 따르고, 다음과 같은 특징을 살려서 적는다.

제1항 k, p

어말과 유성 자음 앞에서는 '으'를 붙여 적고, 무성 자음 앞에서는 받침으로 적는다.

    ablak 어블러크   csipke 칩케

제2항

bb, cc, dd, ff, gg, ggy, kk, ll, lly, nn, nny, pp, rr, ss, sz, tt, tty는 b, c, d, f, g, gy, k, l, ly, n, ny, p, r, s, sz, t, ty와 같이 적는다. 다만, 어중의 nn, nny와 모음 앞의 ll은 'ㄴㄴ', 'ㄴ니', 'ㄹㄹ'로 적는다.

    között 쾨죄트   dinnye 딘네   nulla 눌러

제3항 l

어중의 l이 모음 앞에 올 때에는 'ㄹㄹ'로 적는다.

    olaj 올러이

제4항 s

s는 자음 앞에서는 '슈', 어말에서는 '시'로 적는다.

    Pest 페슈트   lapos 러포시

제5항

자음에 '예'가 결합되는 경우에는 '예' 대신에 '에'로 적는다. 다만, 자음이 'ㅅ'인 경우에는 '셰'로 적는다.

    nyer 네르   selyem 셰옘

제13절 스웨덴 어의 표기

[표 11]에 따르고, 다음과 같은 특징을 살려서 적는다.

제1항

1. b, g가 무성 자음 앞에 올 때에는 받침 'ㅂ, ㄱ'으로 적는다.

    snabbt 스납트   högst 획스트

2. k, ck, p, t는 무성 자음 앞에서 받침 'ㄱ, ㄱ, ㅂ, ㅅ'으로 적는다.

    oktober 옥토베르   Stockholm 스톡홀름   Uppsala 웁살라   Botkyrka 봇쉬르카

제2항

c는 'ㅋ'으로 적되, e, i, a, y, o 앞에서는 'ㅅ'으로 적는다.

    campa 캄파   Celsius 셀시우스

제3항 g

1. 모음 앞의 g는 'ㄱ'으로 적되, e, i, a, y, o 앞에서는 '이'로 적고 뒤따르는 모음과 합쳐 적는다.

    Gustav 구스타브   Göteborg 예테보리

2. lg, rg의 g는 '이'로 적는다

    älg 엘리   Borg 보리

3. n 앞의 g는 'ㅇ'으로 적는다.

    Magnus 망누스

4. 무성 자음 앞의 g는 받침 'ㄱ'으로 적는다.

    högst 획스트

5. 그 밖의 자음 앞과 어말에서는 '그'로 적는다.

    Ludvig 루드비그   Greta 그레타

제4항

j는 자음과 모음 사이에 올 때에 앞의 자음과 합쳐서 적는다.

    fjäril 피에릴   mjuk 미우크   kedja 셰디아   Björn 비에른

제5항

k는 'ㅋ'으로 적되, e, i, a, y, o 앞에서는 '시'로 적고 뒤따르는 모음과 합쳐 적는다.

    Kungsholm 쿵스홀름   Norrköping 노르셰핑

제6항

어말 또는 자음 앞의 l은 받침 'ㄹ'로 적고, 어중의 l이 모음 앞에 올 때에는 'ㄹㄹ'로 적는다.

    folk 폴크   tal 탈   tala 탈라

제7항

어두의 lj는 '이'로 적되 뒤따르는 모음과 합쳐 적고, 어중의 lj는 'ㄹ리'로 적는다.

    Ljusnan 유스난   Södertälje 쇠데르텔리에

제8항

n은 어말에서 m 다음에 올 때 적지 않는다.

    Karlshamn 칼스함   namn 남

제9항

nk는 자음 t 앞에서는 'ㅇ'으로, 그 밖의 경우에는 'ㅇ크'로 적는다.

    anka 앙카   Sankt 상트   punkt 풍트   bank 방크

제10항

sk는 '스ㅋ'으로 적되 e, i, a, y, o 앞에서는 '시'로 적고, 뒤따르는 모음과 합쳐 적는다.

    Skoglund 스코글룬드   skuldra 스쿨드라   skål 스콜   skörd 셰르드
    skydda 쉬다

제11항

o는 '외'로 적되 g, j, k, kj, lj, skj 다음에서는 '에'로 적고, 앞의 '이' 또는 '시'와 합쳐서 적는다. 다만, jo 앞에 그 밖의 자음이 올 때에는 j는 앞의 자음과 합쳐 적고, o는 '에'로 적는다.

    Örebro 외레브로   Göta 예타   Jönköping 옌셰핑   Björn 비에른
    Björling 비엘링   mjöl 미엘

제12항

같은 자음이 겹치는 경우에는 겹치지 않은 경우와 같이 적는다. 단, mm, nn은 모음 앞에서 'ㅁㅁ', 'ㄴㄴ'으로 적는다.

Kattegatt 카테가트   Norrköping 노르셰핑   Uppsala 웁살라
Bromma 브롬마   Dannemora 단네모라

제14절 노르웨이 어의 표기

[표 12]에 따르고, 다음과 같은 특징을 살려서 적는다.

제1항

1. b, g가 무성 자음 앞에 올 때에는 받침 'ㅂ, ㄱ'으로 적는다.

    Ibsen 입센   sagtang 삭탕

2. k, p, t는 무성 자음 앞에서 받침 'ㄱ, ㅂ, ㅅ'으로 적는다.

    lukt 룩트   september 셉템베르   husets 후셋스

제2항

c는 'ㄱ'으로 적되, e, i, y, æ, ø 앞에서는 'ㅅ'으로 적는다.

    Jacob 야코브   Vincent 빈센트

제3항 d

1. 모음 앞의 d는 'ㄷ'으로 적되, 장모음 뒤에서는 적지 않는다.

    Bodø 보되   Norden 노르덴   (장모음 뒤) spade 스파에

2. ld, nd의 d는 적지 않는다.

    Harald 하랄   Aasmund 오스문

3. 장모음 + rd의 d는 적지 않는다.

    fjord 피오르   Halvard 할바르   nord 노르

4. 단모음 + rd의 d는 어말에서는 '드'로 적는다.

    ferd 페르드   mord 모르드

5. 장모음 + d의 d는 적지 않는다.

    glad 글라   Sjaastad 쇼스타

6. 그 밖의 경우에는 '드'로 적는다.

　　dreng 드렝　　　　　　　　　　　　　　bad 바드
　　※ 모음의 장단에 대해서는 노르웨이 어의 발음을 보여 주는 사전을 참조하여야 한다.

제4항 g

1. 모음 앞의 g는 'ㄱ'으로 적되 e, i, y, æ, ø 앞에서는 '이'로 적고 뒤따르는 모음과 합쳐 적는다.

　　god 고드　　　　　　　　　　　　　　gyllen 윌렌

2. g는 이중 모음 뒤와 ig, lig에서는 적지 않는다.

　　haug 헤우　　　　deig 데이　　　　Solveig 솔베이　　　　fattig 파티
　　farlig 팔리

3. n 앞의 g는 'ㅇ'으로 적는다.

　　Agnes 앙네스　　　　　　　　　　　Magnus 망누스

4. 무성 자음 앞의 g는 받침 'ㄱ'으로 적는다.

　　sagtang 삭탕

5. 그 밖의 자음 앞과 어말에서는 '그'로 적는다.

　　berg 베르그　　　　　　helg 헬그　　　　　　Grieg 그리그

제5항

j는 자음과 모음 사이에 올 때에 앞의 자음과 합쳐서 적는다.

　　Bjørn 비에른　　　　　　fjord 피오르　　　　　Skodje 스코디에
　　Evje 에비에　　　　　　Tjeldstø 티엘스퇴

제6항

k는 'ㅋ'으로 적되 e, i, y, æ, ø 앞에서는 '시'로 적고, 뒤따르는 모음과 합쳐 적는다.

　　Rikard 리카르드　　　　　　　　　　Kirsten 시르스텐

제7항

어말 또는 자음 앞의 l은 받침 'ㄹ'로 적고, 어중의 l이 모음 앞에 올 때에는 'ㄹㄹ'로 적는다.

　　sol 솔　　　　　　　　　　　　　　Quisling 크비슬링

제8항

nk는 자음 t 앞에서는 'ㅇ'으로, 그 밖의 경우에는 'ㅇ크'로 적는다.

    punkt 풍트   bank 방크

제9항

sk는 '스크'로 적되, e, i, y, æ, ø 앞에서는 '시'로 적고 뒤따르는 모음과 합쳐 적는다.

    skatt 스카트   ·Skienselv 시엔스엘브

제10항 t

1. 어말 관사 et의 t는 적지 않는다.

    huset 후세   møtet 뫼테   taket 타케

2. 다만, 어말 관사 et에 s가 첨가되면 받침 'ㅅ'으로 적는다.

    husets 후셋스

제11항 eg

1. eg는 n, l 앞에서 '에이'로 적는다.

    regn 레인   tegn 테인   negl 네일

2. 그 밖의 경우에는 '에그'로 적는다.

    deg 데그   egg 에그

제12항

ø는 '외'로 적되, g, j, k, kj, lj, skj 다음에서는 '에'로 적고 앞의 '이' 또는 '시'와 합쳐서 적는다. 다만, jø 앞에 그 밖의 자음이 올 때에는 j는 앞의 자음과 합쳐 적고 ø는 '에'로 적는다.

    Bodø 보되   Gjøvik 예비크   Bjørn 비에른

제13항

같은 자음이 겹치는 경우에는 겹치지 않은 경우와 같이 적는다. 단, mm, nn은 모음 앞에서 'ㅁㅁ', 'ㄴㄴ'으로 적는다.

    Moss 모스   Mikkjel 미셸

    Matthias 마티아스   Hammerfest 함메르페스트

제15절 덴마크 어의 표기

[표 13]에 따르고, 다음과 같은 특징을 살려서 적는다.

제1항

1. b는 무성 자음 앞에서 받침 'ㅂ'으로 적는다.

    Jacobsen 야콥센   Jakobsen 야콥센

2. k, p, t는 무성 자음 앞에서 받침 'ㄱ, ㅂ, ㅅ'으로 적는다.

    insekt 인섹트   september 셉템베르   nattkappe 낫카페

제2항

c는 'ㅋ'으로 적되, e, i, y, æ, ø 앞에서는 'ㅅ'으로 적는다.

    campere 캄페레   centrum 센트룸

제3항 d

1. ds, dt, ld, nd, rd의 d는 적지 않는다.

plads 플라스	kridt 크리트	født 푀테	vold 볼
Kolding 콜링	Öresund 외레순	Jylland 윌란	hård 호르
bord 보르	nord 노르		

2. 다만, ndr의 d는 '드'로 적는다.

    andre 안드레   vandre 반드레

3. 그 밖의 경우에는 '드'로 적는다.

    dreng 드렝

제4항 g

1. 어미 ig의 g는 적지 않는다.

vældig 벨디	mandig 만디	herlig 헤를리
lykkelig 뤼켈리	Grundtvig 그룬트비	

2. u와 l 사이의 g는 적지 않는다.

    fugl 풀   kugle 쿨레

3. borg, berg의 g는 적지 않는다.

    Nyborg 뉘보르   Esberg 에스베르   Frederiksberg 프레데릭스베르

4. 그 밖의 자음 앞과 어말에서는 '그'로 적는다.

    magt 마그트   dug 두그

제5항

j는 자음과 모음 사이에 올 때에 앞의 자음과 합쳐서 적는다.

    Esbjerg 에스비에르그   Skjern 스키에른
    Kjellerup 키엘레루프   Fjellerup 피엘레루프

제6항

어말 또는 자음 앞의 l은 받침 'ㄹ'로 적고, 어중의 l이 모음 앞에 올 때에는 'ㄹㄹ'로 적는다.

    Holstebro 홀스테브로   Lolland 롤란

제7항 v

1. 모음 앞의 v는 'ㅂ'으로 적되, 단모음 뒤에서는 '우'로 적는다.

Vejle 바일레	dvale 드발레	pulver 풀베르	rive 리베
lyve 뤼베	løve 뢰베	doven 도우엔	hoven 호우엔
oven 오우엔	sove 소우에		

2. lv의 v는 묵음일 때 적지 않는다.

    halv 할   gulv 굴

3. av, æv, øv, ov, ev에서는 '우'로 적는다.

gravsten 그라우스텐	havn 하운	København 쾨벤하운
Thorshavn 토르스하운	jævn 예운	Støvle 스퇴울레
lov 로우	rov 로우	Hjelmslev 옐름슬레우

4. 그 밖의 경우에는 '브'로 적는다.

    arv 아르브

※ 묵음과 모음의 장단에 대해서는 덴마크 어의 발음을 보여 주는 사전을 참조하여야 한다.

제8항

같은 자음이 겹치는 경우에는 겹치지 않은 경우와 같이 적는다.

lykkelig 뤼켈리   hoppe 호페

Hjørring 예링   blomme 블로메

Rønne 뢰네

제16절 말레이인도네시아 어의 표기

[표 14]에 따르고, 다음과 같은 특징을 살려서 적는다.

제1항
유음이나 비음 앞에 오는 파열음은 '으'를 붙여 적는다.

Prambanan 프람바난   Trisno 트리스노

Ibrahim 이브라힘   Fakhrudin 파크루딘

Tasikmalaya 타시크말라야   Supratman 수프라트만

제2항
sy는 뒤따르는 모음과 합쳐서 '샤, 셰, 시, 쇼, 슈' 등으로 적는다. 구철자 sh는 sy와 마찬가지로 적는다.

Syarwan 샤르완   Paramesywara 파라메시와라

Syed 솃   Shah 샤

제3항
인도네시아 어의 구철자 dj와 tj는 신철자 j, c와 마찬가지로 적는다.

Djakarta 자카르타   Jakarta 자카르타

Banda Atjeh 반다아체   Banda Aceh 반다아체

제4항
인도네시아 어의 구철자 j와 sj는 신철자 y, sy와 마찬가지로 적는다.

Jusuf 유숩   Yusuf 유숩

Sjarifuddin 샤리푸딘   Syarifuddin 샤리푸딘

제5항
인도네시아 어의 구철자 bh와 dh는 신철자 b, d와 마찬가지로 적는다.

Bhinneka 비네카   Binneka 비네카

Yudhoyono 유도요노   Yudoyono 유도요노

제6항

인도네시아 어의 구철자 ch는 신철자 kh와 마찬가지로 적는다.

Chairil 하이릴   Khairil 하이릴
Bacharuddin 바하루딘   Bakharuddin 바하루딘

제7항

말레이시아 어의 구철자 ch는 신철자 c와 마찬가지로 적는다.

Changi 창이   Cangi 창이
Kuching 쿠칭   Kucing 쿠칭

제8항

말레이시아 어 철자법에 따라 표기한 gh, th는 각각 g, t와 마찬가지로 적는다.

Ghazali 가잘리   baligh 발릭   Mahathir 마하티르
(말레이시아어 철자법)
Gazali 가잘리   balig 발릭   Mahatir 마하티르
(인도네시아어 철자법)

제9항

어중의 l이 모음 앞에 올 때에는 'ㄹㄹ'로 적는다.

Palembang 팔렘방   Malik 말릭

제10항

같은 자음이 겹쳐 나올 때에는 한 번만 적는다.

Hasanuddin 하사누딘   Mohammad 모하맛
Mappanre 마판레   Bukittinggi 부키팅기

제11항

반모음 w는 뒤의 모음과 합쳐 '와', '웨' 등으로 적는다. 자음 뒤에 w가 올 때에는 두 음절로 갈라 적되, 앞에 자음 k가 있으면 '콰', '퀘' 등으로 한 음절로 붙여 적는다.

Megawati 메가와티   Anwar 안와르
kwartir 콰르티르   kweni 퀘니

제12항

반모음 y는 뒤의 모음과 합쳐 '야', '예' 등으로 적으며 앞에 자음이 있을 경우에는 그 자음까지 합쳐 적는다. 다만 g나 k가 y 앞에 올 때에는 합쳐 적지 않고 뒤 모음과만 합쳐 적는다.

Yadnya 야드냐   tanya 타냐
satya 사탸   Yogyakarta 욕야카르타

제13항

e는 [e]와 [ə] 두 가지로 소리나므로 발음을 확인하여 [e]는 '에'로 [ə]는 '으'로 적는다. 다만, ye의 e가 [ə]일 때에는 ye를 '여'로 적는다.

Ampenan 암페난   sate 사테
Cirebon 치르본   kecapi 크차피
Yeh Sani 예사니   Nyepi 녀피

제14항

같은 모음이 겹쳐 나올 때에는 한 번만 적는다.

Pandaan 판단   Paramesywara 파라메시와라
saat 삿   Shah 샤

제15항

인도네시아 어의 구철자 중모음 표기 oe, ie는 신철자 u, i와 마찬가지로 '우, 이'로 적는다.

Bandoeng 반둥   Bandung 반둥
Habibie 하비비   Habibi 하비비

제17절 타이 어의 표기

[표 15]에 따르고, 다음과 같은 특징을 살려서 적는다.

제1항

유음 앞에 오는 파열음은 '으'를 붙여 적는다.

Nakhaprathip 나카쁘라팁   Krungthep 끄룽텝
Phraya 프라야   Songkhram 송크람

제2항

모음 사이에서 l은 'ㄹㄹ'로, ll은 'ㄴㄹ'로 적는다.

thale 탈레   malako 말라꼬
Sillapaacha 신라빠차   Kallasin 깐라신

제3항

같은 자음이 겹쳐 있을 때에는 겹치지 않은 경우와 같이 적는다. pph-, -tth- 등 같은 계열의 자음이 겹쳐 나올 때에도 겹치지 않은 경우와 같이 적는다. 다만, -mm-, -nn-의 경우에는 'ㅁㅁ', 'ㄴㄴ'으로 적는다.

Suwit Khunkitti 수윗 쿤끼띠

Ayutthaya 아유타야

Thammamongkhon 탐마몽콘

Pattani 빠따니

Thappharangsi 타파랑시

Lanna Thai 란나타이

제4항

관용적 로마자 표기에서 c 대신 쓰이는 j는 c와 마찬가지로 적는다.

Janthaphimpha 짠타핌파

Jit Phumisak 찟 푸미삭

제5항

sr와 thr는 모음 앞에서 s와 마찬가지로 'ㅅ'으로 적는다.

Intharasuksri 인타라숙시

Bangthrai 방사이

Sri Chang 시창

제6항

반모음 y는 모음 사이, 또는 어두에 있을 때에는 뒤의 모음과 합쳐 '야, 예' 등으로 적으며, 자음과 모음 사이에 있을 때에는 앞의 자음과는 갈라 적고 뒤의 모음과는 합쳐 적는다.

khaoniyao 카오니야오

Adunyadet 아둔야뎃

yai 야이

lamyai 람야이

제7항

반모음 w는 뒤의 모음과 합쳐 '와', '웨' 등으로 적는다. 자음 뒤에 w가 올 때에는 두 음절로 갈라 적되, 앞에 자음 k, kh가 있으면 '꽈', '콰', '꿰', '퀘' 등으로 한 음절로 붙여 적는다.

Suebwongli 습웡리

Huaikhwang 후아이쾅

Sukhumwit 수쿰윗

Maenamkhwe 매남퀘

제8항

관용적 로마자 표기에서 사용되는 or은 '오'로 적고, oo는 '우'로, ee는 '이'로 적는다.

Korn 꼰

Meechai 미차이

Somboon 솜분

제18절 베트남 어의 표기

[표 16]에 따르고, 다음과 같은 특징을 살려서 적는다.

제1항
nh는 이어지는 모음과 합쳐서 한 음절로 적는다. 어말이나 자음 앞에서는 받침 'ㄴ' 으로 적되, 그 앞의 모음이 a인 경우에는 a와 합쳐 '아인'으로 적는다.

Nha Trang 냐짱	Hô Chi Minh 호찌민
Thanh Hoa 타인호아	Đông Khanh 동카인

제2항
qu는 이어지는 모음이 a일 경우에는 합쳐서 '꽈'로 적는다.

Quang 꽝	hat quan ho 핫꽌호
Quôc 꾸옥	Quyên 꾸옌

제3항
y는 뒤따르는 모음과 합쳐서 한 음절로 적는다.

yên 옌	Nguyên 응우옌

제4항
어중의 l이 모음 앞에 올 때에는 'ㄹㄹ'로 적는다.

klông put 끌롱쁫	Pleiku 쁠래이꾸
Ha Long 할롱	My Lay 밀라이

다만, 인명의 성과 이름은 별개의 단어로 보아 이 규칙을 적용하지 않는다.

The L 테르	Che Lan Vien 쩨란비엔

제19절 포르투갈 어의 표기

[표 17]에 따르고, 다음과 같은 특징을 살려서 적는다. 다만, '브라질 포르투갈어에서'라는 단서가 붙은 조항은 브라질 지명·인명의 표기에만 적용한다.

제1항
c, g는 a, o, u 앞에서는 각각 'ㅋ, ㄱ'으로 적고, e, i 앞에서는 'ㅅ, ㅈ'으로 적는다.

Cabral 카브랄

Egas 에가스

Camocim 카모싱

Gil 질

제2항

gu, qu는 a, o, u 앞에서는 각각 '구, 쿠'로 적고, e, i 앞에서는 'ㄱ, ㅋ'으로 적는다.

Iguaçú 이구아수

Guerra 게하

Araquari 아라쿠아리

Aquilino 아킬리누

제3항

d, t는 ㄷ, ㅌ으로 적는다. 다만, 브라질 포르투갈 어에서 i 앞이나 어말 e 및 어말 -es 앞에서는 'ㅈ, ㅊ'으로 적는다.

Amado 아마두

Diamantina 디아만티나

Alegrete 알레그레트

Montes 몬트스

Costa 코스타

Diamantina 지아만치나(브)

Alegrete 알레그레치(브)

Montes 몬치스(브)

제4항

어말의 -che는 '시'로 적는다.

Angoche 앙고시

Peniche 페니시

제5항 l

1) 어중의 l이 모음 앞에 오거나 모음이 따르지 않는 비음 앞에 오는 경우에는 'ㄹㄹ'로 적는다. 다만, 비음 뒤의 l은 모음 앞에 오더라도 'ㄹ'로 적는다.

Carlos 카를루스

Amalia 아말리아

2) 어말 또는 자음 앞의 l은 받침 'ㄹ'로 적는다. 다만, 브라질 포르투갈 어에서 자음 앞이나 어말에 오는 경우에는 '우'로 적되, 어말에 -ul이 오는 경우에는 '울'로 적는다.

Sul 술

Gilberto 지우베르투(브)

Azul 아줄

Caracol 카라콜

Gilberto 질베르투

Caracol 카라코우(브)

제6항

m, n은 각각 ㅁ, ㄴ으로 적고, 어말에서는 모두 받침 'ㅇ'으로 적는다. 어말 -ns의 n도 받침 'ㅇ'으로 적는다.

Manuel 마누엘

Vincente 빈센트

Moniz 모니스

Santarem 산타렝

Campos 캄푸스

Rondon 혼동

Lins 링스   Rubens 후벵스

제7항

ng, nc, nq 연쇄에서 'g, c, q'가 'ㄱ'이나 'ㅋ'으로 표기되면 'n'은 받침 'ㅇ'으로 적는다.

Angola 앙골라   Angelo 안젤루   Branco 브랑쿠
Francisco 프란시스쿠   Conquista 콩키스타   Junqueiro 중케이루

제8항

r는 어두나 n, l, s 뒤에 오는 경우에는 'ㅎ'으로 적고, 그 밖의 경우에는 'ㄹ, 르'로 적는다.

Ribeiro 히베이루   Henrique 엔히크   Bandeira 반데이라
Salazar 살라자르

제9항 s

1) 어두나 모음 앞에서는 'ㅅ'으로 적고, 모음 사이에서는 'ㅈ'으로 적는다.
2) 무성 자음 앞이나 어말에서는 '스'로 적고, 유성 자음 앞에서는 '즈'로 적는다.

Salazar 살라자르   Afonso 아폰수   Barroso 바호주
Gervasio 제르바지우

제10항 sc, sç, xc

sc와 xc는 e, i 앞에서 'ㅅ'으로 적는다. sç는 항상 'ㅅ'으로 적는다.

Nascimento 나시멘투   piscina 피시나   excelente 이셀렌트
cresça 크레사

제11항

x는 '시'로 적되, 어두 e와 모음 사이에 오는 경우에는 'ㅈ'으로 적는다.

Teixeira 테이셰이라   lixo 리슈   exame 이자므
exemplo 이젬플루

제12항

같은 자음이 겹치는 경우에는 겹치지 않은 경우와 같이 적는다. 다만, rr는 'ㅎ, 흐'로, ss는 'ㅅ, 스'로 적는다.

Garrett 가헤트   Barroso 바호주   Mattoso 마토주
Toress 토레스

제13항

o는 '오'로 적되, 어말이나 -os의 o는 '우'로 적는다.

Nobre 노브르   Antonio 안토니우   Melo 멜루
Saramago 사라마구   Passos 파수스   Lagos 라구스

제14항

e는 '에'로 적되, 어두 무강세 음절에서는 '이'로 적는다. 어말에서는 '으'로 적되, 브라질 포르투갈 어에서는 '이'로 적는다.

Montemayor 몬테마요르   Estremoz 이스트레모스   Chifre 시프르
Chifre 시프리(브)   de 드   de 지(브)

제15항 -es

1) p, b, m, f, v 다음에 오는 어말 -es는 '-에스'로 적는다.

Lopes 로페스   Gomes 고메스   Neves 네베스
Chaves 샤베스

2) 그 밖의 어말 -es는 '-으스'로 적는다. 다만, 브라질 포르투갈 어에서는 '-이스'로 적는다.

Soares 소아르스   Pires 피르스   Dorneles 도르넬리스(브)
Correntes 코헨치스(브)

※ 포르투갈 어 강세 규칙은 다음과 같다.
① 자음 l, r, z, 모음 i, u, 비음 im, um, ã, ão, ões로 끝나는 단어는 마지막 음절에 강세가 온다.
② á, é, ê, ó, ô, í, ú 등과 같이 단어에 강세 표시가 있는 경우는 그곳에 강세가 온다.
③ 그 밖의 경우에는 끝에서 두 번째 음절에 강세가 온다.

제20절 네덜란드 어의 표기

[표 18]에 따르고, 다음과 같은 특징을 살려서 적는다.

제1항

무성 파열음 p, t, k는 자음 앞이나 어말에 올 경우에는 각각 받침 'ㅂ, ㅅ, ㄱ'으로 적는다. 다만, 앞 모음이 이중 모음이거나 장모음(같은 모음을 겹쳐 적는 경우)인 경우와 앞이나 뒤의 자음이 유음이나 비음인 경우에는 '프, 트, 크'로 적는다.

Wit 빗	Gennip 헤닙	Kapteyn 캅테인
september 셉템버르	Petrus 페트뤼스	Arcadelt 아르카덜트
Hoop 호프	Eijkman 에이크만	

제2항

유성 파열음 b, d가 어말에 올 경우에는 각각 '프, 트'로 적고, 어중에 올 경우에는 앞이나 뒤의 자음이 유음이나 비음인 경우와 앞 모음이 이중 모음이거나 장모음(같은 모음을 겹쳐 적는 경우)인 경우에는 '브, 드'로 적는다. 그 외에는 모두 받침 'ㅂ, ㅅ'으로 적는다.

Bram 브람	Hendrik 헨드릭	Jakob 야코프
Edgar 엣하르	Zeeland 제일란트	Koenraad 쿤라트

제3항

v가 어두에 올 경우에는 'ㅍ, 프'로 적고, 그 외에는 모두 'ㅂ, 브'로 적는다.

Veltman 펠트만	Vries 프리스	Grave 흐라버
Weltevree 벨테브레이		

제4항

c는 차용어에 쓰이므로 해당 언어의 발음에 따라 'ㅋ'이나 'ㅅ'으로 적는다.

Nicolaas 니콜라스	Hendricus 헨드리퀴스	cyaan 시안
Franciscus 프란시스퀴스		

제5항

g, ch는 'ㅎ'으로 적되, 차용어의 경우에는 해당 언어의 발음에 따라 적는다.

gulden휠던	Haag 하흐	Hooch 호흐
Volcher 폴허르	Eugene 외젠	Michael 미카엘

제6항

–tie는 '시'로 적는다.

natie 나시	politie 폴리시

제7항

어중의 l이 모음 앞에 오거나 모음이 따르지 않는 비음 앞에 올 때에는 'ㄹㄹ'로 적는다. 다만, 비음 뒤의 l은 모음 앞에 오더라도 'ㄹ'로 적는다.

Tiele 틸러	Zalm 잘름	Berlage 베를라허
Venlo 펜로		

제8항 nk

k 앞에 오는 n은 받침 'ㅇ'으로 적는다.

    Frank 프랑크   Hiddink 히딩크   Benk 벵크

    Wolfswinkel 볼프스빙컬

제9항

같은 자음이 겹치는 경우에는 겹치지 않은 경우와 같이 적는다.

    Hobbema 호베마   Ballot 발롯   Emmen 에먼

    Gennip 헤닙

제10항

e는 '에'로 적는다. 다만, 2음절 이상에서 마지막 음절에 오는 e와 어말의 e는 모두 '어'로 적는다.

    Dennis 데니스   Breda 브레다   Stevin 스테빈

    Peter 페터르   Heineken 헤이네컨   Campen 캄펀

제11항

같은 모음이 겹치는 경우에는 겹치지 않은 경우와 같이 적는다. 다만 ee는 '에이'로 적는다.

    Hooch 호흐   Mondriaan 몬드리안

    Kees 케이스   Meerssen 메이르선

제12항

-ig는 '어흐'로 적는다.

    tachtig 타흐터흐   hartig 하르터흐

제13항

-berg는 '베르흐'로 적는다.

    Duisenberg 다위센베르흐   Mengelberg 멩엘베르흐

제14항

over-는 '오버르'로 적는다.

    Overijssel 오버레이설   overkomst 오버르콤스트

제15항

모음 è, é, ê, ë는 '에'로 적고, ï는 '이'로 적는다.

    carré 카레   casuïst 카수이스트   drieëntwintig 드리엔트빈터흐

제21절 러시아 어의 표기

[표 19]에 따르고, 다음과 같은 특징을 살려서 적는다.

제1항

p(п), t(т), k(к), b(б), d(д), g(г), f(ф), v(в)

파열음과 마찰음 f(ф)·v(в)는 무성 자음 앞에서는 앞 음절의 받침으로 적고, 유성 자음 앞에서는 '으'를 붙여 적는다.

Sadko(Садко) 삿코

Akbaur(Акбаур) 아크바우르

Akmeizm(Акмеизм) 아크메이즘

Bryatsk(Брятск) 브랴츠크

Yefremov(Ефремов) 예프레모프

Agryz(Агрыз) 아그리스

Rostopchinya(Ростопчиня) 로스톱치냐

Rubtsovsk(Рубцовск) 룹촙스크

Lopatka(Лопатка) 로팟카

Dostoevskii(Достоевский) 도스토옙스키

제2항 z(з), zh(ж)

z(з)와 zh(ж)는 유성 자음 앞에서는 '즈'로 적고 무성 자음 앞에서는 각각 '스, 시'로 적는다.

Nazran'(Назрань) 나즈란

Nizhnii Tagil(Нижний Тагил) 니즈니타길

Ostrogozhsk(Острогожск) 오스트로고시스크

Luzhkov(Лужков) 루시코프

제3항

지명의 -grad(град)와 -gorod(город)는 관용을 살려 각각 '-그라드', '-고로드'로 표기한다.

Volgograd(Волгоград) 볼고그라드

Kaliningrad(Калининград) 칼리닌그라드

Slavgorod(Славгород) 슬라브고로드

제4항

자음 앞의 -ds(дс)-는 '츠'로 적는다.

Petrozabodsk(Петрозаводск) 페트로자보츠크

Vernadskii(Вернадский) 베르나츠키

제5항

어말 또는 자음 앞의 l(л)은 받침 'ㄹ'로 적고, 어중의 l이 모음 앞에 올 때에는 'ㄹㄹ'로 적는다.

Pavel(Павел) 파벨

Nikolaevich(Николаевич) 니콜라예비치

Zemlya(Земля) 제믈랴   Tsimlyansk(Цимлянск) 치믈랸스크

제6항

'l'(л ь), m(м)이 어두 자음 앞에 오는 경우에는 각각 '리', '므'로 적는다.

     L'bovna(Льбовна) 리보브나   Mtsensk(Мценск) 므첸스크

제7항

같은 자음이 겹치는 경우에는 겹치지 않은 경우와 같이 적는다. 다만, mm(м м), nn(н н)은 모음 앞에서 'ㅁㅁ', 'ㄴㄴ'으로 적는다.

     Gippius(Гиппиус) 기피우스   Avvakum(Аввакум) 아바쿰

     Odessa(Одесса) 오데사   Akkol'(Акколь) 아콜

     Sollogub(Соллогуб) 솔로구프   Anna(Анна) 안나

     Gamma(Гамма) 감마

제8항

e(e, э)는 자음 뒤에서는 '에'로 적고, 그 외의 경우에는 '예'로 적는다.

     Aleksei(Алексей) 알렉세이   Egvekinot(Егвекинот) 예그베키노트

제9항 연음 부호 '(ь)

연음 부호 '(ь)은 '이'로 적는다. 다만 l', m', n'(л ь, м ь, н ь)이 자음 앞이나 어말에 오는 경우에는 적지 않는다.

     L'bovna(Льбовна) 리보브나   Igor'(Игорь) 이고리

     Il'ya(Илья) 일리야   D'yakovo(Дьяково) 디야코보

     Ol'ga(Ольга) 올가   Perm'(Пермь) 페름

     Ryazan'(Рязань) 랴잔   Gogol'(Гоголь) 고골

제10항

dz(д з), dzh(д ж)는 각각 z, zh와 같이 적는다.

     Dzerzhinskii(Дзержинский) 제르진스키

     Tadzhikistan(Таджикистан) 타지키스탄

◑ 해설

외래어 표기법 제2장 표기 일람표는 국제 음성 기호 및 각국 언어의 음운과 한글과의 대조표를 규정하여 제시한 것이고, 제3장은 21개국 언어에 대한 세부적인 표기 규정을 제시하고 용례를 보이는 내용이다. 각 언어마다 특수성을 고려하여 표기에 반영하려는 뜻이다. 특히 제2장 표기 일람표에서는 영어, 독일어, 프랑스 어의 한글 대조표를 두지 않았지만, 제3장에서는 이들 언어에 대해서도 표기 세칙을 두고 있다. 이들 언어에 대해서는 국제 음성 기호가 한글 표기의 토대가 되지만 각 언어마다 특수한 발음들이 있는 것을 고려한 것이다. 아래에서는 영어의 표기 세칙을 중심으로 간략히 살펴보기로 한다.

● 무성 파열음([p], [t], [k])과 유성 파열음([b], [d], [g])

단모음 다음의 어말 무성 파열음([p], [t], [k])은 'gap[gæp] 갭, cat[kæt] 캣, book[buk] 북'처럼 받침으로 적는다. 단모음과 유음·비음([l], [r], [m], [n]) 이외의 자음 사이에 오는 무성 파열음([p], [t], [k])은 'apt[æpt] 앱트, setback[setbæk] 셋백, act[ækt] 액트'처럼 역시 받침으로 적는다. 그러나 이 두 경우 이외의 어말과 자음 앞의 [p], [t], [k]는 'stamp[stæmp]스탬프, part[pɑ:rt] 파트, cake[keik] 케이크'처럼 '으'를 붙여 적는다. 물론 이들 무성 파열음을 된소리로 표기하지 않는다는 것은 제1장 표기 원칙 제4항에서 언급한 바이다.

어말과 모든 자음 앞에 오는 유성 파열음은 'bulb[bʌlb] 벌브, lobster[lɔbstə] 로브스터, signal[signəl] 시그널'처럼 '으'를 붙여 적는다. 물론 어두에 오는 유성 파열음은 'ㄱ, ㄷ, ㅂ'로 적고 된소리를 쓰지 않는다.

● 마찰음([s], [z], [f], [v], [θ], [ð], [ʃ], [ʒ])

어말 또는 자음 앞의 [s], [z], [f], [v], [θ], [ð]는 'mask[mɑ : sk] 마스크, jazz[dʒæz] 재즈, graph[græf] 그래프'처럼 '으'를 붙여 적는다. 어말의 [ʃ]는 'flash[flæʃ] 플래시'처럼 '시'로 적고, 자음 앞의 [ʃ]는 'shrub[ʃrʌb] 슈러브'처럼

'슈'로, 모음 앞의 [ʃ]는 뒤따르는 모음에 따라 'shopping[ʃɔpiŋ] 쇼핑, shoe[ʃuː] 슈, shim[ʃim] 심' 등처럼 '샤', '섀', '셔', '셰', '쇼', '슈', '시'로 적는다. 한국어에는 없는 마찰음 [ʃ]에 대한 표기는 이처럼 매우 복잡하다. 그리고 어말 또는 자음 앞의 [ʒ]는 'mirage[mirɑː ʒ] 미라지'처럼 '지'로 적고, 모음 앞의 [ʒ]는 'vision[viʒən] 비전'처럼 'ㅈ'으로 적는다. 기타 마찰음 [s], [θ], [ð]는 기본적으로 'ㅅ'로 적고, [z]는 'ㅈ'로, [f]는 'ㅍ'로, [v]는 'ㅂ'로 적는다. 이중 [f] 발음을 가진 말을 '호일, 화이팅, 화일'처럼 'ㅎ'으로 읽고 표기하는 것은 규범에 맞지 않다. '포일, 파이팅, 파일'처럼 'ㅍ'으로 적어야 한다.

☻ 파찰음([ts], [dz], [tʃ], [dʒ])

어말 또는 자음 앞의 [ts], [dz]는 'Keats[kiːts] 키츠, odds[ɔdz] 오즈'처럼 '츠', '즈'로 적고, [tʃ], [dʒ]는 'switch[switʃ] 스위치, bridge[bridʒ] 브리지'처럼 '치', '지'로 적는다. 모음 앞의 [tʃ], [dʒ]는 'chart[tʃɑːt] 차트, virgin[vəːdʒin] 버진'처럼 'ㅊ', 'ㅈ'으로 적는다.

마찰음 [ʒ]와 파찰음 [d, ts, dz, t]의 표기에서 주의할 점은 모음 앞에서 '지, 치'가 아니라, 'ㅈ, ㅊ'으로 적는다는 것이다. 이것은 외래어를 우리말로 옮길 때 '쟈, 져, 죠, 쥬, 챠, 쳐, 쵸, 츄'와 같은 어형이 나타나지 않는다는 것을 의미한다. 따라서 '*져널, *비젼, *레져, *챠트' 따위의 표기는 모두 다 옳지 않다. 이들은 '저널, 비전, 레저, 차트' 등으로 적어야 한다. 우리말에서 'ㅈ, ㅊ' 같은 구개 자음은 그 뒤에서 이중 모음과 단모음이 구분되지 않는다.

☻ 비음([m], [n], [ŋ])과 유음([l])

어말 또는 자음 앞의 비음은 모두 받침으로 적는다. 모음과 모음 사이의 [ŋ]은 앞 음절의 받침 'ㅇ'으로 적는다. 곧 비음 [m]은 우리말 'ㅁ'으로, [n]은 'ㄴ'으로, [ŋ]은 'ㅇ' 받침으로 적는다. [l]과 [r]은 둘 다 우리말 'ㄹ'에 대응시킨다. 유음 [l]은 어말 또는 자음 앞에서는 'hotel[houtel] 호텔, pulp[pʌlp] 펄프'처럼 받침으로 적는다. 어중의 [l]이 모음 앞에 오거나, 모음이 따르지 않는 비음([m], [n]) 앞에 올 때에는

'slide[slaid] 슬라이드'처럼 'ㄹㄹ'로 적는다. 다만, 비음([m], [n]) 뒤의 [l]은 모음 앞에 오더라도 'Hamlet[hæmlit] 햄릿'처럼 'ㄹ'로 적는다.

● 장모음, 중모음, 반모음

장모음의 장음은 'team[ti : m] 팀 route[ru : t] 루트'처럼 ' : '나 '-' 등의 기호를 쓰지도 않고, 따로 표기하지도 않는다. 장음 표기에 ' : '나 '-'의 기호를 쓰지 않음은 외래어 표기를 위하여 따로 기호를 정하지 않는다는 외래어 표기법 제1장 제1항의 내용과도 부합한다. 따라서 '*오오사카', '*뉴-욕' 등처럼 쓰지 않고 각각 '오사카', '뉴욕'으로 적어야 옳다.

중모음([ai], [au], [ei], [ɔi], [ou], [auə])은 각 단모음의 음가를 살려서 적되, [ou]는 'boat[bout] 보트'처럼 '오'로, [auə]는 'tower[tauə] 타워'처럼 '아워'로 적는다. 반모음([w], [j]) 중 [w]는 뒤따르는 모음에 따라 [wə], [wɔ], [wou]는 '워', [wɑ]는 '와', [wæ]는 '왜', [we]는 '웨', [wi]는 '위', [wu]는 '우'로 적는다. 자음 뒤에 [w]가 올 때에는 'twist[twist] 트위스트'처럼 두 음절로 갈라 적되, [gw], [hw], [kw]는 'whistle[hwisl] 휘슬, quarter[kwɔ : tə] 쿼터'처럼 한 음절로 붙여 적는다. 반모음 [j]는 뒤따르는 모음과 합쳐 '야', '얘', '여', '예', '요', '유', '이'로 적는다. 다만, [d], [l], [n] 다음에 [jə]가 올 때에는 'Indian[indjən] 인디언, battalion[bətæljən] 버탤리언, union[ju : njən] 유니언'처럼 각각 '디어', '리어', '니어'로 적는다.

영어의 모음 글자는 늘 일정하게 소리나지 않고 여러 가지로 발음된다. 예를 들어 철자 'a'는 [a, ei, æ] 등으로 소리 나고, 'e'도 [e, i] 등 여러 가지로 발음된다. 따라서 외국어의 철자를 기준으로 하여 외래어 표기를 할 수는 없으며 그 발음에 따라서 한글로 옮겨 적어야 한다.

모음 가운데 우리나라 사람들이 가장 많이 혼동하는 것은 [ɔ]와 [ʌ]의 표기이다. 현행 외래어 표기법에서는 [ʌ]를 '어'에 대응시키고 있으나, 과거에는 '아'로 적은 적도 있기 때문에 혼동이 더욱 심하다. 그러나 이 규정에 따라 'color[kʌlər]'는 '컬러'로, 'honey[hʌni]'는 '허니'로 적어야 한다. [ɔ]는 [o]와 구별 없이 '오'로 적는다.

● 복합어

독립적인 성분들의 합성으로 이루어진 복합어는 'cuplike[kʌplaik] 컵라이크, bookend[bukend] 북엔드'처럼 그것을 구성하고 있는 말이 단독으로 쓰일 때의 표기대로 적는다. 원어에서 띄어 쓴 말은 'Los Alamos[lɔs æləmous] 로스 앨러모스, top class[tɔpklæs] 톱 클래스'처럼 띄어 쓴 대로 한글 표기를 하되, '로스앨러모스, 톱클래스'처럼 붙여 쓰는 것도 허용한다.

제4장 인명·지명의 표기 원칙

제1절 표기 원칙

제1항 외국의 인명, 지명의 표기는 제1장, 제2장, 제3장의 규정을 따르는 것을 원칙으로 한다.

제2항 제3장에 포함되어 있지 않은 언어권의 인명, 지명은 원지음을 따르는 것을 원칙으로 한다.

        Ankara 앙카라   Gandhi 간디

제3항 원지음이 아닌 제3국의 발음으로 통용되고 있는 것은 관용을 따른다.

        Hague 헤이그   Caesar 시저

제4항 고유 명사의 번역명이 통용되는 경우 관용을 따른다.

        Pacific Ocean 태평양   Black Sea 흑해

제2절 동양의 인명, 지명 표기

제1항 중국 인명은 과거인과 현대인을 구분하여 과거인은 종전의 한자음대로 표기하고, 현대인은 원칙적으로 중국어 표기법에 따라 표기하되, 필요한 경우 한자를 병기한다.

제2항 중국의 역사 지명으로서 현재 쓰이지 않는 것은 우리 한자음대로 하고, 현재 지명과 동일한 것은 중국어 표기법에 따라 표기하되, 필요한 경우 한자를 병기한다.

제3항 일본의 인명과 지명은 과거와 현대의 구분 없이 일본어 표기법에 따라 표기하는 것을 원칙으로 하되, 필요한 경우 한자를 병기한다.

제4항 중국 및 일본의 지명 가운데 한국 한자음으로 읽는 관용이 있는 것은 이를 허용한다.

東京 도쿄, 동경 　　　　　　京都 교토, 경도
上海 상하이, 상해 　　　　　　臺灣 타이완, 대만
黃河 황허, 황하

제3절 바다, 섬, 강, 산 등의 표기 세칙

제1항 '해', '섬', '강', '산' 등이 외래어에 붙을 때에는 띄어 쓰고, 우리말에 붙을 때에는 붙여 쓴다.

카리브 해 　　　　　　　　　북해
발리 섬 　　　　　　　　　　목요섬

제2항 바다는 '해(海)'로 통일한다.

제3항 우리나라를 제외하고 섬은 모두 '섬'으로 통일한다.

타이완 섬 　　　　　　　코르시카 섬(우리나라: 제주도, 울릉도)

제4항 한자 사용 지역(일본, 중국)의 지명이 하나의 한자로 되어 있을 경우, '강', '산', '호', '섬' 등은 겹쳐 적는다.

온타케 산(御岳) 　　　　　주장 강(珠江)
도시마 섬(利島) 　　　　　하야카와 강(早川)
위산 산(玉山)

제5항 지명이 산맥, 산, 강 등의 뜻이 들어 있는 것은 '산맥', '산', '강' 등을 겹쳐 적는다.

Rio Grande 리오그란데 강 　　　Monte Rosa 몬테로사 산
Mont Blanc 몽블랑 산 　　　　　Sierra Madre 시에라마드레 산맥

◎ 해설

　　외래어 표기법 제4장 제1절에서 언급하는 외국의 인명, 지명의 표기도 일반어의 외래어 표기 규정을 바탕으로 적어야 한다. 그러나 인명, 지명은 고유 명사이기 때

문에 동일한 표기라도 지역에 따라서는 다르게 발음하는 현상이 있다. 이에 위 제1절 제2항에서 '외래어 표기법에서 그 표기 규정을 밝히지 않는 언어권의 인명, 지명은 원지음을 따라서 표기'한다는 원칙을 밝힌 것이다.

외래어 표기법 제4장 제2절에서 '동양'이라는 말은 대체로 중국과 일본을 가리킨다. 중국과 일본의 인명, 지명에 대해서는 우리 한자음으로 읽는 것이 오랜 관행이었으나, 현행 외래어 표기법 원칙에 따라 원어의 발음을 따라 적는다. 예를 들어 일본의 지명 '鹿兒島(かごしま)'의 한국 한자음은 '녹아도'이지만 일본어의 발음을 따라 '가고시마'로 적는다. 일본 인명도 마찬가지로 '풍신수길', '이등박문' 대신에 '도요토미 히데요시', '이토 히로부미'로 적는다. 그러나 관용을 일부 허용하여 '東京'은 '도쿄, 동경'으로 '臺灣'은 '타이완, 대만'으로 적도록 하고 있다. '上海'도 '상하이, 상해'를 모두 인정한다.

중국 인명 중에서 고대와 현대를 구분하는 기준은 대체로 신해혁명(1911년)으로 한다. 이 기준에 따라 신해혁명 이전의 인명은 현대 중국어 발음대로 표기하지 않고 '공자, 맹자, 왕안석' 등처럼 우리 한자음대로 표기한다. 신해혁명 이후의 인명은 중국어 발음에 맞추어 '중국어의 주음 부호와 한글 대조표'에 따라서 표기한다. 곧 '張國榮(Zhāng Guo rong)'은 '장궈룽'처럼 적는다. 그러나 '蔣介石(1887. 10. 31.~1975. 4. 5.), 毛澤東(1893. 12. 26.~1976. 9. 9.)'의 이름처럼 관행이 굳어진 것은 '장개석, 모택동'과 '장제스, 마오쩌둥'을 함께 쓰도록 한다.

외래어 표기법 제3절 바다, 섬, 강, 산 등의 표기 세칙은 외래어 표기법상 지명 표기에서 생기는 부수적인 내용들에 대한 규정이다. 제3절 제1항은 띄어쓰기에 관한 것으로, '해, 섬, 강, 산' 등이 외래어에 붙을 때는 띄어 쓰고, 우리말에 붙을 때는 붙여 쓰도록 하고 있다. 특히 제4항, 제5항에서 주의할 것은 예를 들어 '주장(珠江)'이나 '몽블랑(Mont Blanc)' 등에서 원어에 이미 '강'이나 '산'이라는 의미의 낱말이 들어 있지만, 관행을 따라 '주장(珠江) 강'이나 '몽블랑(Mont Blanc) 산'처럼 적는다는 점이다.

V. 국어의 로마자 표기법

제1장 표기의 기본 원칙

제1항 국어의 로마자 표기는 국어의 표준 발음법에 따라 적는 것을 원칙으로 한다.
제2항 로마자 이외의 부호는 되도록 사용하지 않는다.

◉ 해설

현행 국어의 로마자 표기법은 한국어를 로마자로 표기하는 방법에 대한 규범으로, 문화관광부가 2000년 7월 7일에 고시한 것이다. 현행 국어의 로마자 표기법에서는 기존의 '한글의 로마자 표기법'에서 'ㅓ, ㅡ' 등을 표기하기 위해 쓴 반달 부호나 거센소리에 썼던 어깨점 등을 없애고, 가급적 로마자 이외의 부호를 사용하지 않고 한국어를 적도록 하였다. 또한 유성음, 무성음 차이를 철저히 구별하여 적던 것을 일반인이 이해하기 쉬운 방향으로 개정하였다.

로마자를 사용하여 한국어를 표기하는 방법은 1959년 2월에 문교부에 의해 처음으로 제정·공포한 이후 24년 간 사용하였다가, 1984년에 한글의 로마자 표기법을 개정·고시하여 1989년 3월 1일부터 사용하였다. 1989년부터 사용한 한글의 로마자 표기법은 매큔-라이샤워 로마자 표기법(McCune-Reischauer Romanization)의 일종이었다. 매큔-라이샤워 로마자 표기법은 1937년 미국인 조지 매큔과 에드윈 라이샤워가 만든 방식인데, 이것을 채택한 이유는 한글의 로마자 표기법이 한국어의 발음을 서양 언어에 가깝게 표기하는 수단이 되게 하겠다는 의도에서였다. 이에 한국어에서는 유성음과 무성음이 서로 구분되는 음운이 아니지만, '한글의 로마자 표기법'에서는 이를 구분하여 적게 했고, 격음 뒤, 또는 음절 사이를 구분할 때 어깨 점(': 아포스트로피)을 쓰도록 했다. 'ㅓ(ŏ), ㅡ(ŭ)'의 표기에 반달 부호(breve)를 쓴 것도 서양 문자 사용자들에게 직관적인 문장 부호를 제공하려는 의도였다. 이 표기법을 옹호하는 측에서는 한글의 로마자 표기법이 외국인들이 한국어를 실제 발음과 비슷하게 읽을 가능성을 높이는 데 목적이 있으므로, 이 방식의 사용이 타당하다고 주장했다. 아직도 북한이나 다른 나라의 한국 연구 단체, 한국 내의 일부 영자 신문사 등에서 매큔-라이샤워 표기법을 쓰는 경우들이 있다. 하지만 현행 '국어의 로마자 표기법'은 이러한 방식을 버리고 한국어 사용자의 편리를 우선시한다는 취지로 만들었다.

현행 국어의 로마자 표기법은 총 3장으로 구성되어 있다. 제1장은 표기의 기본 원칙을 밝힌 것이고, 제2장은 한글을 로마자와 대응시킨 표기 일람표와 용례를 제시한 내용이며, 제3장은 표기상의 유의점을 정리한 내용이다. 이러한 기본 규정에 더하여 2014년부터 도로명 주소의 사용에 따라 '도로명 주소의 로마자 등의 표기 원칙'을 별도로 마련하고 있다.

한국어 로마자 표기의 기본 원칙은 두 가지이다. 곧 "제1항 한국어의 로마자 표기는 국어의 표준 발음법에 따라 적는 것을 원칙으로 한다."는 것과 "제2항 로마자 이외의 부호는 되도록 사용하지 않는다."는 것 두 가지이다. 제1항은 표준 발음법에서 규정한 대부분의 음운 현상과 발음을 로마자 표기에 반영하도록 하는 것이다. 다만, 표준 발음법에서 규정하고 있는 된소리화만은 로마자 표기에 반영하지 않는다. 제2항은 기본적으로 로마자 이외의 다른 부호는 사용하지 않는다는 규정이다. 그러나 이름의 발음을 구별하고자 할 경우나 '시, 도, 군' 등 행정 구역 단위 표기, 학술 연구 논문 등 특수 분야에서 한글 복원을 전제로 표기할 경우에는 예외적으로 붙임표(-)를 쓸 수 있도록 했다.

현행 한국어 로마자 표기법의 몇 가지의 특징을 정리해 보면 다음과 같다.

첫째, 표음주의 원칙을 채택하여 표준 발음을 소리 나는 대로 표기하도록 했다. 따라서 아래와 같이 '비음화, 구개음화, 거센소리되기, ㄴ, ㄹ 덧나기' 등의 음운 변동을 표기에 반영한다.

백마[뱅마] Baengma   신문로[신문노] Sinmunno (비음화)
학여울[항녀울] Hangnyeoul   알약[알략] allyak (ㄴ, ㄹ 덧나기)
해돋이[해도지] haedoji   같이[가치] gachi (구개음화)
좋고[조코] joko   놓다[노타] nota (거센소리되기)

둘째, 모음 'ㅓ'는 'eo'로 'ㅡ'는 'eu'로 적도록 했고, 파열음, 파찰음을 실제 발음에 가깝게 표기하도록 했다. 따라서 파열음을 아래와 같이 두음에서는 'g, d, b'로, 거센소리와 받침에서는 'k, t, p'로 쓰게 하고, 된소리는 'kk, tt, pp'로 쓰게 하였다. 파열음은 거센소리와 예사소리가 받침에서 중화하는 것을 고려한 규정이다.

ㄱ	ㄲ	ㅋ	ㄷ	ㄸ	ㅌ	ㅂ	ㅃ	ㅍ
g, k	kk	k	d, t	tt	t	b, p	pp	p

예) 거북선: Geobukseon, 김포: Gimpo, 부산: Busan, 벚꽃[벋꼳]: beotkkot

셋째, 성명 등 고유 명사는 첫 글자를 대문자로 쓰고 성과 이름은 띄어 쓰도록 했다. 이름 사이에는 발음의 혼동을 피하기 위해 붙임표(-)를 쓸 수 있도록 했다. '도, 시, 군' 등의 행정 구역 단위를 나타내는 말 앞에도 붙임표를 써서 앞말과 구별하여 적도록 했다. 국제적으로 굳어진 표기나 인명, 회사명, 단체명 등은 그동안 써 온 표기를 쓸 수 있도록 했다.

김정호: Kim Jeong-ho(인명의 경우)
전라북도: Jeollabuk-do(행정 구역 단위의 경우)
속리산: Songnisan(지역·문화재·인공축조물의 경우)
서울: Seoul
이순신: Yi Sun-shin

넷째, 학술 연구 등에서의 특정한 방식의 표기를 허용하기로 했다. 곧 학술 연구 논문 등 특수 분야에서 한글 복원을 전제로 표기할 경우에는 한글 표기를 대상으로 적는데, 이때 글자 대응은 제2장을 따르되 'ㄱ, ㄷ, ㅂ, ㄹ'은 'g, d, b, l'로만 적기로 했다. 또한 음가 없는 'ㅇ'은 붙임표(-)로 표기하되 'eobs-eoss-seubnida(없었습니다)'에서처럼 어두에서는 생략하는 것을 원칙으로 했다. 기타 분절의 필요가 있을 때에도 붙임표(-)를 쓰도록 했다.

다섯째 새 도로명 주소의 사용에 따라 도로명의 로마자 표기 원칙을 별도로 두고 있다. 도로명에 대한 로마자 표기의 기본 원칙은 '국어의 로마자 표기법'을 준용한다. 도로명은 고유명사이므로 첫 글자를 대문자로 표기하며, '구분 기준'이 되는 '대로, 로, 길'의 로마자 표기에 붙임표를 넣어 '-daero, -ro, -gil'로 표기하도록 하였다. 이것은 '시, 군, 읍, 면' 등 행정 구역의 단위를 로마자로 나타낼 때 '-si, -gun, -eup, -myeon' 등처럼 붙임표를 사용하는 취지와 같다.

제2장 표기 일람

제1항 모음은 다음 각 호와 같이 적는다.

1. 단모음

ㅏ	ㅓ	ㅗ	ㅜ	ㅡ	ㅣ	ㅐ	ㅔ	ㅚ	ㅟ
a	eo	o	u	eu	i	ae	e	oe	wi

2. 이중 모음

ㅑ	ㅕ	ㅛ	ㅠ	ㅒ	ㅖ	ㅘ	ㅙ	ㅝ	ㅞ	ㅢ
ya	yeo	yo	yu	yae	ye	wa	wae	wo	we	ui

[붙임 1] 'ㅢ'는 'ㅣ'로 소리 나더라도 ui로 적는다.

> (보기)
> 광희문 Gwanghuimun

[붙임 2] 장모음의 표기는 따로 하지 않는다.

제2항 자음은 다음 각 호와 같이 적는다.

1. 파열음

ㄱ	ㄲ	ㅋ	ㄷ	ㄸ	ㅌ	ㅂ	ㅃ	ㅍ
g, k	kk	k	d, t	tt	t	b, p	pp	p

2. 파찰음

ㅈ	ㅉ	ㅊ
j	jj	ch

3. 마찰음

ㅅ	ㅆ	ㅎ
s	ss	h

4. 비음

ㄴ	ㅁ	ㅇ
n	m	ng

5. 유음

ㄹ
r, l

[붙임 1] 'ㄱ, ㄷ, ㅂ'은 모음 앞에서는 'g, d, b'로, 자음 앞이나 어말에서는 'k, t, p'로 적는다.([ ] 안의 발음에 따라 표기함.)

(보기)
구미 Gumi   영동 Yeongdong
백암 Baegam   옥천 Okcheon
합덕 Hapdeok   호법 Hobeop
월곶[월곧] Wolgot   벚꽃[벋꼳] beotkkot
한밭[한받] Hanbat

[붙임 2] 'ㄹ'은 모음 앞에서는 'r'로, 자음 앞이나 어말에서는 'l'로 적는다. 단, 'ㄹㄹ'은 'll'로 적는다.

(보기)
구리 Guri   설악 Seorak
칠곡 Chilgok   임실 Imsil
울릉 Ulleung   대관령[대괄령] Daegwallyeong

제3장 표기상의 유의점

제1항 음운 변화가 일어날 때에는 변화의 결과에 따라 다음 각 호와 같이 적는다.

1. 자음 사이에서 동화 작용이 일어나는 경우

    (보기)

백마[뱅마] Baengma	신문로[신문노] Sinmunno
종로[종노] Jongno	왕십리[왕심니] Wangsimni
별내[별래] Byeollae	신라[실라] Silla

2. 'ㄴ, ㄹ'이 덧나는 경우

    (보기)

학여울[항녀울] Hangnyeoul	알약[알략] allyak

3. 구개음화가 되는 경우

    (보기)

해돋이[해도지] haedoji	같이[가치] gachi
맞히다[마치다] machida	

4. 'ㄱ, ㄷ, ㅂ, ㅈ'이 'ㅎ'과 합하여 거센소리로 소리나는 경우

    (보기)

좋고[조코] joko	놓다[노타] nota
잡혀[자펴] japyeo	낳지[나치] nachi

다만, 체언에서 'ㄱ, ㄷ, ㅂ' 뒤에 'ㅎ'이 따를 때에는 'ㅎ'을 밝혀 적는다.

    (보기)

묵호 Mukho	집현전 Jiphyeonjeon

[붙임] 된소리되기는 표기에 반영하지 않는다.

    (보기)

압구정 Apgujeong	낙동강 Nakdonggang
죽변 Jukbyeon	낙성대 Nakseongdae
합정 Hapjeong	팔당 Paldang
샛별 saetbyeol	울산 Ulsan

제2항 발음상 혼동의 우려가 있을 때에는 음절 사이에 붙임표(-)를 쓸 수 있다.

(보기)

중앙 Jung-ang   반구대 Ban-gudae

세운 Se-un   해운대 Hae-undae

제3항 고유 명사는 첫 글자를 대문자로 적는다.

(보기)

부산 Busan   세종 Sejong

제4항 인명은 성과 이름의 순서로 띄어 쓴다. 이름은 붙여 쓰는 것을 원칙으로 하되 음절 사이에
붙임표(-)를 쓰는 것을 허용한다.(( ) 안의 표기를 허용함.)

(보기)

민용하 Min Yongha (Min Yong-ha)

송나리 Song Nari (Song Na-ri)

(1) 이름에서 일어나는 음운 변화는 표기에 반영하지 않는다.

(보기)

한복남 Han Boknam (Han Bok-nam)

홍빛나 Hong Bitna (Hong Bit-na)

(2) 성의 표기는 따로 정한다.

제5항 '도, 시, 군, 구, 읍, 면, 리, 동'의 행정 구역 단위와 '가'는 각각 'do, si, gun, gu, eup, myeon, ri,
dong, ga'로 적고, 그 앞에는 붙임표(-)를 넣는다. 붙임표(-) 앞뒤에서 일어나는 음운 변화는
표기에 반영하지 않는다.

(보기)

충청북도 Chungcheongbuk-do   제주도 Jeju-do

의정부시 Uijeongbu-si   양주군 Yangju-gun

도봉구 Dobong-gu   신창읍 Sinchang-eup

삼죽면 Samjuk-myeon   인왕리 Inwang-ri

당산동 Dangsan-dong   봉천1동 Bongcheon 1(il)-dong

종로 2가 Jongno 2(i)-ga   퇴계로 3가 Toegyero 3(sam)-ga

[붙임] '시, 군, 읍'의 행정 구역 단위는 생략할 수 있다.

(보기)

청주시 Cheongju   함평군 Hampyeong

순창읍 Sunchang

제6항 자연 지물명, 문화재명, 인공 축조물명은 붙임표(-) 없이 붙여 쓴다.

(보기)

남산 Namsan	속리산 Songnisan
금강 Geumgang	독도 Dokdo
경복궁 Gyeongbokgung	무량수전 Muryangsujeon
연화교 Yeonhwagyo	극락전 Geungnakjeon
안압지 Anapji	남한산성 Namhansanseong
화랑대 Hwarangdae	불국사 Bulguksa
현충사 Hyeonchungsa	독립문 Dongnimmun
오죽헌 Ojukheon	촉석루 Chokseongnu
종묘 Jongmyo	다보탑 Dabotap

제7항 인명, 회사명, 단체명 등은 그동안 써 온 표기를 쓸 수 있다.

제8항 학술 연구 논문 등 특수 분야에서 한글 복원을 전제로 표기할 경우에는 한글 표기를 대상으로 적는다. 이때 글자 대응은 제2장을 따르되 'ㄱ, ㄷ, ㅂ, ㄹ'은 'g, d, b, l'로만 적는다. 음가 없는 'ㅇ'은 붙임표(-)로 표기하되 어두에서는 생략하는 것을 원칙으로 한다. 기타 분절의 필요가 있을 때에도 붙임표(-)를 쓴다.

(보기)

집 jib	짚 jip
밖 bakk	값 gabs
붓꽃 buskkoch	먹는 meogneun
독립 doglib	문리 munli
물엿 mul-yeos	굳이 gud-i
좋다 johda	가곡 gagog
조랑말 jolangmal	없었습니다 eobs-eoss-seubnida

◉ 질문과 대답

문 '현대'라는 기업을 영문자로 'HYUNDAI'로 쓰고 있는데, 로마자 표기법상 옳은가요?

답 일반어의 로마자 표기법이라면 '현대'는 마땅히 'Hyeondae'로 표기해야 옳습니다. 그러나 국어의 로마자 표기법 제3장 제7항에 "인명, 회사명, 단체명 등은 그동안 써 온 표기를 쓸 수 있다."라고 규정되어 있으므로 지금처럼 'Hyundai'로 쓰는 것을 허용합니다.

문 외국어로 논문을 쓸 때 한국어 고유 명사 등을 로마자로 옮기는 데 특별한 방법이 규정이 있습니까?

답 국어의 로마자 표기법 제8항에서는 학술 연구 논문 등 특수 분야에서 한글 복원을 전제로 표기할 경우에는 한글 표기를 대상으로 적도록 규정하고 있습니다. 이때 글자 대응은 외래어 표기법 제2장 표기 일람을 따르되 'ㄱ, ㄷ, ㅂ, ㄹ'은 '집: jib, 밖: bakk, 값: gabs, 독립: doglib, 문리: munli' 등처럼 'g, d, b, l'로만 적도록 하였습니다. 또한 음가 없는 'ㅇ'은 붙임표(-)로 표기하되 '물엿: mul-yeos, 굳이: gud-i'에서처럼 어두에서는 생략하는 것을 원칙으로 합니다. 기타 분절의 필요가 있을 때에도 '없었습니다: eobs-eoss-seubnida'에서처럼 붙임표(-)를 쓸 수 있도록 하였습니다.

제4장 도로명의 표기 원칙

◉ 해설

우리나라는 2014년 1월 1일부터 법정 주소를 도로명 주소로 전면 사용하게 되었다. 도로명 주소 체계는 1997년에 도입한 것인데, 2011년 7월부터 기존의 지번 주소와 병행적으로 사용해 왔다. 그러다가 2014년부터는 모든 공공 기관에서 전적으로 도로명 주소로 업무 처리를 하게 되었다.

도로명 주소의 전격적인 사용에 따라 국어의 로마자 표기법도 보완이 필요하였다. 이에 도로명의 로마자 및 한자어 표기 원칙을 새로 마련하여 배포하였다. 아래의 내용은 행정안전부의 도로명 정보 조회 사이트에서 제공하는 도로명의 로마자 및 한자어 표기 원칙과 그 예시이다.(http://www.juso.go.kr/notice/Notice BoardList. do 참조.)

도로명에 대한 로마자 표기의 기본 원칙은 '국어의 로마자 표기법'을 준용하는 것이다. 이에 행정안전부장관이 한국어 어문 규범인 '국어의 로마자 표기법'의 취지를 벗어나지 않는 범위 안에서 필요한 사항을 정하고 있다.

한글을 로마자로 표기할 때에 일반적인 단어들은 '국물[궁물]'을 'gungmul'처럼 발음의 변화를 반영하여 적는다. 그러나 도로명의 로마자 표기에서는 이 원칙을 적용할 때에 약간 다르다. 곧, 도로명의 로마자 표기에서는 도로의 '주된 이름'과 '구분 기준'이 되는 '대로, 로, 길' 사이에서 일어나는 발음의 변화를 반영하지 않는다. 이것은 사람 이름을 적을 때 성과 이름 사이, 이름 내부에서 일어나는 발음 변화를 표기에 반영하지 않는 사실과 상통한다. 예를 들면 '김유신'은 [기뮤신]이나 [김뉴신]으로 발음하지만 로마자로는 음운 변화를 무시하고 'Gim Yusin'으로 적는다. 도로명 로마자 표기도 예를 들면, '대학로[대항노]'는 '대학'과 '로'사이에서 일어나는 발음 변화를 무시하고 'Daehak-ro'로 적는다. 도로명에 사람의 성명이 포함된 경우 성명의 음운 변화는 반영하지 않지만, 성과 이름은 반드시 붙여 써야 한다. 예를 들면 '김유신(김뉴신)로'는 'Gimyusin-ro'로 적는다. 이때 '김유신'과 '로' 사이에 일어나는 발음 변화도 원칙에 따라 로마자 표기에 반영하지 않는다.

또한 도로명은 첫 글자를 대문자로 표기하고 '구분 기준'이 되는 '대로, 로, 길'의 로마자 표기에 붙임표를 사용하여 '-daero, -ro, -gil'로 표기해야 한다. 이것은 '시, 군, 읍, 면' 등 행정 구역의 단위를 로마자로 나타낼 때 '-si, -gun, -eup, -myeon' 등처럼 붙임표를 사용하는 취지를 따르는 것이다.

그런데 도로명 주소에 대해 로마자 표기 원칙과 함께 도로명의 한자 표기 원칙을 마련한 점은 특이하다. 한국어는 한글 전용이 원칙이므로 일반적인 표기에서는 한자를 쓰려면 괄호 안에 적어야 한다. 그러나 도로명의 한자 표기는 로마자 표기와 마찬가지로 외국인들의 한글에 대한 이해를 돕기 위해 표지판 등에 쓰려는 것이므로 이렇게 별도 원칙을 정한 것이다. 한자 표기 원칙은 도로명 전체를 한자로 표기할 수 있는 때에는 그대로 한자로 표기하되, 도로 구분 기준에 따른 한자 표기는 '대로: 大路, 로: 路, 길: 街'로 정하였다. 도로명 구분 기준 중 '길'은 해당 한자가 없으므로 뜻을 따라 '가(街)'로 했음을 유의할 필요가 있다.

■ **표기 원칙**

제1항 도로명의 로마자 표기 원칙

    1. 도로명의 로마자 표기는 '국어의 로마자 표기법'에 따라 소리 나는 대로 표기하되, 로마

자 표기법의 취지를 벗어나지 않는 범위 안에서 행정안전부장관이 필요한 사항을 따로 정할 수 있다.

2. 첫 글자는 대문자로 나머지는 소문자로 표기하며, 도로명 전체는 붙여 쓴다.

3. 도로명의 주된 명사와 도로별 구분기준(대로, 로, 길을 말한다. 이하 같다.) 사이에 붙임 표(-)를 넣어 '-daero, -ro, -gil'로 표기한다.

강남대로	Gangnam-daero
가곡로	Gagok-ro
발산길	Balsan-gil

제2항 도로명의 한자 표기 원칙

1. 도로명 전체를 한자로 표기할 수 있는 때에는 그대로 한자로 표기하되, 도로 구분 기준에 따른 한자 표기는 다음과 같이 한다.
   - 대로: 大路, 로: 路, 길: 街

2. 도로명의 주된 명사가 순 우리말이나 외래어 등이어서 해당 한자가 없는 경우 별도의 한자 표기는 하지 아니한다. 이 경우 국어의 로마자 표기법에 따라 도로명 전부를 로마자로 표기할 수 있다.

■ 유형별 표기법

제1항 도로명의 주된 명사 사이에 음운 변화는 '국어의 로마자 표기법' 원칙을 적용한다.

1. 자음 사이에 동화가 일어나는 경우

백마(뱅마)길	Baengma-gil
왕십리(왕심니)로	Wangsimni-ro
신리(실리)길	Silli-gil
중리(중니)동로	Jungnidong-ro

2. 'ㄹ'은 모음 앞에서는 'r'로, 자음이나 어말에서는 'l'로 적는다. 단 'ㄹㄹ'은 'll'로 적는다.

구리안길	Gurian-gil
칠곡로	Chilgok-ro
외동반립로(외동발림로)	Oedongballim-ro
대관령길(대괄령길)	Daegwallyeong-gil

3. 된소리되기는 표기에 반영하지 아니한다.

압구정(압꾸정)로	Apgujeong-ro
일직(일찍)로	Iljik-ro

4. 도로명의 주된 명사와 도로 구분기준 사이에 음운 변화가 일어나더라도 붙임표(-) 사이

에 일어나는 음운 변화는 반영하지 아니한다.

대학로(대항노)	Daehak-ro
삼덕로(삼덩노)	Samdeok-ro
새벽로(새병노)	Saebyeok-ro
거북로(거붕노)	Geobuk-ro
종로(종노)	Jong-ro

5. 인명을 도로명의 주된 명사로 사용할 때 성과 이름은 붙여 쓴다. 성과 이름 및 이름 사이에 일어나는 음운 변화는 반영하지 아니한다.

김유신(김뉴신)로	Gimyusin-ro
신립(실립)로	Sinrip-ro

제2항 도로명의 주된 명사에 외국어 또는 외래어의 원어로 표기하는 것을 허용하지 아니하며 이 경우 외국어 또는 외래어는 '외래어 표기법'에 따라 적는다.

(한글)에이펙로	(로마자)APEC-ro
(한글)케이티엑스로	(로마자)KTX-ro
(한글)에프원경주장로	(로마자)F1 gyeongjujang-ro

제3항 어원이 분명한 외래어가 사용된 경우는 외래어의 원어 철자를 그대로 적는다.(( ) 안의 표기는 허용하지 아니함.)

올림픽길	Olympic-gil(Ollimpik-gil)
디지털로	Digital-ro(Dijiteol-ro)
비지니스로	Business-ro(Bijiniseu-ro)
사파이어로	Sapphire-ro(Sapaieo-ro)

제4항 도로명의 주된 명사에 외래어와 국어가 함께 있을 때에는 그 앞 뒤의 단어는 띄어 쓴다.

그린공원길	Green gongwon-gil
은평터널로	Eunpyeong tunnel-ro
에코중앙로	Eco jungang-ro
유엔평화로	UN pyeonghwa-ro

제5항 도로명의 주된 명사가 외래어와 외래어로 구성된 때에는 원어 철자를 그대로 적되 단어별로 띄어 쓰며 두 번째 외래어는 소문자로 한다.

디지털밸리로	Digital valley-ro
골드테마로	Gold thema-ro
차이나타운길	China town-gil

월드컵로   World Cup-ro

※ 단, World Cup-ro는 통용되고 있는 표기법에 따라 예외로 두 번째 외래어를 대문자로 표기

제6항 도로명의 주된 명사가 외국어(영문) 약어로 이루어 진 때 외국어(영문) 약어는 모두 대문자로 하며, 줄임말로 이루어진 때에는 첫 글자만 대문자로 하고 나머지는 소문자로 한다.

    엘씨디로   LCD-ro
    유엔로   UN-ro

제7항 인명, 회사명, 단체명을 도로명의 주된 명사로 사용할 때 인명이나 그 회사, 단체에서 사용하는 특정 고유명사에 대한 로마자 표기가 있을 때에는 그 표기대로 쓸 수 있다.(( ) 안의 표기를 허용함)

    이순신로   Isunsin-ro   (Yisunsin-ro)
    이동녕로   Idongnyeong-ro (Leedongnyeong-ro)
    삼성로   Samseong-ro   (Samsung-ro)
    이화여대길   Ewhayeodae-gil (Ihwayeodae-gil)
    연세길   Yeonse-gil   (Yonsei-gil)
    계원대학로   Gyewondaehak-ro (Kyewondaehak-ro)

제8항 기관명을 도로명의 주된 명사로 사용할 때에는 기관명의 영어 번역어를 사용하지 않고 우리말의 소리 나는 대로 표기한다.

    대원여고길   Daewonyeogo-gil
    풍납복지관길   Pungnapbokjigwan-gil
    시청길   Sicheong-gil

제9항 도로명의 주된 명사에 순서 등을 나타내는 아라비아 숫자가 포함된 때 숫자 앞에서 띄고 그 숫자를 그대로 표기하며 괄호 속에 숫자의 발음은 표기하지 아니한다. 다만 의미상 필요한 경우 괄호 속에 숫자의 발음을 표기할 수 있다.

    앞들동로4번길   Apdeuldong-ro 4beon-gil이 원칙
                        Apdeuldong-ro 4(sa)beon-gil을 예외적으로 허용
    5일장길   5iljang-gil이 원칙
                        5(o)iljang-gil을 예외적으로 허용
    2함대길   2hamdae-gil이 원칙
                        2(i)hamdae-gil을 예외적으로 허용

제10항 도로명의 주된 명사에 순서나 단위를 나타내는 접두사가 다음에 숫자가 오는 경우 접두사와 숫자는 붙여 쓴다.

제2공단1길　　　　　　　　　Je2(i)gongdan　1(il)-gil

제11항 도로명의 주된 명사에 사용된 아라비아 숫자가 순서를 나타 내지 아니하고 특별한 의미를 가지는 경우 그 숫자는 주된 명사와 붙여 쓴다. 이 때 숫자의 의미를 명확히 하기 위하여 괄호 속에 영어 발음을 사용할 수 있다. ((　　) 속의 표기는 허용하지 아니함.)

　　안산1대학로　Ansan1(il)daehak-ro 또는 Ansan1daehak-ro
　　　　　　　　　(Ansan　1(il)daehak-ro)

제12항 도로명의 주된 명사에 특수부호(가운뎃점 등)가 사용된 때에는 특수부호는 표기하지 아니하고 한글 도로명으로 변경한 후 이를 로마자로 표기하거나 관련 법령이 허용하는 부호로 대체하여 사용할 수 있다. 이 경우 괄호 속에 영어 발음을 표기하거나 생략할 수 있다.

　　3·1만세운동로　　　(한글)삼일만세운동로 또는 3.1만세운동로
　　　　　　　　　　　(로마자)Samilmanseundong-ro 또는 3.1manseundong-ro
　　2·28길　　　　　　(한글)이이팔길 또는 2.28길
　　　　　　　　　　　(로마자)Iipal-gil 또는 2.28-gil
　　5·16대로　　　　　(한글)오일육대로 또는 5.16대로
　　　　　　　　　　　(로마자)Oilyuk-daero 또는 5·16-daero

* 가운뎃점은 허용하지 아니하는 특수 부호이므로 한글 또는 온점(.)으로 대체하여 사용할 수 있음

제13항 도로명의 주된 명사에 방위가 포함된 때에는 방위도 소리 나는 대로 표기하며 방위가 포함된 단어와 괄호로 방위약어를 사용하기 위하여 띄어 쓰지 아니한다.((　　) 안의 표기를 허용하지 않음)

　　시청동5길　　　　　Sicheongdong　5-gil (Sicheong dong(E) 5(o)-gil)
　　가문동남길　　　　　Gamundongnam-gil (Gamundong nam(S)-gil)
　　낙산성곽서1길　　　Naksanseonggwakseo　1-gil
　　　　　　　　　　　(Naksanseonggwak seo(W)　1-gil
　　성서공단북로　　　　Seongseogongdanbuk-ro
　　　　　　　　　　　(Seongseogongdan buk(N)-ro)

* 방위와 유사한 '안, 밖, 좌, 우, 옆, 갓, 상, 하, 샛, 윗, 아래' 등의 단어나 '가, 나, 다…' 등 순서를 나타내는 단어가 도로명의 주된 명사에 포함된 때에는 소리 나는 대로 표기하되 붙여 쓴다.

　　가인2안길　　　　　Gain　2an-gil
　　각산윗길　　　　　　Gaksanwit-gil
　　매봉18가길　　　　　Maebong　18ga-gil
　　천변좌로108번길　　Cheonbyeonjwa-ro　108beon-gil

제14항 도로명의 주된 명사에 도로 구분 기준을 나타내는 단어가 포함되어 있는 때에는 앞의 도로 구분 기준을 나타내는 단어도 붙임표(-)를 사용하며 그 뒤에 오는 단어는 띄어 쓴다. 이 때 가운데 오는 단어가 방위를 나타내는 단어이고 약어를 표기할 필요가 있을 때에는 그 단어 뒤에 괄호를 하고 방위의 약어를 표기할 수 있다.(( ) 안의 표기를 허용.)

충장로안길	Chungjang-ro an-gil
산본로77번안길	Sanbon-ro 77beonan-gil
임학서로20번길	Imhakseo-ro 20beon-gil
산격로북9길	Sangyeok-ro buk 9-gil 또는
	(Sangyeok-ro buk(N) 9-gil)
대현남로서4길	Daehyeonnam-ro seo 4-gil 또는
	(Daehyeonnam-ro seo(W) 4-gil)

제15항 도로명의 주된 명사에 도로구분 기준을 나타내는 단어와 동일한 단어가 포함되어 있는 때에는 각 도로구분 기준별로 붙임표(-)를 넣어 표기한다.

신정리길11번길	Sinjeongni-gil 11beon-gil
갈산서길170번길	Galsanseo-gil 170beon-gil

제16항 도로 구분 기준이 고속도로인 경우 도로명의 주된 명사는 로마자로 표기하되 도로 구분 기준인 '고속도로'는 'Expressway'로 하며 영 문약어는 'Exp'로 한다.(( ) 안의 표기는 허용하지 않음.)

경부고속도로	Gyeongbu Expressway (Gyeongbu-gosokdoro)
서해안고속도로	Seohaean Expressway (Seohaean-gosokdoro)
대전남부순환고속도로	Daejeonnambusunhwan Expressway
	(Daejeonnambusunhwan-gosokdoro)
중부내륙고속도로	Jungbunaeryuk Expressway
	(Jungbunaeryuk-gosokdoro)
남해1지선고속도로	Namhae 1jiseon Expressway
	또는 Namhae 1(il)jiseon Expressway

제17항 도로명의 주된 명사가 두 개의 지명으로 구성되고 도로 구분 기준이 고속도로인 도로명의 경우 각 지명의 첫 글자는 대문자로 나머지는 소문자로 한다. 이 때 지명 사이와 도로 구분 기준에는 붙임표(-)를 넣지 아니 한다.

논산천안고속도로	Nonsan Cheonan Expressway
평택화성고속도로	Pyeongtaek Hwaseong Expressway

◉ 질문과 대답

문 국어의 로마자 표기법에 보면 우리말을 로마자로 적을 때, 일반적인 표기의 경우 된
소리화를 제외한 음운 변화를 표기에 반영하도록 하고 있습니다. 예를 들면 '신라[실
라]'는 'Silla'로, '독립문[동닙문]'은 'Dongnimmun'으로 쓰도록 한 것입니다. 그런데
사람의 이름이나 도로명 표기도 이렇게 소리 나는 대로 해야 하는지 궁금합니다.

답 네, 매우 좋은 질문입니다. 말씀하신 것처럼 한글을 로마자로 표기할 때에 일반적인
단어들은 '국물[궁물]'을 'gungmul', '신라[실라]'를 'Silla', '독립문[동닙문]'을
'Dongnimmun'처럼 발음의 변화를 반영하여 적어야 합니다. 그러나 사람의 이름이나
도로명의 로마자 표기에서는 이 원칙을 적용할 때에 약간 다른 점이 있습니다. 곧,
사람 이름을 로마자로 적을 때에는 '성'과 '이름' 사이나 '이름'에서 일어나는 음운
변화는 로마자에 반영하지 않습니다. 그리고 도로명의 로마자 표기에서는 도로의 '주
된 이름'과 '구분 기준'이 되는 '대로, 로, 길' 사이에서 일어나는 발음의 변화도 반
영하여 적지 않습니다. 예를 들면 '김유신'은 [기뮤신]이나 [김뉴신]으로 발음하지만
로마자로는 음운 변화를 무시하고 'Gim Yusin'으로 적으면 됩니다. 이때에는 성과
이름만을 띄어 씁니다. 이름이 두 자일 때에 가운데에 붙임표(-)를 넣어서 구별해 줄
수는 있습니다. 도로명 로마자 표기의 예를 들면, '대학로[대항노]'는 '대학'과 '로' 사
이에서 일어나는 발음 변화를 무시하고 'Daehak-ro'로 적습니다. 그런데 도로명에
사람의 성명이 포함된 경우는 사람 성명의 표기는 앞서와 같이 음운 변화를 반영하
지 않고 쓰지만, 성과 이름을 붙여 써야 합니다. 이때는 성명이 도로명이 되었기 때
문입니다. 예를 들면 '김유신[김뉴신]로'는 'Gimyusin-ro'로 적습니다. 물론 '김유신'
과 '로' 사이에 일어나는 발음 변화는 로마자 표기에 반영하지 않습니다.

Ⅵ. 표준 언어 예절

◉ 해설

'예절'은 '예의범절(禮儀凡節)'이라고도 하는데, 그 사전적인 의미는 일상생활에 필요한 '예의와 여러 가지 절차'이다. '예의'는 '어떤 도리를 지키기 위하여 예로써 나타내는 행동'이므로, 결국 '예절'이란 '어떤 도리를 지키기 위하여 예로써 나타내는 행동 및 여러 가지 절차'이다.

우리 사회에는 누구나 사람으로서 지키고 실천해야 하는 도리와 행동이 있다고 생각하는데 이를 도덕이라고 한다. '예절'은 이러한 도덕의 구체적인 모습이다. 다른 사람에게 정중한 말씨를 사용한다든지, 법규를 잘 지킨다든지, 관혼상제 등의 의례에서 적절한 절차에 따라 행동한다든지 하는 것들이 모두 예절에 속한다. 이런 예절을 지키지 않으면 타인과의 관계에 부정적인 영향이 생길 뿐만 아니라, 때로는 사회적, 법적 제제를 받기도 한다.

언어 예절은 우리가 사회에서 지켜야 할 말과 글에 관련된 예의와 여러 가지 절차이다. 일상생활에서 사람들이 주고받는 인사말, 통화하기, 편지 쓰기, 문병이나 문상에서의 위로, 결혼이나 생일의 축하 등에 지켜야 할 예절이 있다. 누구나 언어 사용에서 예절을 지켜야 다른 사람과 좋은 관계를 형성하고 갈등 없는 사회를 만들 수 있다.

와츠(R. Watts, 1992:3-4)는 사람들이 사회생활에서 언어 예절을 지키는 이유를 세 가지로 들고 있다. 첫째, 말하는 사람이 자신과 말 듣는 사람의 이익을 극대화하기 위해서라는 것이다. 이익의 극대화는 경제 원리이다. 언어 예절은 최소의 노력으로 최대의 효과를 달성하는 언어 경제의 원리인 셈이다. 예를 들면, 일상생활에서 쓰는 사소하지만 예의 바른 인사말은 이웃 간의 좋은 관계 형성에 최대의 효과를 발휘할 수 있다.

둘째, 말하는 사람과 말 듣는 사람이 체면을 지키기 위해서라는 것이다. 체면(體面, face)이란 글자 그대로는 '얼굴'이라는 뜻이다. 동서양을 불문하고 어느 사회나 체면을 중시한다. 체면을 잃게 하면 원한을 사기도 하지만, 체면을 지켜주면 고마운 마음을 갖는다. 언어 예절은 '체면 살리기(face-giving)'라고 볼 수 있다. 어떤 사람이 다른 사람의 체면을 침해하지 않도록 주의 깊게 말하거나 행동하는 것은 '소극적 체면 살리기'이다. 반면, 다른 사람의 체면을 직접적으로 세워주는 행동은 '적극적 체면 살리기'이다. 언어생활에는 이 두 가지 형식의 체면 살리기가 모두 행해지고 있다. 예를 들면, 잘못 걸려온 전화에 대해서 '전화를 잘못 걸었습니다.'처럼 응대하여 상대의 잘못인 것처럼 말하지 않고, '전화가 잘못 걸렸습니다.'처럼 말하는 것은 '소극적 체면 살리기'의 한 가지로 볼 수 있다. 그리고 상대방이 친한 사이이지만 공적인 상황에서 격식체로 존대하는 것은 '적극적인 체면 살리기' 예라고 할 수 있다.

셋째, 사람들이 언어 예절을 공유함으로써 불필요한 오해를 줄이고 원활하게 의사소통하기 위해서라는 것이다. 예를 들면, 전자 메일을 주고받거나 편지 쓰기를 할 때 알맞은 언어 예절을 지킴으로써 보낸 사람과 받는 사람이 오해의 여지를 덜고 더 원활하게 소통할 수 있다. 요컨대, 언어 예절도 의사소통의 중요한 요소가 되는 것이다. 의사소통이 원활하게 이루어져야만 관계의 개선이나 의사 표현의 궁극적인 목적도 제대로 달성할 수 있다.

표준 언어 예절은 한국어 사용자들이 지켜야 할 말과 글에 관련된 예절을 들어 보이기 위하여 마련한 것이다. 따라서 표준 언어 예절에서는 가정과 사회에서의 적절한 호칭과 지칭 및 경어법, 일상생활의 인사말, 특정한 때의 인사말의 표준을 제시하고 있다. 또한 편지, 전자우편, 초대장, 축하나 위로를 전하기 위한 단자나 봉투 등의 글쓰기에 대해서도 예절에 알맞은 표준을 권장하고 있다.

한국어 표준 언어 예절은 크게 여섯 가지 내용으로 구성되어 있다. '가정에서의 호칭, 지칭', '사회에서의 호칭, 지칭', '경어법', '일상생활의 인사말', '특정한 때의 인사말', '서식'이 그것이다. 먼저, '가정과 사회에서의 호칭, 지칭'은 가족이나 직장 구성원 사이, 지인 사이, 식당 상점, 관공서의 직원과 손님 사이의 호칭과 지칭의 표준형을 제시하는 부분이다. 다음으로, '경어법'은 가족이나 직장 구성원 사이의 높임 표현, 공손 표현 사용의 표준을 제시하는 내용이다. 그 다음으로, '일상생활의 인사말'은 만나고 헤어질 때의 인사, 전화 예절, 소개하는 말 등의 표준을 제시하는 부분이며, '특정한 때의 인사말'은 연말연시나 생일, 결혼, 출산 등의 때에 하는 축하

말이나 문병, 문상 등에서 하는 위로 말 등의 표준을 제시하는 내용이다. 마지막으로, '서식'은 표준 언어 예절의 부록 격에 해당하는 부분으로 편지나 전자 우편, 연하장, 청첩장, 감사장, 부고, 조위 등의 쓰기와 각종 단자 및 봉투 쓰기에 대한 표준을 예시하는 부분이다. 이 책은 표준 언어 예절의 이 여섯 가지 내용을 국립국어원(2012)를 참고하여 제시하고, 이해를 돕기 위해 필자의 해설을 덧붙인 것이다.

1. 가정에서의 호칭, 지칭

◉ 해설

표준 언어 예절에서 사용하는 '호칭, 지칭'이라는 말은 '호칭어, 지칭어'라고 부르기도 한다. 그러나 '호칭(互稱), 지칭(指稱)'의 '칭(稱)'이 '일컫다'는 뜻이므로 '어(語)'를 붙이지 않아도 '말'의 의미를 가질 수 있다. 곧, 호칭은 '부르는 말'이고, '지칭'은 '가리키는 말'이다. 첨언하면, 호칭은 '상대방을 직접 부르는 말'로서 누군가를 대면하여 직접 부를 때 쓴다. 반면 지칭은 '대화에서 어떤 사람을 가리켜 부르는 말'이며 지칭의 대상은 대화 상대자가 될 수도 있고, 다른 사람이 될 수도 있다.

어떤 부름말은 '호칭'과 '지칭'으로 다 쓰지만, 어떤 부름말은 호칭으로만 쓰거나 지칭으로만 쓴다.

(1) 가. 아버지, 진지 잡수세요.
　　나. 철수야, 아버지 진지 잡수시라고 하여라.
(2) 가. 여보, 오늘 일찍 들어오세요.
　　나. *저 사람이 우리 여보야.
(3) 가. <u>자당</u>께서는 별고 없으신가?
　　나. 이것이 <u>가친</u>께서 보내신 물건입니다.

(1가)에서 '아버지'는 호칭이지만, (1나)에서 '아버지'는 지칭이다. '아버지'는 호

칭과 지칭에 두루 쓰는 부름말이다. 반면, (2가)의 '여보'는 호칭이 될 수 있지만, (2나)처럼 지칭으로는 부자연스럽다. (3가, 나)의 '자당'과 '가친'은 요즘 잘 사용하지 않는 말이기는 하지만 지칭으로만 쓸 수 있는 부름말이다.

호칭, 지칭의 구별이나 그 정의는 학자에 따라 약간의 차이가 있다. 박갑수(1989), 서정수(1984) 등에서는 호칭을 '부름말'이라 하고 "어떤 이를 부르는 데 쓰는 말"로 포괄적으로 정의하였다. 김혜숙(1991)은 호칭은 "화자가 그 상대자를 앞에서 직접 부를 때 사용하는 부름말"로 정의하였다. 왕한석(2005)에서는 "화자가 대화의 상대방과 말을 하는 동안에 그 상대방을 가리키기 위해 사용하는 단어, 어구, 또는 표현들"을 호칭이라고 하였다.

또한 '호칭'이라는 개념을 '지칭'뿐만 아니라 누군가의 주목을 끌거나 대화를 시작하기 위해 부르는 말인 '호출어'까지 포함하는 것으로 이해하는 경우도 있다. 실제 사용에서 '호칭, 지칭, 호출어'의 구분이 명백하지 않을 때가 많기 때문이다. 표준 언어 예절은 '호칭'과 '지칭'은 구별하지만 '호출어'를 따로 구별하지 않는다. 하지만 '호칭(terms of address)'과 '호출어(summonses/calls)'를 구별해야 한다는 견해가 있다.(왕한석 외, 2005:18 참조). 이러한 견해는 호출어를 어떤 사람의 시선을 끌거나 주의를 집중시키기 위해 부르는 말로 본다.(Fasold, 1990:3: "Address forms are used when a speaker already has the listener's attention; summonses are used to get their attention.") 한국어는 "여보세요, 여기요, 저기요, 저, 실례합니다, 있잖아요, 잠깐만요." 등이 호출어의 예이다.

호칭, 지칭은 비교적 단순한 언어 표현이지만 일상의 언어생활에서 빈번하게 사용함으로써 모든 언어 공동체에서 사회적 상호 작용(social interaction)의 핵심적 구성 성분으로 기능한다. 흔히 사용하는 개인의 이름이나 2인칭 대명사, 친족어 등이 호칭, 지칭의 대표적인 형태이다. 다만, 호칭, 지칭의 세부적인 종류나 수, 그 사용 방식은 언어에 따라 다르다. 여러 언어들에서 쓰는 같은 유형의 부름말이라도 상호 간에 1대 1로 대응하는 관계에 있지 않다. 또 언어마다 호칭, 지칭의 언어학적 범주가 일치하는 것도 아니다. 예컨대, 영어와 중국어에서 2인칭 대명사를 누구에게나 빈번하게 부름말로 사용할 수 있지만, 동일한 상황이라도 한국어에서는 2인칭 대명사로 번역하기 어려운 경우가 많다. 상하를 불문하고 상대를 이름으로 부르는 것이 사회적으로 용인되는 언어도 있지만, 한국어에서는 그렇지 않다. 요컨대, 호칭, 지칭은 언어마다 고유한 체계가 있다. 그리고 이러한 부름말 체계는 해당 언어의 문법적, 의미적 특성들과 깊은 연관성을 지니고 있다. 호칭, 지칭에 사용하는 한국어 부름말에 대한 학자들의 유형 분류를 예시하면 다음과 같다.

(4) 학자들의 한국어 호칭, 지칭에 대한 유형 분류
　　박갑수(1989): 1) 감탄사형 2) 성명-접사형 3) 신분명형 4) 친족어 대용형 5) 성
　　　　　　　　　명(-조사)형 6) 명사형 7) 택호형 8) 외래어형
　　이익섭(1994): 1) 대명사 호칭 2) 성명과 직함 3) 친족 호칭
　　박정운(1997): 1) 이름 호칭어 유형 2) 직함 호칭어 유형, 3) 친족어 호칭어 유
　　　　　　　　　형 4) 대명사 호칭어 유형 5) 통칭적 호칭어 유형 6) 기타 호칭
　　　　　　　　　어 유형(별명 호칭어, 호(號)를 통한 호칭어, 지역 명을 이용한
　　　　　　　　　호칭어, '여보세요'류 유형) 7) 영형 호칭어 8) 친근 호칭형으로
　　　　　　　　　의 전이
　　한윤정(2003): 1) 성명+접사형 2) 성명(+조사)형 3) (성+)직함명형 4) 친족 호
　　　　　　　　　칭어형 5) 대명사형 6) 택호형 7) 외래어형 8) 여기요형 9) 통칭
　　　　　　　　　적 호칭어형(친족어 호칭어의 통칭형, 직함 호칭어 통칭형) 10)
　　　　　　　　　기타형(별명 호칭어, 호(號)를 통한 호칭어)

　　(4)에서 보듯이 한국어 호칭, 지칭의 유형에 대한 분류는 학자에 따라 다양하다. 품사에 따라 분류하기도 하고, 성명, 직함, 친족어 등을 분류 기준으로 삼기도 하며, 호출어를 포함하기도 한다. 화자와 청자 상호 간에 부르기가 어려운 관계로서 특별한 호칭어가 없는 경우를 감안하여 '영형 호칭어'를 설정하기도 하며, 친근한 호칭으로의 전이를 포함하기도 한다. 그리고 호칭, 지칭에 사용하는 부름말의 구조를 중심으로 유형 분류를 하기도 한다.

(5) 한국어의 호칭, 지칭 체계

   (5-1) 일반 호칭, 지칭

     가. '명사+접사'형

       가) '성명/이름/친족어/직함+-님'형

       나) '지명/자명 +-네'형

     나. '명사_의존명사'형

       가) '성명/성/이름_씨'형

       나) '성명/성/이름_군/양'형

       다) '이름/지명_댁'형

     다. '명사/명사_명사'형

       가) '성명/이름'형

       나) '성/이름/성명_직함'형

       다) '지명/부서명_직함/친족어'형

       라) '성명/성/이름_친족어'형

       마) '자명_친족어'형

     라. '대명사'형

       가) '너'

       나) '당신'

       다) '자기'

       라) '자네'

       마) '이분/그분/저분' 등

   (5-2) 친족어 호칭, 지칭

     가. 명사형

       가) 직계 친족어형

       나) 방계 친족어형

       다) 인척 친족어형

위 (5)는 손춘섭(2010:8)의 호칭, 지칭 분류 체계를 수정 보완하여 제시한 것이다. (5)에서 보듯이 한국어의 호칭, 지칭 체계는 매우 복잡하지만, 크게 (5-1)의 일반 호칭, 지칭 체계와 (5-2)의 친족어 호칭, 지칭 체계로 나눌 수 있다. 먼저 (5-2)의 친족어 호칭, 지칭부터 설명하면, 이것은 직계, 방계 및 인척 관계를 이루는 친족어들이 부름말로 쓰이는 것을 말한다. 예를 들면, '아버지, 할아버지, 증조부, 손자' 등은 직계 친족어이고, '백부, 숙부, 당숙, 당숙모, 삼촌, 조카' 등은 방계 친족어이다. 보통 직계 친족과 방계 친족을 아울러 친척 관계라고 한다. 인척 관계는 자연 친족 관계가 아닌 혼인 등으로 이루어지는 친족 관계를 말한다. 친척 관계와 인척 관계를 합쳐 친인척 관계라고도 한다. 인천 관계 친족어의 예로는 '사돈, 밭사돈, 안사돈, 외삼촌' 등이 있다. 이들 친족어 호칭, 지칭의 부름말들은 (5-1)의 일반 호칭, 지칭으로 전이되어 쓰이는 경우가 많다. 이를 '의사 친족어'라고 부르기도 한다. 백화점에서 점원이 손님에게 '어머니, 언니' 등으로 부르는 것이 그러한 예이다.

(5-1) 일반 호칭, 지칭은 크게 '명사'에 '접사'가 결합한 유형, '명사_의존명사/명사'형, '대명사'형으로 나눌 수 있다. 호칭, 지칭에 쓰는 접사에는 '-님'과 '-네'가 있고, 의존명사에는 '씨, 군, 양, 댁'이 있다. 호칭, 지칭에 쓰는 대명사에는 '너, 당신, 자기, 자네' 등이 있다. 한국어 입말에서는 3인칭 대명사 '그, 그녀'는 거의 쓰지 않는다. 그 외에 '이분, 그분' 등도 대명사형 지칭으로 넣을 수 있다.

호칭은 '종지명 호칭'과 '종자명 호칭'으로 나누기도 한다. 종지명 호칭이란 어떤 사람들을 구별하여 부르려고 할 때, 그 사람들이 사는 지역 이름을 붙여 사용하는 호칭이다. 예를 들면, 전통적으로 집안에 시집 온 여인을 출신 지명을 붙여 '강진댁, 밤실 댁'처럼 부르거나, 그 남편을 '강진 양반, 밤실 양반'처럼 부르는 것이 대표적인 종지명 호칭이다. 오늘날 '안국동 아주머니, 강릉 고모'처럼 부르는 말도 종지명 호칭에 속한다. 한편, 종자명 호칭은 어떤 사람을 부를 때 상대방 자녀나 본인 자녀의 이름을 붙여 부르는 호칭이나 자녀가 부르는 말을 그대로 사용하는 호칭을 말한다. 예를 들면, 시누이를 '형님'처럼 직접 부르기도 하지만, 자기 자녀의 이름을 넣어서 '철수 고모'처럼 부르기도 한다. 이때의 '철수 고모'가 종자명 호칭이다. 또는 시누이를 직접 '형님'이라고 불러야 하지만 자기 자녀가 부르는 것처럼 '고모'라고 부르기도 한다. 물론 이것은 표준 예절은 아니지만 이 역시 종자명 호칭의 일종이다.

표준 언어 예절에는 이 두 가지 유형의 부름말을 포함하여, 위 (5)에 있는 유형의 부름말들이 대부분 제시되어 있다. 표준 언어 예절은 이들 여러 유형의 호칭, 지칭 가운데서 가정과 직장 및 사회에서 예절에 맞게 사용할 수 있는 말들을 표준으로 권장하는 것이다.

1) 부모와 자녀 사이

[표 1-1] 아버지에 대한 호칭, 지칭

			살아 계신 아버지	돌아가신 아버지
호칭		아버지, 아빠		
지칭	당사자에게		아버지, 아빠	
	어머니에게		아버지, 아빠	아버지
	조부모에게		아버지, 아빠	아버지
	형제, 자매, 친척에게		아버지, 아빠	아버님, 아버지
	배우자에게	남편에게	아버지, 친정아버지, ○○[지역] 아버지	친정아버님, 친정아버지
		아내에게	아버지	아버님, 아버지
	배우자 가족에게	시댁 쪽 사람에게	친정아버지, ○○[지역] 아버지, ○○[자녀] 할아버지	친정아버님, 친정아버지, ○○[자녀] 외할아버님, ○○[자녀] 외할아버지
		처가 쪽 사람에게	아버지	아버님, 아버지
	그 밖의 사람에게	아들이	아버지, ○○[자녀] 할아버지	아버님, 아버지, ○○[자녀] 할아버님, ○○[자녀] 할아버지
		딸이	아버지, 친정아버지, ○○[자녀] 할아버지	아버님, 아버지, 친정아버님, 친정아버지, ○○[자녀] 외할아버님, ○○[자녀] 외할아버지

〔표 1-2〕 어머니에 대한 호칭, 지칭

			살아 계신 어머니	돌아가신 어머니
호칭			어머니, 엄마	
지칭	당사자에게		어머니, 엄마	
	아버지에게		어머니, 엄마	어머니
	조부모에게		어머니, 엄마	어머니
	형제, 자매, 친척에게		어머니, 엄마	어머님, 어머니
	배우자에게	남편에게	친정어머니, 어머니, 엄마, ○○[지역] 어머니	친정어머님, 친정어머니
		아내에게	어머니	어머님, 어머니
	배우자 가족에게	시댁 쪽 사람에게	친정어머니, ○○[지역] 어머니, ○○[자녀] 외할머니	친정어머님, 친정어머니, ○○[자녀] 외할머님, ○○[자녀] 7외할머니
		처가 쪽 사람에게	어머니	어머님, 어머니
	그 밖의 사람에게	아들이	어머니, ○○[자녀] 할머니	어머님, 어머니, ○○[자녀] 할머님, ○○[자녀] 할머니
		딸이	어머니, 친정어머니, ○○[자녀] 외할머니	어머님, 어머니, 친정어머님, 친정어머니, ○○[자녀] 외할머님, ○○[자녀] 외할머니

◎ 해설(1)

　부모에 대한 호칭은 아버지, 어머니이다. 부모를 부르는 말로 어릴 때에는 '엄마', '아빠'를 사용할 수 있으나 장성해서는 '어머니', '아버지'를 쓰는 것이 좋다. 부모에 대한 지칭 역시 '어머니(엄마)', '아버지(아빠)'를 쓰지만, 돌아가신 부모를 지칭할 때에는 '아버님, 어머님'이라고 할 수 있다. 남편에게 자신의 부모를 지칭할 때에는 '아버지/어머니', '친정아버지/어머니', 혹은 종지명 부름말인 '○○[지역]_아버지/어머니'를 쓴다. 역시 돌아가신 경우에는 이들 부름말에 '아버지/어머니' 대신 '아버님/어머님'을 쓸 수 있다. 남편이나 아내, 곧 배우자 가족에게는 이들 말 이외에 종자명 부름말인 '○○[자녀]_(외)할아버지/(외)할머니'도 쓸 수 있다. 돌아가신 분의 경우 '(외)할아버지/(외)할머니' 대신 '(외)할아버님/(외)할머님'으로 해도 된다.

[표 1-3] 자녀에 대한 호칭, 지칭

	혼인하지 않은 자녀		혼인한 자녀
호 칭	○○[이름]		아범, ○○[손주] 아범, 아비, ○○[손주] 아비, 어멈, ○○[외손주] 어멈, 어미, ○○[외손주] 어미, ○○[이름]
지 칭	당사자에게	○○[이름]	아범, ○○[손주] 아범, 아비, ○○[손주] 아비, 어멈, ○○[외손주] 어멈, 어미, ○○[외손주] 어미, ○○[이름]
	가족, 친척에게	○○[이름]	아범, ○○[손주] 아범, 아비, ○○[손주] 아비, 어멈, ○○[외손주] 어멈, 어미, ○○[외손주] 어미, ○○[이름]
	자녀의 직장 사람들에게	○○○ 씨, ○ 과장, ○○○ 과장, 과장님, ○○○ 과장님	
	그 밖의 사람에게	○○[이름], 아들, 딸	
	손주(해당 자녀의 자녀)에게		아버지, 아빠, 아범, 아비, 어머니, 엄마, 어멈, 어미
	사돈 쪽 사람에게		아범, ○○[손주] 아범, 아비, ○○[손주] 아비, 어멈, ○○[외손주] 어멈, 어미, ○○[외손주] 어미, ○○[이름]

◉ 해설(2)

자녀는 혼인하기 전에는 당연히 이름을 부른다. 혼인 후에도 이름을 부를 수 있지만, '○○_아비/아범, ○○_어미/어멈'처럼 아이 이름을 넣어 불러도 좋다. 이것은 당사자나 가족, 사돈 쪽 사람에게 지칭할 때에도 같다. 손주에게 지칭할 때에는 '아버지/어머니, 아빠/엄마, 아범/어멈, 아비/어미' 등을 쓴다. 자녀의 직장 사람들에게는 '성명_씨, 직함, 성명_직함+-님, 성_직함'으로 지칭할 수 있다. 그 밖의 사람들에게는 자녀의 '이름'이나 '우리 아들/딸'처럼 지칭한다.

2) 시부모와 며느리 사이

〔표 1-4〕 시아버지에 대한 호칭

호 칭		아버님
지 칭	당사자에게	아버님
	시어머니에게	아버님
	시조부모에게	아버님, 아버지
	남편에게	아버님
	남편의 동기에게	아버님
	남편 동기의 배우자에게	아버님
	자녀에게	할아버지, 할아버님
	시댁 친척에게	아버님
	친정 쪽 사람에게	시아버님, 시아버지, ○○〔자녀〕 할아버지, ○○〔자녀〕 할아버님
	그 밖의 사람에게	시아버님, 시아버지, 아버님, ○○〔자녀〕 할아버지, ○○〔자녀〕 할아버님

〔표 1-5〕 시어머니에 대한 호칭

호 칭		어머님, 어머니
지 칭	당사자에게	어머님, 어머니
	시아버지에게	어머님, 어머니
	시조부모에게	어머님, 어머니
	남편에게	어머님
	남편의 동기에게	어머님
	남편 동기의 배우자에게	어머님
	자녀에게	할머니, 할머님
	시댁 친척에게	어머님
	친정 쪽 사람에게	시어머님, 시어머니, ○○〔자녀〕 할머니, ○○〔자녀〕 할머님
	그 밖의 사람에게	시어머님, 시어머니, 어머님, ○○〔자녀〕 할머니, ○○〔자녀〕 할머님

◉ 해설(1)

　며느리가 시부모를 직접 부르는 말은 '아버님/어머님'이다. 시어머니는 '어머니'
로도 부를 수 있다. 시아버지를 당사자나 남편 동기 시댁 친척들에게 지칭하여 말할 때에도 '아버님'으로 부르는 것이 원칙이다. 시아버지를 시조부모에게 가리켜 부를 때에는 '아비, 아범'처럼 낮추는 말을 쓰지 않고 '아버님, 아버지'로만 한다.

시어머니는 남편과 동기 등에게는 '어머님'으로 지칭하고, 당사자나 시아버지, 시조부모에게는 '어머님' 혹은 '어머니'로 가리켜 부른다. 그러나 시조부모에게 시어머니를 '어미, 어멈'처럼 낮추어 지칭하지는 않는다.

친정 쪽 사람이나 그 밖의 사람에게 시부모를 지칭할 때에는 '시아버님/시어머님, 시아버지/시어머니, ○○[자녀]_할아버지/할머니, ○○[자녀]_할아버님/할머님, 아버님/어머님' 등으로 부른다. 자녀에게는 '할아버지/할머니', '할어버님/할머님'으로 가리켜 부르면 된다.

〔표 1-6〕 며느리에 대한 호칭, 지칭

호 칭		어멈, ○○[손주] 어멈, 어미, ○○[손주] 어미, 아가, 새아가
지 칭	당사자에게	어멈, ○○[손주] 어멈, 어미, ○○[손주] 어미, 아기, 새아기
	부모에게	며늘애, 어멈, ○○[손주] 어멈, 어미, ○○[손주] 어미, ○○[아들] 처
	배우자에게	며늘애, 새아기, 어멈, ○○[손주] 어멈, 어미, ○○[손주] 어미, ○○[아들] 댁, ○○[아들] 처
	당사자 남편인 아들에게	어멈, ○○[손주] 어멈, 어미, ○○[손주] 어미, 네 댁, 네 처
	아들에게 동생의 아내를	○○[손주] 어멈, ○○[손주] 어미, ○○[아들] 댁, ○○[아들] 처, 제수, 계수
	아들에게 형의 아내를	○○[손주] 어멈, ○○[손주] 어미, 형수
	딸에게 남동생의 아내를	○○[손주] 어멈, ○○[손주] 어미, 올케, ○○[아들] 댁, ○○[아들] 처
	딸에게 오빠의 아내를	○○[손주] 어멈, ○○[손주] 어미, 올케, 새언니
	다른 며느리에게	○○[손주] 어멈, ○○[손주] 어미, 형, 동서
	사위에게	처남의 댁, 처남댁, ○○[손주] 어멈, ○○[손주] 어미, ○○[아들] 댁, ○○[아들] 처
	손주에게	어머니, 엄마, 어미
	친척에게	며느리, 며늘애, ○○[아들] 댁, ○○[아들] 처, ○○[손주] 어멈, ○○[손주] 어미
	사돈에게	며늘애, ○○[손주] 어멈, ○○[손주] 어미
	그 밖의 사람에게	며느리, 새아기

◉ 해설(2)

　시부모가 며느리를 직접 부르는 말은 '아가, 새아가'이며, 자녀가 생긴 후에는 '어멈/어미, ○○[손주]_어멈/어미'로 부를 수 있다. '어멈/어미, ○○[손주]_어멈/어미'는 며느리를 당사자, 부모, 배우자, 남편인 아들에게 지칭할 때에도 쓸 수 있다. 여기에 당사자에게는 '아기, 새아기', 부모에게는 '며늘애, ○○[아들]_처'라는 부름말을 써도 좋다. 그리고 배우자에게는 '며늘애, 새아기, ○○[아들]_댁, ○○[아들]_처' 등도 지칭으로 쓸 수 있다. 남편인 아들에게는 '네 댁, 네 처' 등도 쓴다.

　며느리를 '○○[손주]_어멈/어미'로 지칭할 수 있는 경우는 아들에게 '동생/형의 아내'를 가리켜 말하거나, 딸에게 '남동생/오빠의 아내'를 지칭할 때, 그리고 며느리를 다른 며느리, 사위, 친척, 사돈 등에게 지칭할 때에 해당한다. 이들 경우에는 이 부름말 이외에 상대에 따라서, '○○[아들]_댁, ○○[아들]_처, 제수, 계수, 형수, 올케, 새언니, 동서, 며느리, 며늘애' 등을 적절하게 써도 된다. 그리고 며느리를 손주에게 지칭할 때에는 '어머니/엄마/어미'라고 할 수 있고, 그 밖의 사람에게는 '며느리, 새아기'로 가리켜 말할 수 있다.

3) 처부모와 사위 사이

〔표 1-7〕 장인에 대한 호칭, 지칭

호　칭		장인어른, 아버님
지 칭	당사자에게	장인어른, 아버님
	장모에게	장인어른, 아버님
	아내에게	장인어른, 아버님, 장인
	부모와 동기, 친척에게	장인, 장인어른, ○○[자녀] 외할아버지
	아내의 동기와 그 배우자에게	장인어른, 아버님
	자녀에게	외할아버지, 외할아버님
	그 밖의 사람에게	장인, 장인어른, ○○[자녀] 외할아버지, ○○[자녀] 외할아버님

〔표 1-8〕 장모에 대한 호칭, 지칭

호 칭		장모님, 어머님
지 칭	당사자에게	장모님, 어머님
	장인에게	장모님, 어머님
	아내에게	장모님, 어머님, 장모
	부모와 동기, 친척에게	장모, 장모님, ○○[자녀] 외할머니
	아내의 동기와 그 배우자에게	장모님, 어머님
	자녀에게	외할머니, 외할머님
	그 밖의 사람에게	장모, 장모님, ○○[자녀] 외할머니, ○○[자녀] 외할머님

◑ 해설(1)

　오늘날 처부모를 친부모와 구별 없이 '아버지, 어머니'로 부르는 사람도 있다. 또한 사위를 친자식처럼 대하는 처부모도 많다. 표준 언어 예절은 이러한 세태에 고려하여 처부모를 부르는 말을 '장인어른/장모님', 또는 '아버님/어머님'으로 정하고 있다. 그러나 처부모를 '아버지/어머니'로 부르는 것은 권하지 않는다.

　처부모를 지칭할 때에는 당사자들, 아내의 동기와 그 배우자에게는 호칭과 똑 같이 '장인어른/장모님'이나 '아버님/어머님'으로 부른다. 아내에게는 '장인어른/장모님'이나 '아버님/어머님'과 함께 '장인/장모'로 지칭할 수도 있다. 자녀에게는 '외할아버니/외할아버님, 외할머니/외할머님'으로 지칭하고, 자신의 부모와 동기, 친척 및 그 밖의 사람들에게는 '장인/장모, 장인어른/장모님, ○○[자녀]_외할아버지/외할머니' 등으로 부른다.

[표 1-9] 사위에 대한 호칭, 지칭

호 칭		○ 서방, ○○[외손주] 아범, ○○[외손주] 아비, 여보게
지 칭	당사자에게	○ 서방, 자네, ○○[외손주] 아범, ○○[외손주] 아비
	부모에게	○ 서방, ○○[외손주] 아범, ○○[외손주] 아비
	당사자의 아내인 딸에게	○ 서방, ○○[외손주] 아범, ○○[외손주] 아비
	배우자에게	○ 서방, ○○[외손주] 아범, ○○[외손주] 아비
	사돈에게	○ 서방, ○○[외손주] 아범, ○○[외손주] 아비
	아들에게	○ 서방, 매형, 자형, 매부, 매제
	당사자의 아내가 아닌 다른 딸에게	○ 서방, 형부, 제부
	며느리에게	○ 서방
	다른 사위에게	○ 서방
	외손주에게	아버지, 아빠
	그 밖의 사람에게	사위, ○ 서방, ○○[외손주] 아버지, ○○[외손주] 아빠

◉ 해설(2)

예전엔 사위를 백년손님이라 칭하며 부르는 것을 어려워하기도 했다. 하지만 오늘날은 사위를 아들처럼 여기는 사람들이 많아서 사위의 이름을 부르는 경우도 있다. 하지만 사위를 직접 부르는 표준적 부름말은 '○_서방'이다. 외손주가 있으면 '○○[외손주]_아범/아비'처럼 부를 수 있다.

사위를 가리켜 부를 때에는 외손주들을 제외한 모든 사람에게 '○_서방'이라고 지칭한다. 당사자나 부모, 배우자, 사돈, 아내인 딸에게는 '○○[외손주]_아범/아비'로 지칭할 수도 있다. 아들이나 다른 딸들에게는 그들과의 관계에 따라 '매형, 자형, 매제, 형부, 제부' 등으로 지칭해도 된다. 외손주에게는 '아버지, 아빠'로 지칭하고, 그 밖의 사람들에게는 '사위'나 '○○[외손주]_아버지/아빠'로도 가리켜 부를 수 있다.

4) 남편에 대하여

〔표 1-10〕 남편에 대한 호칭, 지칭

호 칭			여보, ○○ 씨, ○○〔자녀〕 아버지, ○○〔자녀〕 아빠, 영감, ○○〔손주, 외손주〕 할아버지
지칭	당사자에게		당신, ○○ 씨, 영감
	시부모에게		아범, 아비, 그이
	친정 부모에게		서방, 아범, 아비
	남편 동기에게		그이, ○○〔자녀〕 아버지, ○○〔자녀〕 아빠, 형, 형님, 동생, 오빠
	남편 동기의 배우자에게		그이, ○○〔자녀〕 아버지, ○○〔자녀〕 아빠
	친정 동기와 배우자 에게	손위 동기에게	서방, 그이, ○○〔자녀〕 아버지, ○○〔자녀〕 아빠
		손위 동기의 배우자에게	서방, 그이, ○○〔자녀〕 아버지, ○○〔자녀〕 아빠
		손아래 동기에게	그이, ○○〔자녀〕 아버지, ○○〔자녀〕 아빠, 매형, 자형, 매부, 형부
		손아래 동기의 배우자에게	그이, ○○〔자녀〕 아버지, ○○〔자녀〕 아빠
	자녀에게		아버지, 아빠
	며느리에게		아버님
	사위에게		장인, 장인어른, 아버님
	친구에게		그이, 남편, 애아버지, 애 아빠, ○○〔자녀〕 아버지, ○○〔자녀〕 아빠
	남편 친구에게		그이, 애아버지, 애 아빠, ○○〔자녀〕 아버지, ○○〔자녀〕 아빠, 바깥양반, 바깥사람
	남편 회사에 전화를 걸 때		○○○ 씨, 과장님, ○ 과장님, ○○○ 과장님
	아는 사람에게		○○〔자녀〕 아버지, ○○〔자녀〕 아빠, 바깥양반, 바깥사람
	모르는 사람에게		남편, 애아버지, 애 아빠

◉ 해설

남편을 부르는 말은 '여보' 혹은 '○○_씨'가 표준이다. 자녀가 있으면 '○○〔자녀〕_아버지/아빠'로 부를 수 있고, 연령에 따라서는 '영감, ○○〔손주, 외손주〕_할아버지'로 부를 수 있다. 남편을 '오빠'나 '아빠'라고 부르는 젊은 사람들이 있는데 이는 바르지 않다.

남편을 당사자에게 지칭할 때에는 '당신, ○○_씨, 영감'으로 부른다. 시부모에게 지칭할 때에는 '아범/아비, 그이'로 부르고 친정 부모에게 지칭할 때에는 '아범/아비, ○_서방'으로 부른다. '그이'라는 부름말은 '남편의 동기나 그 배우자, 친정 동기들이나 그 배우자들, 그리고 친구, 남편 친구'에게 두루 쓸 수 있는 지칭이다. 그리고 동기나 그 배우자, 친구나 지인들에게는 '○○[자녀]_아버지/아빠'를 두루 쓸 수 있다. 손아래 동기, 자녀나 며느리, 사위 등에게는 '매형, 아버지, 아빠, 장인어른, 아버님' 등 그들이 부르는 말을 쓸 수 있다. 남편 친구나 지인에게는 '바깥양반', 회사에 전화를 할 때에는 '○○○_씨'나 직함으로 지칭할 수 있고, 모르는 사람에게는 '남편, 애 아버지, 애 아빠'로 가리켜 부를 수 있다.

5) 아내에 대하여

〔표 1-11〕 아내에 대한 호칭, 지칭

호 칭		여보, ○○ 씨, ○○[자녀] 엄마, 임자, ○○[손주, 외손주] 할머니
지 칭	당사자에게	당신, ○○ 씨, 임자
	친부모에게	어멈, 어미, 집사람, 안사람, ○○[자녀] 엄마
	장인, 장모에게	어멈, 어미, ○○[자녀] 엄마, 집사람, 안사람
	동기에게 — 손위 동기에게	○○[자녀] 엄마, 집사람, 안사람
	동기에게 — 남동생에게	○○[자녀] 엄마, 형수
	동기에게 — 여동생에게	○○[자녀] 엄마, 언니, 새언니, 올케, 올케 언니
	동기의 배우자에게	○○[자녀] 엄마, 집사람, 안사람
	아내 동기에게 — 아내의 손위 동기에게	○○[자녀] 엄마, 집사람, 안사람
	아내 동기에게 — 아내의 남동생에게	○○[자녀] 엄마, 누나
	아내 동기에게 — 아내의 여동생에게	○○[자녀] 엄마, 언니
	아내 동기의 배우자에게	○○[자녀] 엄마, 집사람, 안사람

자녀에게	어머니, 엄마
며느리에게	어머니
사위에게	장모
친구에게	집사람, 안사람, 아내, 애 어머니, 애 엄마, ○○[자녀] 엄마
아내 친구에게	집사람, 안사람, 애 어머니, 애 엄마, ○○[자녀] 엄마, ○○[자녀] 어머니
아내 회사에 전화를 걸 때	○○○ 씨, 과장님, ○ 과장님, ○○○ 과장님
아는 사람에게	○○[자녀] 엄마, ○○[자녀] 어머니, 집사람, 안사람, 아내, 처
모르는 사람에게	집사람, 안사람, 아내, 처, 애 어머니, 애 엄마

◑ 해설

아내를 직접 부르는 말은 남편의 경우와 마찬가지로 '여보' 혹은 '○○_씨'이다. 자녀가 있으면 '○○[자녀]_어머니/엄마'로 불러도 좋고, 연령에 따라서는 '임자, ○○[손주, 외손주]_할머니'로도 부를 수 있다. 아내를 '너'라고 부르거나, '야'라고 부르는 젊은 남편들도 있는데 이는 예의바르지 않은 일이다.

아내를 당사자에게 지칭할 때에는 '당신, ○○_씨, 임자'로 부른다. 아내를 다른 사람에게 지칭할 때 '마누라'나 '와이프'와 같은 말을 쓰는 사람도 있는데, 이것은 바람직한 부름말이라 할 수 없다. 아내를 친부모나 처부모에게 지칭할 때에는 '어멈/어미, 집사람/안사람, '○○[자녀]_엄마'로 부른다. '○○[자녀]_엄마'라는 지칭은 '동기나 그 배우자, 아내의 동기나 그 배우자, 그리고 친구, 아내 친구, 아는 사람'에게 두루 쓸 수 있는 것이다. 손아래 동기, 자녀나 며느리, 사위 등에게는 '형수, 새언니, 올케, 누나, 언니, 엄마, 어머니, 장모' 등 그들이 부르는 말을 쓸 수 있다. 아내 친구나 지인에게는 '집사람/안사람, 애 어머니/엄마', 회사에 전화를 할 때에는 '○○○_씨'나 직함으로 지칭할 수 있고, 모르는 사람에게는 '아내, 집사람/안사람, 처, 애 엄마' 등으로 가리켜 부를 수 있다.

(6) 동기와 그 배우자에 대하여

〔표 1-12〕 형에 대한 호칭, 지칭

호 칭		형, 형님
지 칭	당사자에게	형, 형님
	부모에게	형
	동기와 그 배우자에게	형, 형님
	처가 쪽 사람에게	형, 형님, ○○〔자녀〕 큰아버지
	자녀에게	큰아버지, 큰아버님
	그 밖의 사람에게	형, 형님, ○○〔자녀〕 큰아버지

〔표 1-13〕 형의 아내에 대한 호칭, 지칭

호 칭		형수님, 아주머님, 아주머니
지 칭	당사자에게	형수님, 아주머님, 아주머니
	부모에게	형수, 아주머니
	동기와 그 배우자에게	형수님, 형수, 아주머님, 아주머니
	처가 쪽 사람에게	형수님, 아주머님, 아주머니, ○○〔자녀〕 큰어머니
	자녀에게	큰어머니, 큰어머님
	그 밖의 사람에게	형수님, ○○〔자녀〕 큰어머니

〔표 1-14〕 남동생에 대한 호칭, 지칭 - 남자

호 칭		○○〔이름〕, 아우, 동생
지 칭	당사자에게	○○〔이름〕, 아우, 동생
	부모에게	○○〔이름〕, 아우, 동생
	동기와 그 배우자에게	○○〔이름〕, 아우, 동생
	처가 쪽 사람에게	아우, 동생, ○○〔자녀〕 작은아버지
	자녀에게	삼촌, 작은아버지
	그 밖의 사람에게	○○〔이름〕, 아우, 동생, ○○〔자녀〕 작은아버지

호 칭		제수씨, 계수씨
지 칭	당사자에게	제수씨, 계수씨
	부모에게	제수, 제수씨, 계수, 계수씨
	동기와 그 배우자에게	제수, 제수씨, 계수, 계수씨
	처가 쪽 사람에게	제수, 제수씨, 계수, 계수씨, ○○[자녀] 작은어머니
	자녀에게	작은어머니, 숙모
	그 밖의 사람에게	제수, 제수씨, 계수, 계수씨, ○○[자녀] 작은어머니

◉ 해설(1)

형을 부르는 말은 '형, 형님'이고, 남자가 남동생을 부르는 말은 '이름, 아우, 동생'이다. 형에 대한 지칭 역시 대부분 '형, 형님'이지만, 처가 쪽 사람에게는 '○○[자녀]_큰아버지'로, 자녀에게는 '큰아버지/큰아버님'으로 가리켜 부른다. 그 밖의 사람에게도 '형, 형님'이나 '○○[자녀]_큰아버지'를 쓴다.

남동생 또한 대부분 '이름, 아우, 동생'으로 지칭하지만, 처가 쪽 사람에게는 '○○[자녀]_작은아버지'로, 자녀에게는 '삼촌, 작은아버지'로 가리켜 부른다. 그 밖의 사람에게는 '이름, 아우, 동생, ○○[자녀]_작은아버지' 중에서 적절하게 쓴다.

형의 아내를 부르는 말은 '형수님, 아주머님/아주머니'이다. '아주머님/아주머니'라는 말은 어원적으로 '작은', '버근'을 나타내는 '앚'에 '어머님/어머니'가 결합한 것이므로, '버근 어머니' 혹은 '어머니와 같은 분'이라는 의미이다. '아주머님/아주머니'는 손위 관계에 있는 여자를 부를 때 쓰는 예의를 갖춘 말이다. 따라서 형의 아내를 지칭할 때에도 '형수, 형수님, 아주머님/아주머니' 등을 적절하게 쓴다. 자녀에게 지칭할 때에는 '큰어머님/큰어머니'를 쓰고, 처가 쪽 사람이나 그 밖의 사람에게는 '○○[자녀]_큰어머니'를 쓸 수 있다.

동생의 아내를 부르는 말은 '제수씨, 계수씨'이다. 동생의 아내를 다른 사람에게 지칭할 때에는 '제수/계수, 제수씨/계수씨' 등을 쓴다. 자녀에게 지칭할 때에는 '작은어머니, 숙모'를 쓰고, 처가 쪽 사람이나 그 밖의 사람에게는 '○○[자녀]_작은어머니'를 쓸 수 있다.

〔표 1-16〕 누나에 대한 호칭, 지칭

호 칭		누나, 누님
지 칭	당사자에게	누나, 누님
	부모에게	누나
	동기와 그 배우자에게	누나, 누님, 누이
	처가 쪽 사람에게	누나, 누님, 누이, ○○[자녀] 고모
	자녀에게	고모, 고모님
	그 밖의 사람에게	누나, 누님, 누이, ○○[자녀] 고모

〔표 1-17〕 누나의 남편에 대한 호칭, 지칭

호 칭		매형, 자형, 매부
지 칭	당사자에게	매형, 자형, 매부
	부모에게	매형, 자형, 매부
	동기와 그 배우자에게	매형, 자형, 매부
	처가 쪽 사람에게	매형, 자형, 매부, ○○[자녀] 고모부
	자녀에게	고모부, 고모부님
	그 밖의 사람에게	매형, 자형, 매부, ○○[자녀] 고모부

〔표 1-18〕 여동생에 대한 호칭, 지칭

호 칭		○○[이름], 동생
지 칭	당사자에게	○○[이름], 동생
	부모에게	○○[이름], 동생
	동기와 그 배우자에게	○○[이름], 동생, 누이
	처가 쪽 사람에게	누이동생, 여동생, 동생, 누이, ○○[자녀] 고모
	자녀에게	고모
	그 밖의 사람에게	누이동생, 여동생, 동생, 누이, ○○[자녀] 고모

〔표 1-19〕 여동생의 남편에 대한 호칭, 지칭

호 칭		○ 서방, 매부, 매제
지 칭	당사자에게	○ 서방, 매부, 매제
	부모에게	○ 서방, 매부, 매제
	동기와 그 배우자에게	○ 서방, 매부, 매제
	처가 쪽 사람에게	매부, 매제, ○○[자녀] 고모부
	자녀에게	고모부
	그 밖의 사람에게	○ 서방, 매부, 매제, ○○[자녀] 고모부

◎ 해설(2)

누나를 부르는 말은 '누나, 누님'이다. 누나를 부모, 동기나 배우자, 처가 쪽 사람들, 그 밖의 사람들에게 지칭할 때에는 '누나, 누님, 누이' 등을 적절하게 쓴다. 자녀에게는 '고모, 고모님'이라고 지칭하고, 처가 쪽 사람이나 그 밖의 사람에게는 '○○[자녀]_고모'를 쓸 수 있다. 누나의 남편은 '매형, 자형, 매부'로 호칭한다.

누나의 남편을 지칭할 때에도 기본적으로 '매형, 자형, 매부'를 쓴다. 자녀에게는 '고모부, 고모부님'으로 지칭하고, 처가 쪽 사람이나 그 밖의 사람에게는 '○○[자녀]_고모부'를 쓸 수 있다.

여동생을 부르는 말은 '이름'과 '동생'이다. 여동생을 부모, 동기나 배우자에게 지칭할 때에도 '이름'과 '동생'을 쓸 수 있다. 처가 쪽 사람들, 그 밖의 사람들에게 지칭할 때에는 '누이동생, 여동생, 동생, 누이, ○○[자녀]_고모' 등을 적절하게 쓴다. 그리고 자녀에게는 '고모'라고 지칭한다.

여동생의 남편은 '○_서방, 매부, 매제'로 호칭한다. 여동생의 남편을 지칭할 때에도 기본적으로 '○_서방, 매부, 매제'를 쓴다. 자녀에게는 '고모부'로 지칭하고, 처가 쪽 사람이나 그 밖의 사람에게는 '○○[자녀]_고모부'를 쓸 수 있다.

〔표 1-20〕 오빠에 대한 호칭, 지칭

호 칭		오빠, 오라버니, 오라버님
지 칭	당사자에게	오빠, 오라버니, 오라버님
	부모에게	오빠, 오라버니
	동기와 그 배우자에게	오빠, 오라버니, 오라버님
	시댁 쪽 사람에게	오빠, 친정 오빠, 오라버니, 친정 오라버니, ○○〔자녀〕 외삼촌
	자녀에게	외삼촌, 외숙부, 외숙부님
	그 밖의 사람에게	오빠, 친정 오빠, 오라버니, 친정 오라버니, ○○〔자녀〕 외삼촌

〔표 1-21〕 오빠의 아내에 대한 호칭, 지칭

호 칭		새언니, 언니
지 칭	당사자에게	새언니, 언니
	부모에게	새언니, 언니, 올케, 올케언니
	동기와 그 배우자에게	새언니, 언니, 올케, 올케언니
	시댁 쪽 사람에게	올케, 올케언니, 새언니, ○○〔자녀〕 외숙모
	자녀에게	외숙모, 외숙모님
	그 밖의 사람에게	올케, 올케언니, 새언니, ○○〔자녀〕 외숙모

〔표 1-22〕 남동생에 대한 호칭, 지칭 - 여자

호 칭		○○〔이름〕, 동생
지 칭	당사자에게	○○〔이름〕, 동생
	부모에게	○○〔이름〕, 동생
	동기와 그 배우자에게	○○〔이름〕, 동생
	시댁 쪽 사람에게	친정 동생, ○○〔자녀〕 외삼촌
	자녀에게	외삼촌, 외숙부
	그 밖의 사람에게	○○〔이름〕, 동생, 친정 동생, ○○〔자녀〕 외삼촌

〔표 1-23〕 남동생의 아내에 대한 호칭, 지칭 - 여자

호 칭		올케
지 칭	당사자에게	올케
	부모에게	올케
	동기와 그 배우자에게	올케
	시댁 쪽 사람에게	올케, ○○〔자녀〕 외숙모
	자녀에게	외숙모
	그 밖의 사람에게	올케, ○○〔자녀〕 외숙모

◐ 해설(3)

오빠에 대한 호칭은 '오빠, 오라버니, 오라버님'이다. '오라버님'이라는 말은 오빠를 당사자나 동기와 그 배우자에게 지칭할 때에도 쓴다. 오빠를 부모, 동기나 그 배우자, 시댁 쪽 사람, 그 밖의 사람들에게 지칭할 때에는 '오빠, 친정 오빠, 오라버니, 친정 오라버니, ○○〔자녀〕_외삼촌' 등을 적절하게 쓴다. 자녀에게는 '외삼촌, 외숙부, 외숙부님'으로 지칭한다.

오빠의 아내는 당사자에게는 '새언니, 언니'로 부른다. 부모나, 동기와 그 배우자, 시댁 쪽 사람들에게는 '올케'나 '올케언니'로 지칭할 수도 있다. 자녀에게는 '외숙모, 외숙모님'으로 지칭한다.

남동생에 대한 호칭과 지칭은 기본적으로 '이름, 동생'이다. 남동생을 시댁 쪽 사람, 그 밖의 사람들에게 지칭할 때에는 '친정 동생, ○○〔자녀〕_외삼촌' 등으로도 부를 수 있다. 자녀에게는 '외삼촌, 외숙부'로 지칭한다.

남동생의 아내에 대한 호칭, 지칭은 '올케'이다. 자녀에게는 '외숙모'으로 지칭하고, 시댁 쪽 사람이나 그 밖의 사람들에게는 '○○〔자녀〕_외숙모'로 부를 수 있다.

〔표 1-24〕 언니에 대한 호칭, 지칭

호 칭		언니
지 칭	당사자에게	언니
	부모에게	언니

	동기와 그 배우자에게	언니
	시댁 쪽 사람에게	언니, ○○[자녀] 이모
	자녀에게	이모, 이모님
	그 밖의 사람에게	언니, ○○[자녀] 이모

〔표 1-25〕 언니의 남편에 대한 호칭, 지칭

	호　　칭	형부
지 칭	당사자에게	형부
	부모에게	형부
	동기와 그 배우자에게	형부
	시댁 쪽 사람에게	형부, ○○[자녀] 이모부
	자녀에게	이모부, 이모부님
	그 밖의 사람에게	형부, ○○[자녀] 이모부

〔표 1-26〕 여동생에 대한 호칭, 지칭 - 여자

	호　　칭	○○[이름], 동생
지 칭	당사자에게	○○[이름], 동생
	부모에게	○○[이름], 동생
	동기와 그 배우자에게	○○[이름], 동생
	시댁 쪽 사람에게	친정 여동생, ○○[자녀] 이모
	자녀에게	이모
	그 밖의 사람에게	친정 여동생, ○○[자녀] 이모

〔표 1-27〕 여동생의 남편에 대한 호칭, 지칭 - 여자

	호　　칭	○ 서방, 제부
지 칭	당사자에게	○ 서방, 제부
	부모에게	○ 서방, 제부
	동기와 그 배우자에게	○ 서방, 제부
	시댁 쪽 사람에게	동생의 남편, ○○[자녀] 이모부, 제부
	자녀에게	이모부
	그 밖의 사람에게	동생의 남편, ○○[자녀] 이모부, 제부

언니에 대한 호칭과 지칭은 기본적으로 '언니'이고, 언니의 남편은 '형부'이다. 언니를 시댁 쪽 사람, 그 밖의 사람들에게 지칭할 때에는 '○○[자녀]_이모'로, 언니의 남편은 '○○[자녀]_이모부'로 부를 수 있다. 자녀에게는 언니는 '이모(님)', 언니의 남편은 '이모부(님)'으로 지칭한다.

여자의 여동생에 대한 호칭과 지칭은 기본적으로 '이름, 동생'이고, 여자의 여동생 남편은 '○_서방, 제부'이다. 여자가 여동생을 시댁 쪽 사람, 그 밖의 사람들에게 지칭할 때에는 '친정 여동생, ○○[자녀]_이모'로, 여동생의 남편은 '동생의 남편, ○○[자녀]_이모부'로 지칭할 수 있다. 자녀에게는 여자의 여동생은 '이모', 여동생의 남편은 '이모부'로 지칭한다.

7) 남편의 동기와 그 배우자에 대하여

〔표 1-28〕 남편의 형에 대한 호칭, 지칭

호 칭		아주버님
지 칭	당사자에게	아주버님
	시댁 쪽 사람에게	아주버님
	친정 쪽 사람에게	시아주버니, ○○[자녀] 큰아버지
	자녀에게	큰아버지, 큰아버님
	그 밖의 사람에게	시아주버니, ○○[자녀] 큰아버지

〔표 1-29〕 남편 형의 아내에 대한 호칭, 지칭

호 칭		형님
지 칭	당사자에게	형님
	시댁 쪽 사람에게	형님
	친정 쪽 사람에게	큰동서, 형님, 맏동서〔남편 맏형의 아내만〕, ○○[자녀] 큰어머니
	자녀에게	큰어머니, 큰어머님
	그 밖의 사람에게	큰동서, 형님, 맏동서〔남편 맏형의 아내만〕, ○○[자녀] 큰어머니

〔표 1-30〕 남편의 아우에 대한 호칭, 지칭

호 칭		도련님[미혼], 서방님[기혼]
지 칭	당사자에게	도련님[미혼], 서방님[기혼]
	시댁 쪽 사람에게	도련님[미혼], 서방님[기혼]
	친정 쪽 사람에게	시동생, ○○[자녀] 작은아버지, ○○[자녀] 삼촌
	자녀에게	작은아버지, 작은아버님, 삼촌
	그 밖의 사람에게	시동생, 도련님[미혼], 서방님[기혼], ○○[자녀] 작은아버지, ○○[자녀] 삼촌

〔표 1-31〕 남편 아우의 아내에 대한 호칭, 지칭

호 칭		동서
지 칭	당사자에게	동서
	시댁 쪽 사람에게	동서
	친정 쪽 사람에게	동서, 작은동서, ○○[자녀] 작은어머니
	자녀에게	작은어머니, 작은어머님
	그 밖의 사람에게	동서, 작은동서, ○○[자녀] 작은어머니

◉ 해설(1)

  남편의 형에 대한 호칭, 지칭은 '아주버님'이고, 남편 형의 아내에 대한 호칭, 지칭은 '형님'이다. 남편의 형을 친정 쪽 사람이나 그 밖의 사람에게는 '시아주버니, ○○[자녀]_큰아버지'로 지칭할 수 있고, 자녀에게는 '큰아버지, 큰아버님'으로 지칭한다. 남편의 형의 아내를 친정 쪽 사람이나 그 밖의 사람에게는 '큰동서, 맏동서, ○○[자녀]_큰어머니' 등으로 지칭할 수 있고, 자녀에게는 '큰어머니, 큰어머님'으로 지칭한다.

  남편의 아우에 대한 호칭, 지칭은 혼인하지 않은 경우 '도련님'이고, 혼인한 경우는 '서방님'이다. 남편 동생의 아내에 대한 호칭, 지칭은 '동서'이다. 남편의 아우를 친정 쪽 사람이나 그 밖의 사람에게는 '시동생, ○○[자녀]_작은아버지, ○○[자녀]_삼촌'으로 지칭할 수 있고, 자녀에게는 '작은아버지, 작은아버님, 삼촌'으로 지

칭한다. 남편 동생의 아내를 친정 쪽 사람이나 그 밖의 사람에게는 '작은동서, ○ ○
[자녀]_작은어머니' 등으로 지칭할 수 있고, 자녀에게는 '작은어머니, 작은어머님'
으로 지칭한다.

〔표 1-32〕 남편의 누나에 대한 호칭, 지칭

호 칭		형님
지 칭	당사자에게	형님
	시댁 쪽 사람에게	형님
	친정 쪽 사람에게	시누이, 형님, ○○[자녀] 고모
	자녀에게	고모, 고모님
	그 밖의 사람에게	시누이, 형님, ○○[자녀] 고모

〔표 1-33〕 남편의 여동생에 대한 호칭, 지칭

호 칭		아가씨, 아기씨
지 칭	당사자에게	아가씨, 아기씨
	시댁 쪽 사람에게	아가씨, 아기씨
	친정 쪽 사람에게	시누이, ○○[자녀] 고모
	자녀에게	고모, 고모님
	그 밖의 사람에게	시누이, 아가씨, 아기씨, ○○[자녀] 고모

〔표 1-34〕 시누이의 남편에 대한 호칭, 지칭

		남편 누나의 남편	남편 여동생의 남편
호 칭		아주버님	서방님
지 칭	당사자에게	아주버님	서방님
	자녀에게	고모부, 고모부님	고모부, 고모부님
	자녀 외의 사람들에게	시누이 남편, 아주버님, ○○[지역] 아주버님, ○○[자녀] 고모부, ○○[자녀] 고모부님	시누이 남편, 서방님, ○○[지역] 서방님, ○ 서방, ○○[자녀] 고모부, ○○[자녀] 고모부님

남편의 누나에 대한 호칭, 지칭은 '형님'이고, 남편의 여동생에 대한 호칭, 지칭은 '아가씨'이다. 남편의 누나를 친정 쪽 사람이나 그 밖의 사람에게는 '시누이, ○○[자녀]_고모'로 지칭할 수 있다. 남편의 여동생을 친정 쪽 사람이나 그 밖의 사람에게는 '시누이, ○○[자녀]_고모'로 지칭할 수 있고, 자녀에게는 남편의 누나나 여동생을 모두 '고모(님)'으로 지칭한다.

남편 누나의 남편은 '아주버님'으로, 남편 여동생의 남편은 '서방님'으로 부른다. 자녀에게는 모두 '고모부(님)'으로 지칭한다. 자녀 이외의 사람들에게 남편 누나의 남편은 '시누이 남편, ○○[지역]_아주버님, ○○[자녀]_고모부(님)' 등으로 지칭하고, 남편 여동생의 남편은 '시누이 남편, ○○[지역]_서방님, ○○[자녀]_고모부(님)' 등으로 지칭한다.

8) 아내의 동기와 그 배우자에 대하여

〔표 1-35〕 아내의 남자 동기에 대한 호칭, 지칭

			아내 오빠	아내 남동생
호 칭			형님	처남
지 칭		당사자에게	형님	처남, 자네
		아내에게	형님	처남
		부모, 동기, 그 밖의 사람에게	처남 ○○[자녀] 외삼촌	처남, ○○[자녀] 외삼촌
		장인, 장모에게	형님	처남
	아 내 의	손위 동기와 그 배우자에게	형님	처남
		손아래 동기와 그 배우자에게	형님, 형, 오빠	처남, 동생, 형님, 형, 오빠
		자녀에게	외삼촌, 외숙부, 외숙부님	외삼촌, 외숙부, 외숙부님

[표 1-36] 아내의 남동생을 아내의 동기에게 지칭할 때

화자	청 자		지칭어	
(~가)	(~에게)		(~라고 지칭한다.)	
나	① 아내 오빠, 아내 언니		처남	
	② 아내		처남	
	③ 아내 남동생, 아내 여동생		처남, 동생	
	④ 당사자인 남동생(지칭 대상)		처남	
	⑤ 아내 남동생	아내 여동생	형, 형님	오빠
	①~⑤는 서열을 나타냄.			

[표 1-37] 아내 남자 동기의 배우자에 대한 호칭, 지칭

			아내 오빠의 아내	아내 남동생의 아내
호 칭			아주머니	처남의 댁, 처남댁
지 칭	당사자에게		아주머니	처남의 댁, 처남댁
	아내에게		처남의 댁, 처남댁	처남의 댁, 처남댁
	부모, 동기, 그 밖의 사람에게		처남의 댁, 처남댁, ○○[자녀] 외숙모	처남의 댁, 처남댁, ○○[자녀] 외숙모
	장인, 장모에게		처남의 댁, 처남댁	처남의 댁, 처남댁
	아 내 의	손위 동기와 그 배우자에게	처남의 댁, 처남댁	처남의 댁, 처남댁
		손아래 동기와 그 배우자에게	형수, 새언니, 언니, 올케, 올케언니	형수, 새언니, 언니, 올케, 올케언니
	자녀에게		외숙모, 외숙모님	외숙모, 외숙모님

◉ 해설(1)

아내의 오빠는 '형님'으로 호칭, 지칭하고, 아내의 남동생은 '처남'으로 호칭, 지칭한다. 아내의 오빠나 남동생을 부모나 동기, 그 밖의 사람에게 지칭할 때에는 '처남, ○○[자녀]_외삼촌'으로 부를 수 있다. 손아래 동기와 그 배우자에게는 그들이 부르는 대로 '형, 오빠, 동생' 등으로 지칭한다. 자녀에게는 아내의 오빠, 남동생 모두 '외삼촌, 외숙부, 외숙부님'으로 가리켜 부른다.

아내의 남동생을 아내의 동기나 배우자에게 지칭할 때에는 '처남'으로 부르는 것이 원칙이다. 다만, 아내의 남동생이 여럿일 경우 서열이 위인 남동생을 그보다 서

열이 아래인 남동생에게 지칭할 때에는 '형, 형님'이라고 부른다. 반대로 서열이 아래인 남동생을 그보다 서열이 위인 동생들에게 지칭할 때에는 '처남, 동생'이라고 부른다. 아내 여동생에게 손위 남동생을 지칭할 때에는 '오빠'로 부를 수 있다.

아내 남자 동기의 배우자에 대한 호칭, 지칭은 '아내 오빠의 아내'의 경우 '아주머니', '아내 남동생의 아내'의 경우 '처남의 댁, 처남댁'으로 하는 것이 원칙이다. 다만 아내 오빠/남동생의 아내를 부모, 동기나 그 밖의 사람에게는 '○○[자녀]_외숙모'로 지칭할 수 있고, 손아래 동기와 그 배우자에게는 '형수, 새언니, 언니, 올케, 올케언니'로 지칭한다. 자녀에게는 '외숙모(님)'으로 지칭한다.

〔표 1-38〕 아내의 여자 동기에 대한 호칭, 지칭

			아내 언니	아내 여동생
	호 칭		처형	처제
지 칭		당사자에게	처형	처제
		아내에게	처형	처제
		부모, 동기, 그 밖의 사람에게	처형, ○○[자녀] 이모	처제, ○○[자녀] 이모
		장인, 장모에게	처형	처제
	아 내 의	손위 동기와 그 배우자에게	처형	처제
		손아래 동기와 그 배우자에게	누나, 누님, 언니	처형, 동생, 누나, 누님, 언니
	자녀에게		이모, 이모님	이모, 이모님

〔표 1-39〕 아내의 여동생을 아내의 동기에게 지칭할 때

화자	청 자		지칭어	
(~가)	(~에게)		(~라고 지칭한다.)	
나	① 아내 오빠, 아내 언니		처제	
	② 아내		처제	
	③ 아내 남동생, 아내 여동생		처제, 동생	
	④ 당사자인 여동생(지칭 대상)		처제	
	⑤ 아내 남동생	아내 여동생	누나, 누님	언니
	①~⑤는 서열을 나타냄.			

〔표 1-40〕 아내 여자 동기의 배우자에 대한 호칭, 지칭

			아내 언니의 남편	아내 여동생의 남편
호 칭			형님	동서, ○ 서방
지 칭	당사자에게		형님	동서, ○ 서방
	아내에게		형님	동서, ○ 서방
	부모, 동기, 그 밖의 사람에게		동서, ○○〔자녀〕 이모부	동서, ○○〔자녀〕 이모부
	장인, 장모에게		형님	동서, ○ 서방
	아 내 의	손위 동기와 그 배우자에게	형님	동서, ○ 서방
		손아래 동기와 그 배우자에게	매형, 자형, 매부, 형부, 형님	매형, 자형, 매부, 형부, ○ 서방
	자녀에게		이모부, 이모부님	이모부, 이모부님

◉ 해설(2)

아내의 언니는 '처형'으로, 아내의 여동생은 '처제'로 호칭, 지칭한다. 아내의 언니나 여동생을 부모나 동기, 그 밖의 사람에게 지칭할 때에는 '처남, ○○〔자녀〕_이모'로 부를 수 있다. 손아래 동기와 그 배우자에게는 그들이 부르는 대로 '누나, 누님, 언니, 처형, 동생' 등으로 지칭한다. 자녀에게는 아내의 언니, 여동생 모두 '이모, 이모님'으로 가리켜 부른다.

아내의 여동생을 아내의 동기나 배우자에게 지칭할 때에 '처제'로 부르는 것이 원칙이다. 다만, 아내의 여동생이 여럿일 경우 서열이 위인 여동생을 그보다 서열이 아래인 남동생에게 지칭할 때에는 '누나, 누님'이라고 부르고, 서열이 아래인 여동생에게는 '언니'라고 지칭한다. 반대로 서열이 아래인 여동생을 그보다 서열이 위인 동생들에게 지칭할 때에는 '처제, 동생'이라고 부른다.

아내 여자 동기의 배우자에 대한 호칭, 지칭은 아내 언니의 남편인 경우 '형님', 아내 여동생의 남편의 경우 '동서, ○_서방'으로 하는 것이 원칙이다. 다만 아내 언니/여동생의 남편을 부모, 동기나, 그 밖의 사람에게는 '동서, ○○〔자녀〕_이모부'로 지칭하고, 손아래 동기와 그 배우자에게는 '매형, 자형, 매부, 형부, 형님' 등으로 지칭한다. 자녀에게는 '이모부(님)'으로 지칭한다.

9) 조부모와 손주 사이

〔표 1-41〕 조부모, 외조부모에 대한 호칭, 지칭

		조부모	외조부모
호 칭		할아버지, 할머니	할아버지, 외할아버지, 할머니, 외할머니
지 칭	당사자와 그 배우자에게	할아버지, 할머니	할아버지, 외할아버지, 할머니, 외할머니
	부모, 형제, 자매, 친척에게	할아버지, 할머니	외할아버지, 외할머니
	아내와 처가 쪽 사람에게	할아버지, 할머니	외할아버지, 외할머니
	남편과 시댁 쪽 사람에게	할아버지, 할머니, 친정 할아버지, 친정 할머니	외할아버지, 외할머니, 친정 외할아버지, 친정 외할머니

〔표 1-42〕 시조부에 대한 호칭, 지칭

	호 칭	할아버님
지 칭	당사자에게	할아버님
	시조모에게	할아버님
	시부모에게	할아버님
	남편, 시댁 쪽 사람에게	할아버님
	부모, 동기, 친정 쪽 사람에게	시할아버님, 시할아버지, 시조부님, 시조부, ○○[자녀] 증조할아버님, ○○[자녀] 증조할아버지, ○○[자녀] 증조부님, ○○[자녀] 증조부

〔표 1-43〕 시조모에 대한 호칭, 지칭

	호 칭	할머님, 할머니
지 칭	당사자에게	할머님, 할머니
	시조부에게	할머님, 할머니
	시부모에게	할머님
	남편, 시댁 쪽 사람에게	할머님
	부모, 동기, 친정 쪽 사람에게	시할머님, 시할머니, 시조모님, 시조모, ○○[자녀] 증조할머님, ○○[자녀] 증조할머니, ○○[자녀] 증조모님, ○○[자녀] 증조모

〔표 1-44〕 시외조부에 대한 호칭, 지칭

호	칭		할아버님, 외할아버님
지 칭	당사자에게		할아버님, 외할아버님
	시외조모에게		할아버님, 외할아버님
	시부모에게		외할아버님
	남편, 시댁 쪽 사람에게		외할아버님
	부모, 동기, 친정 쪽 사람에게		시외할아버님, 시외할아버지, 시외조부님, 시외조부

〔표 1-45〕 시외조모에 대한 호칭, 지칭

호	칭		할머님, 할머니, 외할머님, 외할머니
지 칭	당사자에게		할머님, 할머니, 외할머님, 외할머니
	시외조부에게		할머님, 할머니, 외할머님, 외할머니
	시부모에게		외할머님
	남편, 시댁 쪽 사람에게		외할머님
	부모, 동기, 친정 쪽 사람에게		시외할머님, 시외할머니, 시외조모님, 시외조모

◉ 해설(1)

조부모에 대한 호칭, 지칭은 원칙적으로 '할아버지, 할머니'이고, 외조부모에 대한 호칭, 지칭은 '(외)할아버지, (외)할머니'이다. 시조부에 대한 호칭, 지칭은 '할아버님'이 원칙이고, 시조모에 대한 호칭, 지칭은 '할머니, 할머님'이 원칙이다. 그리고 시외조부는 '(외)할아버님', 시외조모는 '(외)할머니, (외)할머님'으로 호칭, 지칭한다.

남편과 시댁 쪽 사람에게 지칭할 때에 조부모는 '친정 할아버지/할머니'로, 외조부모는 '친정 외할아버지/외할머니'로 지칭할 수 있다. 부모, 동기, 친정 쪽 사람에게 시조부를 지칭할 때에는 '시할아버님, 시조부(님), ○○[자녀]_증조할아버님, ○○[자녀]_증조부(님) 등으로 부를 수 있고, 시조모를 지칭할 때에는 '시할머님, 시조모(님), ○○[자녀]_증조할머님, ○○[자녀]_증조모(님) 등으로 할 수 있다.

부모, 동기, 친정 쪽 사람에게 시외조부를 지칭할 때에는 '시외할아버님, 시외조부(님)' 등으로 부를 수 있고, 시외조모를 지칭할 때에는 '시외할머님, 시외조모(님)' 등으로 할 수 있다.

〔표 1-46〕 처조부에 대한 호칭, 지칭

호 칭		할아버님
지 칭	당사자에게	할아버님
	처조모에게	할아버님
	처부모에게	할아버님
	아내, 처가 쪽 사람에게	할아버님
	부모, 동기, 친척에게	처조부님, 처조부, ○○〔자녀〕 외증조할아버님, ○○〔자녀〕 외증조할아버지, ○○〔자녀〕 외증조부님, ○○〔자녀〕 외증조부

〔표 1-47〕 처조모에 대한 호칭, 지칭

호 칭		할머님
지 칭	당사자에게	할머님
	처조부에게	할머님
	처부모에게	할머님
	아내, 처가 쪽 사람에게	할머님
	부모, 동기, 친척에게	처조모님, 처조모, ○○〔자녀〕 외증조할머님, ○○〔자녀〕 외증조할머니, ○○〔자녀〕 외증조모님, ○○〔자녀〕 외증조모

〔표 1-48〕 처외조부에 대한 호칭, 지칭

호 칭		할아버님, 외할아버님
지 칭	당사자에게	할아버님, 외할아버님
	처외조모에게	할아버님, 외할아버님
	처부모에게	외할아버님
	아내, 처가 쪽 사람에게	외할아버님
	부모, 동기, 친척에게	처외조부님, 처외조부

〔표 1-49〕처외조모에 대한 호칭, 지칭

	호 칭	할머님, 할머니, 외할머님, 외할머니
	당사자에게	할머님, 할머니, 외할머님, 외할머니
	처외조부에게	할머님, 할머니, 외할머님, 외할머니
지 칭	처부모에게	외할머님
	아내, 처가 쪽 사람에게	외할머님
	부모, 동기, 친척에게	처외조모님, 처외조모

◉ 해설(2)

　처조부모에 대한 호칭, 지칭은 원칙적으로 '할아버님, 할머님'이고 처외조부모에 대한 호칭, 지칭은 '(외)할아버님, (외)할머님'이다. 부모, 동기, 친척에게 처조부를 지칭할 때에는 '처조부(님), ○○[자녀]_외증조할아버지, ○○[자녀]_외증조부(님)' 등으로 부를 수 있고, 처조모는 '처조모(님), ○○[자녀]_외증조할머니, ○○[자녀]_외증조모(님)' 등으로 지칭할 수 있다. 부모, 동기, 친척에게 처외조부를 지칭할 때에는 '처외조부(님)', 처외조모를 지칭할 때에는 '처외조모(님)'으로 한다.

〔표 1-50〕손주에 대한 호칭, 지칭

	호 칭	○○[이름]
	집안사람들에게	○○[이름]
지 칭	그 밖의 사람에게	○○[이름], 손자, 손녀

〔표 1-51〕외손주에 대한 호칭, 지칭

	호 칭	○○[이름]
	집안사람들에게	○○[이름]
지 칭	그 밖의 사람에게	○○[이름], 외손자, 외손녀

◑ 해설(3)

‘손주’는 손자와 손녀를 두루 가리키는 말이다. 손주나 외손주는 모두 ‘이름’을 부르면 된다. 다만 집안 밖 사람들에게 지칭할 때에 손주는 ‘손자’나 ‘손녀’로 말하고, 외손주는 ‘외손자’나 ‘외손녀’로 말할 수 있다.

10) 숙질 사이

〔표 1-52〕 아버지의 형에 대한 호칭, 지칭

호칭		큰아버지
지칭	당사자에게	큰아버지
	자녀에게	큰할아버지, 큰할아버님, ○○〔지역〕큰할아버지, ○○〔지역〕큰할아버님, ○○〔지역〕할아버지, ○○〔지역〕할아버님
	당사자의 자녀에게	아버지, 아빠, 큰아버지
	그 밖의 사람에게	큰아버지, 백부〔아버지 맏형만〕

〔표 1-53〕 아버지 형의 아내에 대한 호칭, 지칭

호칭		큰어머니
지칭	당사자에게	큰어머니
	자녀에게	큰할머니, 큰할머님, ○○〔지역〕큰할머니, ○○〔지역〕큰할머님, ○○〔지역〕할머니, ○○〔지역〕할머님
	당사자의 자녀에게	어머니, 엄마, 큰어머니
	그 밖의 사람에게	큰어머니, 백모〔아버지 맏형의 아내만〕

〔표 1-54〕 아버지의 남동생에 대한 호칭, 지칭

호칭		작은아버지, 아저씨, 삼촌
지칭	당사자에게	작은아버지, 아저씨, 삼촌
	자녀에게	작은할아버지, 작은할아버님, ○○〔지역〕작은할아버지,

		○○[지역] 작은할아버님, ○○[지역] 할아버지, ○○[지역] 할아버님
	당사자의 자녀에게	아버지, 아빠, 작은아버지
	그 밖의 사람에게	작은아버지, 숙부, 아저씨, 삼촌

〔표 1-55〕 아버지 남동생의 아내에 대한 호칭, 지칭

호 칭		작은어머니
지 칭	당사자에게	작은어머니
	자녀에게	작은할머니, 작은할머님, ○○[지역] 작은할머니, ○○[지역] 작은할머님, ○○[지역] 할머니, ○○[지역] 할머님
	당사자의 자녀에게	어머니, 엄마, 작은어머니
	그 밖의 사람에게	작은어머니, 숙모

〔표 1-56〕 아버지의 누이에 대한 호칭, 지칭

호 칭		고모, 아주머니
지 칭	당사자에게	고모, 아주머니
	자녀에게	대고모, 대고모님, 왕고모, 왕고모님, 고모할머니, 고모할머님, ○○[지역] 할머니, ○○[지역] 할머님
	당사자의 자녀에게	어머니, 엄마, 고모
	그 밖의 사람에게	고모

〔표 1-57〕 아버지 누이의 남편에 대한 호칭, 지칭

호 칭		고모부, 아저씨
지 칭	당사자에게	고모부, 아저씨
	자녀에게	대고모부, 대고모부님, 왕고모부, 왕고모부님, 고모할아버지, 고모할아버님, ○○[지역] 할아버지, ○○[지역] 할아버님
	당사자의 자녀에게	아버지, 아빠, 고모부
	그 밖의 사람에게	고모부, 고숙

◉ 해설(1)

아버지의 형에 대한 호칭은 '큰아버지', 아버지 형의 아내에 대한 호칭은 '큰어머니'이다. 아버지의 형을 자녀에게는 '큰할아버지, ○○[지역]_큰할아버님' 등으로 지칭하고, 당사자의 자녀에게는 '아버지, 아빠, 큰아버지'로 그 밖의 사람에게는 '큰아버지', 아버지의 맏형인 경우는 '백부'로 지칭한다. 아버지 형의 아내는 자녀에게는 '큰할머니, ○○[지역]_큰할머님' 등으로, 당사자의 자녀에게는 '어머니, 엄마, 큰어머니'로, 그 밖의 사람에게는 '큰어머니', 아버지 맏형의 아내인 경우는 '백모'로 지칭한다.

아버지의 남동생에 대한 호칭은 '작은아버지, 아저씨, 삼촌', 아버지 남동생의 아내에 대한 호칭은 '작은어머니'이다. 아버지의 남동생을 자녀에게는 '작은할아버지, ○○[지역]_작은할아버님' 등으로 지칭하고, 당사자의 자녀에게는 '아버지, 아빠, 작은아버지'로 그 밖의 사람에게는 '작은아버지, 숙부, 삼촌' 등으로 지칭한다. 아버지 남동생의 아내는 자녀에게는 '작은할머니, ○○[지역]_작은할머님' 등으로, 당사자의 자녀에게는 '어머니, 엄마, 작은어머니'로 그 밖의 사람에게는 '작은어머니, 숙모'로 지칭한다.

아버지의 누이에 대한 호칭은 '고모, 아주머니', 아버지 누이의 남편에 대한 호칭은 '고모부, 아저씨'이다. 아버지의 누이를 자녀에게는 '대고모(님), 왕고모(님), 고모할머니, ○○[지역]_할머님' 등으로 지칭하고, 당사자의 자녀에게는 '어머니, 엄마, 고모'로 그 밖의 사람에게는 '고모'로 지칭한다. 아버지 누이의 남편은 자녀에게는 '대고모부(님), 왕고모부(님), 고모할아버니, ○○[지역]_할아버님' 등으로, 당사자의 자녀에게는 '아버지, 아빠, 고모부'로 그 밖의 사람에게는 '고모부, 고숙'으로 지칭한다.

〔표 1-58〕 어머니의 자매에 대한 호칭, 지칭

호　　　칭		이모, 아주머니
지 칭	당사자에게	이모, 아주머니
	자녀에게	이모할머니, 이모할머님,

		○○[지역] 할머니, ○○[지역] 할머님
당사자의 자녀에게		어머니, 엄마, 이모
그 밖의 사람에게		이모

〔표 1-59〕 어머니 자매의 남편에 대한 호칭, 지칭

호 칭		이모부, 아저씨
지 칭	당사자에게	이모부, 아저씨
	자녀에게	이모할아버지, 이모할아버님, ○○[지역] 할아버지, ○○[지역] 할아버님
	당사자의 자녀에게	아버지, 아빠, 이모부
	그 밖의 사람에게	이모부, 이숙

〔표 1-60〕 어머니의 남자 형제에 대한 호칭, 지칭

호 칭		외삼촌, 아저씨
지 칭	당사자에게	외삼촌, 아저씨
	자녀에게	아버지 외삼촌, ○○[지역] 할아버지, ○○[지역] 할아버님
	당사자의 자녀에게	아버지, 아빠, 외삼촌, 외숙부
	그 밖의 사람에게	외삼촌, 외숙

〔표 1-61〕 어머니 남자 형제의 아내에 대한 호칭, 지칭

호 칭		외숙모, 아주머니
지 칭	당사자에게	외숙모, 아주머니
	자녀에게	아버지 외숙모, ○○[지역] 할머니, ○○[지역] 할머님
	당사자의 자녀에게	어머니, 엄마, 외숙모
	그 밖의 사람에게	외숙모

◉ 해설(2)

　어머니의 자매에 대한 호칭은 '이모, 아주머니', 어머니 자매의 남편에 대한 호칭

은 '이모부, 아저씨'이다. 어머니의 자매를 자녀에게는 '이모할머니, ○○[지역]_할머님' 등으로 지칭하고, 당사자의 자녀에게는 '어머니, 엄마, 이모'로 그 밖의 사람에게는 '이모'로 지칭한다. 어머니 자매의 남편은 자녀에게는 '이모할아버지, ○○[지역]_할아버님' 등으로, 당사자의 자녀에게는 '아버지, 아빠, 이모부'로 그 밖의 사람에게는 '이모부, 이숙'으로 지칭한다.

어머니의 남자 형제에 대한 호칭은 '외삼촌, 아저씨', 어머니 남자 형제의 아내에 대한 호칭은 '외숙모, 아주머니'이다. 어머니의 남자 형제를 자녀에게는 '아버지 외삼촌, ○○[지역]_할아버님' 등으로 지칭하고, 당사자의 자녀에게는 '아버지, 아빠, 외삼촌, 외숙부'로 그 밖의 사람에게는 '외삼촌, 외숙'으로 지칭한다. 어머니 남자 형제의 아내는 자녀에게는 '아버지 외숙모, ○○[지역]_할머님' 등으로, 당사자의 자녀에게는 '어머니, 엄마, 외숙모'로 그 밖의 사람에게는 '외숙모'로 지칭한다.

〔표 1-62〕 남자 조카에 대한 호칭, 지칭

호 칭	○○[이름], 조카[친조카를, 남편의 조카를], 조카님[나이 많은 조카를], ○○[조카의 자녀] 아범, ○○[조카의 자녀] 아비
지 칭	○○[이름], 조카[친조카를, 남편의 조카를], 조카님[나이 많은 조카를], ○○[조카의 자녀] 아범, ○○[조카의 자녀] 아비, 생질(甥姪)[누이의 아들을, 남편 누이의 아들을], 이질(姨姪)[자매의 아들을, 아내 자매의 아들을], 처조카[아내의 조카를]

〔표 1-63〕 조카의 아내 대한 호칭, 지칭

호 칭	아가, 새아가, ○○[조카의 자녀] 어멈, ○○[조카의 자녀] 어미, 질부(姪婦)[친조카의 아내를, 남편 조카의 아내를], 생질부(甥姪婦)[누이의 며느리를], 이질부(姨姪婦)[자매의 며느리를]
지 칭	아기, 새아기, ○○[조카의 자녀] 어멈,

○○[조카의 자녀] 어미,
조카며느리[친조카의 아내를, 남편 조카의 아내를],
질부(姪婦)[친조카의 아내를, 남편 조카의 아내를],
생질부(甥姪婦)[누이의 며느리를, 남편 누이의 며느리를],
이질부(姨姪婦)[자매의 며느리를], 처조카며느리[아내 조카의 아내를],
처질부(妻姪婦)[아내 조카의 아내를],
처이질부(妻姨姪婦)[아내 자매의 며느리를]

◉ 해설(3)

남자 조카에 대한 호칭은 '이름', '조카', 나이가 많은 경우 '조카님', 혼인한 경우 '○○[조카의 자녀]_아범/아비'로 한다. 남자 조카를 지칭할 때에서는 이러한 부름 말 이외에도 관계에 따라, '생질, 이질, 처조카' 등으로 부를 수 있다. 조카의 아내에 대한 호칭은 '아가, 새아가', 혼인한 경우 '○○[조카의 자녀]_어멈/어미', 관계에 따라서는 '질부, 생질부, 이질부' 등으로 한다. 조카의 아내를 지칭할 때에는 '아기, 새아기', '○○[조카의 자녀]_어멈/어미' 이외에 관계에 따라 '질부, 생질부, 이질부, 처질부, 처이질부, 조카며느리' 등으로 부를 수 있다.

[표 1-64] 여자 조카에 대한 호칭, 지칭

호 칭	○○[이름], 조카[친조카를, 남편의 조카를], 조카님[나이 많은 조카를], ○○[조카의 자녀] 어멈, ○○[조카의 자녀] 어미
지 칭	○○[이름], 조카[친조카를, 남편의 조카를], 조카님[나이 많은 조카를], ○○[조카의 자녀] 어멈, ○○[조카의 자녀] 어미, 조카딸[친조카를, 남편의 여자 조카를], 질녀(姪女)[친조카를, 남편의 여자 조카를], 생질녀(甥姪女)[누이의 딸을, 남편 누이의 딸을].
	이질(姨姪)[자매의 딸을], 이질녀(姨姪女)[자매의 딸을], 처조카[아내의 여자 조카를], 처조카딸[아내의 여자 조카를], 처이질(妻姨姪)[아내 자매의 딸을], 처이질녀(妻姨姪女)[아내 자매의 딸을]

〔표 1-65〕 조카의 남편에 대한 호칭, 지칭

호 칭	○ 서방, ○○[조카의 자녀] 아범, ○○[조카의 자녀] 아비
지 칭	○ 서방, ○○[조카의 자녀] 아범, ○○[조카의 자녀] 아비, 조카사위〔친조카의 남편을, 남편 조카의 남편을〕, 질서(姪壻)〔친조카의 남편을, 남편 조카의 남편을〕, 생질서(甥姪壻)〔누이의 사위를, 남편 누이의 사위를〕, 이질서(姨姪壻)〔자매의 사위를〕, 처조카사위〔아내 조카의 남편을〕, 처질서(妻姪壻)〔아내 조카의 남편을〕, 처이질서(妻姨姪壻)〔아내 자매의 사위를〕

◉ 해설(4)

여자 조카에 대한 호칭은 '이름', '조카', 나이가 많은 경우 '조카님', 혼인한 경우 '○○[조카의 자녀]_어멈/어미'로 한다. 여자 조카를 지칭할 때에서는 이러한 부름 말 이외에도 관계에 따라, '질녀, 생질녀, 이질, 이질녀, 처이질, 처이질녀' 등으로 부를 수 있다. 조카의 남편에 대한 호칭은 '○_서방', 혼인한 경우 '○○[조카의 자녀]_아범/아비'으로 한다. 조카의 남편을 지칭할 때에는 '○_서방', 혼인한 경우 '○○[조카의 자녀]_아범/아비' 이외에도 관계에 따라 '질서, 생질서, 이질서, 처질서, 처이질서, 조카사위' 등으로 부를 수 있다.

11) 사촌에 대하여

〔표 1-66〕 아버지 동기의 자녀에 대한 호칭, 지칭

호 칭	형, ○○[이름] 형, 형님, ○○[이름] 형님, 오빠, ○○[이름] 오빠, 누나, ○○[이름] 누나, 누님, ○○[이름] 누님, 언니, ○○[이름] 언니, ○○[이름] 〔동갑, 손아래 사촌일 경우〕	
지 칭	당사자와 그 배우자에게	형, ○○[이름] 형, 형님, ○○[이름] 형님, 오빠, ○○[이름] 오빠, 누나, ○○[이름] 누나, 누님, ○○[이름] 누님, 언니, ○○[이름] 언니, ○○[이름] 〔동갑, 손아래 사촌일 경우〕

	부모, 친척에게		○○[이름] 형, ○○[이름] 형님, ○○[이름] 오빠, ○○[이름] 누나, ○○[이름] 누님, ○○[이름] 언니, ○○[이름] [동갑, 손아래 사촌일 경우]
	당사자의 자녀에게		아버지, 아빠, 어머니, 엄마
그 밖의 사람에게	아버지 남자 동기의 자녀를		사촌 형, 사촌 형님, 사촌 오빠, 사촌 누나, 사촌 누님, 사촌 언니, 사촌, 사촌 동생
	아버지 여자 동기의 자녀를		고종형, 고종형님, 고종사촌 형, 고종사촌 형님, 고종사촌 오빠, 고종사촌 누나, 고종사촌 누님, 고종사촌 언니, 고종사촌, 고종사촌 동생

〔표 1-67〕 어머니 동기의 자녀에 대한 호칭, 지칭

호 칭	형, ○○[이름] 형, 형님, ○○[이름] 형님, 오빠, ○○[이름] 오빠, 누나, ○○[이름] 누나, 누님, ○○[이름] 누님, 언니, ○○[이름] 언니, ○○[이름] [동갑, 손아래 사촌일 경우]		
지 칭	당사자와 그 배우자에게		형, ○○[이름] 형, 형님, ○○[이름] 형님, 오빠, ○○[이름] 오빠, 누나, ○○[이름] 누나, 누님, ○○[이름] 누님, 언니, ○○[이름] 언니, ○○[이름] [동갑, 손아래 사촌일 경우]
	부모, 친척에게		○○[이름] 형, ○○[이름] 형님, ○○[이름] 오빠, ○○[이름] 누나, ○○[이름] 누님, ○○[이름] 언니, ○○[이름] [동갑, 손아래 사촌일 경우]
	당사자의 자녀에게		아버지, 아빠, 어머니, 엄마
	그 밖의 사람에게	어머니 남자 동기의 자녀를	외사촌 형, 외사촌 형님, 외사촌 오빠, 외사촌 누나, 외사촌 누님, 외사촌 언니, 외사촌, 외사촌 동생
		어머니 여자 동기의 자녀를	이종형, 이종형님, 이종사촌 형, 이종사촌 형님, 이종사촌 오빠, 이종사촌 누나, 이종사촌 누님, 이종사촌 언니, 이종사촌, 이종사촌 동생

◉ 해설

아버지 동기의 자녀를 직접 부르는 말은 관계에 따라 '형(님)/오빠/누나/누님/언니'와 '이름, ○○[이름]_형(님)/오빠/누나/누님/언니'이다. 어머니 동기의 자녀를 직접 부르는 말도 이와 같다. 아버지 동기의 자녀나 어머니 동기의 자녀를 당사자와 그 배우자나 부모, 친척에게 지칭할 때에도 관계에 따라 '형(님)/오빠/누나/누님/언니'와 '이름, ○○[이름]_형(님)/오빠/누나/누님/언니'를 쓴다. 아버지 동기의 자녀나 어머니 동기의 자녀를 당사자의 자녀에게 지칭할 때에는 '아버지, 어머니, 아빠, 엄마'를 쓴다.

그 밖의 사람에게 아버지 남자 동기의 자녀를 지칭할 때에는 '사촌 형(님)/오빠/누나/누님/언니/동생'으로 부르고, 그 밖의 사람에게 아버지 여자 동기의 자녀를 지칭할 때에는 '고종사촌 형(님)/오빠/누나/누님/언니/동생'으로 부른다. 그 밖의 사람에게 어머니 남자 동기의 자녀를 지칭할 때에는 '외사촌 형(님)/오빠/누나/누님/언니/동생'으로 부르고, 그 밖의 사람에게 어머니 여자 동기의 자녀를 지칭할 때에는 '이종사촌 형(님)/오빠/누나/누님/언니/동생'으로 부른다.

12) 사돈 사이

〔표 1-68〕 자녀 배우자의 부모에 대한 호칭, 지칭

		내가 아버지인 경우		내가 어머니인 경우	
		자녀 배우자의 아버지를	자녀 배우자의 어머니를	자녀 배우자의 아버지를	자녀 배우자의 어머니를
호 칭		사돈어른, 사돈	사부인	사돈어른, 밭사돈	사부인, 사돈
지 칭	당사자에게	사돈어른, 사돈	사부인	사돈어른, 밭사돈	사부인, 사돈
	자기 쪽 사람에게	사돈, ○○〔외손주〕 할아버지, ○○〔손주〕 외할아버지,	사부인, ○○〔외손주〕 할머니, ○○〔손주〕 외할머니,	사돈어른, 밭사돈, ○○〔외손주〕 할아버지, ○○〔손주〕 외할아버지,	사부인, ○○〔외손주〕 할머니, ○○〔손주〕 외할머니,

〔표 1-69〕 자녀 배우자의 삼촌 항렬에 대한 호칭, 지칭

		내가 아버지인 경우		내가 어머니인 경우	
		자녀 배우자의 삼촌, 외삼촌을	자녀 배우자의 고모, 이모를	자녀 배우자의 삼촌, 외삼촌을	자녀 배우자의 고모, 이모를
호 칭		사돈어른, 사돈	사부인	사돈어른, 밭사돈	사부인, 사돈
지 칭	당사자에게	사돈어른, 사돈	사부인	사돈어른, 밭사돈	사부인, 사돈
	자기 쪽 사람에게	사돈	사부인	사돈어른	사부인
	사돈 쪽 사람에게	사돈어른, 사돈	사부인	사돈어른	사부인

◎ 해설(1)

‘사돈’은 좁은 의미로는 자녀 배우자의 부모를 일컫는 말이지만, 넓은 의미로는 혼인으로 맺어진 인척 관계를 일컫는 말이다. 따라서 자녀 배우자의 부모나 삼촌, 형제자매 등이 모두 사돈 사이이다. 화자가 아버지일 때 자녀 배우자의 아버지는 ‘사돈어른, 사돈’으로, 자녀 배우자의 어머니는 ‘사부인’으로 호칭한다. 화자가 어머니일 때 자녀 배우자의 아버지는 ‘사돈어른, 밭사돈’이라 호칭하고, 자녀 배우자의 어머니는 ‘사부인, 사돈’으로 부른다. 아버지인 화자로서 자기 쪽 사람에게 지칭할 때에는 자녀 배우자의 아버지에 대해서는 ‘사돈, ○○[외손주]_(외)할아버지’로 부르고, 자녀 배우자의 어머니에 대해서는 ‘사부인, ○○[외손주]_(외)할머니로’ 부른다. 어머니인 화자로서 자기 쪽 사람에게 자녀 배우자의 아버지에 대해서 지칭할 때에는 ‘사돈어른, 밭사돈, ○○[외손주]_(외)할아버지’로 부르고, 자녀 배우자의 어머니에 대해서는 ‘사부인, ○○[외손주]_(외)할머니로’ 부른다.

화자가 아버지일 때 자녀 배우자의 삼촌, 외삼촌은 ‘사돈어른, 사돈’으로 호칭하지만, 자기 쪽 사람에게 지칭할 때에는 ‘사돈’으로 부른다. 자녀 배우자의 고모, 이모는 ‘사부인’으로 호칭, 지칭한다. 화자가 어머니일 때 자녀 배우자의 삼촌, 외삼촌은 ‘사돈어른, 밭사돈’으로 호칭하고 당사자 이외의 사람에게 지칭할 때에는 ‘사돈어른’으로 부른다. 자녀 배우자의 고모, 이모는 ‘사부인, 사돈’으로 호칭하고, 당사

자 이외의 사람에게 지칭할 때에는 '사부인'으로 부른다.

〔표 1-70〕 동기 배우자의 동기 및 그 배우자에 대한 호칭, 지칭

		남 자	여 자
호 칭		사돈, 사돈도령, 사돈총각	사돈, 사돈아가씨, 사돈처녀
지 칭	당사자에게	사돈, 사돈도령, 사돈총각	사돈, 사돈아가씨, 사돈처녀
	그 밖의 사람에게	사돈, 사돈도령, 사돈총각	사돈, 사돈아가씨, 사돈처녀

〔표 1-71〕 자녀 배우자의 조부모 및 동기 배우자의 부모에 대한 호칭, 지칭

호 칭		사장어른
지 칭	당사자에게	사장어른
	그 밖의 사람에게	사장어른

〔표 1-72〕 자녀 배우자의 동기와 그 자녀, 동기 배우자의 조카에 대한 호칭, 지칭

호 칭		사돈, 사돈도령, 사돈총각	사돈, 사돈아가씨, 사돈처녀
지 칭	당사자에게	사돈, 사돈도령, 사돈총각	사돈, 사돈아가씨, 사돈처녀
	그 밖의 사람에게	사돈, 사돈도령, 사돈총각, ○○〔외손주〕 삼촌, ○○〔손주〕 외삼촌	사돈, 사돈아가씨, 사돈처녀, ○○〔손주〕 이모, ○○〔외손주〕 고모

◉ 해설(2)

　동기 배우자의 동기 및 그 배우자에 대한 호칭, 지칭은 남자인 경우 '사돈, 사돈도령, 사돈총각'이고, 여자인 경우 '사돈, 사돈아가씨, 사돈처녀'이다. 자녀 배우자의 동기와 그 자녀, 동기 배우자의 조카에 대한 호칭, 지칭 또한 남자는 '사돈, 사돈도령, 사돈총각'이고, 여자인 경우 '사돈, 사돈아가씨, 사돈처녀'이다. 자녀 배우자의 동기와 그 자녀, 동기 배우자의 조카를 당사자 이외의 사람에게 지칭할 때에는 남자는 '○○〔외손주〕_(외)삼촌'으로, 여자는 ○○〔외손주〕_이모/고모'로 부를 수 있다. 자녀 배우자의 조부모 및 동기 배우자의 부모에 대한 호칭, 지칭은 '사장어른'이다.

◉ 질문과 대답

문 남편 누나의 남편을 부르는 말은 무엇인가요? 그리고 '시매부'라는 말이 있는데 이것
도 표준 언어 예절에 나오는 호칭인가요?

답 표준 언어 예절에서 권고하는 남편 누나의 남편에 대한 호칭은 '아주버님'입니다. 자
녀에게는 '고모부(님)'으로 지칭하고, 그 외 사람들에게는 '시누이 남편, 아주버님, ○
○[지역]_고모부(님)' 등으로 지칭할 수 있습니다. '시매부(媤妹夫)(님)'라는 부름말을
남편 누나의 남편이나 남편 여동생의 남편을 지칭하는 말로 쓰는 지역들이 있습니다.
하지만 표준 언어 예절에서는 이를 권장하지 않습니다. 일반적으로 며느리는 시댁
쪽 사람들에게 '시-'를 넣어서 부르지 않기 때문입니다.

문 장인과 장모에 대하여 '아버지, 어머니' 혹은 '빙장 어른', '빙모님'이라고 부르는 것
을 본 적이 있습니다. 이것이 올바른 부름말인지 궁금합니다.

답 사위로서 자기 아내의 아버지를 직접 부르는 말은 '장인어른, 아버님'입니다'. 그리고
아내의 어머니를 직접 부르는 말은 '장모님, 어머님'입니다. 요즘은 아내의 부모에게
도 자신의 부모처럼 '아버지, 어머니'라고 부르는 사람들도 많습니다. 하지만 표준 언
어 예절에서는 '아버지, 어머니'는 본인의 부모를 부를 때 쓰는 말로 보아서 아내의
부모를 부르는 말로는 권장하지 않고 있으니 유의하시기 바랍니다. '빙장 어른'과 '빙
모님'이라는 말도 많이 쓰고 있는데, 이것은 다른 사람의 장인과 장모를 높여 부를 때
쓰는 말입니다. '빙장 어른'은 '빙부님'으로도 씁니다. '빙장(聘丈)', '빙부(聘父)', '빙모
(聘母)'는 모두 한자말들로서 '빙(聘)'이 '장가들다'의 의미를 지니고 있습니다.

2. 사회에서의 호칭, 지칭

◉ 해설

사회에서 사용하는 한국어 호칭, 지칭은 친족어 중심으로 이루어지는 가정에서의
호칭, 지칭보다 다양한 형식을 갖고 있다. 사회에서는 아가씨, 아주머니, 형, 언니
등의 친족어뿐만 아니라 성명, '과장, 선배, 여사, 자제분' 등 직함이나 사회적 지위

를 나타내는 말들을 호칭, 지칭으로 사용한다. 또한 '씨, 군, 양' 등 의존명사가 결합한 말, '여기요, 여보세요'처럼 호출어 기능을 하는 말 등도 사회에서 호칭, 지칭으로 쓴다. 표준 언어 예절에서는 '직장 사람들과 그 가족', '아는 사람', '손님과 직원' 등의 관계에서 예의를 갖추어 사용할 수 있는 부름말들을 사회에서의 호칭, 지칭으로 권장하고 있다.

13) 직장 사람들과 그 가족에 대하여

〔표 2-1〕 상사, 직급이 같은 동료, 아래 직원에 대한 호칭, 지칭

	상사	직급이 같은 동료	아래 직원
호칭 및 지칭	선생님, ○ 선생님, ○○○ 선생님, ○ 선배님, ○○○ 선배님, ○ 여사님, ○○○ 여사님, 부장님, ○ 부장님, ○○○ 부장님, 총무부장님	○○○ 씨, ○○ 씨, 선생님, ○ 선생님, ○○○ 선생님, ○ 선생, ○○○ 선생, 선배님, ○ 선배님, ○○○ 선배님, 선배, ○ 선배, ○○○ 선배, 형, ○ 형, ○○ 형, ○○○ 형, 언니, ○○ 언니, ○ 여사, ○○○ 여사, 과장님, ○ 과장님, ○ 과장, ○○○ 과장	○○ 씨, ○○○ 씨, ○ 선생님, ○○○ 선생님, ○ 선생 ○○○ 선생 ○ 형, ○○ 형, ○○○ 형, ○ 여사, ○○○ 여사, ○ 군, ○○ 군, ○○○ 군, ○ 양, ○○ 양, ○○○ 양, 과장님, ○ 과장님, ○ 과장, ○○○ 과장, 총무 과장

◑ 해설(1)

직장 상사에 대한 호칭, 지칭은 '직함+-님', '성(명)_직함+-님'을 쓰거나, '선생님', '성(명)_선생/선배/여사+-님'를 쓸 수 있다. '선생님', '성(명)_선배님'은 남녀 상사 모두에게 쓸 수 있고, '성(명)_여사님'은 여자 상사에게 쓴다.

직장에서 직급이 같은 동료는 '(성)명_씨', '성(명)_선생/선배/여사+(-님)', '(성)(명)_형', '(이름)_언니', '성(명)_직함+(-님)' 등으로 호칭, 지칭한다. '(성)명_씨'는 직급이 같은 동료를 부를 때 '김 씨'처럼 '성_씨'만으로 부르면 예의에 어긋난다는 것을 뜻하므로 주의해야 한다. '(성)(명)_형'은 '형, 김 형, 철수 형, 김철수 형'이 모두 가능한 것을 의미한다. 또한 직급이 같은 동료에 대한 부름말에는 접미사 '-님'을 생략할 수 있다.

직장에서 아래 직원에 대한 호칭, 지칭은 '(성)명_씨', '성(명)+선생/여사+(-님)', '(성)(명)+군/양', '(성)(명)_형', '성(명)_직함+(-님)', '부서_직함' 등을 쓴다. 직장의 아래 직원에 대한 호칭, 지칭으로 특별한 것은 '(성)(명)+군/양'이다. '(성)(명)+군/양'은 나이 든 상급자가 나이 차이가 많이 나며, '(성)명_씨'로 부르기 어려운 하급 자에게 쓸 수 있다. 또한 아래 직원에 대한 부름말에도 접미사 '-님'을 생략할 수 있으며, '총무 과장'처럼 '부서명_직함'으로 불러도 된다.

〔표 2-2〕 상사의 아내, 남편, 자녀에 대한 호칭, 지칭

		상사의 아내	상사의 남편	상사의 자녀
호칭		사모님, 아주머님, 아주머니, ○ 선생님, ○○○ 선생님, ○ 과장님, ○○○ 과장님, 여사님, ○ 여사님	선생님, ○ 선생님, ○○○ 선생님, 과장님, ○ 과장님, ○○○ 과장님	○○〔이름〕, ○○○ 씨, 과장님, ○ 과장님, ○ 과장
지칭	당사자에	사모님, 아주머님, 아주머니, ○ 선생님,	선생님, ○ 선생님, ○○○ 선생님,	○○〔이름〕, ○○○ 씨, 과장님,

게	○○○ 선생님, ○ 과장님, ○○○ 과장님, 여사님, ○ 여사님	과장님, ○ 과장님, ○○○ 과장님	○ 과장님, ○ 과장, 아드님.따님, 자제분
해당 상사에게	사모님, 아주머님, 아주머니, ○ 선생님, ○○○선생님, ○ 과장님, ○○○ 과장님 여사님, ○여사님	바깥어른, 선생님, ○ 선생님, ○○○ 선생님, 과장님, ○ 과장님, ○○○ 과장님	아드님, 따님, 자제분, ○○(이름), ○○○ 씨, 과장님, ○ 과장님, ○ 과장
그 밖의 사람에게	사모님, 과장님 부인, ○ 과장님 부인, ○○○ 과장님 부인, 과장님 사모님, ○ 과장님 사모님, ○○○ 과장님 사모님,	과장님 바깥어른, ○ 과장님 바깥어른, ○○○ 과장님 바깥어른, 과장님 바깥양반, ○ 과장님 바깥양반, ○○○ 과장님 바깥양반, 과장 바깥양반, ○ 과장 바깥양반, ○○○ 과장 바깥양반	과장님 아드님, ○ 과장님 아드님, ○○○ 과장님 아드님, 과장님 따님, ○ 과장님 따님, ○○○ 과장님 따님, 과장님 자제분, ○ 과장님 자제분, ○○○ 과장님 자제분

◉ 해설(2)

직장 상사의 아내에 대한 호칭은 '사모님, 아주머님, 아주머니', '(성)_여사님', '성(명)_선생님', '성(명)_직함+-님'이며, 상사와 그 상사의 아내 당사자에게 지칭할 때에도 이와 같다. 직장 상사의 아내를 그 밖의 사람들에게 가리켜 부를 때에는 '사모님' 혹은 '홍길동 과장님 부인'처럼 '성(명)_직함+-님_부인/사모님'으로 한다.

직장 상사의 남편에 대한 호칭은 '성(명)_선생님', '성(명)_직함+-님'이며, 상사의 아내 당사자에게 지칭할 때에도 이와 같다. 직장 상사의 남편을 해당 상사에게 지칭할 때에는 '성(명)_선생님', '성(명)_직함+-님' 외에 '바깥어른'이라는 부름말을 쓸 수 있다. 그 밖의 사람들에게 가리켜 부를 때에는 '홍미숙 과장님 바깥어른'처럼

'성(명)_직함+-님_바깥어른'이나, '성(명)_직함+(-님)_바깥양반'으로 한다.

직장 상사의 자녀에 대한 호칭은 '(성)명_씨', '(성)_직함+(-님)'이며, 상사와 상사의 자녀 당사자에게 지칭할 때에는 '(성)명_씨', '(성)_직함+(-님)'과 함께 '아드님, 따님, 자제분' 등을 써도 된다. 직장 상사의 자녀를 그 밖의 사람들에게 가리켜 부를 때에는 '홍길동 과장님 따님'처럼 '성(명)_직함+-님_아드님/따님/자제분'으로 한다.

〔표 2-3〕 동료나 아래 직원의 아내, 남편, 자녀에 대한 호칭, 지칭

		동료나 아래 직원의 아내	동료나 아래 직원의 남편	동료나 아래 직원의 자녀
호칭		○○ 씨, ○○○ 씨, 아주머님, 아주머니, ○ 선생님, ○○○ 선생님, ○ 과장님, ○○○ 과장님	○○ 씨, ○○○ 씨, 선생님, ○ 선생님, ○○○ 선생님, 과장님, ○ 과장님, ○○○ 과장님	○○[이름], ○○○ 씨, 과장님, ○ 과장님, ○ 과장
지칭	당사자에게	○○ 씨, ○○○ 씨, 아주머님, 아주머니, ○ 선생님, ○○○ 선생님, ○ 과장님, ○○○ 과장님	○○ 씨, ○○○ 씨, 선생님, ○ 선생님, ○○○ 선생님, 과장님, ○ 과장님, ○○○ 과장님	○○[이름], ○○○ 씨, 과장님, ○ 과장님, ○ 과장, 아드님, 아들, 따님, 딸, 자제분
	해당 동료 및 해당 아래 직원에게	아주머님, 아주머니, 부인, ○○ 씨, ○○○ 씨, ○ 선생님, ○○○ 선생님, ○ 과장님, ○○○ 과장님	남편, 부군, 바깥양반, ○○ 씨, ○○○ 씨, 선생님, ○ 선생님, ○○○ 선생님, 과장님, ○ 과장님,	아드님, 아들, 따님, 딸, 자제분, ○○[이름], ○○○ 씨, 과장님, ○ 과장님, ○ 과장

	그 밖의 사람에게		○○○ 과장님	
		과장님 부인, ○ 과장님 부인, ○○○ 과장님 부인, 과장 부인, ○ 과장 부인, ○○○ 과장 부인, ○○○ 씨 부인	과장님 남편, ○ 과장님 남편, ○○○ 과장님 남편, 과장 남편, ○ 과장 남편, ○○○ 과장 남편, ○○○ 씨 남편, 과장님 바깥양반, ○ 과장님 바깥양반, ○○○ 과장님 바깥양반, 과장 바깥양반, ○ 과장 바깥양반, ○○○ 과장 바깥양반, ○○○ 씨 바깥양반	과장님 아드님, ○ 과장님 아드님, ○○○ 과장님 아드님, 과장님 아들, ○ 과장님 아들, ○○○ 과장님 아들, 과장 아들, ○ 과장 아들, ○○○ 과장 아들, ○○○ 씨 아들, 과장님 따님, ○ 과장님 따님, ○○○ 과장님 따님, 과장님 딸, ○ 과장님 딸, ○○○ 과장님 딸, 과장 딸, ○ 과장 딸, ○○○ 과장 딸, ○○○ 씨 딸, 과장님 자제분, ○ 과장님 자제분, ○○○ 과장님 자제분

◑ 해설(3)

　직장 동료나 아래 직원의 아내에 대한 호칭은 '(성)명_씨', '아주머님/아주머니', '성(명)_선생님', '성(명)_직함+-님'이며, 동료나 아래 직원의 아내인 당사자에게 지칭할 때에도 이와 같다. 직장 동료나 아래 직원의 아내를 해당 동료 및 아래 직원에게 지칭할 때에는 '(성)명_씨', '아주머님/아주머니', '성(명)_선생님', '성(명)_직함+-님' 외에 '부인'이라고도 할 수 있다. 그 밖의 사람에게는 '홍길동 과장님 부인'처럼 '성(명)_직함+-님_부인'이나 '성명_씨_부인'으로 지칭하면 된다.

직장 동료나 아래 직원의 남편에 대한 호칭은 '(성)명_씨', '성(명)_선생님', '성(명)_직함+-님'이며, 동료나 아래 직원의 남편인 당사자에게 지칭할 때에도 이와 같다. 직장 동료나 아래 직원의 남편을 해당 동료 및 아래 직원에게 지칭할 때에는 '(성)명_씨', '성(명)_선생님', '성(명)_직함+-님' 외에 '남편, 부군, 바깥양반'이라고 할 수 있다. 그 밖의 사람에게는 '홍미숙 과장님 남편'처럼 '성(명)_직함+(-님)_남편/바깥양반'이나 '성명_씨_바깥양반'으로 지칭하면 된다.

직장 동료나 아래 직원의 자녀에 대한 호칭은 '(성)명_씨', '(성)_직함+(-님)'이다. 동료나 아래 직원의 자녀인 당사자나 해당 동료 및 아래 직원에게 지칭할 때에는 '(성)명_씨', '(성)_직함+(-님)' 이외에 '아드님/아들, 따님/딸, 자제분'으로도 할 수 있다. 직장 동료나 아래 직원의 자녀를 그 밖의 사람에게는 '홍미숙 과장님 자제분'처럼 '성(명)_직함+(-님)_아드님/아들/따님/딸/자제분'이나 '성명_씨_아들/딸'로 지칭하면 된다.

14) 지인에 대하여

〔표 2-4〕 친구의 아내에 대한 호칭, 지칭

호칭		아주머니, ○○ 씨, ○○○ 씨, ○○〔친구 자녀〕어머니, ○○〔친구 자녀〕엄마, ○ 여사, 여사님, ○○여사님, 과장님, ○ 과장님, ○ 선생, 선생님, ○ 선생님
지칭	당사자 에게	아주머니, ○○ 씨, ○○○ 씨, ○○〔친구 자녀〕어머니, ○○〔친구 자녀〕엄마, ○ 여사, 여사님, ○○여사님, 과장님, ○ 과장님, ○ 선생, 선생님, ○ 선생님
	해당 친구 에게	부인, 집사람, 안사람, ○○ 씨, ○○○ 씨, ○○〔친구 자녀〕어머니, ○○〔친구 자녀〕엄마, ○ 과장님
	아내 에게	○○〔친구〕부인, ○○〔친구〕집사람, ○○〔친구〕안사람, ○○〔친구〕처, ○○〔친구〕씨 부인, ○○〔친구 자녀〕어머니, ○○〔친구 자녀〕엄마,

		○ 과장 부인,
		○ 과장님
자녀 에게		○○[친구 자녀] 어머니, ○○[친구 자녀] 엄마,
		아주머니, ○○[지역] 아주머니,
		○ 과장님
다른 친구 에게		○○[친구] 부인, ○○[친구] 집사람, ○○[친구] 안사람,
		○○[친구] 처, ○○[친구]씨 부인,
		○○ 씨, ○○○ 씨,
		○○[친구 자녀] 어머니, ○○[친구 자녀] 엄마,
		○ 과장 부인

◉ 해설(1)

친구의 아내에 대한 호칭은 '아주머니, (성)명_씨, ○○[친구 자녀]_어머니/엄마, (성)_여사/선생+(-님), (성)_직함+-님'이며, 친구의 아내 당사자에게 지칭할 때에도 이와 같다. 친구의 아내를 해당 친구에게 지칭할 때에는 '(성)명_씨, ○○[친구 자녀]_어머니/엄마, (성)_여사/선생+(-님), 성_직함+-님'으로 부르며, '부인, 집사람, 안사람'으로 지칭해도 된다. 친구의 아내를 자기 아내에게는 '○○[친구]_부인/집사람/아내/처, ○○[친구 자녀]_어머니/엄마, 성_직함+(-님)_부인' 등으로 지칭하며, 자기 자녀에게는 '○○[친구 자녀]_어머니/엄마, (○○[지역])_아주머니, 성_직함+-님'으로 지칭한다. 친구의 아내를 다른 친구에게는 '○○[친구]_부인/집사람/아내/처, (성)명_씨, ○○[친구 자녀]_어머니/엄마' 등으로 지칭한다.

〔표 2-5〕 친구의 남편에 대한 호칭, 지칭

호칭		○○ 씨, ○○○ 씨,
		○○[친구 자녀] 아버지, ○○[친구 자녀] 아빠,
		과장님, ○ 과장님,
		선생님, ○ 선생님
지칭	당사자 에게	○○ 씨, ○○○ 씨,
		○○[친구 자녀] 아버지, ○○[친구 자녀] 아빠,
		과장님, ○ 과장님,
		선생님, ○ 선생님
	해당 친구	남편, 바깥양반,

에게	○○ 씨, ○○○ 씨, ○○[친구 자녀] 아버지, ○○[친구 자녀] 아빠, ○ 과장님
아내 에게	○○[친구]남편, ○○[친구] 바깥양반, ○○[친구]씨 남편, ○○[친구 자녀] 아버지, ○○[친구 자녀] 아빠, ○ 과장 남편, ○ 과장님
자녀 에게	○○[친구 자녀] 아버지, ○○[친구 자녀] 아빠, 아저씨, ○○[지역] 아저씨, ○ 과장님
다른 친구 에게	○○[친구] 남편, ○○[친구] 바깥양반, ○○[친구] 씨 남편, ○○ 씨, ○○○ 씨, ○○[친구 자녀] 아버지, ○○[친구 자녀] 아빠, ○ 과장 남편

◉ 해설(2)

친구의 남편에 대한 호칭은 '(성)명_씨, ○○[친구 자녀]_아버지/아빠, (성)_선생 +-님, (성)_직함+-님'이며, 친구의 남편 당사자에게 지칭할 때에도 이와 같다. 친구의 남편을 해당 친구에게 지칭할 때에는 '(성)명_씨, ○○[친구 자녀]_아버지/아빠, 성_직함+-님'으로 부르며, '남편, 바깥양반'으로 지칭해도 된다. 친구의 남편을 자기 아내에게는 '○○[친구]_남편/바깥양반, ○○[친구 자녀]_아버지/아빠, 성_직함+(-님)_남편' 등으로 지칭하며, 자기 자녀에게는 '○○[친구 자녀]_아버지/아빠, (○○[지역])_아저씨, 성_직함+-님'으로 지칭한다. 친구의 남편을 다른 친구에게는 '○○[친구]_남편/바깥양반, (성)명_씨, ○○[친구 자녀]_아버지/아빠, 성_직함_남편' 등으로 지칭한다.

〔표 2-6〕 남편의 친구에 대한 호칭, 지칭

호칭		○○ 씨, ○○○ 씨, ○○[남편 친구의 자녀] 아버지, 과장님, ○ 과장님, ○○○ 과장님, 선생님, ○ 선생님, ○○○ 선생님
지칭	당사자 에게	○○ 씨, ○○○ 씨, ○○[남편 친구의 자녀] 아버지, 과장님, ○ 과장님, ○○○ 과장님.

		선생님, ○ 선생님, ○○○ 선생님
남편 에게		○○ 씨, ○○○ 씨, ○○〔남편 친구의 자녀〕아버지, ○ 과장님, ○○○ 과장님, ○ 선생님, ○○○ 선생님
자녀 에게		아저씨, ○○〔지역〕아저씨, ○○〔남편 친구의 자녀〕아버지, ○ 과장님
그 밖의 사람 에게		○○ 씨, ○○○ 씨, ○○〔남편 친구의 자녀〕아버지, ○ 과장님, ○○○ 과장님, ○ 선생님, ○○○ 선생님

〔표 2-7〕 아내의 친구에 대한 호칭, 지칭

호칭		○○ 씨, ○○○ 씨, ○○〔아내 친구의 자녀〕어머니, 아주머니, ○ 선생, 선생님, ○ 선생님, ○○○ 선생님, 과장님, ○ 과장님, ○○○ 과장님, ○ 여사, 여사님, ○ 여사님, ○○○ 여사님
지칭	당사자 에게	○○ 씨, ○○○ 씨, ○○〔아내 친구의 자녀〕어머니, 아주머니, ○ 선생, 선생님, ○ 선생님, ○○○ 선생님, 과장님, ○ 과장님, ○○○ 과장님, ○ 여사, 여사님, ○ 여사님, ○○○ 여사님
	아내 에게	○○ 씨, ○○○ 씨, ○○〔아내 친구의 자녀〕어머니, ○ 과장님, ○○○ 과장님, ○ 선생, ○ 선생님, ○○○ 선생님
	자녀 에게	아주머니, ○○〔지역〕아주머니, ○○〔아내 친구의 자녀〕어머니, ○ 과장님
	그 밖의 사람 에게	○○ 씨, ○○○ 씨, ○○〔아내 친구의 자녀〕어머니, ○ 과장님, ○○○ 과장님, ○ 선생님, ○○○ 선생님

◉ 해설(3)

　　남편이나 아내의 친구에 대한 호칭은 '(성)명_씨, ○○〔친구 자녀〕_아버지/어머니,

성(명)_선생/여사+(-님), 성(명)_직함+-님' 등이며, 남편이나 아내의 친구 당사자에게 지칭할 때에도 이와 같다. 남편이나 아내의 친구를 자기 남편이나 아내에게 지칭할 때에는 '(성)명_씨, ○○[친구 자녀]_아버지/어머니, 성(명)_선생+(-님), 성(명)_직함+-님'으로 부른다. 남편이나 아내의 친구를 자녀에게 지칭할 때에는 ○○[친구 자녀]_아버지/어머니, ○○[지역]_아저씨/아주머니, 성_직함+-님'으로 부르며, 그 밖의 사람에게는 '(성)명_씨, ○○[친구 자녀]_아버지/어머니, 성(명)_선생님, 성(명)_직함+-님'으로 지칭한다.

〔표 2-8〕 아버지의 친구에 대한 호칭, 지칭

호칭 및 지칭	아저씨, ○○[지역] 아저씨, ○○[아버지 친구의 자녀] 아버지, 어르신, 선생님 과장님, ○ 과장님

〔표 2-9〕 어머니의 친구에 대한 호칭, 지칭

호칭 및 지칭	아주머니, ○○[지역] 아주머니, 아줌마, ○○[지역] 아줌마, ○○[어머니 친구의 자녀] 어머니, 어르신, 선생님, 과장님, ○ 과장님

〔표 2-10〕 친구의 아버지에 대한 호칭, 지칭

	호칭	아저씨, ○○[지역] 아저씨, ○○[친구] 아버지, 아버님, ○○[친구]아버님, 어르신, ○○[친구의 자녀] 할아버지
지칭	당사자에게	아저씨, ○○[지역] 아저씨, ○○[친구] 아버지, 아버님, ○○[친구]아버님, 어르신, ○○[친구의 자녀] 할아버지
	해당 친구에게	아버님, 아버지, 아빠, 어르신, 부친, 춘부장

〔표 2-11〕 친구의 어머니에 대한 호칭, 지칭

호칭		아주머니, ○○〔지역〕 아주머니, 아줌마, ○○〔지역〕 아줌마 어머님, ○○〔친구〕 어머님, ○○〔친구〕 어머니, ○○〔친구〕 엄마, 어르신, ○○〔친구의 자녀〕 할머니
지칭	당사자에게	아주머니, ○○〔지역〕 아주머니, 아줌마, ○○〔지역〕 아줌마 어머님, ○○〔친구〕 어머님, ○○〔친구〕 어머니, ○○〔친구〕 엄마, 어르신, ○○〔친구의 자녀〕 할머니
	해당 친구에게	어머님, 어머니, 엄마 어르신, 모친, 자당

◉ 해설(4)

아버지의 친구에 대한 호칭, 지칭은 '(○○〔지역〕)_아저씨, ○○〔아버지 친구의 자녀〕_아버지, (성)_직함+-님, 어르신, 선생님'이고, 어머니의 친구에 대한 호칭, 지칭은 '(○○〔지역〕)_아주머니/아줌마, ○○〔아버지 친구의 자녀〕_어머니, (성)_직함 +-님, 어르신, 선생님'이다.

친구의 아버지에 대한 호칭은 '(○○〔지역〕)_아저씨, ○○〔친구〕_아버지/아버님, ○○〔친구의 자녀〕_할아버지, 어르신' 등이다. 친구의 어머니에 대한 호칭은 '(○○〔지역〕)_아주머니/아줌마, ○○〔친구〕_어머니/어머님/엄마, ○○〔친구의 자녀〕_할머니, 어르신' 등이다. 친구의 아버지와 어머니에 대한 지칭은 당사자에게 할 경우 호칭과 같다. 친구의 아버지와 어머니를 해당 친구에게 지칭할 때에는 친구의 아버지는 '아버지, 아버님, 아빠, 어르신, 부친, 춘부장' 등으로 부르고, 친구의 어머니는 '어머니, 어머님, 엄마, 어르신, 모친, 자당' 등으로 부른다.

〔표 2-12〕 남자 선생님의 아내에 대한 호칭, 지칭

호칭	사모님, 선생님, ○ 선생님, ○○○ 선생님, 과장님, ○ 과장님

지칭	당사자 및 해당 선생님에게	사모님, 선생님, ○ 선생님, ○○○ 선생님, 과장님, ○ 과장님

〔표 2-13〕 여자 선생님의 남편에 대한 호칭, 지칭

호칭		사부(師夫)님, 선생님, ○ 선생님, ○○○ 선생님, 과장님, ○ 과장님
지칭	당사자 및 해당 선생님에게	사부(師夫)님, 선생님, ○ 선생님, ○○○ 선생님, 과장님, ○ 과장님 바깥어른

◎ 해설(5)

　　남자 선생님의 아내에 대한 호칭은 '사모님, 성(명)_선생님, (성)_직함+-님' 등이고, 여자 선생님의 남편에 대한 호칭은 '사부님, 성(명)_선생님, (성)_직함+-님' 등이다. 남자 선생님의 아내를 당사자 및 해당 선생님에게 지칭할 때에는 호칭과 같은 부름말을 쓰면 된다. 여자 선생님의 남편을 당사자 및 해당 선생님에게 지칭할 때에도 호칭과 같은 부름말을 쓰며, '바깥어른'으로 불러도 된다.

15) 직원과 손님 사이

〔표 2-14〕 식당, 상점, 회사, 관공서 등의 직원에 대한 호칭, 지칭

호칭 및 지칭	아저씨, 젊은이, 총각 아주머니, 아가씨 ○○ 씨, ○○○ 씨, 과장님, ○ 과장님, ○○○ 과장님, ○ 과장, ○○○ 과장, 선생님, ○ 선생님, ○○○ 선생님, ○ 선생 ○○○ 선생 [주로 식당, 상점 등에서의 호칭]: 여기요, 여보세요

〔표 2-15〕식당, 상점, 회사, 관공서 등의 손님에 대한 호칭, 지칭

호칭 및 지칭	손님, ○○ 씨, ○○○ 씨

◉ 해설

식당, 상점, 회사, 관공서 등에서 근무하는 직원을 부르는 말은 '아저씨, 젊은이, 총각, 아주머니, 아가씨' 등 다양하다. 이외에도 '(성)명_씨, 성(명)직함+(-님), 성(명)_선생+(-님)'도 쓸 수 있으며, '여기요, 여보세요'와 같은 호출어도 사용할 수 있다. 반면, 식당, 상점, 회사, 관공서 등에서 근무하는 사람이 손님을 부르는 말은 '손님'이 표준이다. '손님' 이외에 '(성)명_씨'도 쓸 수 있다.

◉ 질문과 대답

문 백화점에 가면 점원이 다가와서 '언니'라고 부르는데, 저보다 더 나이가 많아 보여요. '언니'라고 하는 것이 바른가요? 또 제가 그 점원을 '아줌마'라고 불러도 괜찮을까요?

답 말이라는 것은 말 그 자체의 옳고 그름보다도 화자와 청자 간 좋은 관계의 형성 여부가 더 중요하다고 생각합니다. 점원은 어떻게 하면 손님과 좋은 관계를 맺어 물건을 팔 수 있을까 하는 생각으로 더 나이 어린 손님에게 '언니'라고 부르며 최대한 친절하게 말했을 것입니다. 언어의 기능상으로 볼 때 틀린 호칭이라고 보기는 어렵습니다. 다만 표준 언어 예절에서는 손님에게 '손님'이라는 부름말을 쓰는 것을 권장하고 있습니다. 질문자께서 점원에게 '아줌마'라고 부르기를 주저하는 것도 예절을 염두에 두고 있기 때문입니다. '아줌마'라는 부름말은 사회에서 사용할 때 어원적으로는 그렇지 않는데도 좋지 않은 의미를 가지고 있는 것으로 생각하는 사람들이 있습니다. 표준 언어 예절에서는 이러한 점을 감안하여 손님으로서 점원을 부를 때에는 나이 든 여자에게는 '아주머니'로 할 것을 권하고 있습니다. 이외에도 상대에 따라 '아저씨, 젊은이, 총각, 아가씨' 등 다양하게 부를 수 있습니다.

3. 경어법

◉ 해설

한국어의 경어법을 가리키는 다양한 다른 명칭이 있다. '높임법, 존대법, 대우법' 등이 그것이다. 이러한 명칭은 문법서나 학자에 따르게 쓰는 것이지만 그 내용은 대동소이하다. 참고로 <표준국어문법론>, <외국인을 위한 한국어 문법>에서는 '높임법'이라고 부른다.

한국어의 경어법은 높이는 대상에 따라 '주체 높임법, 상대 높임법, 객체 높임법'으로 구분한다. 또한 높이는 방법에 따라 '문법적인 높임법, 어휘적인 높임법'으로 구분할 수도 있다. 주체 높임법은 문장의 주어를 높이는 경어법으로서 '존경법'이라고 부르기도 한다. 상대 높임법은 듣는 이를 높이는 경어법으로서 '공손법'이라고도 부른다. 객체 높임법은 문장의 목적어나 서술어가 뜻하는 행위의 수혜자를 높이는 경어법이며 '겸양법'이라고도 부른다. 한편, 문법적인 높임법은 문법적인 형태소를 사용하여 높임 표현을 만드는 방법이며, 어휘적인 높임법은 특정한 어휘를 사용하여 높임 표현을 만드는 방법이다. 현대 한국어는 주체 높임법과 상대 높임법에는 문법적인 높임 표현과 어휘적인 높임 표현이 모두 있다. 그러나 객체 높임법에는 오직 어휘적인 높임 표현만 있다.

문법적으로 주체 높임법을 나타내는 형태소는 '-시-'이다. 아래와 같이 문장 서술어의 어간에 선어말 어미 '-시-'를 넣으면 주어를 높이는 표현이 된다.

(1) 가. 아버지께서 서울에 가신다.
　　나. 2학년 선생님은 참 멋지시다.
　　다. 저분이 우리 선생님이시다.

(1가)는 동사 서술어에 '-시-'를 넣어 주어를 높였고, (1나)는 형용사 서술어에, (1다)는 명사 서술어에 '-시-'를 넣어 주어를 높인 표현이다. (1가) 주어에 결합한 조사 '께서'도 주어를 높인 것인데, 조사를 단어로 보면 어휘적인 높임법이다. (1가)처

럼 주어에 조사 '께서'가 결합하면 서술어에는 반드시 '-시-'를 넣어야 한다. 그러나 (1나, 다)처럼 서술어에 '-시-'가 있더라도 주어에 '께서'를 쓰는 것은 임의적이다.

　(2) 계시다, 잡수시다, 드시다, 편찮으시다, 주무시다, 돌아가시다, 말씀하시다

위 (2)에 제시한 어휘들은 주체 높임을 나타내는 것들이다. 형태상으로는 단어 안에 '-시-'가 들어 있는 것처럼 보이지만, (2)의 단어들은 모두 기본형이다. 주체 높임법은 선어말 어미 '-시-'로 주체를 높이는 경어법이지만, (2)의 있는 단어들을 사용하여 주체를 높이기도 하는 것이다.

상대 높임법은 한국어에서 가장 복잡한 높임법이다. 특히 종결어미로 표시되는 문법적인 상대 높임법은 상대에 따라 여러 등급으로 나뉜다. 한국어 상대 높임법이 이렇게 복잡한 등급을 갖는 것은 대화의 상대를 특별히 중요하게 생각하기 때문이다.

　(3) 상대 높임법의 등급

등급		격식체	등급	비격식체
+ 높임	아주높임	합쇼체	두루 높임	해요체
	예사높임	하오체		
- 높임	예사낮춤	하게체	두루 낮춤 (반말)	해체
	아주낮춤	해라체		

위 (3)은 한국어 상대 높임법의 등급을 예시한 것이다. 상대 높임법은 등급은 크게 '+높임'과 '-높임'의 구별을 가지며 '격식체'인가 '비격식체'인가에 따라서도 나뉜다. 격식체는 사용하는 종결어미의 형태에 따라서 '합쇼체, 하오체, 하게체, 해라체'의 등급을 가지며, 비격식체는 '해요체', '해체'의 등급을 갖는다. 문법적인 상대 높임법의 등급별 종결어미의 형태를 예시하면 아래와 같다.

(4) 등급별 상대 높임법을 나타내는 종결어미의 예시

등급	상대 높임의 종결어미				
	평서형	의문형	청유형	명령형	감탄형
해라체	-다/-ㄴ다/ -는다	-냐/느냐/으냐, -니	-자	-어라/-아라/여 라, -(으)라	-(는)구나, -로구나
하게체	-네	-는가, -나	-(으)세	-게	-네, -로세
하오체	-(으)오, -소	-(으)오, -소	-(으)ㅂ시다	구려, -(으)오	-구려 -로구려
합쇼체	-ㅂ니다/습니다	-ㅂ니까/습니까	-으십시다 -(으)시지요.	-(으)십시오	
해요체	-아요/-어요/ -여요. -(으)세요/ -(으)셔요 -지요	-아요/-어요/ -여요. -(으)세요/ -(으)셔요 -지요	-아요/-어요/ -여요. -(으)세요/ -(으)셔요 -지요	-아요/-어요/ -여요. -(으)세요/ -(으)셔요 -지요	-군요. -(으)세요/ -(으)셔요. -지요
해체	-아/어, -지	-아/어, -지. -나, -게	-아/어, -지	-아/어, -지	-(는)군, -로군 -(는)구먼, -로구먼

위 (4)를 보면 한국어 상대 높임 표현을 만드는 종결어미들이 매우 다양하게 분화하여 있음을 알 수 있다. 상대 높임 표현을 만드는 종결어미들은 높임의 등급과 문장 종결형에 따라서 달라진다. 어떤 등급의 종결어미들은 문장 종류와 상관없이 같은 경우도 있는데, 입말에서는 이런 경우 문말 억양이 문장 종류를 결정한다. 글말에서는 문장 부호나 문맥을 이용하여 종결형의 차이를 나타낸다.

(5) 졸고-옥고, 폐가-귀댁, 말씀-말씀, 밥-진지, 이름-성함

위 (5)에 제시한 낱말들은 말 듣는 이를 높일 때 사용하면 어휘적 상대 높임 표현을 만든다. 각 낱말의 쌍에서 앞의 낱말을 쓰면 자신을 낮춤으로써 상대를 높이는 것이 되고, 뒤의 낱말을 쓰면 상대를 높이는 것이 된다. 다만 '말씀'은 상대를 높일 때나 자신을 낮출 때에 두루 쓸 수 있다. 이 단어들 중 높이는 뜻으로 쓰는 것들은 경우에 따라 주체를 높일 때도 쓸 수 있다. 그것이 주체를 높이는 것인지 상대를 높이는 것인지는 맥락에 따라 파악하면 된다.

(6) 가. 선생님, <u>진지</u> 잡수셨어요?

　　　나. 할아버지께서 <u>진지를</u> 잡수셨습니다.

(6가)에서 '진지'는 주어이면서 말 듣는 이인 '선생님'을 높인 것이고, (6나)에서 '진지'는 주어인 '할아버지'를 높인 것이다.

　객체 높임법은 현대 국어에는 오직 어휘적인 높임법만 있다. 중세국어에는 문법적인 객체 높임 표현을 만드는 형태소 '습~습~좁'이 있었다. 이들 형태소는 오늘날 '-사오-, -자오-' 등으로 바뀌어 상대 높임을 나타내는 선어말 어미가 되었다. 객체 높임을 나타내는 어휘를 예시하면 다음과 같다.

(7) '주다:드리다', '데리다:모시다', '만나다:뵙다', '묻다:여쭙다'

(7)에 있는 낱말들의 각 쌍에서 뒤에 있는 '드리다, 모시다, 뵙다, 여쭙다'가 객체 높임의 어휘들이다. 예를 들면 '네가 이것을 할머니께 드려라.', '내가 할머니를 모시고 서울에 갔다.'에서처럼 객체 높임의 어휘들은 문장의 목적어나 서술의 행위가 미치는 대상을 높이는 역할을 한다.

16) 가정에서

◐ 해설

　표준 언어 예절에서 경어법과 관련하여 가장 주목을 끄는 문제는 압존법이다. 압존법은 높여야 할 대상을 상황에 따라서 높이지 않는 경어법이다. 예를 들면 문장의 주어가 높임의 대상이지만, 청자가 주어보다 더 윗사람일 때 화자가 주어를 높이지 않는 경어법이 바로 압존법이다. 연구자들에 따르면 일본어의 경어법은 청자에 대한 배려가 중요하여 화제의 인물이 화자에 가까운지, 청자에 가까운지를 고려하여 높임 표현이 달라진다고 한다. 하지만 한국어는 대화에서 주로 화자와 화제 인물과의 상하 관계만을 고려하여 높임 표현을 결정한다. 일본어와 같은 높임을 '상대 경어'라고 부르고 한국어와 같은 높임법을 '절대 경어'라고 부른다.(신혜경, 1996:84 참조)

한 번 높여야 할 대상으로 인식한 사람에 대해서 화자가 어떤 상황에서도 높이는 표현을 쓰려는 것이 한국어의 경어법의 특성인 셈이다. 손춘섭 외(2003:158-162)는 교수 사회에서의 압존법 실태를 조사한 바 있는데, 이 연구에서는 교수들이 직장인 대학 안에서 압존법을 지켜야 한다는 의식이 매우 약하다는 사실을 지적하고 있다. 조선일보사, 국립국어원 편(1996 상: 228-230)에서도 가정에서 할아버지에게 아버지를 높여 '할아버지, 아버지가 진지 잡수시라고 하셨습니다.'처럼 말하는 것을 허용하고 있다. 또 직장에서는 엄격하게 압존법을 지키는 것을 우리식 예절이 아니라고 보고 화자가 문장의 주어보다 더 상관인 청자에게 말할 때에도 '총무 과장님이 이 일을 하셨습니다.'처럼 하는 것을 표준으로 정한 바 있다.(조선일보사, 국립국어원 편 상, 1996:183). 이러한 태도는 '조선일보사, 국립국어원 편(1996)'을 2012년에 수정, 보완한 현행 표준 언어 예절에도 그대로 계승되고 있다.

〔표 3-1〕 경어 사용의 예 - 가정

부모를 조부모께	할머니/할아버지, 어머니/아버지가 진지 잡수시라고 하였습니다. 할머니/할아버지, 어머니/아버지가 진지 잡수시라고 하셨습니다.
부모를 선생님께	저희 어머니/아버지가 이렇게 말씀하셨습니다. 저희 어머니/아버지께서 이렇게 말씀하셨습니다. 우리 어머니/아버지가 이렇게 말씀하셨습니다. 우리 어머니/아버지께서 이렇게 말씀하셨습니다.
남편을 시부모나 손위 사람에게	아범이 아직 안 들어왔습니다. 아비가 아직 안 들어왔습니다. 그이가 어머님/아버님께 말씀드린다고 했습니다.
남편을 시동생이나 손아래 사람에게	형님은 아직 안 들어오셨어요. ○○〔자녀〕 아버지는 아직 안 들어오셨어요. ○○〔자녀〕 아버지는 아직 안 들어왔어요.
배우자를 그 밖의 사람에게	그이는/집사람은 아직 안 들어왔습니다. ○○〔자녀〕 어머니/아버지는 아직 안 들어왔습니다.
자녀를 손주에게	○○〔손주야〕, 어머니/아버지 좀 오라고 해라. ○○〔손주야〕, 어머니/아버지 좀 오시라고 해라.

위 표 3-1 확인할 수 있듯이 표준 언어 예절은 가정에서 압존법을 지키는 것과 그렇지 않은 것을 모두 허용하고 있다. 후술할 직장과 사회에서의 경어법이 압존법을 적용하지 않도록 한 것과 대조적이다. 따라서 가정에서는 부모를 조부에게 말할 때에 '할머니/할아버지, 어머니/아버지가 진지 잡수시라고 하였습니다.'처럼 압존법을 사용하여도 좋고, '할머니/할아버지, 어머니/아버지가 진지 잡수시라고 하였습니다.'처럼 그렇게 하지 않아도 좋다. 그렇지만 남편을 시부모에 말할 경우에는 '아범이 아직 안 들어왔습니다.', '아비가 아직 안 들어왔습니다.', '그이가 어머님/아버님께 말씀드린다고 했습니다.'처럼 항상 압존법을 쓰도록 하고 있다. 또한 배우자를 가족이 아닌 다른 사람들에 말할 때에도 '그이는/집사람은 아직 안 들어왔습니다.', '○○[자녀] 어머니/아버지는 아직 안 들어왔습니다.'처럼 배우자를 높이지 않는 것을 표준 예절로 정하고 있다. 하지만 조부모가 손주에게 그 부모에 대해 말할 때에는 '○○[손주야], 어머니/아버지 좀 오라고 해라.', '○○[손주야], 어머니/아버지 좀 오시라고 해라.'처럼 '-시-'를 넣어도 된다.

17) 직장, 사회에서

◉ 해설

직장과 사회에서는 화자가 자기보다는 지위가 높지만 듣는 사람보다 더 지위가 낮은 사람에 대해서 말할 때에도 '-시-'를 넣어 주체 존대를 하는 것이 예절이다. 이 점이 가정에서의 경어법과 큰 차이이다. 예를 들면 계장이 부장에게 과장에 대해서 말할 때에 다음과 같이 과장을 높여서 말하는 것이 예절이다.

(8) 부장: 김 계장님, 박 과장님 어디 가셨어요?
    김 계장: 박 과장님 거래처에 가셨습니다.

권위적인 직장이나 사회일수록 지위가 높은 사람에게는 존대하지만, 지위가 낮은 사람에게는 하대하는 경향이 있다. 물론 나이, 성별 등의 여건에 따라서는 그렇지 않은 경우도 있지만, 직장에서 지위가 낮은 사람에게 으레 하대하는 풍습은 예절 바르지 못한 일이다. 상급자와 하급자 간의 사적인 친밀도에 따라서는 서로 이해하는 사이도 있겠지만, 직장과 사회에서의 인간관계는 기본적으로 공적인 것이므로 구성원 간에는 상호 존대하는 것이 바람직하다.

〔표 3-2〕 공손의 표현

공식적인 상황이거나 덜 친밀한 관계에서	거래처에 전화하셨습니까? 거래처에 전화했습니까? 거래처에 전화하십시오. 거래처에 전화하시지요.
비공식적인 상황이거나 친밀한 관계에서	거래처에 전화하셨어요? 거래처에 전화했어요? 거래처에 전화하세요. 거래처에 전화해요.

격식체와 비격식체 가운데 어떤 것이 더 공손한 표현인가는 대화 상대나 상황에 따라서 다를 수 있다. 그러나 격식체는 공식적인 업무 처리 상황이나 대중을 상대로 하는 말하기에 적절하다. 반면에 비격식체는 친밀함을 나타내는 사적인 상황에서 사용하는 것이 적절하다. 따라서 동일한 상대방이라도 공식적인 회의 자리에서는 격식체를 사용하지만, 사적인 자리에서라면 비격식체를 사용할 수 있다.

◉ 질문과 대답

문 '저희 나라'라고 표현하는 사람이 많은데, '우리나라'라고 하는 것이 옳다고 들었습니다. '저희'를 쓸 때와 '우리'를 쓰는 것은 어떤 차이가 있습니까?

답 1인칭 대명사인 '나' 대신 '저'를 쓰고, '우리' 대신 '저희'를 쓰는 것은 말 듣는 사람이 '나'나 '우리'보다 윗사람이거나 일반 대중일 때 자신이나 자신과 관련 있는 것들을 낮추어 말하기 위해서입니다. 그러나 우리가 '나라'에 대하여 우리끼리 말할 때에, '우리나라'는 말하는 사람이나 듣는 사람 모두와 관련이 있는 것이기 때문에 서로가 공손하게 '저희 나라'라고 할 필요는 없습니다. 또한 외국인에게 말한다고 하여도 굳이 다른 언어권에 속하는 사람에게 국가에 대해 '저희 나라'라고 공손하게 말할 필요도 없을 것입니다. '저희 학교'와 같은 말도 같은 학교 구성원들끼리라면 '우리 학교'라고 하는 것이 바람직합니다. 어른이나 우리 학교와 관련이 없는 다른 사람들에게는 공손하게 '저희 학교'라고 하는 것도 괜찮습니다.

문 백화점에서 물건을 고르는데 점원이 치수를 묻자 260밀리미터라고 대답하였더니, "사이즈가 없으십니다. 품절이십니다."라고 말하는 것을 들었습니다. 점원은 손님을 높인다고 생각하는 것 같은데 물건을 높여서 말한 것 아닌가요?

답 텔레비전 공익 광고에서 "커피 나오셨습니다."라는 판매원의 표현을 잘못으로 지적하는 것을 본 적이 있습니다. 당연히 경어법을 잘못 쓴 것입니다. '-시-'는 문장의 주어가 높임의 대상일 때 써야 합니다. 질문에 있는 '사이즈가 없으십니다. 품절이십니다.'도 '사이즈가 없습니다. 품절입니다.'로 말해야 합니다. 하지만 물건이라도 '-시-'를 써서 높임의 뜻을 나타내는 것을 허용하는 경우가 있습니다. 곧, 높여야 할 사람의 소유물이나 신체, 자녀 등이 주어일 때 서술어에 '-시-'를 넣어서 표현할 수 있습니다. 이것을 간접 존대라고 부릅니다. 예를 들면, '선생님 넥타이가 멋있으십니다.', '사장님 따님이 예쁘시군요.', '선생님, 성함이 어떻게 되십니까?' 등의 표현은 예의에 어긋나지 않는 것으로 봅니다. 다만, '선생님 강아지가 정말 귀여우시네요.'와 같이 지나친 간접 존대는 옳지 않으므로 삼가야 할 것입니다.

4. 일상생활의 인사말

◉ 해설

언어는 여섯 가지 요소를 갖고 있다. '화자(addresser), 청자(addressee), 전언(message), 전언과 관련한 대상(context), 전달 수단으로서 말(code), 접촉 경로로서 환경(contact)'이 그것이다. 언어의 기능은 이들 여섯 가지 요소들 중에서 어느 것에 초점을 두느냐에 따라 달라진다.

먼저 화자의 의사 표현에 초점으로 두면 언어는 '표출적 기능'을 갖는다. 화자의 감정 표현이나 감탄사 등이 표출적 기능을 하는 언어의 예이다. 다음으로 청자의 행동에 초점을 두면 언어는 '명령적 기능'을 갖는다. 이를 '감화적 기능'이라고도 한다. 언어가 명령이나 설교에서처럼 청자의 행동 변화를 요구할 때 명령적 기능을 하는 것이다. 그 다음으로 화자가 전하는 말을 가능한 한 다듬어서 표현 효과를 높이려고 하는 것은 언어의 '미적 기능'이다. 또한 전하는 말이 가리키는 대상에 대해 정보를 제공하는 것일 때 언어는 '정보적 기능'을 가진다. 그리고 다섯 번째 요소인 '전달 수단으로서 말(code)'이 갖는 기능은 '메타적 기능'이라고 부른다. 끝으로 여섯 번째인 접촉 경로로서 환경(contact)과 관련한 언어의 기능은 '친교적 기능'이다. 친교적 기능은 언어 표현 자체보다는 그것을 둘러 싼 상황과 맥락을 중시하는 것이다. 친교의 측면에서 볼 때 언어는 대상에 대한 정보의 정확성보다는 화자와 청자 간의 친밀함의 증대가 더 중요하다.

우리가 사용하는 일상생활의 인사말은 대부분 '친교적 기능'을 수행한다. 아침이나 저녁에 누구를 만날 때 반복적으로 하는 정형적인 인사말들은 주고받는 사람들 간의 관계 유지와 발전에 중요하다. 이러한 인사말은 정확한 정보를 전달하기 위한 것이 아니라 친밀함의 증대라는 목적을 갖는다. 따라서 우리가 아침에 '안녕히 주무셨어요?'라고 누군가에게 인사말을 건네어도, 듣는 사람은 '어젯밤 잠자리의 자세한 상황'을 설명할 필요가 없다. 그저 '잘 잤어요?'라고 인사하며 서로의 친밀한 관계가 잘 유지되고 있음을 확인하면 충분하다.

18) 아침, 저녁의 인사말

〔표 4-1〕 아침 인사

상황 대상	가정에서	이웃 사람에게	직장에서
윗사람에게	안녕히 주무셨습니까? 안녕히 주무셨어요?	안녕하십니까? 안녕하세요?	안녕하십니까? 안녕하세요?
동년배와 손아래인 성인에게	잘 잤어요? 잘 잤니?	안녕히 주무셨습니까? 안녕히 주무셨어요?	
아랫사람에게		안녕? 잘 잤니?	

〔표 4-2〕 저녁 인사

대상＼상황	가정에서
윗사람에게	안녕히 주무십시오. 안녕히 주무세요.
아랫사람에게	잘 자. 잘 자라. 편히 쉬게.

◎ 해설

　가정에서의 아침 인사말은 윗사람에게는 '안녕히 주무셨습니까?', '안녕히 주무셨어요?'를 쓰고, 동년배나 아랫사람에게는 '잘 잤어요?', '잘 잤니?'를 쓰면 된다. 이웃 사람에게는 '안녕하십니까?', '안녕하세요?', '안녕?'을 쓰거나 가정에서처럼 '안녕히 주무셨습니까?' 안녕히 주무셨어요?', '잘 잤니?' 등을 쓴다.

　직장에 출근하여 하는 아침 인사말은 '안녕하십니까?', '안녕하세요?'가 적당하다. '굿 모닝!', '좋은 아침!'처럼 외국어나 번역어 인사말을 사용하는 것은 권하지 않는다.

　가정에서의 저녁 인사말로는 윗사람에게는 '안녕히 주무십시오.', '안녕히 주무세요.'를 쓴다. 아랫사람에게는 '잘 자.', '편히 쉬게.' 등을 쓸 수 있다. 상대에 따라서 '잘 자요.', '잘 자게.', '편히 쉬어라.' 등을 써도 좋다.

19) 만나고 헤어질 때의 인사말

〔표 4-3〕 만나고 헤어질 때 하는 인사 - 가정

가정 에서	나가는 사람이	다녀오겠습니다. 다녀올게요. 다녀올게.
	보내는 사람이	안녕히 다녀오십시오. 안녕히 다녀오세요. 잘 다녀와.
	들어오는 사람이	다녀왔습니다. 다녀왔어요.

		아빠/엄마/나 왔다.
	맞이하는 사람이	다녀오셨습니까? 다녀왔어요? 다녀왔어?

◑ 해설(1)

가정에서 만나고 헤어질 때의 인사말로 나가는 사람은 '다녀오겠습니다.'를 쓰고 보내는 사람은 '안녕히 다녀오십시오.'를 쓴다. 외출에서 돌아 온 사람은 '다녀왔습니다.'를, 맞이하는 사람은 '다녀오셨습니까?'를 쓰면 된다. 상황이나 상대에 따라서 '다녀올게요.', '잘 다녀 와.', '아빠 왔다.', '다녀왔니?' 등을 써도 좋다. 다만 일상적인 외출 후 돌아온 사람에게 '안녕히 다녀오셨습니까?'처럼 '안녕히'를 붙이거나 '어서 오세요.'를 쓰는 것은 적절하지 않다.

〔표 4-4〕 손님과 만나고 헤어질 때 하는 인사

손님을 맞이할 때와 헤어질 때 하는 인사	손님을 맞이할 때	어서 오십시오.
	손님과 헤어질 때	안녕히 가십시오.

가정에서 손님과 만나고 헤어질 때의 인사말로는 손님을 맞이하는 이는 '어서 오십시오.'를 쓰고, 보내는 이는 '안녕히 가십시오.'를 쓰면 된다. 상대에 따라서는 맞이하는 말로 '어서 오세요.', '어서 오게.' 등을 쓸 수 있다. 헤어지는 말로는 상대에 따라 '잘 가게.', '잘 가.' 등도 쓸 수 있다.

관공서, 시장, 음식점 등 사회에서 손님을 맞이할 때의 인사말로는 '어서 오십시오.'를 쓴다. '어서 오십시오.'라고 말한 후에는 상황에 따라 '어떻게 오셨습니까?', '무엇을 도와드릴까요?' 등을 덧붙일 수 있다. '어서 오십시오.'를 하지 않고 곧바로 '무엇을 찾으십니까?', '뭘 도와드릴까요?', '어디로 모실까요?' 등으로 말하는 것은 너무 사무적이고 재촉하는 느낌을 준다. 관공서, 시장, 음식점 등에서 손님과 헤어질 때 하는 인사말은 '안녕히 가십시오.'이다. 헤어질 때에 '안녕히 가십시오.'라는 말이 없이 '또 오십시오.'라고만 하는 것은 불쾌감을 줄 수 있다. 택시에서 내리는 손님이나 어렵게 찾아 온 손님을 배웅할 때에는 '고맙습니다. 안녕히 가십시오.' 하는 것도 좋다.

〔표 4-5〕 만나고 헤어질 때 하는 인사 – 사회

오랜만에 만나는 사람에게		그동안 안녕하셨습니까? 그동안 잘 지내셨습니까? 그동안 잘 지내셨어요? 그동안 잘 지냈니?
이웃 사람에게	만났을 때	안녕하십니까? 안녕하세요? 안녕?
	헤어질 때	안녕히 가십시오. 안녕히 가세요. 안녕.
직장에서	만났을 때	안녕하십니까? 안녕하세요?
	나가는 사람에게	먼저 가겠습니다. 내일 뵙겠습니다.
	남아 있는 사람이	안녕히 가십시오. 안녕히 가세요.
식사 시간 전후에 만났을 때		점심/진지 잡수셨습니까? 점심/진지 드셨습니까? 식사하셨어요? 점심/밥 먹었어?

◉ 해설(2)

위 표 4-5는 사회에서 사람들이 서로 만나고 헤어질 때 쓸 수 있는 인사말들을 제시한 것이다. 사회에서 오랜만에 만난 사람에게는 '그동안 안녕하셨습니까?', '그동안 잘 지내셨습니까?' 등으로 인사한다. 이 외에도 상대나 상황에 따라 '그동안 별고 없었는가?', '오랜만입니다.', '반갑습니다.' 등의 인사말을 사용할 수 있다.

이웃을 만났을 때의 인사말로는 '안녕하십니까?', '안녕하세요?' 등을 쓰고, 헤어질 때에는 '안녕히 가십시오.', '안녕히 가세요.' 등을 쓴다. 상황이나 상대에 따라서

'학교 가니?', '안녕하세요?', '안녕히 가세요.', '안녕.' 등의 말도 쓸 수 있다.

직장에서 다른 직원을 만났을 때에는 '안녕하십니까?', '안녕하세요?' 등을 쓴다. 다른 직원보다 먼저 퇴근하게 되면 '먼저 가겠습니다.', '내일 뵙겠습니다.' 등으로 인사한다. 이때 남아 있는 사람은 '안녕히 가십시오.', '안녕히 가세요.'라고 인사하면 된다. 먼저 퇴근하는 사람이 윗사람에 '수고하십시오.'처럼 말하는 것은 예의에 어긋난다. 다만 동년배나 아랫사람에게는 '먼저 갑니다. 수고하세요.'처럼 말할 수 있다.

식사 시간 전후에 직장 사람을 만났을 때에는 '점심/저녁 잡수셨습니까?', '점심/저녁 드셨습니까?'로 인사한다. '점심/저녁 잡수셨습니까?'는 '점심/저녁 드셨습니다.'보다 더 정중한 표현이다. 동년배나 아랫사람에게는 '식사하셨습니까?', '식사했어요?', '점심/저녁 먹었어요?' 등으로 인사해도 좋다.

20) 전화 예절

◎ 해설

스마트 폰의 등장으로 현대인들의 전화와 관련한 풍습에도 많은 변화가 있지만, 전화를 주고받는 기본적인 예절은 여전히 필요하다. 특히 전화를 걸고 받을 때의 말, 잘못 걸려온 전화에 대한 응답, 전화를 바꾸어 줄 때의 말 등은 서로 얼굴을 보고 통화할 수도 있는 스마트 폰 시대일지라도, 여전히 예절에 알맞아야 한다.

〔표 4-6〕 전화를 받을 때 하는 말

집	여보세요.
직장	네, ○○○○ 〔회사/부서/받는 사람〕입니다.

전화를 받을 때에는 가정에서라면 '여보세요.'라고 하는 것이 좋다. 요즘 전화기

에 발신자가 표시되기 때문에 바로 '○○이니?', '아, 김 선생님이시군요.', '왜?' 등으로 전화를 받을 때 하는 말이 사람마다 매우 다양하다. 하지만 누가 건 것인지 모르는 전화이거나 일반적인 경우에는 '여보세요.'라고 하는 것이 표준이며 예의에 맞다. 직장에서 전화를 받을 때에는 '네, 총무과입니다.', '네, 총무과 홍길동입니다.'처럼 하는 것이 예의이다. 또는 '고맙습니다. 총무과입니다'하는 것도 좋다. 다만, '네.'라고만 한다든지 '네.' 없이 '총무과입니다.'라고만 하는 것은 친절하지 못하다.

〔표 4-7〕 전화를 바꾸어 줄 때 하는 말

전화를 바꾸어 줄 때	잠시 기다려 주십시오. 바꾸어 드리겠습니다. 잠깐 기다려 주십시오. 바꾸어 드리겠습니다. 조금 기다려 주십시오. 바꾸어 드리겠습니다. 네, 잠시 기다려 주십시오. 바꾸어 드리겠습니다. 네, 잠깐 기다려 주십시오. 바꾸어 드리겠습니다. 네, 조금 기다려 주십시오. 바꾸어 드리겠습니다.

전화를 바꾸어 줄 때에 하는 말로는 위 표 4-7에 있는 것처럼 '네, 잠시 기다려 주십시오. 바꾸어 드리겠습니다.' 등이 적당하다. 상대방에게 아무 말 없이 바로 받을 사람을 찾는다든지, '잠깐만요.'하고 마는 것은 불친절한 느낌을 준다. 전화를 건 사람이 누구인지 알아야 할 필요가 있을 때에는 '누구시라고 전해 드릴까요?'라고 물을 수 있다.

〔표 4-8〕 상대방이 찾는 사람이 없을 때 하는 말

상대방이 찾는 사람이 없을 때	지금 안 계십니다. 들어오시면 뭐라고 전해 드릴까요?

상대방이 찾는 사람이 없을 때 하는 말로는 가정에서라면 위 표 4-8에 있는 것처럼 '지금 안 계십니다. 들어오시면 뭐라고 전해 드릴까요?'가 적당하다. 상황에 따라서는 '지금 자리에 안 계십니다. ○분 후에 다시 걸어 주시겠습니까?' 등 부드럽고 친절한 말씨로 응대하는 것이 예절이다.

〔표 4-9〕 잘못 걸려 온 전화를 받을 때 하는 말

잘못 걸려 온 전화를 받을 때	아닌데요, 전화 잘못 걸렸습니다. 아닙니다, 전화 잘못 걸렸습니다.

요즘은 무분별한 광고성 전화가 많이 걸려 오는 것이 현실이다. 이에 잘못 걸려 온 전화에 대해 친절하게 응대하지 않는 사람이 많다. 잘못 걸려 온 전화에 대해서는 위 표 4-9에서처럼 '아닌데요, 전화 잘못 걸렸습니다.'라고 하는 것이 좋다. '아닌데요.' 하고 만다든지, '전화 잘못 거셨습니다.'처럼 말하는 것은 전화를 건 사람에게 부담을 가중하는 표현들이어서 예절이 아니다.

〔표 4-10〕 상대방이 응답하면 하는 말 - 전화를 걸 때

집	안녕하십니까? 저는 ○○○입니다. ○○○〔찾는 사람〕 씨 계십니까? 안녕하십니까? 여기는 ○○○입니다. ○○○〔찾는 사람〕 씨 계십니까?
직장	안녕하십니까? 저는 ○○○입니다. ○○○〔찾는 사람〕 씨 좀 바꾸어 주시겠습니까? 안녕하십니까? 여기는 ○○○입니다. ○○○〔찾는 사람〕 씨 좀 바꾸어 주시겠습니까? 〔교환일 때〕 안녕하십니까? ○○○〔부서명〕 좀 부탁합니다.

전화를 건 사람은 받은 사람이 '여보세요.' 등으로 응답하면 위 표 4-10에 있는 것과 같이 말한다. 곧, 집에서라면 '안녕하십니까? 저는 ○○○입니다. ○○○〔찾는 사람〕 씨 계십니까?', 혹은 '안녕하십니까? 여기는 ○○○입니다. ○○○〔찾는 사람〕 씨 계십니까?'라고 한다. 직장에서라면 '안녕하십니까? 여기는 ○○○입니다. ○○○〔찾는 사람〕 씨 좀 바꾸어 주시겠습니까?' 등으로 한다. 만약 전화를 건 곳이 맞는지 확인하고자 할 때에는 '안녕하십니까? ○○○ 댁입니까?'로 물을 수 있다. 직장에서 교환에게 연결을 부탁할 때에는 '안녕하십니까? ○○○〔부서명〕 좀 부탁합니다.'를 쓴다.

〔표 4-11〕 친지에게 전화해서 자기를 밝힐 때 하는 말

부모, 조부모에게		○○〔이름〕
부모의 동기에게		○○〔이름〕, ○○〔자녀〕 어미/아비
배우자에게		나
동기에게	손위 동기에게	○○〔이름〕
	손아래 동기에게	언니, 누나 오빠, 형
동기의 배우자에게	내게 자녀가 있을 경우	○○〔자녀〕 엄마/어미/어머니 ○○〔자녀〕 아빠/아비/아버지
	내게 자녀가 없을 경우	○○〔상대방의 자녀〕 이모/고모 삼촌
시부모에게		○○〔이름〕, ○○〔자녀〕 어미/어멈
시가 쪽 손위 친척		○○〔자녀〕 어미/어멈/엄마 ○○〔남편〕 처
시가 쪽 손아래 친척		○○〔자녀〕 어미/어멈/엄마 올케/형수/동서
처부모, 아내의 손위 동기에게		○ 서방
아내의 손아래 동기에게		매부, 매형, 자형, 형부
처가 쪽 동서에게	손위 동서에게	○○〔이름〕, ○서방, 동서
	손아래 동서에게	○○〔자녀〕 아버지, 동서
자녀에게		어머니, 엄마, 아버지, 아빠
손주에게		할머니, 할미 할아버지, 할아비
조카에게		이모, 고모, 큰어머니, 작은어머니, 이모부, 고모부, 큰아버지, 작은아버지, 삼촌
배우자의 친구		○○○〔배우자〕 씨의 아내/집사람/처(妻)입니다. ○○○〔배우자〕 씨의 남편/바깥사람입니다. ○○○〔배우자〕 씨가 아내/남편입니다.
동기의 친구		○○○〔동기〕 씨가 제 언니/누나/오빠입니다. ○○○〔배우자〕 씨의 동생입니다.

위 표 4-11은 친지에게 전화할 때 자기를 밝히는 말들을 제시한 것이다. 친지에게 전화할 때 자기를 밝히는 방법은 대체로 상대와 관계를 고려하여 상대가 부르는 자신의 호칭어나 자기를 낮춘 호칭어를 쓰면 된다. 다만 배우자에게는 '나요.', '나예요.' 등으로 하고, 부모에게는 '이름'을 말한다. 부모의 동기, 손위 동기, 시부모에

게도 '이름'을 말할 수 있는데, 부모의 동기나 시부모에게는 종자명 호칭어인 '○○ [자녀] 어미/어멈/아범/아비'를 쓸 수 있다. 손주에게는 그들이 부르는 대로 '할아버지, 할머니'를 쓰거나 스스로 낮춘 '할아비/할미'를 쓸 수 있다.

가족이 아닌 배우자의 친구나 동기의 친구에게는 '○○○ 씨의 아내/집사람/처입니다.', '○○○ 씨가 제가 언니/누나/오빠입니다.'처럼 배우자나 동기와의 관계를 밝혀 말하면 된다.

〔표 4-12〕 직장에서 전화로 자기를 밝힐 때 하는 말

상사가 아래 직원에게	사장입니다. 총무부 ○ 부장입니다.
아래 직원이 상사에게	총무부장입니다. 총무부 ○ 부장입니다. 총무부장 ○○○입니다. 총무부 ○○○입니다.
다른 회사 사람에게	○○〔회사명〕 상무이사입니다. 총무부 ○ 부장입니다. 총무부장 ○○○입니다. 총무부 ○○○입니다

친지에게 전화할 때 자기를 밝히는 방법은 위 표 4-12에 있는 것처럼 대체로 자기의 소속이나 직위를 말하는 것이다. 곧 같은 직장 안에서라면 소속이나 직위를 밝혀 '사장입니다.' '총무부 ○ 부장입니다.', '총무부장 ○○○입니다.'처럼 말하면 된다. 다른 회사 사람에게는 같은 직장 안에서 하는 것과 같이 자신의 소속이나 직위를 밝혀 말하는 방법 이외에 '은하 주식회사 상무이사입니다.'처럼 회사명을 밝혀 말하여도 좋다.

〔표 4-13〕 통화하려고 한 사람이 없을 때 하는 말 - 전화를 걸 때

통화하려는 사람이 없을 때	죄송합니다만, ○○〔이름〕한테서 전화왔었다고 전해주시겠습니까? 죄송합니다만, ○○〔이름〕한테서 전화왔다고 전해주시겠습니까? 말씀 좀 전해 주시겠습니까?

전화를 걸었는데 통화하려고 한 사람이 없을 때에는 위 표 4-13에 있는 '죄송합

니다만, ○○[이름]한테서 전화 왔었다고 전해주시겠습니까?' 등처럼 말하는 것이 바람직하다. 혹은 '말씀 좀 전해주시면 고맙겠습니다.'로 말하는 것도 좋다.

〔표 4-14〕 전화를 대신 걸 때 하는 말

직장	안녕하십니까? ○○○〔전화 부탁한 사람〕님의 전화인데요. ○○○〔찾는 사람〕 씨를 부탁합니다. 〔부탁한 전화가 연결되었을 때〕 ○○○〔전화 부탁한 사람〕님의 전화인데요. 바꾸어 드리겠습니다.

직장에서 업무 등의 이유로 전화를 대신 걸어야 할 때가 있다. 이럴 때는 위 표 4-14에서 제시한 것처럼 '안녕하십니까? ○○○[전화 부탁한 사람]님의 전화인데요. ○○○[찾는 사람] 씨를 부탁합니다.'하고 말하면 된다. 부탁한 전화가 연결되었을 때에는 '○○○[전화 부탁한 사람]님의 전화인데요. 바꾸어 드리겠습니다.'로 말한다.

〔표 4-15〕 전화가 잘못 걸렸을 때 하는 말 – 전화를 걸 때

전화가 잘못 걸렸을 때	죄송합니다. 전화가 잘못 걸렸습니다. 미안합니다. 전화가 잘못 걸렸습니다.

전화를 잘못 걸었을 때에는 '미안합니다/죄송합니다. 전화가 잘못 걸렸습니다.'라고 말하면 좋다. 전화를 잘못 걸고서도 아무 말 없이 전화를 끊어 버리면 전화를 받은 사람은 몹시 불쾌하다. 요즘은 발신자 표시가 되므로 이러한 인사말이 더욱 필요하다.

〔표 4-16〕 전화를 끊을 때 하는 말

전화를 끊을 때	안녕히 계십시오. 고맙습니다. 이만/그만 끊겠습니다. 안녕히 계십시오.

통화를 끝내고 전화를 끊을 때에는 위 표 4-16에 제시된 것처럼 '이만/그만 끊겠

습니다. 안녕히 계십시오.' 등으로 인사하는 것이 일반적인 예절이다. 상대에 따라서는 '이만 끊을게. 잘 있어. 내일 봐.' 등처럼 말하는 것도 좋다. 다만, 어른보다 먼저 전화를 끊는 것은 예의에 어긋나는 행동이다. 또한 '들어가세요.'라고 말하는 사람도 많은데 이것은 표준적인 예절이라고 하기 어렵다.

21) 소개할 때

◉ 해설

사회생활에서는 자기소개를 하거나 어떤 사람을 다른 사람에게 소개해야 할 일들이 많다. 누군가를 처음 만났을 때나 공적인 자리에서 자기를 소개해야 할 때에 자신감 넘치는 자세로 적절하게 말하는 것이 사회생활을 잘 영위하는 데 도움을 준다. 또한 어떤 사람을 다른 사람에게 소개할 때에도 양쪽의 사정을 잘 고려하여 소개할 순서를 정하는 등 예절을 지키는 것이 원만한 인간관계의 유지에 필요하다.

〔표 4-17〕 자기를 소개하는 말

자기를 소개할 때	인사	안녕하십니까? 처음 뵙겠습니다.
	이름 말하기	저는 〇〇〇입니다.
	상황에 맞는 말	
	끝인사	고맙습니다.
〔두 사람이 만났을 때〕 자신을 남에게 소개할 때	처음 뵙겠습니다. 〇〇〇입니다. 처음 뵙겠습니다. 저는 〇〇〇입니다. 인사드리겠습니다. 〇〇〇입니다. 인사드리겠습니다. 저는 〇〇〇입니다.	
여러 사람 앞에서 자기를 소개할 때	처음 뵙겠습니다. 〇〇〇입니다. 안녕하십니까? 〇〇〇입니다.	
자기의 성씨나 본관을 소개할 때	'〇가(哥)', '〇〇〔본관〕 〇가(哥)'	

자기를 소개하는 순서는 보통 '인사하기 - 성명 말하기 - 상황에 알맞은 내용 말

하기 - 끝인사'로 이루어진다. 자기소개를 시작할 때의 인사말로는 '안녕하십니까?'
나 '처음 뵙겠습니다.'가 좋다. 다음으로 '저는 홍길동입니다.'처럼 이름을 말한 뒤
에, '오늘 개강 모임에 참석하여 여러 학우들을 만나서 정말 반갑습니다. 저는 내성
적이지만 친구 사귀기를 좋아합니다. 앞으로 여러분과 좋은 관계를 유지하길 바랍
니다.'처럼 상황에 알맞은 내용을 말하면 된다. 그런 다음 끝인사로 '고맙습니다.'라
고 하면 적절하다.

[표 4-18] 자신을 가족의 주변 사람들에게 소개하는 말

부모에게 기대어 자신을 소개할 때	저희 아버지/어머니가 O[성] O자 O자 쓰십니다. 저희 아버지/어머니의 함자가 O[성] O자 O자이십니다. 저희 아버지/어머니의 성함이 O[성] O자 O자 이십니다. OOO[부모] 씨 아들/딸입니다. OOO[부모] 부장 아들/딸입니다. OOO[부모] 부장님 아들/딸입니다.
자녀의 친구에게	OOO[자녀]의 어머니/아버지이다. OOO[자녀]의 어미/아비이다. OOO[자녀]의 어미/아비 되는 사람이다.
자녀의 스승에게	OOO[자녀]의 어미/아비입니다. OOO[자녀]의 어미/아비 되는 사람입니다. OOO[자녀]의 어머니/아버지입니다.
동기의 친구에게	OOO[동기] 씨가 제 큰형님/큰누님/큰오빠/큰언니입니다. OOO[동기] 씨가 제 큰형님/큰누님/큰오빠/큰언니이십니다. OOO[동기] 씨의 형/누나/오빠/언니/동생입니다.
동기의 직장에 전화를 걸어서	OOO[동기] 씨의 형/누나/오빠/언니/동생입니다. OOO[동기] 씨의 형/누나/오빠/언니/동생 되는 사람입니다. 제 형/누나/오빠/언니/동생이/가 OOO[동기]입니다.
배우자의 친구에게	OOO[배우자] 씨의 남편/바깥사람/아내/집사람/안사람/처입니다. OOO[배우자] 씨가 제 남편/바깥사람/아내/집사람/안사람/처입니다.
배우자의 직장에 전화를 걸어서	OOO[배우자] 씨의 집입니다. OOO[배우자] 씨의 남편/바깥사람/아내/집사람/안사람/처입니다.

위의 표 4-18은 자신을 가족의 주변 사람들에게 예절에 맞도록 소개하는 말들을
예시한 것이다. 먼저 부모에 기대어 자신을 소개할 때에는 '저희 아버지 함자가 홍,
길자 동자이십니다.', '홍길동 부장님 아들입니다.' 등처럼 쓴다. 자녀의 친구에게는
'홍나래의 어머니이다.', '홍나래의 어미 되는 사람이다.' 등으로 쓴다. 그리고 자녀

의 스승에게는 '홍나래의 어머니입니다.', '홍나래의 어미 되는 사람입니다.' 등처럼 쓰고, 동기의 친구에게는 '홍길동 씨가 제 큰형님/큰누님/큰오빠/큰언니이십니다.' 등처럼 쓴다. 그리고 동기의 직장에 전화를 걸었을 때에는 '홍길동 씨의 형/누나/오빠/언니/동생 되는 사람입니다.' 등처럼 쓴다. 배우자의 친구에게는 '○○○[배우자] 씨의 남편/바깥사람/아내/집사람/안사람/처입니다.'처럼 쓰고, 배우자의 직장에 전화를 걸었을 때에는 '홍길동 씨의 집입니다.', '○○○[배우자] 씨의 남편/바깥사람/아내/집사람/안사람/처입니다.'처럼 쓰면 적절하다.

〔표 4-19〕 중간에서 다른 사람을 소개할 때의 순서

중간에서 다른 사람을 소개할 때	(1) 친소 관계를 따져 자기와 가까운 사람을 먼저 소개한다. 예) 어머니를 선생님에게 먼저 소개함. (2) 손아래 사람을 손위 사람에게 먼저 소개한다. 예) 아래 직원을 상사에게 먼저 소개함. (3) 남성을 여성에게 먼저 소개한다. 그리고 이러한 상황이 섞여 있을 때에는 (1), (2), (3)의 순서로 적용한다.

중간에서 다른 사람을 소개할 때는 위 4-19에 제시된 순서와 요령으로 하는 것이 바람직하다. 곧 (1) 친소 관계를 따져 자기와 가까운 사람을 먼저 소개한다. (2) 손아래 사람을 손위 사람에게 먼저 소개한다. (3) 남성을 여성에게 먼저 소개한다. 만약 이러한 상황이 섞여 있을 때에는 (1), (2), (3)의 순서로 적용한다. 예를 들면, 학생이 어머니와 남자 선생님을 중간에서 소개한다면, (1)을 고려하여 먼저 어머니를 선생님께 소개하는 것이 예의에 맞다.

◉ 질문과 대답

문 '안녕'이라는 인사말에 대해 물을게요. '안녕'은 '안녕?'처럼 묻는 말인가요? 아니면 '안녕.'처럼 풀이말인가요? 아니면 둘 다 옳은 것인가요? 궁금하여 질문합니다.

답 한국어는 어미의 모양이 같아서 글로 적어 놓았을 때에 문장의 종류가 잘 구별되지 않는 경우가 있습니다. 그런 까닭에 글을 쓸 때 문장 끝에 적절한 문장 부호를 적는

것이 아주 중요합니다. 예를 들면 종결어미 '-아요/-어요/-여요'는 '평서문', '의문문', '청유문', '명령문', '감탄문'에 두루 씁니다. 그렇지만 문장 끝에 적힌 문장 부호를 보거나 문맥을 고려하면 어떤 종류의 문장인지 쉽게 구별할 수 있습니다. 글에서는 이렇게 문장 부호에 따라 문장 종류의 구별이 이루어지지만, 말에서는 억양, 곧 문말 억양에 의해서 이루어집니다. 예를 들면, 의문문은 상승조, 평서문은 하강조의 문말 억양을 갖습니다. 청유문이나 명령문에도 독특한 억양이 있어서 한국어 화자라면 이를 쉽게 구별할 수 있습니다.

질문하신 내용으로 돌아가서 말씀드리면, '안녕'도 똑같습니다. 글에서는 '안녕?'이라고 쓰면 의문문을 나타내고, '안녕.'이라고 쓰면 평서문이 됩니다. 말에서는 끝을 올리면 의문문이고 그렇지 않거나 내리면 평서문입니다. 따라서 '안녕?'은 만났을 때의 인사말이고, '안녕.'은 헤어질 때의 인사말이 되는 것입니다.

문 텔레비전에서 손님을 초대하여 이야기를 듣는 프로그램들이 있습니다. 이 프로그램들에서 사회자가 손님을 소개할 때 '○○○ 씨를 모시겠습니다.'처럼 말하는데 올바른 것인가요?

답 질문하신 것처럼 텔레비전 프로그램에서 연예인이나 유명 인사를 손님으로 초대하여 소개할 때 '○○○ 씨를 모시겠습니다.'처럼 말하는 경우가 많습니다. 사회자의 개성적인 소개 방식이라고 할지는 모르겠으나 이러한 표현은 자연스럽지 않습니다. 곧 누구를 소개하는 표준 언어 예절에 맞지 않습니다. 이럴 때에는 '○○○ 씨를 소개하겠습니다.'로 말하는 것이 정확하고도 적절한 표현입니다.

5. 특정한 때의 인사말

22) 연말연시

〔표 5-1〕 연말연시의 인사말

	인사말
연말연시	새해 복 많이 받으십시오. 소원 성취하게.

한 해를 보내고 새로운 해를 맞이할 즈음에는 이웃 간에 축하와 격려의 말을 주고받는 것이 풍습이다. 묵은해를 보낼 때 사용하는 일반적인 인사말은 윗사람에게는 '한 해 동안 보살펴 주셔서 고맙습니다.'나 '한 해 동안 감사했습니다.' 등이다. 아랫사람에게는 '한 해 동안 수고하셨어요.', '한 해 동안 수고했네.'처럼 할 수 있다. 이외에도 상대에 대한 고마운 마음과 격려의 뜻을 담은 말이면 송년 인사로 적절하다.

새 해 인사말은 위 표 5-1에서처럼 윗사람에게는 '새해 복 많이 받으십시오.', 아랫사람에게는 '소원 성취하게.'가 일반적이다. 상대에 따라 '새해 복 많이 받으세요/받게/받아라.'를 사용해도 된다. 윗사람이 아랫사람에게 하는 인사를 덕담이라고 하는데, 예전에는 어떤 일이 이미 성취한 것처럼 말하는 수가 있었으나 오늘날은 상대의 처지에 따라 '자네 올해는 장가가야지.'처럼 하면 된다. 다만 요즘은 아랫사람에게 하는 덕담이라도 상대에게 크게 부담을 줄 수 있는 말들은 삼가는 것이 바람직하다.

윗사람에게 새해 인사를 할 때에 '앉으세요.', '절 받으세요.'와 같이 말하는 것은 명령 투로서 예의에 어긋난다. 다만 절 받는 사람이 스스로 절 받는 것이 합당하지 않은 처지라고 생각하여 사양할 때에 권하는 의미로는 사용할 수 있다. 또한 인사말은 윗사람의 덕담이 있은 후에 상대의 상황에 따라 적절한 기원의 말을 할 수 있다. 그러나 윗사람에게 '건강하게 오래오래 사십시오.' 등의 말은 오히려 마음을 상하게 할 수 있으므로 하지 않는다.

23) 생일 축하

◗ 해설

생일을 가리키는 말은 다양하다. 보통 윗사람의 생일은 '생신'이라고 한다. 임금이나 성인(聖人)의 생일은 '탄일' 혹은 '탄신'이라고 한다. 생일을 '생일날', 생신을 '생신날'이라고 하는 것은 두 단어가 표준 국어 대사전에 실려 있기는 하지만, '처갓집'처럼 한자어와 고유어가 겹친 말이다. '탄신'도 '석가 탄신'이라고 하면 그만인데, '석가 탄신일'이라고 하는 것은, 생일을 '생일일'이라고 하는 것처럼 잘못이다. 생신이나 탄신의 '신(辰)'은 '일(日)'과 같은 말이기 때문이다. 따라서 '석가 탄일'이나 '석가 탄신'이 바른 말이다.

우리말에는 생일을 나이에 따라서 여러 가지로 다르게 부르는 수가 있다. 예전에는 보통 60 살부터는 장수한 것으로 보아 60 살 이후의 생일에 특별한 이름을 붙여서 기념하였다. 나이에 따른 특별한 생일의 이름을 보이면 아래와 같다.

〔표 5-2〕 특별한 생일(나이)의 이름

연 령	이 름
60세	육순(六旬)
61세	환갑(還甲), 회갑(回甲), 화갑(華甲)
62세	진갑(進甲)
70세	칠순(七旬), 고희(古稀)
77세	희수(喜壽)
80세	팔순(八旬)
88세	미수(米壽)
90세	구순(九旬)
99세	백수(白壽)
※ 연령은 만 나이가 아니고 세는 나이임.	

생일에 손님을 모셔 대접하는 것을 '생일잔치'라고 한다. '생일잔치'는 한자어로는 '수연(壽宴)'이라 한다. 위 표 5-2에 있는 특별한 생일 이름에 한자어 '연'을 붙여 '회갑연, 고희연, 미수연' 등으로 부르기도 한다. 이러한 생일에 초대되어 축하의 인사말을 하게 된다면 아래와 같은 여러 가지 표현을 쓸 수 있다.

〔표 5-3〕 생일 축하 인사말

상 황		인사말
돌 때	아기 부모에게	축하합니다.
	아기에게	건강하게 자라라.
동년배나 손아래 사람의 생일에	당사자에게	축하한다. 생일 축하한다.
환갑, 고희 등의 생일에	당사자에게	축하합니다. 생신 축하합니다. 내내 건강하시기 바랍니다. 더욱 강녕하시기 바랍니다.
	당사자의 배우자에게	축하합니다.
	당사자의 자녀에게	축하하네. 수고했네.
환갑, 고희 등의 잔치에서 헌수할 때의 말		내내 건강하시기 바랍니다. 만수무강하십시오.

24) 축하, 위로

◉ 해설

어떤 일을 축하할 때 가장 일반적으로 사용하는 말은 '축하합니다.'이다. '축하합니다.'는 '축하드립니다.'로 하면 더욱 공손한 뜻이 된다. 상대에 따라서 '축하해요/축하하네/축하한다.'로 해도 좋다. 우리의 생활에는 '생일, 결혼, 출산, 졸업, 정년퇴임' 등 축하할 일이 많다. '축하합니다.', '경축합니다.'와 같은 말로 서로 기쁨을 나누는 것은 좋은 예절이다. 아래에 결혼과 출산에 대해 할 수 있는 축하의 말을 예시한다.

〔표 5-4〕 결혼 축하 인사말

대 상	인 사 말
본인에게	축하합니다. 결혼을 축하합니다. 혼인을 축하합니다. 경축합니다. 결혼을 경축합니다.

	혼인을 경축합니다.
부모에게	축하합니다. 경축합니다. 얼마나 기쁘십니까?

〔표 5-5〕 출산 축하 인사말

대 상	인 사 말
산모, 남편, 이들의 부모에게	축하합니다. 경축합니다. 순산하셨다니 반갑습니다. 순산하셨다니 축하합니다.

일상생활에서 위로의 말이 필요할 때도 있다. '문병, 문상' 시에 그러한데, 좌절감이나 슬픔을 느끼고 있는 사람에게 진심어린 위로의 말은 용기와 희망을 준다. 문병할 때 사용할 수 있는 인사말을 제시하면 아래와 같다.

〔표 5-6〕 문병할 때 하는 말

대상		인사말
환자에게	들어가서	좀 어떠십니까? 좀 어떻습니까? 얼마나 고생이 되십니까? 〔불의의 사고일 때〕 불행 중 다행입니다.
	나올 때	조리 잘 하십시오. 조섭 잘 하십시오. 속히 나으시기 바랍니다. 쾌차하시기 바랍니다.
보호자에게	들어가서	좀 어떠십니까? 좀 어떻습니까? 얼마나 걱정이 되십니까? 고생 많으십니다.
	나올 때	속히 나으시기 바랍니다. 쾌차하시기 바랍니다.

위 표 5-6에서처럼 문병 시 아픈 사람에는 '좀 어떠십니까?'와 같은 말로 들어가서 위로하고, '조리 잘 하십시오.'처럼 말하고 나오는 것이 일반적이다. 보호자에게는 '얼마나 걱정이 되십니까?'처럼 인사하고, '속히 나으시기 바랍니다.'라고 말하며

문병을 마치면 좋다. 기타 축하하거나 위로해야 할 일이 있을 때에는 아래와 같은 표현들을 사용하면 된다.

〔표 5-7〕 기타 축하하거나 위로하는 말

축하해야 할 일 (신축, 개업, 이전, 합격, 입학, 졸업, 취직, 승진, 영전, 정년퇴임)	축하합니다. OO을 축하합니다. 경축합니다. OO을 경축합니다.
위로해야 할 일	힘든 상황이지만 그것을 극복하는 데 도움이 되는 점을 찾아내어 용기를 얻게 하는 인사말

25) 문상

◉ 해설

문상 시에는 상주 등에게 불필요하게 여러 가지 말을 하는 것이 오히려 예의에 어긋날 수가 있다. 상대의 슬픔을 헤아리기가 어려운 것이므로 말없이 인사만 하는 것도 좋은 예절이 된다. 인사말을 하고자 한다면 '삼가 조의를 표합니다.', '얼마나 슬프십니까?', '뭐라 드릴 말씀이 없습니다.' 등을 상황에 따라 적절히 사용한다. 이때 상주는 '고맙습니다.', '드릴 말씀이 없습니다.' 등으로 답한다. 문상에서 사용할 수 있는 인사의 말을 더 제시하면 아래와 같다.

〔표 5-8〕 문상 인사말

상 황	문상객의 말	상주의 말
일반적으로 두루 쓸 수 있는 말	〔말없이 인사만 한다.〕 삼가 조의를 표합니다. 얼마나 슬프십니까? 뭐라 드릴 말씀이 없습니다. 고인의 명복을 빕니다.	고맙습니다. 드릴 말씀이 없습니다.
부모상의 경우	〔말없이 인사만 한다.〕 얼마나 망극(罔極)하십니까?	

26) 건배할 때

◉ 해설

일반적인 축하나 위로의 말이 다른 사람을 위한 것이라면 건배나 건배의 말은 자신과 다른 사람을 두루 아우르는 축하 등의 행위이다. 술을 즐겨 마시거나 어떤 문제의 해결에 술을 개입시키는 풍조는 예절 바른 사회를 만드는 데 절대적인 저해 요소이다. 그러나 사회 활동에는 건배로써 우의나 결속을 다지는 경우들이 있다. 표준 언어 예절에서는 건배에 사용할 수 있는 우리말로 아래와 같은 것들을 추천한다.

〔표 5-9〕 건배할 때 하는 말

선창	화답
○○을 위하여!	위하여!
지화자!	좋다!
건배!	건배!
축배!	축배!

◉ 질문과 대답

문 우리 나이로 61세를 '환갑'이나 '회갑'이라고 하는 것은 알겠는데, 어떤 책에 보면 '화갑'이라고 하는데 무슨 뜻인가요? 그리고 '육순'과 '환갑'과 '진갑'은 어떤 차이가 있는가요?

답 어른의 특별한 생신을 나타내는 말로 '육순, 환갑, 진갑, 칠순, 팔순, 미수, 백수' 등이 있습니다. '육순(六旬)'은 우리 나이로 60세를 가리키는 말이고, '환갑'은 61세를 가리키는 말입니다. 그리고 '진갑(進甲)'은 62세, '칠순'은 70세, '팔순'은 80세, '미수(米壽)'는 88세, '백수(白壽)'는 99세를 가리킵니다. 여기서 '환갑'은 같은 뜻으로 '회갑'이라는 말을 쓰기도 하며, 높이는 뜻으로 '화갑(華甲)'이라고도 합니다. '화갑'은 '화(華)'의 자획을 풀어 보면 '십(十)'가 여섯 개, '일(一)' 자가 한 개여서 그렇게 부르게 되었다는 설이 있습니다. 이외에도 '칠순'을 '고희(古稀)'라고 부르기도 하는데, 이는 중국 당나라 시인 두보(杜甫)의 <곡강이수(曲江二首)>라는 시의 한 구절인 '人生七十古來稀(사람이 70세를 사는 것은 예부터 드문 일이라네.)'에서 유래하였다고 합니다. 이러한 말들은 모두 한자어에서 기원한 것들로서 지금도 자주 쓰고는 있지만 그 뜻을 바로 알고 사용하기에는 그리 익숙하지 않은 것이 사실입니다.

6. 서식

◑ 해설

'6. 서식'은 표준 언어 예절의 말미에 위치한 부록 격에 해당하는 내용이다. 여기에서는 편지와 전자 우편 및 연하장의 형식과 편지 봉투 쓰기 방법, 결혼 청첩장, 결혼 축하 단자, 결혼 축하에 대한 감사장 쓰기 방법을 예시하고 있다. 또한 부고, 조위 단자 및 봉투, 조장과 조전, 조위에 대한 감사장 쓰기 방법, 기타 생일, 문병, 정년퇴임 등 축하 위로에 필요한 서식 들을 예시하고 있다.

표준 언어 예절의 일부 서식에서는 오로지 한글만을 전용할 것을 규정하지는 않으며 한자를 쓰는 것도 허용하고 있다. 또 일반적인 좌 우향 가로쓰기뿐만 아니라 전통적인 우 좌향 세로쓰기도 허용하고 있다. 하지만 이 책에서는 국어 기본법의 한글 전용 취지를 따라 한글로 된 서식과 좌 우향 가로쓰기 서식들만을 제시한다. 그러나 각종 서식에 추천하는 문구들에 한자어가 많으므로 쓰는 사람의 뜻에 따라 우 좌향 한글 세로쓰기나 우 좌향 한자 세로쓰기를 하는 것도 표준 언어 예절에 어긋나지는 않는다는 사실을 밝힌다.

27) 편지와 전자 우편

(1) 편지 서두의 호칭, 서명란, 봉투(받는 사람) 문구

구분			서두	서명 란	봉투 '받는 사람'
높이는 대상에게	개인	집안 사람들	아버지께, 아버님께, 어머니께, 어머님께, 할아버님께, 할아버지께, 할머님께, 할머니께	○○ 올림, ○○ 드림	○○○ 님, ○○○ 님께, ○○○ 과장님, ○○○ 과장님께, ○○○ 귀하, ○○○ 좌하
		집안 외 사람들	○○○ 님, ○○○ 님께, ○○○ 과장님, ○○○ 과장님께	○○○ 올림, ○○○ 드림	
	회사나 단체		○○[회사명] 주식회사 귀중	○○[회사명] 사장 ○○○ 올림, ○○[회사명] 과장 ○○○ 드림	○○[회사명] 귀중, ○○[회사명] ○○○ 사장님, ○○[회사명] ○○○ 사장 귀하
그 밖의 사람에게			○○[이름]에게, ○○○ 군에게, ○○○ 에게, ○○[이름] 보아라.	○○○ 씀, ○○○가/이가	○○○ 앞, ○○○ 님에게

◑ 해설(1)

　편지는 전자 매체가 발달하기 전까지 인류가 활발하게 사용해 온 비대면 의사소통 수단이다. 편지는 말로는 표현하지 못하는 쓰는 이의 깊은 마음을 먼 거리에 있는 상대방에게도 전달해 주는 오래도록 애용된 글쓰기로서, 특정한 구성 방식을 갖고 있다. 곧, 편지는 보통 '서두 – 본문 – 쓴 날짜 – 서명'의 구성을 갖춘 글이다. 서두에는 대개 받는 사람을 부르는 말을 적고, 서명 란에는 보내는 사람의 이름을 적는다. 물론, 봉투에도 받는 사람과 보내는 사람을 적는다. 위 (1)은 편지 서두의 호칭과 서명 란 쓰기, 봉투의 받는 사람 란 적기에 사용하는 표준적인 문구들을 제시한 것이다.

　편지 서두의 호칭은 '집안사람', '집안 외 사람', '회사나 단체', '기타'에 따라서 다르게 쓴다. 집안사람인 경우 '할아버지께, 아버님께' 등처럼 '친족 호칭어+께'의

형식을 사용한다. 집안 외 사람인 경우는 '홍길동님(께), 홍길동 과장님(께)' 등처럼 '성명+-님+(께)', '성명_직함+-님+(께)'의 형식을 쓰면 된다. 곧, 이때는 '께'가 생략 가능하다. 회사나 단체는 '은하 주식회사 귀중'처럼 '회사명_(주식회사 등)_귀중'을 쓴다. 기타 '(성)이름_(군)에게', '이름_보아라.', '아우님 보(시)게.' 등을 적절히 쓸 수도 있다.

　서명 란에는 편지를 받는 이가 집안사람인 경우에는 '성'을 쓰지 않고 '길동 올림/드림'처럼 '이름_올림/드림'을 쓰고, 받는 이가 집안 외 사람인 경우에는 '홍길동 올림/드림'처럼 '성명_올림/드림'을 쓴다. 전통적으로는 '올림/드림' 대신 한자말인 '배상(拜上)', '상서(上書)' 등을 쓰기도 했다. 편지를 보내는 곳이 회사나 단체인 경우에는 '은하 주식회사 과장 홍길동 드림'처럼 '회사명_(주식회사 등)_직함_성명_올림/드림'으로 쓴다. '은하 주식회사 홍길동 과장 드림'처럼 직함을 성명 뒤에 적는 것은 스스로를 높이는 것이 되므로 예절에 어긋난다. 편지를 받는 사람이 그 밖의 사람들일 때에는 서명 란에 '성명_씀, 성명+가/이가'를 쓸 수도 있다.

　편지 봉투의 받는 사람 란에는 '홍길동님께, 홍길동 과장님께'처럼 '성명+-님+(께)', '성명_직함+-님+(께)'를 쓰거나 '홍길동 귀하'처럼 '성명_귀하/좌하'를 쓸 수 있다. 과거에는 자기의 집으로 편지를 보낼 때 부모님의 함자를 쓰지 않기 위하여 보내는 사람 이름 뒤에 '본제입납(本第入納), 본가입납(本家入納)'이라고 쓰기도 하였다. 그러나 이럴 경우 도시나 농촌을 할 것 없이 이웃 간의 왕래가 적은 오늘날 편지가 정확히 도달하지 않을 수도 있다. 따라서 요즘은 부모님에게 보내는 편지의 경우에도 '성명_귀하/좌하'를 쓰는 것을 예의에 어긋난다고 보기 어렵다. 이때 다만 봉투의 받는 사람 란에 '홍길동 씨 귀하'나 '홍길동 과장님 귀하'처럼 '씨'나 '직함'을 넣어 쓰는 것은 권하지 않는다.

　회사나 단체에 보낼 때에는 '은하 주식회사 귀중', '은하 주식회사 홍길동 사장님', '은하 주식회사 홍길동 사장 귀하'처럼 쓴다. 그 밖의 받는 사람에게는 '성명_앞', '성명+(-님)+에게'로 쓸 수 있다. 봉투의 보내는 사람은 보통 '성명_올림/드림'으로 쓴다. 편지와 편지 봉투 쓰기를 예시하면 아래와 같다.

(2) 편지와 편지 봉투 쓰기 예시

아버지께

    아버지, 저는 서울에 잘 도착하였습니다. 주말이어서 길이 많이 막
히었으나 고속버스가 전용 차로로 달렸기 때문에 평소보다 그다지 늦
지 않은 시간에 터미널에 당도하였습니다. 날씨가 추운 계절인지라
항상 아버지, 어머니 건강이 걱정스럽습니다. 좀 더 곁에서 오래 부모
님과 시간을 보냈어야 하지만 학업 때문에 어쩔 수 없이 일찍 떠나오
게 되어 죄송합니다. 부디 제 걱정을 조금도 하지 마시고 두 분 평안
하게 지내시길 빕니다. 그럼 또 편지 올리겠습니다. 안녕히 계십시오.

2018년 1월 5일

여울 올림

보내는 사람 **박 여 울 올 림**
서울특별시 ○○구 ○○동 ○○번지
  우 편 번 호 1 2 3 4 5

              받는 사람 **박 태 산 귀 하**
         광주광역시 ○○구 ○○동 ○○번지
            우 편 번 호 6 7 8 9 1

(3) 전자 우편 문구

	서두	상대나 상황에 따라 다양하게 쓴다.
	인사	
	본문	
	끝인사	
보내는 사람	높이는 대상에게	○○○ 올림, ○○○ 드림
	그 밖의 사람에게	○○○ 씀, ○○○가/이가, ○○○, ○○[이름]

◉ 해설(2)

오늘날 정보 통신망의 발달로 전자 우편은 편지를 대체하는 비대면 의사소통 수단이 되었다. 현대인으로서 편지를 쓰지 않는 사람은 많지만 전자 우편을 사용하지 않는 사람은 거의 없다. 받는 이에게 도달한 전자 우편은 일반적으로 아래와 같은 구성으로 되어 있다.

(4) 수신한 전자 우편의 구성

> 제목: 한글학회 광주 전남 지회 2017년 학술 대회 안내
>
> 보낸 사람_전자우편 주소: 한글학회 광주 전남지회 <hangeul-kj@ hanmail.net>
>
> 보낸 날짜: 2017.12.12 11:25
>
> 첨부 파일: 안내문.hwp
>
> **전하는 내용:**
>
> 회원 여러분,
>
> 안녕하십니까?
>
> 한글학회 광주 전남 지회의 2017년 학술 대회를 2017년 12월 21일 전남대학교 사범 대학에서 개최하고자 합니다. 회원 여러분께서는 바쁘시더라도 꼭 참석하여 주시기 바랍니다. 자세한 내용은 첨부 파일을 확인하여 주시기 바랍니다.
>
> 감사합니다. 안녕히 계십시오.
>
> 한글학회 광주 전남 지회장 ○○○ 올림

위 (3)의 전자 우편 문구는 (4)의 전자 우편의 구성에서 '전하는 내용'에 쓰는 것이다. (4)에서 보듯이 전자 우편의 전하는 내용은 '서두-인사-본문-끝인사-보내는 사람'의 형식으로 되어 있다. 여기서 '서두'는 상황에 따라 다양하게 쓰면 된다. 보내는 사람은 편지에서처럼 높이는 대상에게는 '성명_올림/드림'이나 '회사명_직함_성명_올림/드림'을 쓴다. 그 밖의 사람에게는 '성명_씀', '성명＋가/이가', '이름' 등을 적절하게 쓴다.

28) 연하장

(5) 연하장 문구

부르는 말		상대에 따라 다양하게 쓴다.
인사말	기원	새해 복 많이 받으십시오. 새해 복 많이 받으시고 모든 일이 뜻대로 이루어지시기를 빕니다.
	감사와 기원	지난해 베풀어 주신 후의에 감사하며 건강과 평안을 기원합니다. 지난 한 해 베풀어 주신 후의에 감사하며 건강과 평안을 기원합니다.
	부탁과 기원	새해에도 변함없는 성원을 부탁드리며 새해 복 많이 받으시기 바랍니다.
날짜		
보내는 사람 이름		

◉ 해설

　연하장은 연말연시에 새해를 축하하거나 감사와 기원의 마음을 전하기 위하여 간단한 글이나 그림을 담아 보내는 편지의 한 형식이다. 연하장의 내용은 보통 '받는 이를 부르는 말 – 감사나 기원, 축하의 말 – 보낸 날짜 – 보내는 사람의 이름'으로 구성되어 있다. 받는 이를 부르는 말은 편지에서처럼 상대에 따라 적절하게 쓴다. 감사나 기원, 축하의 말은 위 (5)에서처럼 정형적인 인사말을 쓸 수도 있고, 개인에 따라서 다양한 내용을 쓸 수 있다. 보내는 사람도 편지나 전자 우편에서처럼 받는 이를 고려하여 적절히 쓴다. 연하장 쓰기의 예를 보이면 다음과 같다.

(6) 연하장 쓰기 예시

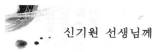

신기원 선생님께

**지난 한 해 베풀어 주신 후의에 감사하며 선생
님의 건강과 평안을 기원합니다. 감사합니다.**

**2018년 12월 25일
임이랑 올림**

29) 결혼 청첩장

(7) 결혼 청첩장 속지와 봉투 예시(발송 주체가 결혼하는 당사자일 때)

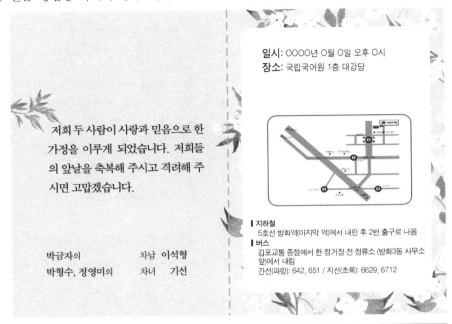

일시: ○○○○년 ○월 ○일 오후 ○시
장소: 국립국어원 1층 대강당

■ 지하철
　5호선 방화역(마지막 역)에서 내린 후 2번 출구로 나옴
■ 버스
　김포교통 종점에서 한 정거장 전 정류소 (방화3동 사무소 앞)에서 내림
　간선(파랑): 642, 651 / 지선(초록): 6629, 6712

저희 두 사람이 사랑과 믿음으로 한 가정을 이루게 되었습니다. 저희들의 앞날을 축복해 주시고 격려해 주시면 고맙겠습니다.

박금자의　　　　차남 이석형
박형수, 정영미의　　차녀　기선

보내는 사람
이석형, 박기선 올림

받는 사람
김상찬 님께

◉ 해설

위 (7)에서 보듯이 결혼 청첩장은 크게 속지와 봉투로 구성되어 있다. 속지에는 결혼을 안내하는 인사말, 결혼 당사자 표시, 결혼 일시, 결혼 장소 및 약도, 교통편 등의 내용이 담겨 있다. 봉투에는 보내는 사람과 받는 사람을 적는다. 결혼 청첩장 속지에 결혼 당사자를 적는 방법은 아래와 같다.

(8) 결혼 당사자 표기(속지 형식)

부모가 모두 있는 경우		○○○[아버지], ○○○[어머니]의 ○○[혼주와의 관계] ○○[당사자] 예) 박형수, 정영미의 차녀 기선
부모 중에 한 사람이 없는 경우	아버지가 없을 때	○○○[어머니]의 ○○[혼주와의 관계] ○○[당사자] 예) 정영미의 장남 한상권
	어머니가 없을 때	○○○[아버지]의 ○○[혼주와의 관계] ○○[당사자] 예) 박형수의 삼녀 나리
부모가 없는 경우		○○○[당사자] 예) 안승준
날짜		
시간		
장소(약도)		

위 (8)에서 보는 것처럼 청첩장 속지의 결혼 당사자 표시는 부모가 있는가 없는가에 따라 다르다. 먼저 부모가 모두 있는 경우는 '박형수, 정영미의 차녀 기선'처럼 부모의 '부모 성명_관계_당사자 이름'을 쓴다. 부모 중 한 쪽만 있는 경우는 '편부모의 성명_관계_당사자의 (성)이름'을 쓴다. 이때 부모 중 아버지만 있는 경우에는 당사자의 이름만을 쓴다. 부모가 모두 없는 경우에는 '당사자의 성명'을 쓴다. '부모와 당사자의 관계'를 쓸 때에는 아들은 아들끼리의 서열을 따라 '장남, 차남, 삼남' 등으로 적고, 딸은 딸끼리의 서열을 따라 '장녀, 차녀, 삼녀' 등으로 쓴다. 외동딸, 외아들의 경우는 '박형수, 정영미의 딸 주화'처럼 '아들' 혹은 '딸'로 쓴다.

(9) 발송 주체에 따른 결혼 청첩장 속지와 봉투의 표현

발송 주체가 혼주일 때	봉투	○○○[아버지], ○○○[어머니] 배상(拜上)/올림/드림
	속지 인사말	여기 두 사람이 사랑으로 만나 한 가정을 이루려 합니다. 아끼고 돌봐 주신 여러 어르신과 친지를 모시고 혼인의 서약을 맺고자 하오니 축복해 주시면 고맙겠습니다.
발송 주체가 결혼하는 당사자일 때	봉투	○○○[신랑], ○○○[신부] 올림/드림
	속지 인사말	저희 두 사람이 사랑과 믿음으로 한 가정을 이루게 되었습니다. 저희들의

(전형적인 인사말)	앞날을 축복해 주시고 격려해 주시면 고맙겠습니다.
속지 인사말 (다소 자유로운 인사말)	저희 두 사람이 어떤 일이 있더라도 검은 머리가 파뿌리 되도록 함께 하기 로 약속하였습니다. 이에 여러 친지 어르신을 모시고 출발의 예를 올리고 자 합니다. 부디 저희를 축복해 주시면 큰 힘이 될 것입니다.

(9)에서 보듯이 봉투의 보내는 사람은 결혼 청첩장의 발송 주체가 누구인가에 따라 차이가 있다. 발송 주체가 혼주, 곧 부모일 때에는 봉투의 보내는 사람에 '부모 성명_배상/드림/올림'을 쓰고, 발송 주체가 결혼 당사자일 때에는 '신랑신부 성명 올림/드림'으로 쓴다. 속지의 인사말은 위 (9)에 있는 전형적인 인사말을 쓰거나 별도 결혼 안내 인사말을 적절히 쓸 수 있다.

30) 결혼 축하

(10) 결혼 축하 단자, 봉투에 쓰는 문구

축 혼인, 축 결혼, 축 화혼, 축의, 하의, 경축	결혼을/혼인을 축하합니다. 결혼을/혼인을 진심으로 축하합니다. 결혼을/혼인을 경축합니다. 결혼을/혼인을 진심으로 경축합니다.

◎ 해설

단자란 부조나 선물 따위의 품목과 수량을 적은 종이로서, 단자에 돈의 액수나 보내는 사람의 성명 등을 적어 보내는 물건과 함께 전하는 것이 예의이다. 축하나 조위를 표할 때에도 돈이나 물건만을 보내지 않고 단자와 함께 전하는 것이 전통적 예법이다. 따라서 결혼 축하 단자에는 결혼 축의금이나 선물을 건네기 위해서 종이에 돈의 액수나 선물의 품목, 수량, 보내는 사람의 성명을 적는다. 그리고 결혼 축하 단자와 그것을 담은 봉투에 '축 혼인, 축 결혼, 축의' 등이나 '결혼을/혼인을 축하합니다.' 등의 문구를 적는다. 이러한 단자를 넣은 봉투에는 보낸 사람의 성명을 쓰는 것이 일반적이다. 보내는 사람의 소속을 밝히고 싶으면 단자나 봉투의 성명 위에 적으면 된다. 결혼 축하 단자와 봉투 쓰기의 예를 보이면 다음과 같다.

(11) 결혼 축하 단자와 봉투 쓰기 예

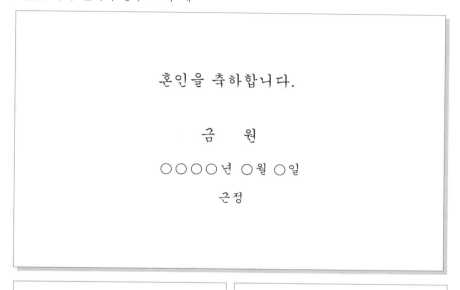

31) 결혼 축하에 대한 감사장

◉해설

결혼식이 끝나고 나면 축하해 준 사람들에게 감사의 글을 보내는 것이 예의이다. 보통은 혼주가 결혼식에 찾아와 주거나 축하 예물을 보낸 사람들에게 편지의 형식으로 보낸다. 요즘은 전자 우편이나 문자 보내기를 활용하여 감사의 인사를 하는 경우도 있지만, 아래와 같은 감사의 글을 서신으로 보내는 것이 정중하고 예의에 맞다. 결혼 축하에 대한 감사장을 예시하면 다음과 같다.

(12) 결혼 축하에 대한 감사장 예

삼가 인사드립니다.

일전 저희 집 혼사에 바쁘신 중에도 각별하신 축하와 후의를 베풀어 주서서 대단히 고맙습니다. 마땅히 찾아뵙고 인사를 드리는 것이 도리이오나 우선 글월로 감사의 말씀을 올리오니 너그럽게 이해해 주셨으면 합니다.

귀댁의 건강과 평안을 기원합니다. 고맙습니다.

혼주 ○○○, ○○○ 배상/올림/드림

32) 부고

◑ 해설

부고는 어떤 이의 돌아가심을 알리는 글이다. '부보(訃報)'라고도 한다. 부고는 반드시 장례를 책임지고 보살피는 사람(호상, 護喪)의 이름으로 보내는 것이 예절이다.

돌아가신 이가 상주의 아버지이면, 부고에 '상주이름_부친/아버님/대인_본관_돌아가신 이 성명'을 적는다. 돌아가신 이가 상주의 어머니이면, '상주 이름_모친/어머님/대부인_본관_돌아가신 이 성명'을 적는다. 돌아가신 이가 할아버지이면 '조부/할아버님/왕대인', 할머니이면 '조모/할머님/왕대부인'을 적는다. 그 외에도 돌아가신 이가 남편이면, '부군', 아내이면 '부인/내실/합부인'을 쓴다.

(13) 부친상 부고 예

부　고

○○의 부친 ○○[본관] ○[성]공 ○○[돌아가신 분의 이름]

님께서 병환으로 ○○○○년 ○월 ○일 ○시 자택(○○○○ 병원)에서 별세하셨기에 알려 드립니다.

영결일시	○○○○년 ○월 ○일 ○시 영결
식장	○○구 ○○로 ○○○(○○회관)
발인	○○○○년 ○월 ○일 ○시
장지	○○도 ○○군 ○○면 ○○로 (○○ 공원묘지)

맏아들	○○
맏며느리	○○○
아들	○○
며느리	○○○
딸	○○
사위	○○○
손자	○○
손부	○○○

○○○○년 ○월 ○일

호상　　○○○ 올림

(연락처: 전화번호 ○○○-○○○○)

33) 조위

◉ 해설

조위는 돌아가신 이를 조문하고 유가족을 위로하는 일을 가리킨다. 조위에는 조위금이나 물품을 단자와 함께 건네는 것이 일반적인 예절이다. 조위 단자와 봉투 쓰기의 예를 보이면 아래와 같다.

(14) 조위 단자와 봉투 쓰기 예

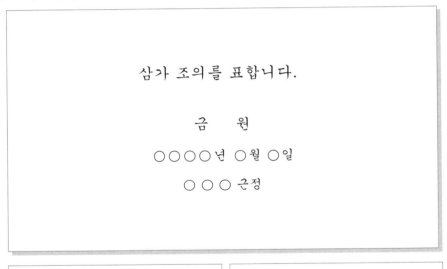

위 (14)에서처럼 조위 단자에는 '부의/근조'나 '삼가 조의를 표합니다.'를 쓰고 조위금의 액수, 날짜, 보내는 사람의 성명을 쓴다. 조위 봉투에는 초상일 때에는 '부의

/근조'를 쓰고, 소상(小喪: 첫 제사)이나 대상(大喪: 두 돌 제사)일 때에는 '향촉대(香燭代)'라고 쓰는 것이 보통이다. 위 (14)처럼 한글이나 한자로 좌 우향 가로쓰기를 하거나 우 좌향 세로쓰기를 해도 된다. 세로쓰기를 할 때에는 봉투 뒷면에 보내는 사람의 성명을 적는다.

34) 조장과 조전

◉ 해설

조장은 조문의 뜻을 담은 글월이나 편지이다. 그리고 조전은 조문의 뜻을 담은 전보이다. 전보는 지금은 거의 사용하지 않는 통신 수단이므로 전자 우편이나 문자 보내기로 조문의 뜻을 표하는 경우로 바꾸어 생각할 수도 있다. 조장의 예를 보이면 아래와 같다.

(15) 조장의 예

부친(또는 모친)께서 별세하셨다니 얼마나 슬프십니까? 부득이한 사정으로 곧 가서 조문치 못하고 서면으로 삼가 조의를 표합니다.

○○○○년 ○월 ○일

○○○ 재배

35) 조위에 대한 감사장

◐ 해설

   장례를 마친 고인의 가족들은 조위를 표해준 친지에게 감사의 글을 보내는 것이 예의이다. 조위에 대한 감사장은 고인의 가족 대표가 보내는 사람이 되는 것이 보통이다. 하지만 가족 구성원별로 각자의 친지에게 감사의 글을 보내는 경우도 있다.

   (16) 조위에 대한 감사장 예

> 삼가 인사드립니다.
>
>   지난 ○월 ○일 저희 ○○○이 돌아가셨을 때 따뜻하게 위로해 주신 덕분에 무사히 장례를 잘 치렀기에 감사의 말씀을 드립니다. 일일이 찾아뵙고 인사를 드리는 것이 마땅한 도리인 줄 아오나 아직 경황이 없어 이처럼 글월로써 대신하오니 너그러운 마음으로 헤아려 주시기 바랍니다.
>   귀댁의 건강과 평안을 기원합니다.
>
>   ○○○ 올림

36) 생일 축하

◐ 해설

   다른 사람의 생일에 축하금이나 선물을 보낼 때에도 단자와 함께 전하는 것이 예의이다. 단자에는 '축 생일/수연', '생일/수연을 축하합니다.' 등의 문구와 함께 축하금 액수나 물품, 날짜와 보낸 사람을 적는 것이 보통이다. 봉투에는 '축 생일/수연', '생일/수연을 축하합니다.' 등의 문구와 함께 보내는 사람의 성명을 쓴다. 생일 축하 단자와 봉투 쓰기를 예시하면 다음과 같다.

(17) 생신 축의금 단자와 봉투 쓰기 예

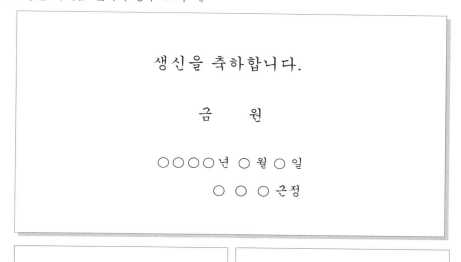

37) 출산 축하

◉ 해설

아기를 낳은 이를 축하하는 문구로는 '축 순산, 순산을 축하/경축합니다.'를 쓴다. 출산을 축하하여 선물이나 돈을 건네고자 할 때에도 단자를 만들어 봉투에 넣어 함께 전달하는 것이 좋다.

(18) 출산 축하 문구

출산 축하 문구	축 순산(祝 順産) 순산을 축하합니다. 순산을 경축합니다.

38) 정년퇴임 축하

◉ 해설

정년퇴임이 섭섭한 일이지 축하할 일이 아니라고 생각하는 사람도 있다. 하지만 직장에서 정해진 기간을 무사히 근무하고 명예롭게 퇴임하는 것이므로 정년퇴임도 마땅히 축하할 일이다. 정년퇴임을 하는 이에게는 '근축, 송공' 또는 '공적을 기립니다.' 등의 문구를 사용하여 축하의 뜻을 전하는 것이 바람직하다.

(19) 정년퇴임 축하 문구

정년 퇴임 축하 문구	근축(謹祝), 송공(頌功), 공적을 기립니다. 그동안의 공적을 기립니다.

39) 문병

◉ 해설

몸이 아픈 사람을 위로하는 문구로는 속히 낫기를 기원하는 말이 가장 알맞다. 따라서 문병 시에 위로의 뜻을 전하기 위한 단자에는 '기 쾌유(祈 快癒), 쾌유를 바랍니다.' 등의 문구를 사용한다. 이때 '빠른 쾌유를 바랍니다.'나 '조속한 쾌유를 바랍니다.'를 쓰는 것은 어법상 옳지 않다. '쾌유(快癒)'의 '쾌(快)'가 '빠른, 조속한'의 뜻을 지니고 있기 때문이다. 오히려 '속히 나으시기를 기원합니다.'가 알맞다.

(20) 문병 위로 문구

문병 위로 문구	기 쾌유(祈 快癒) 쾌유를 바랍니다. 속히 나으시기를 기원합니다.

(21) 문병 단자와 봉투 쓰기 예

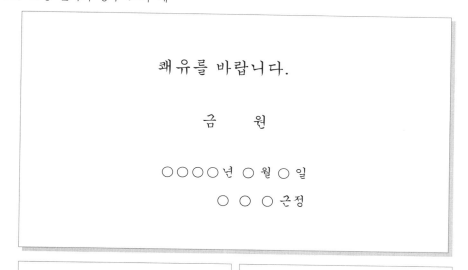

◉ 질문과 대답

[문] 편지 서두에 '부모님 전상서'라고 시작하는 것을 보았습니다. 그런데 '전상서'라는 말은 표준국어대사전에 찾아보아도 나오지 않더군요. '전상서'가 무슨 뜻인지 알고 싶어요. 그리고 편지 머리말에 '부모님께'라고만 하면 예의에 어긋나는 건가요?

답 '전상서'라는 말은 한문 투를 즐겨 쓰던 시절에 윗사람에게 올리는 편지의 머리에 자주 사용하던 표현입니다. 한자로 '前上書'이므로 '누구누구 앞에 올리는 글'이라는 뜻이지요. 따라서 '부모님 전상서'보다는 '부모님 전 상서'가 더 올바른 띄어쓰기일 것입니다. 결국 '전상서'는 하나의 단어가 아니기에 사전에 올라 있지 않은 것입니다. 예전에는 부모님께 보내는 편지에 인사말로 '기체후 일향만강(氣體候一向萬康) 하신지요?'와 같은 어려운 한문 투 문장을 쓰기도 하였습니다. 오늘날 이렇게 굳이 어려운 표현을 사용하여 편지나 전자 우편을 보내는 사람은 많지 않을 것입니다. 편지의 서두에 '부모님께'나 '부모님께 올립니다.'처럼 쉬운 우리말 표현을 쓰는 것은 예의에 어긋나는 일이 아닐 뿐더러 의사소통을 위해서도 더 바람직하다고 생각합니다.

문 축의금이나 부조금 봉투를 쓸 때 가로로 쓰는 것이 옳은가요? 아니면 세로로 쓰는 것이 옳은가요? 또 보내는 사람의 이름은 봉투의 앞면에 써야 합니까? 뒷면에 써야 합니까? 평소에 많이 헷갈려서요.

답 축의금이나 부조금을 보내는 것은 형식보다는 성의 있는 마음이 가장 중요할 것입니다. 그러나 단자를 만들어 봉투에 돈과 함께 넣어서 건넨다면 축하나 위로하는 마음에 정성과 예의를 더하는 일이 될 것입니다. 오늘날 우리말은 일반적으로 오른쪽에서 왼쪽 방향으로 세로쓰기를 하는 방식을 거의 사용하지 않습니다. 곧 우리말은 한글로 왼쪽에서 오른쪽 방향으로 가로쓰기를 하는 것이 원칙입니다. 이에 2015년 개정한 문장 부호법에서도 세로쓰기 용 부호들을 더 이상 사용하지 않도록 하였습니다. 그러나 유독 결혼식이나 장례식의 축의금이나 부조금을 전달할 때 쓰는 단자나 봉투에는 세로쓰기, 한자 쓰기가 풍습으로 남아 있습니다. 표준 언어 예절에서는 이러한 풍습을 예의를 지키는 데 필요한 것으로 보아 허용하고 있습니다. 요약하면, 축의금이나 부조금의 단자나 봉투는 가로쓰기, 세로쓰기가 모두 가능합니다. 다만 봉투는 가로쓰기를 할 경우에는 보내는 사람의 성명을 '축하나 위로 문구의 하단'에 쓰고, 세로쓰기를 할 경우에는 뒷면에 쓰는 것이 원칙입니다.

참고 문헌

강수진(2001), 한글 맞춤법의 교수·학습 방법, 부산외대 교육대학원 석사학위논문.

강신항(1990), <증보판 훈민정음 연구>, 성균관대학교 출판부.

강신항(2004), 외래어가 국어에 끼친 공과, <새국어생활> 14-2, 국립국어원.

강애경(2002), 한글 맞춤법의 수준별 교수·학습 방안 연구, 가톨릭대 교육대학원 석사학위논문.

강혜원(2002), 한글 맞춤법의 띄어쓰기에 관한 연구, 충남대 교육대학원 석사학위논문.

강희숙(2003), <국어 정서법의 이해>, 태학사.

고경석(2001), 국어의 로마자 표기법과 실용성, <교육논총> 18, 인천교대 초등국어연구소.

고영근(1987), <표준 중세국어 문법론>, 탑출판사.

고영근(2000), <북한 및 재외 교민의 철자법 집성>, 역락.

곽경숙·손춘섭(2013), <삶을 바꾸는 글쓰기>, 역락.

곽재용(2001), 진주교대생들의 한글 맞춤법 사용 실태에 관한 조사, <학생생활연구> 9, 진주교대 학생
　　　　생활연구소.

국립국어원(2001), <외래어 발음 실태 조사>, 연구보고서.

국립국어원(2002), <외래어 표기 용례집: 인명>, 연구보고서.

국립국어원(2002), <외래어 표기 용례집: 일반용어>, 연구보고서.

국립국어원(2002), <한글 맞춤법, 표준어 규정 해설집 발간을 위한 기초 연구>, 연구보고서.

국립국어원(2007), <한국 어문 규정집>, 국립국어원.

국립국어원(2011), <표준언어예절>, 국립국어원.

국어문화연구소(2000), <로마자 표기법 용례집>, 보고사.

권용경(2000), <새 한글 맞춤법사전>, 집현전.

권재일(1992), <한국어 통사론>, 민음사.

권재일(2000), 설득, 이해, 실천의 의지: 새 로마자 표기법의 성공적인 정착을 위하여, <새국어생활>
　　　　10-4, 국립국어연구원.

기주연(2001), <한글 맞춤법 안내>, 박이정.

김계곤(2000), 남북한 한글 맞춤법, <교육한글> 13, 한글학회.

김광해(1993), <국어 어휘론 개설>, 집문당.

김광희(1997), <국어 변항 범주 연구>, 한국문화사.

김규리(2004), 중학생 한글 맞춤법 인지도 분석 연구, 충남대 교육대학원 석사학위논문.

김기혁·최상진·김지형·호정은(2001), <국어의 문법과 맞춤법>, 경진문화사.

김명식(2000), 확고한 의지, 광범하고 꾸준한 홍보: 한글 로마자 표기법의 국제 사회 정착을 위한 방안,
　　　　<새국어생활> 10-4, 국립국어연구원.

김무림(2004), <국어의 역사>, 한국문화사.

김문향(2005), 외래어 표기 실태 연구, 안동대 대학원 석사학위논문.

김미향(2005), 표기 오류 실태 분석을 통한 한글 맞춤법 지도 연구, 공주대 대학원 석사학위논문.

김민경(2001), 한국어의 차용어 분석, 서울대 대학원 석사학위논문.

김방한(1992), <언어학의 이해>, 민음사.

김보균(2002), 학생들의 한글맞춤법 표기 실태에 관한 연구, 고려대 교육대학원 석사학위논문.

김복문(2002), <한국어 쉽게 배워 말하기(국어의 영어식 로마자 표기법 일람표를 통해)>, 무역출판사.

김봉모(2004), <국어 정서법 강의>, 세종출판사.

김선 편(2000), <맞춤법·띄어쓰기·원고지 사용법>, 예문당.

김선철(2000), 차용어 형성의 음운론적 과정에 대한 한 검토 (1): 영어 차용어를 중심으로, <한글> 250.

김선호(2002), 대전 소재 대학생들의 한글 맞춤법·표준어 규정에 대한 인지 실태 연구, <어문연구> 38, 어문연구회.

김세중(2000), 국어의 로마자 표기법 개정 경위, <새국어생활> 10-4, 국립국어연구원.

김소희(2005), 표준어휘 선정 방안 연구, 경북대 대학원 석사학위논문.

김수남(2002), 국어 로마자 표기법의 역사적 변천과 원리, <인문학연구> 28, 조선대 인문학연구소.

김수현(2003), 외래어 표기법 연구, 이화여대 대학원 박사학위논문.

김양진(2003), <특집> 남북한 어문규범과 그 통일 방안: 남북한 맞춤법 통일방안: 형태 규범(표기법)을 중심으로, <우리어문연구> 20, 우리어문학회.

김영선(2003), 품사 태그를 위한 형태 분석과 국어 맞춤법, <우리말 연구> 13, 우리말학회.

김완진(1980), <향가 해독법 연구>, 서울대학교출판부.

김웅배(1991), <전라남도 방언 연구>, 학고방.

김정경(2004), 중학생으로 위한 맞춤법 교수·학습 방안 연구, 상명대 교육대학원 석사학위논문.

김정민(2005), 청해 학습에 영향을 미치는 현행 외래어 표기에 관한 연구, 한국외국어대 대학원 석사학위논문.

김정수(1993), 한글 풀어쓰기 운동, <국어생활> 18, 국어연구소

김정오(2004), 국어와 웹기반 한글 맞춤법 수업 프로그램의 개발, 대구교대 대학원 석사 학위논문.

김정우(2002), 번역의 관점에서 본 국어 외래어 표기법, <국제어문> 25, 국제어문학회.

김종훈(2000), 음운론적 관점에서 본 국어의 새 로마자 표기법, <백록논총> 2, 제주대 사범대학 교육과학연구소.

김주필(2004), 표준어 사정 기준과 표준어의 성격, <새국어생활> 14-1, 국립국어원.

김주필(2005), 한글 맞춤법 원칙의 특성과 의미, <어문학논총> 24, 국민대학교 어문학연구소.

김진규(2000), 개정된 <국어의 로마자 표기법>의 문제점, <한어문교육> 8, 한국언어문학교육학회.

김진우(1985), <언어-그 이론과 응용>, 탑출판사.

김현진(2002), 남북한 맞춤법 규범의 비교 연구, 상명대 교육대학원 석사학위논문.

김형배(2004), 파생 부사의 원형 밝히기와 접미사 '-이, -히'의 표기 문제: '한글 맞춤법' 조항의 문제점을 중심으로, <한말연구> 15, 한말연구학회.

김혜숙(1991), 「현대 국어의 사회언어학적 연구: 국어의 운용 실태와 방향」, 태학사.

김혜숙(2001), 제4차 공식 표기법 '국어의 로마자 표기법'(2000)과 한국 인명의 로마자 표기, <인문논총> 5, 건양대 인문과학연구소

나찬연(2002), <한글 맞춤법의 이해>, 월인.

남기심·고영근(2002), <표준국어문법론(개정판)>, 탑출판사.

남영신(2000), <새로운 우리말 분류 사전>, 성안당.

리득춘(2002), <한국어표준어법>, 길림인민출판사.

문교부(1989), <국어 어문 규정집>, 대한교과서주식회사.

문화관광부·국립국어연구원(2000), <21세기 세종계획 한민족 언어 정보화 외래어 표기법>, 연구보고서.

문화관광부·국립국어연구원(2000), <로마자 표기 용례 사전>, 연구보고서.

문화관광부·국립국어연구원(2000), <로마자 표기법 왜 개정해야 하나?>, 연구보고서.

문화관광부(2000), <옥외 광고물 외래어 표기 실태 조사 연구>, 연구보고서.

미승우(2000), <새 맞춤법과 교정의 실제>, 어문각.

민현식(1999), <국어 정서법 연구>, 태학사.

민현식(2000), 한국어 교육에서의 정서법 교육에 대하여, <한국어 교육> 11-1, 국제한국어교육학회.

박갑수(1989), 국어호칭의 실상과 대책, <국어생활> 19호(겨울), pp.10-32.

박덕유(2009), <학교문법론의 이해>, 역락.

박문제(2001), 한글 맞춤법 교육 내용 선정, 부산대 교육대학원 석사학위논문.

박봉곤(2002), <남북한 로마자 표기법의 변천과 통일 방안, 남북의 언어 어떻게 통일할 것인가>, 국학
          자료원.

박재양(2001), 외래어의 어원과 유래, <어원연구> 4, 한국어원학회.

박정운(1997), 한국어 호칭어의 체계, <사회언어학> 5-2, pp.507-528.

박정숙(2005), 활용 어미를 통한 국어 정서법 지도 방안 연구, 서울교육대 대학원 석사학위 논문.

박종갑(2003), <토론식 강의를 위한 국어의미론>, 도서출판 박이정.

박종석(2000), 차용어에 관한 연구, 경상대 대학원 석사학위논문.

박지영(2004), 중학교 국어교과서의 외래어 연구, 경남대 교육대학원 석사학위논문.

박형익(2001), 한국 지명의 로마자 표기, <지명학> 6, 한국지명학회.

방정애(2004), 언론매체에서의 외래어 사용 실태 고찰, 충남대 교육대학원 석사학위논문.

배세일(2005), 한국어 속의 일본어계 외래어 어휘 사용 실태 분석, 부산대 대학원 석사학위 논문.

배주채(1996), <국어음운론 개설>, 신구문화사.

배주채(1999), 한글전용시대의 한자, <한국어와 한국문화>, 새문사.

서상준(1997), <현대국어의 상대 높임법>, 전남대 출판부.

서상준·손춘섭·양영희(2012), <국어의 이해와 탐구>, 역락.

서상준·양영희(2009), 한국어 교육에서의 국어학적 지식 역할, <우리말글> 제46집, 우리말글학회.

성지기(2000), <생활 속의 맞춤법 이야기>, 역락.

성창숙(2001), 초등학교 국어 교과서의 외래어 연구, 진주교대 교육대학원 석사학위논문.

손춘섭(2010), 현대국어 호칭어의 유형과 특성에 대한 연구, <한국어의미학> 33: 1-28.

손춘섭·강희숙·양영희(2009), 전남방언 여성호칭어의 사회언어학적 변이와 변화에 대한 연구, <호남
          문화연구> 44: 167-228.

손춘섭·이건환·조경순(20003), 교수 사회의 대우법 사용 양상에 대한 연구, <사회언어학> 11-1: 149-192.

손춘섭·이윤애(2013), <삶을 바꾸는 말하기>, 역락.

손희하(1993), <천자문(송광사 판)>, 태학사.

신승용(2003), 영어 차용어의 자음 대응 원칙에 대한 고찰, <국어국문학> 135, 국어국문학회.

신유식(2000), 개화기 외래어 표기법 연구, <언어학> 4, 중원언어학회.

신현선(2005), 한글 맞춤법 사용 실태와 지도 방안 연구, 숙명여대 대학원 석사학위 논문.

신혜경(1996), 한국과 일본 대학생의 대우 표현 비교 연구, -speech level 사용법을 중심으로-, <사회언
          어학> 4-1: 83-97.

안병희(2001), 北韓의 맞춤법과 金枓奉의 학설, <정신문화연구> 24-1(82), 한국정신문화연구원.

안병희(2007), <훈민정음연구>, 서울대학교 출판부.

양병선(2003), 우리말 한자 인명 로마자 표기에 관한 연구, <언어학> 11, 대한언어학회.

양영희(2010), <중세국어 존대법 연구>, 역락.

엄태수(2000), <우리말의 로마자 표기에 관한 논의>, 역락.

연규동(2003), 북한의 외래어: <조선말대사전>을 중심으로, <언어학> 37, 한국언어학회.

오선희(2005), 외래어 수요에 관한 임계사용자 가설-영어 외래어를 중심으로-, <어학연구> 41-1, 서울
　　　　　대학교 언어교육원.

오정란(1993), <현대 국어음운론>, 형설출판사.

왕문용·민현식(1993), <국어문법론의 이해>, 개문사.

왕한석 외(2005), <한국 사회와 호칭어>, 역락.

우형식(2001), <한국어 분류사의 범주화 기능 연구>, 박이정.

원영섭(2000), <바른 띄어쓰기 맞춤법>, 세창출판사.

원효재(2000), 컴퓨터를 이용한 맞춤법 교수 방법 연구, 서울교대 교육대학원 석사학위논문.

유만근(2002), <우리말글 로마자 표기법 종전 안 비판과 대안, 음성언어 연구의 어제와 오늘>, 태학사.

유은정(2005), 한글 맞춤법과 표준어 규정의 형성 과정에 관한 연구, 전북대 대학원 석사학위논문.

유재원(2004), 외래어의 올바른 수용 태도, <새국어생활> 14-2, 국립국어원.

윤진숙(2001), 한글 워드프로세서에서 맞춤법 검사 오류 분석 연구, 창원대 교육대학원 석사학위논문.

윤평현(1989), <국어의 접속어미 연구>, 한신문화사.

윤혜정(2000), 옥외 광고물의 외래어 사용 실태 연구, <한국어의미학> 7, 한국어의미학회.

이강만(2001), 외래어 표기법의 문제점 연구, 충남대 대학원 석사학위논문.

이경희(2001), 국어 표준어 규정의 문제점 연구, 충남대 교육대학원 석사학위논문.

이관규(2002), <개정판 학교문법론>, 월인.

이규호(2010), <학교문법>, 한국외국어대학교 출판부.

이기갑(1986), <전라남도의 언어지리>, 국어학회.

이기갑(1998), 호남방언 문법의 이해, <호남의 언어와 문화>, 백산서당.

이기문(1991), <국어 어휘사 연구>, 동아출판사.

이기문(1998), <신정판 국어사개설>, 태학사.

이기종(2001), 맞춤법 교정 프로그램에 나타난 형태소 분석의 실태: 한글(HWP)을 중심으로, <한남어문
　　　　　학> 25, 한남대 국어국문학회.

이돈주(1992), <한자학총론(전정 증보판)>, 박영사.

이동명(2003), 경남 방언 영어 차용어 성조 연구, 영남대 대학원 석사학위논문.

이병운(2004), 표준어 억양 교육 연구, <우리말 연구> 14, 우리말학회.

이상규(2003), <국어방언학>, 학연사.

이상규(2005), 제7차 교육과정 국어 교과서 외래어 분석, 고려대 대학원 석사학위논문.

이상억(2001), 2000년 한국어 로마자 표기의 현 상황과 성씨 표기의 계량적 해결책-왜 '김'을 K로 해야
　　　　　하는가?(Why to K?)-, <계량언어학> 1, 박이정.

이상직 외(2003), 대구방언 차용어 음운론에서의 삽입모음과 고저액센트, <언어학> 37, 한국 언어학회.

이석주(2001), 옥외 광고의 무분별한 외래어 사용과 표기 실태, <문화도시문화복지> 97, 문화관광부.

이송월(2004), 국어 맞춤법의 실태와 지도 방안, 대구교대 교육대학원 석사학위논문.

이숭녕(1975), <중세국어 문법>, 을유문화사.

이승재(1992), <고려시대의 이두>, 국어학회.

이윤미(2005), 서구 외래어 및 외국어의 축약과 생략 현상 연구, 서강대 대학원 석사학위논문.

이은희(2005), 중학교 생활국어 교과서 맞춤법 관련 단원의 지도 내용 연구, 계명대 석사학위 논문.

이익섭(1990), <국어학개설>, 학연사.

이익섭(1994), <사회언어학>, 민음사.

이익섭(1997), 로마자 표기법의 성격, <새국어생활> 7-2, 국립국어원.

이익환(2000), <영어의미론>, 한국문화사.

이주행(2013), <신정판 어문규범의 이해>, 보고사.

이주희(2004), 영어권 외래어의 삽입모음 재분석, <한국어학> 22, 한국어학회.

이진성(2001), 한국대학생들의 맞춤법 오용 실태: 통신언어의 영향을 중심으로, <사회언어학> 9-2, 한국사회언어학회.

이진호(2005), <국어 음운론 강의>, 삼경문화사.

이진호(2012), <한국어의 표준 발음과 현실 발음>, 아카넷.

이한(2000), <표준 국어 대사전에 따른 띄어쓰기·맞춤법>, 초록배매직스.

이한구 역(1997/2017), <열린사회와 그 적들 1>((Karl R. Popper(1945), The Open Society and Its Enemies 1)>, 민음사.

이홍식(2001), 외래어 표기법에 대하여, <성심어문논집> 23, 가톨릭대 국어국문학과.

이희자(2001), 한국 대학생들의 맞춤법 사용 실태에 대하여, <강남어문> 11, 강남대 국어국문학과.

임규홍(2004), 한국 텔레비전 방송의 외래어 프로그램 이름에 대한 언어학적 분석, <한글> 263.

임은경(2005), 제7차 국어과 교과서에 나타난 표준어, 맞춤법 교육 연구, 이화여대 대학원 석사학위논문.

임지룡(1997), <인지의미론>, 탑출판사.

임환재(2005), 독어표기법에서의 외래어 표기법의 특징, <텍스트언어학> 19, 한국텍스트언어학회.

장영희(2001), 옥외 간판 외래어 실태 조사 연구-광주 지역을 대상으로-, <국어교육> 104, 한국국어교육연구회.

장은하(2002), 남북한 맞춤법의 분화와 통일: 소리에 관한 부분을 중심으로, 남북의 언어 어떻게 통일할 것인가, 국학자료원.

장홍권(2000), 조선민족의 모어, 모국어, 표준어 등 문제에 대하여, <중국조선어문> 3. 4, 중국 조선어문잡지사.

전병철(2000), 국어의 로마자 표기법에 관한 일고찰, <언어학> 4, 중원언어학회.

전은실(2005), 한글 맞춤법과 조선말 규범집을 통한 남북한 언어의 비교분석, 원광대 대학원 석사학위논문.

전진희(2005), 7차 고등학교 국어 교과서의 외래어 연구, 경남대 대학원 석사학위논문.

정경일(2001), 국어의 로마자 표기법의 인식과 교육 실태, <이중언어학> 18, 이중언어학회.

정경일(2002), 남북한 로마자 표기법의 통일방안, <국제고려학회 서울지회 논문집> 3, 국제고려학회 서울지회.

정경일(2004), 한, 중, 일 로마자 표기법, <우리어문연구> 22, 우리어문연구회.

정동식(2004), 초등학교 교과서에 나타난 외래어 연구, 대구교대 교육대학원 석사학위논문.

정동환(2002), 통일 시대의 외래어 표기법, <한말연구> 11, 한말연구학회.

정범순(2000), 중학생의 맞춤법 오용실태 연구, 충남대 교육대학원 석사학위논문.

정세경(2005), 받아쓰기를 통한 한글 맞춤법 사용 실태 조사 및 지도 방안, 고려대 대학원 석사학위논문.

정영섭(2004), 고등학생의 맞춤법 오류 분석과 교정 지도 방안 연구, 부경대 교육대학원 석사학위논문.

정영희(2000), 경상 방언 차용어의 성조론 재고, <언어> 25-2, 한국언어학회.

정옥룡(2000), 남북한 어문 규범 비교 연구: 한글 맞춤법, 띄어쓰기, 문장부호, 표준 발음법을 중심으로, 홍익대 교육대학원 석사학위논문.

정윤희(2001), 로마자 표기와 새 국어 로마자 표기법에 관한 연구, 계명대 대학원 석사학위논문.

정재도(2001), 맞춤법 규정 함부로 손대선 안 돼: '샛길'이 '새길'이라니, <한글사랑> 16, 한글재단.

정해수(2002), 남·북한 정서법에 관한 비교 연구, 군산대 교육대학원 석사학위논문.

정혜경(2005), 한·일 양국어의 외래어에 대한 일고찰: 1990년대 이후의 신조어를 중심으로, 한국외국어대 대학원 석사학위논문.

정혜정(2003), 국어 지식 영역의 맞춤법 지도 연구, 전북대 교육대학원 석사학위논문.

정훈택(2004), 남·북한 맞춤법 비교와 통일 방안, <인문학> 31, 조선대 인문학연구소.

정희원(2000), 새 로마자 표기법의 특징, <새국어생활> 10-4, 국립국어연구원.

정희원(2004), <2004 동남아시아 3개 언어 외래어 표기 용례집>, 국립국어원.

정희원(2004), 외래어의 개념과 범위, <새국어생활> 14-2, 국립국어원.

정희창(2001), <한글 맞춤법과 표준어, 바른 국어 생활>, 국립국어연구원.

조규태(2003), 표준어 교육과 지역 언어 교육, <한글> 262.

조미경(2004), 한글 맞춤법 교육과 사용 실태 분석 및 지도 방안, 한양대 교육대학원 석사 학위논문.

조선일보사, 국립국어원(1996), <우리말의 예절 상, 하>, 조선일보사.

채영구(2004), 효율적인 외래어 사용 방안 연구, 충북대 교육대학원 석사학위논문.

채완(1986), <국어 어순의 연구>, 탑출판사.

최명옥(1998), <국어음운론과 자료>, 태학사.

최병선(2003), <한글 정서법의 실제와 원리>, 경진문화사.

최연화(2000), 한글 맞춤법의 문제점에 대한 연구, 충남대 교육대학원 석사학위논문.

최용기(2000), 광고 언어 조사-외래어 표기를 중심으로, <겨레어문학> 25, 겨레어문학회.

최인호(2001), 신문에서 로마자가 쓰이는 몇 가지 모습, <새국어생활> 11-2, 국립국어연구원.

최전승 외(1999), <국어학의 이해>, 태학사.

최전승(2001), 1930년대 표준어의 형성과 수용 과정에 대한 몇 가지 고찰, <국어문학> 36, 국어문학회.

최학근(1978), <한국방언 사전>, 현문사.

최현배(1937/1971), <우리말본(여섯번째 고침)>, 정음사.

하치근(2002), 남북 맞춤법의 통일안 방안, <국제고려학회 서울지회 논문집> 3, 국제고려학회 서울지회.

한국교열기자협회(2000), <한국어 로마자 표기 사전>, 한국교열기자협회.

한국번역학회(2001), <번역학을 바탕으로 한 국어의 바른 로마자 표기>, 한국번역학회.

한수경(2000), 한국어의 로마자 표기법에 관한 연구, 한림대 대학원 석사학위논문.

한용운 외(2004), <한글 맞춤법의 이해와 실제>, 한국문화사.

한윤정(2003), '아줌마', '아가씨', '언니'의 사회언어학적 연구, <외국인을 위한 한국어 문법론>, 한국문화사.

한정화(2004), 한국어 속에 사용되는 일본어계 외래어에 관한 고찰, 부경대 교육대학원 석사학위논문.

허 웅(1975), <우리 옛말본>, 샘문화사.

허 웅(1983), <국어학-우리말의 오늘 어제>, 샘문화사.

허 웅(1985), <국어 음운학>, 샘문화사.

허철구(2000), 성의 로마자 표기 방안, <새국어생활> 10-4, 국립국어연구원.

홍종선 외(2009), <한국어 사전편찬학개론>, 역락.

홍종선(2002), <남북 표준어의 통일화, 남북의 언어 어떻게 통일할 것인가>, 국학자료원.

홍현선(2003), 중학생의 작문에 나타난 맞춤법 오류에 대한 분석, 고려대 교육대학원 석사 학위논문.

이타마 히로유키 외(1997), <일본의 컴퓨터산업: 왜 침체하고 있는가>, 한국전자통신연구원.

Fasold, Ralph(1990), *Sociolinguistics of Language*, Oxford: Basil Blackwell.

Watts, R.(1992), "Linguistic politeness and politic verbal behaviour: Reconsidering claims for universality." in Watts, R. et. al., eds., *Politeness in Language, Studies in its History, Theory and Practice*, Mouton De Gruyter: 43-69.